Berlin

Michael Bussmann · Gabriele Tröger

5. komplett überarbeitete und aktualisierte Auflage 2019

Inhalt

Orientiert in Berlin

Die Stadt, die anders ist ■ S. 10 | Sightseeing-Klassiker ■ S. 12 | Sightseeing-Alternativen ■ S. 14 | Essen gehen ■ S. 16 | Ausgehen ■ S. 18 | Shopping ■ S. 20

Wege durch Berlin

Preußenprunk versus Moderne
Tour 1: Vom Potsdamer Platz ins Regierungsviertel

Die Muss-Tour für alle, die Berlin noch nicht kennen und wenig Zeit mitbringen.

■ **S. 24**

Zu den Tempeln der Künste
Tour 2: Museumsinsel

Fünf Museen, die Kunst und Kultur aus 6000 Jahren Menschheitsgeschichte präsentieren.

■ **S. 50**

Wo Berlin seinen Anfang nahm
Tour 3: Vom Alexanderplatz ins Nikolaiviertel

Ein Spaziergang vom bekanntesten Platz Berlins in eine Altstadt, die eigentlich keine ist.

■ **S. 58**

Kunst- und Modezirkus
Tour 4: Spandauer Vorstadt

Kleine Boutiquen, jede Menge Galerien, spannende Restaurants und die berühmten Hackeschen Höfe – hier schlendert, guckt und genießt man.

■ **S. 68**

Berliner Stadtgeschichte hautnah
Tour 5: Rund um den Checkpoint Charlie

Interessante Museen und Erinnerungsorte, die sich den dunklen Kapiteln der deutschen Vergangenheit stellen, aber auch viel Kunst.

■ S. 86

Zwischen Mitte und City West
Tour 6: Tiergarten, Kulturforum und Diplomatenviertel

Rund um Berlins zentrale Parkanlage, in welcher der schönste Biergarten zur Brathendl-Session lädt.

■ S. 98

Unterwegs im alten Westen
Tour 7: City West

KaDeWe, Kaiser-Wilhelm-Gedächtniskirche, Kurfürstendamm – die City West, nach der Wende ins Hintertreffen geraten, ist heute wieder voller Dynamik.

■ S. 108

Heimat der Herthaner
Tour 8: Schloss Charlottenburg und Umgebung

Neben der größten erhaltenen Hohenzollernresidenz auch interessante Museen und das Olympiastadion.

■ S. 124

Durch den Mutti-Kiez
Tour 9: Prenzlauer Berg

Der Stadtteil der durchsanierten Altbauten, wahrlich schön und beschaulich.

■ S. 132

Mauer, Spree und Stalinbauten
Tour 10: Friedrichshain

Wer jung und partyfreudig ist, sollte hier den Marker zücken.

■ S. 146

Von einem Kiez zum nächsten
Tour 11: Kreuzberg

Der facettenreiche Stadtteil ist quicklebendig und voller Überraschungen, da hart und schroff, dort gemütlich und leger.

■ S. 158

Wenig Hype, viel Charme
Tour 12: Schöneberg

Beliebt nicht nur bei der schwullesbischen Crowd – mit netten Bars, Galerien und viel Multikulti-Flair.

■ S. 174

Undercut und Jutebeutel
Tour 13: Neukölln

Schwer in Bewegung – Neukölln ist unter Hipstern der angesagteste Stadtteil Berlins.

■ S. 182

Seen, Strände, Parks und hochkarätige Museen
Jwd – raus aus der City

Treptower Park ■ S. 188 | Köpenick ■ S. 191 | Friedrichshagen und Müggelsee ■ S. 195 | Stasimuseum Lichtenberg ■ S. 198 | Gedenkstätte Hohenschönhausen ■ S. 199 | Gärten der Welt Marzahn ■ S. 200 | Spandau ■ S. 201 | Dahlem ■ S. 204 | Grunewald ■ S. 207 | Wannsee ■ S. 210

Seitensprung nach Brandenburg
Potsdam

Prunk und Glanz des alten Preußens sind hier zu Hause; sehenswert sind aber nicht nur Park Sanssouci und Neuer Garten, sondern auch das Zentrum selbst.

■ **S. 216**

Nachlesen & Nachschlagen

Stadtgeschichte
Immerfort werden, niemals sein ■ **S. 230**

Kunst und Kultur
Zwischen wilder Installation und klassischem Konzert ■ **S. 244**

Veranstaltungen
Die besten Feste rund ums Jahr ■ **S. 253**

Nachtleben
Ausgehtipps für jeden Geschmack ■ **S. 256**

Sport, Spaß und Spa
Fußball oder Beautykur? ■ **S. 269**

Berlin mit Kindern
Kinderfreibad oder Legoland? ■ **S. 275**

Berlin (fast) umsonst
Sparen in der Metropole ■ **S. 279**

Ankommen in Berlin
Mit Flugzeug, Bahn oder Bus ■ **S. 281**

Rumkommen in Berlin
Unterwegs mit den „Öffis" ■ **S. 283**

Übernachten
Von Bling-Bling-Hotel bis Indoor-Camping ■ **S. 288**

Berlin von A bis Z
Nützliche Infos rund um die Reise ■ **S. 298**

Was bringt der Bär auf die Waage?
Berlin in Zahlen ■ **S. 304**

Kompakt

Museen ■ **S. 307**
Restaurants ■ **S. 310**
Shopping-Adressen ■ **S. 315**

Verzeichnisse
Kartenverzeichnis ■ S. 318 | Berlin im Kasten ■ S. 318 | Fotoverzeichnis ■ S. 319
Impressum ■ S. 321 | Register ■ S. 325

Was haben Sie entdeckt?

Wenn Sie Ergänzungen, Verbesserungen oder Tipps zum Buch haben, lassen Sie es uns bitte wissen!

Schreiben Sie an: Gabriele Tröger und Michael Bussmann, Stichwort „Berlin" | c/o Michael Müller Verlag GmbH | Gerberei 19, D – 91054 Erlangen | michael.bussmann@michael-mueller-verlag.de

 nachhaltig, ökologisch, regional

Vielen Dank!

All unseren Berliner Freunden danken wir für die Lieblingsorte und Geheimtipps, die sie uns verraten haben. Ein großes Dankeschön geht auch an Lydia Lazi für die Bereitstellung der SW-Fotos, die ihr Mann Franz Lazi im Nachkriegsberlin gemacht hat. Außerdem möchten wir uns bei allen Lesern bedanken, die die Arbeit an diesem Reiseführer durch ihre Zuschriften mit wertvollen Tipps und Hinweisen unterstützt haben.

Hof des Hauses Schwarzenberg

Orientiert in

Berlin

Die Stadt, die anders ist ■

Sightseeing-Klassiker ■

Sightseeing-Alternativen ■

Essen gehen ■

Ausgehen ■

Shopping ■

Orientiert in Berlin

Die Stadt, die anders ist

Berlin ist nicht auf Anhieb zu überschauen und schon gar nicht leicht zu durchschauen. Berlin ist keine architektonische Perle und doch zugleich UNESCO City of Design. Berlin hat keine pittoreske Altstadt, die man abhakt und dann nicht mehr weiß, wohin. Berlin war schon immer Experimentierfeld und Ideenschmiede, ein unausgewogenes Gesamtkunstwerk für sich.

a) Charlottenburg-Wilmersdorf
b) Mitte
c) Friedrichshain-Kreuzberg

Berlin hat viele Gesichter

Berlin kann reich, schick, schön sein. Andernorts bunt und schrill. Aber auch arm und schäbig. Oder einfach nur langweilig. Es gibt Viertel, da holpern die Rollkoffer über den Gehweg, in anderen die Rollatoren und in wieder anderen die Kinderwagen. Wenn ein Charlottenburger über sein Berlin spricht, hat er eine andere Stadt vor Augen als ein Kreuzberger oder ein Hellersdorfer. Berlin ist Vielfalt, die es zu entdecken lohnt.

Größer, als man denkt

Berlin zählt über 3,6 Mio. Einwohner, darunter Menschen aus über 190 Nationen, viele schräge Vögel und die Autoren. Wer wissen will, wie die Leute ticken, schaut mal auf www.notesofberlin.com. Die Berliner leben in zwölf Bezirken, die in 23 Stadtteile gegliedert sind. Die Untereinheiten der Stadtteile bilden die Kieze – oft nur wenige Straßenzüge rund um die namengebende Geschäftsstraße. Berlin ist zudem weitläufig, was die Stadtfläche anbelangt fast dreimal so groß wie München. Vergessen Sie das nicht: Mal eben vom Alexanderplatz zum KaDeWe spazieren ist nicht drin, da liegen rund 6 km dazwischen.

Herzlose Stadt?

„Das Herz einer Stadt ist dort, wo der Karstadt steht." Die Grundregel der Provinzmütter gilt nicht für Berlin. Berlin hat acht „Karstädte" und noch mehr Zentren. Wer mit dem Auto von Süden kommt, kann wählen zwischen „Zentrum Zoo" oder „Zentrum Alexanderplatz". Wer am U-Bahnhof Stadtmitte aussteigt, landet in keinem der beiden Zentren, sondern an der Friedrichstraße. Es gibt nicht *das* Zentrum, worauf sich alles konzentriert. So geht man in Berlin auch nicht „in die Stadt" – wohin genau sollte man da gehen? Ohnehin kann man in einem Stadtteil Berlins leben, ohne je in einen anderen zu müssen. Viele Berliner wollen das auch gar nicht: Es herrscht ein ausgeprägter Stadtteilpatriotismus.

Berlins spannendste Ecken

Der touristischste Bezirk ist Mitte, der in etwa vom Tiergarten bis zum Fernsehturm reicht: Brandenburger Tor, Regierungsviertel, Friedrichstraße, Unter den Linden und viele Hotspots mehr sind hier zu finden. In fünf Touren (Touren 1 bis 5) stellen wir diesen Bezirk bzw. seine unmittelbare Nachbarschaft vor.

Auch nehmen wir Sie mit in die City West (westlich des Tiergartens), die ebenfalls voller Highlights steckt: KaDeWe, Gedächtniskirche und, und, und … Weitere Touren führen durch den charmanten Prenzlauer Berg (nordöstlich von Mitte), durch das jung-aufmüpfige Friedrichshain (östlich von Mitte), durch das einst revolutionäre und heute zur Ruhe gekommene Kreuzberg (südlich von Mitte), durch das wilde Neukölln (östlich von Kreuzberg), durch das so schwule wie gemütlich-unprätentiöse Schöneberg (ebenfalls südlich von Mitte) und zu den schönsten Zielen rund um die Innenstadt. Überall finden Sie auch Hotels. Buchen Sie dort, wo Sie am Abend um die Häuser ziehen wollen.

Grünes Berlin

Berlins Waldfläche ist größer als seine Verkehrsfläche. Das Stadtgebiet bezaubert zudem durch Parks, Seen, Kanäle und die Spree, die im Oberlausitzer Bergland entspringt und bei Spandau in die Havel mündet. Und selbst die 5361 km Berliner Straßen säumen 438.000 Bäume – alles Gründe, warum 90 % der Berliner gern in ihrer Stadt leben (mehr Daten und Fakten ab S. 304). Dementsprechend zeigt sich Berlin im grünen Kleid am schönsten. Im Winter dagegen ist die Stadt grau, sind die Gehwege oft spiegelglatt, sodass man geradewegs in die Notaufnahme schlittern kann.

Schneller ans Ziel

Viele Berliner Straßen sind kilometerlang, die längste gar über 13 km. Vier oder fünf Bushaltestellen bzw. zwei oder drei U-Bahnhöfe entlang einer Straße gleichen Namens sind keine Seltenheit. Um Adressen anzusteuern, die nicht in den Karten dieses Buches eingezeichnet sind, ist es ratsam, sich die App der Berliner Verkehrsbetriebe („BVG Fahrinfo Plus") herunterzuladen und dort Straße und Hausnummer einzugeben, um die nächstgelegene Haltestelle zu finden. Andernfalls steigen Sie vielleicht am falschen Ende einer kilometerlangen Straße aus. Mehr zum Nahverkehr ab S. 283.

Ankommen

Wie Sie von den Berliner Flughäfen in die Innenstadt gelangen, erfahren Sie auf S. 281, alles Wissenswerte zu Busund Bahnhöfen auf S. 285. Und sollten Sie mit dem eigenen Fahrzeug anreisen, so bedenken Sie, dass die Innenstadt (innerhalb des S-Bahn-Rings) Umweltzone ist, in die man zuletzt nur mit einer grünen Plakette fahren durfte (strengere Regelungen für ältere Dieselfahrzeuge sind zu erwarten).

Orientiert in Berlin

Sightseeing-Klassiker

„Berlin, die größte kulturelle Extravaganz, die man sich vorstellen kann" (David Bowie). „Sowie man Berlin betritt, ist es mit Schick und Eleganz vorbei" (Theodor Fontane). „Der Horizont des Berliners ist nicht ganz so groß wie seine Stadt" (Kurt Tucholsky). „It's a much wilder place than New York City" (Pulitzer-Preisträger Jeffrey Eugenides).

**Unser Tipp:
Museumspass Berlin**

Mit dem Museumspass Berlin macht man ein richtiges Schnäppchen. Für 29 € kann man drei Tage durch etliche Museen der Stadt ziehen (u. a. durch alle Museen der Museumsinsel). Mehr dazu im Kapitel „Berlin (fast) umsonst", S. 280.

Ab ins Museum

■ **Museumsinsel:** Die Tempelstadt der Künste. Was gibt es nicht alles zu bewundern: antike Monumentalarchitektur, Kunst des 19. Jh., mittelalterliche Bildwerke. Und selbst in die Augen der Nofretete kann man blicken. → Tour 2, S. 50

■ **Gemäldegalerie auf dem Kulturforum:** Ein Sammelsurium an rund 1000 Meisterwerken aus der Zeit vom 13. bis 18. Jh. Angrenzend das Kupferstichkabinett, die Kunstbibliothek und weitere Museen des Kulturforums. Van der Rohes Neue Nationalgalerie bleibt wegen Restaurierungsarbeiten aber bis Ende 2020 geschlossen. → Tour 6, S. 104.

■ **Jüdisches Museum:** Spektakuläre Libeskind-Architektur und eine umfassende Schau zur jüdischen Geschichte auf deutschem Boden von ihren Anfängen bis heute. → Tour 5, S. 94

■ **Naturkundemuseum:** Hier trifft man sich zum Dino-Gucken, die Saurierhalle ist eine Sensation. Außerdem Mineralien, Präparationskunst und, und, und … → Tour 4, S. 79

■ **Technikmuseum:** Auch wer kein Technikfreak ist, wird mit staunenden Augen durch die Säle spazieren. → Tour 11, S. 165

Berliner Geschichte

■ **Gedenkstätte Hohenschönhausen:** Über das Gelände des ehemaligen Stasi-Knasts führen u. a. Zeitzeugen, die hier selbst inhaftiert waren. Kein Ort zeigt das grausame Gesicht der DDR deutlicher als dieser. → S. 199

■ **Gedenkstätte Berliner Mauer:** Die Gedenkstätte am ehemaligen Mauerstreifen mit spannendem Dokumentationszentrum und Open-Air-Ausstellung. → Tour 4, S. 80

■ **East Side Gallery:** Ein bunt bemaltes Stück Mauer, davor Touristen im Selfie-Wahn. → Tour 10, S. 153

Berliner Wahrzeichen

■ **Brandenburger Tor:** Das Wahrzeichen nicht nur Berlins, sondern auch Deutschlands. → Tour 1, S. 39

■ **Potsdamer Platz:** Ein steriler, künstlicher Ort, wie Phönix aus der Asche erstiegen, in Anlehnung an amerikanische Metropolen erbaut. Vergessen Sie nicht, einen Blick ins Sony Center zu werfen. → Tour 1, S. 25

■ **Alexanderplatz** und **Fernsehturm:** Ein Platz, so hässlich wie die Nacht. Die Touristen kommen wegen *Primark* und dem Fernsehturm. Wer „Ulbrichts Protzstängel" erklimmen will, sollte etwas Wartezeit einplanen. Der Blick von oben ist auf jeden Fall genial. → Tour 3, S. 66

■ **Hackesche Höfe:** Die Jugendstilhöfe sind eine Augenweide. Lassen Sie sich dort und in der Umgebung ein wenig treiben: originelle Galerien und Lädchen, hübsche Cafés und extravagante Restaurants an allen Ecken und Enden. → Tour 4, S. 75

■ **Gendarmenmarkt:** Der schönste Platz Berlins mit dem schönsten Weihnachtsmarkt. Drei feine klassizistische Bonbons sind hier zu finden: Konzerthaus, Französischer Dom und Deutscher Dom. → Tour 1, S. 33

■ **Humboldt Forum:** Ende 2019 soll das Forum der Kunst, Kultur und Wissenschaft im wiedererbauten Berliner Stadtschloss eröffnen. → Tour 2, S. 55

Schlendern

■ **Ku'damm:** Bei einem Spaziergang über den Kurfürstendamm und seine Verlängerung, die Tauentzienstraße, kommt man u. a. am Kaffeehaus Grosz, am KaDeWe, an der Gedächtniskirche und am Bikini-Haus vorbei. → Tour 7, S. 109 f.

■ **Unter den Linden:** An der zur Dauerbaustelle verkommenen preußischen Prachtstraße zwischen Brandenburger Tor und Humboldt Forum passiert man u. a. die Staatsbibliothek, den Bebelplatz, die Staatsoper, die Humboldt-Uni, die Neue Wache und das Deutsche Historische Museum. → Tour 1, S. 30 ff.

Und außerdem

■ **Große Brückenfahrt:** Nur vom Wasser aus erfährt man, wie grün und vielschichtig die Hauptstadt ist. Drei Stunden dauert die Tour vorbei an vielen Hinguckern. Man passiert rund 60 Brücken – Kopf einziehen! → S. 286

■ **Reichstagskuppel:** Der Besuch der Reichstagskuppel samt Dachterrasse kostet keinen Cent. Nur muss man sich im Voraus anmelden. Wer der Politik aufs Dach steigen will, darf seinen Ausweis nicht vergessen. → Tour 1, S. 44

■ **Holocoust-Denkmal:** Das Stelenfeld mit dem unterirdischen Ort der Information liegt nur einen Steinwurf vom Brandenburger Tor entfernt. → Tour 1, S. 38

Orientiert in Berlin

Sightseeing-Alternativen

Viele der großen Touristenmagneten der Stadt sind Orte, zu denen Berliner nur gehen, wenn Besuch sie zwingt. Das Berlin der Berliner entdeckt man bei Kiezspaziergängen oder Radtouren. Hier ein paar Unternehmungstipps abseits der Must-sees.

Veranstaltungskalender beachten!

Ob Berlinale, Karneval der Kulturen, Gallery Weekend oder Fête de la Musique. Irgendein Event oder Festival steigt an der Spree immer, mal mehr und mal weniger durchgeknallt. Schauen Sie in unseren Veranstaltungskalender ab S. 253, ob während Ihres Aufenthaltes etwas Spannendes ansteht!

Sich unters Volk mischen

■ **Durch die Kieze:** Tauchen Sie ein ins Berliner Alltagsleben, lassen Sie sich ein auf liebenswerte Narren und originelle Begegnungen, schauen Sie Straßenmusikern, Jongleuren oder Hochseiltänzern im Park zu. Erkunden Sie die Kieze **Kreuzbergs** und chillen Sie abschließend im Badeschiff. Auch **Friedrichshain** mit seinem maroden RAW-Gelände, der adrette **Prenzlauer Berg** und die **Spandauer Vorstadt** mit den aufgetakeltsten Bordsteinschwalben Berlins bieten sich für ausgiebige Touren an. Spaziergangsvorschläge finden Sie im Reiseteil.

■ **Hertha, Maybrit oder Sturz in die Tiefe?** Wie wäre es mit einem Adrenalinkick beim Base Flying am Alexanderplatz oder beim Klettern an einem alten Bunker? Einem Ausflug in die Arena, zu Hertha, Union oder den Eisbären? Mit dem Besuch eines grandiosen Spas? Oder schauen Sie sich Maybrit Illner oder Anne Will einmal live an. Mehr Freizeittipps im Kapitel „Sport, Spaß und Spa" ab S. 269.

■ **Tempelhofer Feld:** Das windige Areal des 2008 stillgelegten Flughafens Tempelhof steht bei jungen Berlinern ganz hoch im Kurs. Hier schaut man Kite-Boardern hinterher, grillt Tofuwürstchen oder trinkt ein kühles Weizen im Biergarten. Durch den denkmalgeschützten Terminal werden spannende Führungen angeboten. → Tour 11, S. 167

■ **Tote Berliner:** Zur Promisuche auf den Berliner Friedhöfen gibt's als Zugabe eine riesige Portion Stadtidyll. Wer darf es sein? Theodor Fontane, Marlene Dietrich oder lieber Nico und Rio Reiser? Auch die jüdischen Friedhöfe von Prenzlauer Berg und Weißensee sind einen Besuch wert. Mehr Infos auf S. 301.

■ **S-Bahn fahren:** Das Verkehrsmittel mit dem schlechtesten Ruf Berlins lässt sich, sofern es kommt, prima zum individuellen Sightseeing verwenden. Eine aussichtsreiche Strecke führt vom Westkreuz zum Ostkreuz. Dabei passiert man u. a. die Museumsinsel, den Alexanderplatz, die Friedrichstraße und den Hauptbahnhof. → Berlin (fast) umsonst, S. 279

Genießen und staunen

■ **Kunst gucken abseits der großen Museen:** Der Stadt mangelt es bekanntlich an vielem, nicht aber an kreativen Köpfen. Und die geben ihr Bestes, den Ruf Berlins als Kunst- und Kulturmetropole weit in die Welt hinauszutragen. Kunst gucken kann man auch in unzähligen kleinen Galerien, auf Straßen und Plätzen. Egal ob riesige Graffitis an Häusern, überdimensionierte Installationen in Parks oder kleine Denkzeichen in U-Bahnhöfen – alle paar Meter kann man staunen oder sich fragen: „Ist das Kunst oder kann das weg?" → **Kunst und Kultur, S. 250**

■ **Kuriose Museen:** Auch davon kann Berlin eine Menge aus dem Ärmel schütteln. Man denke nur an das **Medizinhistorische Museum der Charité**, eine Art Gruselkabinett der Pathologie, oder an das **Museum der unerhörten Dinge**, unerhört, was es da zu sehen gibt. Alle Museen finden Sie aufgelistet ab S. 307.

■ **Konzert- und Theaterbesuche:** Egal ob Philharmonie (grandios!), Maxim Gorki Theater (immer ein Erlebnis!) oder Elektropop im Lido (einfach schön dort) – was so manche Stadt kulturell in einem Jahr zu bieten hat, wird in Berlin an einem einzigen Tag aufgefahren. Für Bühnen und Spielorte. → **Kunst und Kultur (S. 244)** und **Nachtleben (S. 256)**

Rad ausleihen!

■ **Mauerradweg:** Berlin ist ein Eldorado für Radfahrer, schön flach, schön grün. Eine der spannendsten Touren führt entlang der ehemaligen Westberliner Außengrenze, innerstädtisch ist der bestens beschilderte Abschnitt zwischen S-Bahnhof Bornholmer Straße und Oberbaumbrücke zu empfehlen. → S. 287

■ **Nischt wie raus nach Wannsee:** Berlins Badewanne ist ein traumschönes Ausflugsziel, die Ufer des Sees erkundet man am besten ebenfalls mit dem Rad. Was für eine Idylle! Schaukelnde Jachten in blauen Wasser, versteckte Sandbuchten, dichter Wald, Schlösser und Schlösschen. → S. 210

Ausflug für Fortgeschrittene

■ **Potsdam:** Wer für Berlins kleine Schwester mit ihren großartigen Kulturdenkmälern nur einen Tag einplant, sollte sich gut überlegen, was er sehen will. Den Park Sanssouci mit all seinen Sehenswürdigkeiten? Altstadt mit Holländischem Viertel und der russischen Kolonie Alexandrowka? Oder soll es in den nahen Filmpark Babelsberg gehen? Egal was, die Anbindung an Berlin ist perfekt: Nur eine halbe Stunde dauert die S-Bahn-Fahrt vom Berliner Hauptbahnhof. → S. 216

Orientiert in Berlin

Essen gehen

Raffiniert ist was anderes: Eher schlicht ist sie, die traditionelle Berliner Küche. Doch neben Eisbein, Bulette und Currywurst bietet die Hauptstadt noch viel mehr: Ethnoküchen jeglicher Couleur, flippige Szenelokale und edle Gourmettempel. Kaum ein Jahr ohne neue Trends, zuletzt hießen sie: Poké, Natur-Wein, New Nordic Cuisine und Nikkei-Küche.

▬ Ausführliche Restaurantbeschreibungen finden Sie am Ende jeder Tour.

▬ Eine Liste aller Restaurants finden Sie ab S. 310.

Multikulti auf dem Teller

In Berlin kann man sich rund um den Globus futtern, vom georgischen Störschaschlik über chinesische Seegurken bis hin zum afrikanischen Springbocksteak ist alles drin. Berlins Beiträge zur Weltcuisine sind hingegen der Döner und die Currywurst – beide wurden (angeblich) in der Stadt erfunden. Unseren Lieblingsdöner gibt's im **Doyum Grillhaus** (→ Tour 11), unser Currywurst-Tipp ist **Curry 36** (→ ebenfalls Tour 11). Übrigens: Die Berliner Kultwurst bestellt man entweder „mit" (d. h. mit Darm) oder „ohne" – Letztere ist das Original.

Die Zeiten, da Berlin noch als kulinarische Wüste verspottet wurde, sind längstens vorbei. 26 Michelin-Sterne leuchten über der Metropole, verteilt auf 20 Lokale. Junge Wilde aus aller Welt sorgen für kulinarische Verrücktheiten, zudem zelebrieren immer mehr Spitzenköche die neudeutsche Küche, die Wert auf regionale und saisonale Produkte legt. Mit seiner „Brutal-regional-Küche" hat sich z. B. **Nobelhart & Schmutzig** (→ Tour 5) internationale Aufmerksamkeit erköchelt. Täglich öffnen neue Lokale. Nur die dunkel getäfelten Altberliner Gaststätten werden immer weniger – v. a. in den Szenekiezen, wo das Essen so leicht sein muss wie das Leben.

Streetfood-Märkte

Kleine Köstlichkeiten aus aller Herren Länder an zig Ständen, nette Musik, entspannte Atmosphäre, drinnen oder draußen – Berlin gilt mittlerweile als europäische Königin in Sachen Streetfood-Märkte. Unser Favorit ist der *Streetfood Thursday*, ein Event, das jeden Donnerstag in der Kreuzberger **Markthalle Neun** (→ S. 164, www.markthalleneun.de) stattfindet. Streetfood zum Fingerablecken gibt's zudem nahe dem Badeschiff (→ S. 172) am

Treptower Spree-ufer an manchen Sommerabenden im sog. **Bite Club** (Termine auf www.biteclub.de).

Supper Clubs und Pop-up-Dinner

Hier wird in privaten Wohnungen oder an witzigen angemieteten Orten für Sie gekocht – und zwar in jeder Genuss- und Preisliga. Anmeldung vonnöten! Schauen Sie sich z. B. auf folgenden Seiten um: www.thyme-supperclub.com, www.purgalundkelm.com, www.danielseatery.com, www.tabularasa.berta.me oder www.phoebe-berlin.de.

Altberliner Klassiker

Zu den Klassikern der fleischlastigen Altberliner Küche gehört **Eisbein**, eine rosafarbene, gesottene Haxe – Schnaps hinterher vonnöten! Aus deren Knochen wurden früher Kufen für Schlittschuhe gefertigt, daher der Name. Nicht weniger deftig sind **Bollenfleisch** (gekochte Lammkeule mit Zwiebel-Kümmel-Soße), **Königsberger Klopse** (gekochte Hackfleischbällchen mit Kapernsoße), **Bulette** (Frikadelle), **gebratene Leber mit Apfelringen** oder **Wildschweinbraten** (geschossen in den Berliner Wäldern). In Kneipen gibt es zuweilen **Soleier** (in Sole marinierte Eier, die mit Senf und einem Spritzer Essig gegessen werden). An **Fisch** kennt die Altberliner Küche v. a. den Havelzander, die Schleie und den Aal (am besten „grün", also gekocht).

Molle & Co

1905 soll es noch rund 13.000 Eckkneipen gegeben haben, „an jeder Straßenkreuzung fünf". Wie die Altberliner Gaststätten werden aber auch die noch verbliebenen rustikalen Pinten nach und nach verdrängt. Ein Traum von einer Kneipe ist z. B. **Wilhelm Hoeck** (→ Tour 8).

Über die Qualität der Berliner Biere – egal ob **Schultheiss**, **Berliner Pilsner**, **Berliner Kindl** oder **Berliner Bürgerbräu**, die allesamt zur *Radeberger Gruppe* gehören – kann man sich streiten. Zum Glück aber gibt es ja auch alle anderen gängigen Marken und außerdem immer mehr kleine Hausbrauereien, die süffige **Molle** (berlinerisch für „Bier", Molle mit Strippe = Bier mit Korn) produzieren. Schwer angesagt sind sog. Craft-Beer-Kneipen, die handgemachten Gerstensaft von kleinen Biermanufakturen zu meist gesalzenen Preisen ausschenken.

Unter Touristen recht beliebt ist die in breiten Kelchen servierte **Berliner Weiße**. In seiner Urform wird das obergärige, leichte, säuerliche Bier je nach Wahl mit einem Schuss Waldmeister-, Himbeer- oder Johannisbeersirup serviert. In den meisten Lokalen wird jedoch eine Fertigmischung ausgeschenkt – und die schmeckt, so der Bierhändler unseres Vertrauens, nach „Scheiße hoch sieben".

Ein Tipp für Anti-Alkoholiker ist die **Fassbrause**, eine Berliner Erfindung. Die mit Süßholzwurzel versetzte Kräuterlimonade ähnelt geschmacklich leicht dem Almdudler. Leider kommt sie nur noch in wenigen Lokalen direkt vom Fass.

Orientiert in Berlin

Ausgehen

Berlin gilt weltweit als eine der hippsten Partymetropolen. Nach dem Guten-Morgen-Latte-Macchiato clubben und bei Sonnenuntergang frühstücken – kein Problem in einer Stadt ohne Sperrstunde. Manche Locations machen zwischen Freitagnacht und Sonntagabend gar nicht erst zu, und es gibt Kneipen, die über Jahrzehnte hinweg nicht eine Stunde geschlossen hatten.

Unsere Ausgehtipps finden Sie geballt im Kapitel „Nachtleben" ab S. 256. Für jeden Gusto sollte etwas dabei sein.

Wer seinen Abend ruhiger gestalten will, gerne ins Theater geht oder ein klassisches Konzert hören möchte, findet Adressen im Kapitel „Kunst und Kultur" ab S. 244.

Party-Mekka an der Spree

Die zum Mythos erhobene Berliner Clubszene hat in den letzten Jahren dank *Ryanair* & Co zu einem wahren Partytourismus geführt. Bis zu 15.000 junge Leute aus ganz Europa strömen jedes Wochenende nur zum Clubbing nach Berlin – manche brauchen nicht einmal ein Hotel. Kein Wunder: Das Berliner Nachtleben ist hitzig, frivol und dank ausbleibender Sperrstunde und fairer Preise unbändig-exzessiv. Es steigt in fantasievollen Clubs, die u. a. in stillgelegten Heizkraftwerken, ehemaligen Autowerkstätten oder alten Ballsälen residieren. Im Sommer verlagern sich die Partys auf die Straße, an die Spree und in die Parks, wo zuweilen DJs ihre Turntables aufbauen. Zur Theke wird dann der nahe Spätkauf, der bis in die Puppen geöffnete Alles-was-man-nachts-braucht-Kiosk (übrigens einst eingeführt in Ostberlin, damit die Fabrikarbeiter nach Schichtende noch zu ihrem Feierabendbier kamen). Das Berliner Nachtleben hat aber auch für ruhigere Naturen Verständnis – stilvolle Cocktailbars und kuschelige Cafés gibt es wie Sand am Wannsee.

Mitte

In Mitte, insbesondere in der Spandauer Vorstadt, gibt es für jeden Geschmack etwas: Clubs von edel bis abgefahren, noch ein paar alternative Kneipen aus alten Zeiten, stilvolle Cocktailbars und auf elitär getrimmte, blasierte Bars mit strenger Türpolitik. Schickschönreich, Schickschönkreativ und Ich-tu-so-als-gehöre-ich-dazu ist dort unterwegs und zahlt die überzogenen Getränkepreise, ohne mit der Wimper zu zucken. Bars mit allzu strenger Türpolitik finden übrigens im Buch keine Erwähnung.

Kreuzberg und Friedrichshain

Zwei schwer angesagte Ausgehbezirke mit enorm vielen krakeelenden Easy-

jettern, auf die sich die Dealerszene im Görlitzer Park und auf dem RAW-Gelände eingestellt hat. Doch die beiden Stadtteile unterscheiden sich. In **Kreuzberg** kann man jederzeit auch noch mit 40 oder 50 auf den Putz hauen, für jeden Geschmack findet sich etwas. Epizentren des Nightlifes sind in Kreuzberg die Gegend um das Schlesische Tor, die Oranienstraße und die Wiener Straße. In **Friedrichshain** ist das Treiben dagegen sehr jung, alternativ-schräge Locations überwiegen. Gleichzeitig trumpft Friedrichshain mit zwei der schillerndsten Berliner Clubs auf, dem *Berghain* und dem *Kater Blau*. Gediegenere Bars aber sind nahezu Fehlanzeige.

Neukölln

In Neukölln treiben sich neben Studenten aus aller Herren Länder zunehmend auch Touristen auf der Suche nach dem hippen Berlin herum. Englisch und Spanisch sind die Verkehrssprachen. Kaum ein Monat ohne neue Locations. Die provisorisch wirkenden Altmöbel-Bars ähneln sich alle irgendwie, als gäbe es ein Franchise Concept, haben aber auf ihre simple, schrabbelig-charmante Art dennoch ihren Reiz. Hinzu kommen immer mehr gehobene Cocktailbars und Craft-Beer-Pubs mit Preisen fast wie in Mitte, die die bärtigen Spargeltarzans lässig bezahlen können. Die Ausgehmeilen schlechthin sind die Weser- und die Weichselstraße, wo man von Kneipe zu Kneipe ziehen kann. Aber Achtung: Clubs gibt es in Neukölln kaum welche, Neukölln ist zum Vorglühen da!

Prenzlauer Berg

Wer hier vor 15 Jahren wohnte und wild feierte, regt sich heute über den Lärm auf – Anwohnerbeschwerden sorgten in den letzten Jahren für den Umzug oder die Schließung vieler Kneipen und Clubs. An die Stelle schräger Locations rückten kuschelige Mutti-Cafés und nett-originelle, aber für Berliner Verhältnisse doch „gesetztere" Bars. Am besten schaut man sich in den Straßen um den Helmholtzplatz, den Kollwitzplatz und die Gethsemanekirche um.

Schöneberg und City West

Rund um den Nollendorfplatz von **Schöneberg** liegt das Zentrum des schwul-lesbischen Nachtlebens, in der Motzstraße und der Fuggerstraße findet man Locations zwischen Plüsch und Leder. An Sommerabenden sind die Terrassencafés an der Maaßenstraße nette Adressen, um das Schaulaufen zu beobachten. Auch für Heteros gibt es etliche nette Kneipen und Cafés, das Publikum ist meist zwischen 30 und 50. Deutlich gediegener und meist auch an ältere Semester gerichtet (von unterirdischen Teenager-Discos und der Panoramabar *Monkey Bar* einmal abgesehen) präsentiert sich das Nachtleben der benachbarten **City West**, sprich in Charlottenburg und Wilmersdorf. Jazzfans sollten sich die Gegend allerdings vormerken.

Orientiert in Berlin

Shopping

„Made in Berlin" steht v. a. für Mode, egal ob Haute Couture, Green Fashion oder Streetwear. Aber natürlich kann man auch vieles mehr in der Hauptstadt kaufen – made in Berlin oder anderswo.

Ausführliche Beschreibungen einzelner Shopping-Möglichkeiten in den Vierteln finden Sie am Ende jeder Tour.

Eine Liste aller Geschäfte und Märkte finden Sie ab S. 315.

Shoppen, bis es quietscht

Zum Shoppen ist Berlin einfach genial – die hiesigen Labels sind so bunt wie die Stadt, die hiesigen Boutiquen so bunt wie die Labels. Aber auch ein Streifzug durch die Fressmeile des KaDeWe macht Spaß, über die Flohmärkte oder durch die Platten- und Bücherläden auf der Suche nach Raritäten. Und fürs Berlinweh nach der Rückkehr haben wir den passenden Souvenirtipp: Berliner Luft in Dosen! Gibt's im **Erfinderladen** in Prenzlauer Berg (→ Tour 9). Aber Achtung: In Berlin laufen die Uhren morgens extrem langsam an: Viele kleinere Geschäfte öffnen erst gegen 11 oder 12 Uhr.

Berliner Stil

In Berlin gibt es in Sachen Mode alles, lediglich im oberen Luxussegment hinkt die Vielfalt anderen Metropolen hinterher. Teure heimische Modelabels sind zwar vorhanden, jedoch weniger die entsprechende Kundschaft – dafür ist Berlin immer noch zu arm. Not aber macht erfinderisch, und der *Berlin Streetstyle* ist heute weltberühmt. Der kann elegant und vintageverliebt sein, romantisch oder überaus kunstvoll, aber auch so schräg, dass er guten Geschmack ad absurdum führt. Rund 800 Berliner Modelabels versuchen sich zu behaupten, und ständig kommen neue hinzu. Bei der Auswahl unserer Einkaufstipps haben wir auf „Made in Berlin" besonderen Wert gelegt.

Wo gibt's was?

Der Modezirkus findet an verschiedenen Orten statt. Es gibt nicht *das* Viertel, das ausschließlich für Haute Couture steht, oder *den* Kiez, in dem sich die Vintageläden konzentrieren. Pauschal lässt sich sagen: Die verrücktesten und extravagantesten Klamotten und Accessoires findet man in den kleinen Läden in Prenzlauer Berg (rund um die Kastanienallee, den Kollwitz- und Helmholtzplatz), in Friedrichshain (rund um den Boxhagener Platz), in Schöneberg (um die Motz- und Goltzstraße) und in Kreuzberg (rund um die Oranien-, Bergmann- und Wrangelstraße), wo auch so manch punkiger Secondhand-Laden das Angebot bereichert.

Exquisitere Stores und Berliner Labels mit stilvoll-hippen Kollektionen haben die Gegend rund um den U-Bahnhof Weinmeisterstraße in der Spandauer Vorstadt als Adresse.

In der City West (Kurfürstendamm und Umgebung) und in der Friedrichstraße dominieren Beständigkeit und Eleganz, was Flagshipstores internationaler Marken garantieren. Das Allerweltsangebot von *adidas* über *H & M* bis *Zara* findet man u. a. ebenfalls in der City West (Tauentzienstraße und östlicher Kurfürstendamm), am Alexanderplatz und zwischen den nobleren Boutiquen in der Friedrichstraße.

Malls & Co

Malls verteilen sich über die ganze Stadt. Zentral liegen u. a. das Alexa am Alexanderplatz (180 Läden, → Tour 3) und die Mall of Berlin am Leipziger Platz (270 Läden, → Tour 5). Etwas ganz Besonderes ist die Mall Bikini Berlin in der City West (→ Tour 7): tolle Architektur, Boutiquen Berliner Designer, Pop-up-Stores. Nahebei stehen auch das bereits angesprochene KaDeWe mit seiner großartigen Feinschmeckerabteilung und die Designermöbelmall Stilwerk. Dorthin geht, wer lässig 8000 € für einen Schrank ausgeben kann oder sich einfach nur inspirieren lassen will.

Besuchenswert ist auch das „Kulturkaufhaus" Dussmann in der Friedrichstraße (→ Tour 1): Bücher, CDs, DVDs, Noten u. v. m. auf fünf Etagen.

Floh- und Wochenmärkte

Der professionellste, aber auch touristischste Flohmarkt ist der Berliner Trödelmarkt (Sa/So, → Tour 6). Jünger und freakiger geht es auf den Flohmärkten am Boxhagener Platz (So, → Tour 10), Arkonaplatz (So, → Tour 9), beim Nowkoelln Flowmarkt (an jedem zweiten So, → Tour 13) und beim Flohmarkt am Mauerpark (So, → Tour 9) zu. Letzterer hat den höchsten Unterhaltungswert, da nebenan auch noch Karaokespaß geboten wird.

Zu den besten Wochenmärkten gehören der Markt am Winterfeldtplatz (Mi/Sa, → Tour 12), am Kollwitzplatz (Do/Sa, → Tour 9), am Boxhagener Platz (Sa, → Tour 10) und der Türkenmarkt am Maybachufer (Di/Fr, → Tour 13). Besonders charmant sind zudem die Märkte in der Markthalle Neun in Kreuzberg (Fr/Sa, → Tour 11): Handwerkerbier, Eis mit Kürbiskernöl, Pulled Schweinereien u. v. m.

Noch mehr Shoppingtipps

Falls Ihnen unsere Tipps nicht ausreichen: Auf www.berlindesign.net und www.berlindesignblog.de gibt es weitere Adressen.

Berliner Dom und Lustgarten

Wege durch

Berlin

Tour 1	Vom Potsdamer Platz ins Regierungsviertel	S. 24
Tour 2	Museumsinsel	S. 50
Tour 3	Vom Alexanderplatz ins Nikolaiviertel	S. 58
Tour 4	Spandauer Vorstadt	S. 68
Tour 5	Rund um den Checkpoint Charlie	S. 86
Tour 6	Tiergarten, Kulturforum und Diplomatenviertel	S. 98
Tour 7	City West	S. 108
Tour 8	Schloss Charlottenburg und Umgebung	S. 124
Tour 9	Prenzlauer Berg	S. 132
Tour 10	Friedrichshain	S. 146
Tour 11	Kreuzberg	S. 158
Tour 12	Schöneberg	S. 174
Tour 13	Neukölln	S. 182
Ausflüge	Jwd – raus aus der City	S. 188
	Ausflug nach Potsdam	S. 216

Preußenprunk versus Moderne
Tour 1

Die Tour verspricht Highlights über Highlights im Herzen Berlins. Der eigentliche Puls der Stadt schlägt allerdings woanders. Für Trubel sorgen vorrangig Touristen.

- **Sony Center**, Wahrzeichen des Potsdamer Platzes, S. 36
- **Holocaust-Denkmal**, Stelenlabyrinth in Erinnerung an das Grauen, S. 38
- **Brandenburger Tor und Boulevard Unter den Linden**, muss man mal gesehen haben, S. 39 ff.
- **Gendarmenmarkt**, schönster Platz Berlins, S. 33
- **Reichstag**, für die Kuppel ist eine Anmeldung nötig, S. 43

Alte, neue und vergessene Mitte I
Vom Potsdamer Platz ins Regierungsviertel

Zwischen Tiergarten und Museumsinsel hat sich Berlin neu erfunden. Hat historische Bauten, die Krieg und Sozialismus überdauerten, bewahrt und modernisiert. Hat sich bei manchem Neubau an Altes angelehnt oder ging sogar ganz neue Wege. Dem waren lange Diskussionen vorausgegangen – nach dem Mauerfall herrschte Uneinigkeit bezüglich der Neugestaltung der historischen Berliner Mitte und der Neubebauung der dortigen Brachen und Lücken, die noch aus dem Krieg stammten. Die einen wollten eine „kritische Rekonstruktion", die anderen Wagnisse eingehen. Abgeschlossen ist die Neugestaltung bis heute nicht, noch immer wird abgerissen und neu bebaut.

> **Hinweis zum Aufbau des Reiseteils**
>
> Der in den Spaziergängen und einleitenden Kapiteln auftauchende Pfeil „→" vor einer Sehenswürdigkeit verweist auf eine ausführlichere Beschreibung im anhängenden Kapitel „Sehenswertes". Die angegebene Dauer eines Spaziergangs beinhaltet nicht den Besuch von Museen oder anderen Sehenswürdigkeiten.

Für den alten Glanz Preußens stehen auf dieser Tour das Brandenburger Tor, die Humboldt-Universität, die Staatsbibliothek, die Staatsoper Unter den Linden oder der Gendarmenmarkt. Ein Synonym für das neue Berlin sind der Potsdamer Platz und das Regierungsviertel mit seinen lichtdurchfluteten Bauten – man kann nur hoffen, dass gläserne Fassaden niemals aus der Mode kommen. Dazwischen gibt es aber auch Belangloses, Kompromissen geschuldet, die die Armut Berlins, den mangelnden

Mut der Stadtväter und den Geiz der Investoren widerspiegeln.

Die vielen Sehenswürdigkeiten machen die Gegend nördlich und südlich des Boulevards Unter den Linden zu einem Touristenmagneten. Der Berliner geht hier ins Theater oder in die Oper, in die Uni oder ins Büro. Sich verabreden, essen, feiern, ja: leben tut er jedoch i. d. R. woanders. Ganz nebenbei: Kein Eck Berlins ist so penibel sauber wie jenes hier beschriebene. Weggeworfenes verschwindet so unauffällig, als wären Müllmänner in Zivil unterwegs. Auf das neue Schaufenster der Stadt gibt man acht.

Tour-Info Länge ca. 6,5 km, **Dauer** ca. 3 Std., Karte S. 28/29.

Spaziergang

Potsdamer Platz

Am Potsdamer Platz steigen gläserne Fassaden gen Himmel, und auch Bürohäuser, wie man sie von der Skyline New Yorks kennt, nur eine Nummer kleiner. Verkehr herrscht auch auf dem Platz, aber nicht mehr so wie in den 1920er-Jahren. Damals war der Platz mit seinen umliegenden Cafés und Restaurants, Grandhotels und Filmpalästen der verkehrsreichste des Kontinents. Was eine Ampel und was ein Zebrastreifen ist, weiß heute jedes Kind. Als man hier aber 1924 die erste Ampel Europas aufstellte und den Zebrastreifen einführte, war das so neu, dass es erklärungsbedürftig war: „Zur Verkehrsregelung ist ein kleiner Verkehrsturm mit Uhr in der Mitte errichtet, der im Volksmund ‚Oberkieker' heißt. Der dort in den Haupttagesstunden den Verkehr regelnde Beamte der Schutzpolizei zeigt durch optische Signale (grün bzw. rot) an, welche Durchfahrtrichtung freigegeben ist und welche gesperrt ist. Fußgänger haben sich auch danach zu richten und die vorgeschriebenen Übergänge zu benutzen, die auf dem Fahrdamm durch weiße Linien angedeutet sind" (Straube-Führer Berlin, 1925).

Nach dem Krieg war der Platz eine weite Ödnis, Niemandsland und zugleich eine Art Dreiländereck: Hier trafen nicht nur der sowjetische (Mitte), der amerikanische (Kreuzberg) und der britische Sektor (Tiergarten) aufeinander, sondern auch Prostituierte, Kleinkriminelle und Schwarzhändler. Tauchte nämlich die Militärpolizei des einen Sektors auf, so flüchtete man einfach in den anderen. Im geteilten Berlin verlief über den heutigen Platz die Mauer, mehrere über den Platz verteilte Mauerelemente erinnern daran.

Acht Monate nach dem Fall der Mauer ging hier mit 350.000 Besuchern das bis dato größte Konzert der Rockgeschichte über die Bühne: *The Wall*. Kurz darauf begannen die Arbeiten an – wieder ein Superlativ – der damals größten Baustelle Europas. Und wie

Phönix aus der Asche erhoben sich vier Quartiere – Viertel mit z. T. eigenen Straßen und Plätzen, die alle zusammen den heutigen Potsdamer Platz ausmachen. Er ist eine künstliche Welt, der Versuch einer Großstadtinszenierung in Anlehnung an die Hochhauskultur der USA.

Zur ersten Orientierung stellt man sich am besten einfach neben den Nachbau des „Oberkiekers" und blickt in Richtung Hochhäuser. In diesem Fall hat man den Leipziger Platz im Rücken (→ Spaziergang „Rund um den Checkpoint Charlie" ab S. 86). Der gläserne Gebäudekomplex mit dem BahnTower bildet das → **Sony Center**, wo sich u. a. das **Museum für Film und Fernsehen** befindet. Rechts davon, durch eine kleine Grünfläche getrennt, erstreckt sich das **Beisheim-Center** mit dem Ritz-Carlton. Dieses Areal, das bis zum Tiergarten reicht, ließ Otto Beisheim, der 2013 verstorbene *Metro*-Gründer, erbauen. Links des Sony Centers, durch den gelinde gesagt ziemlich peinlich wirkenden *Boulevard der Stars* getrennt, liegt die → **Daimler-City**, in die die Alte Potsdamer Straße führt. Zwei Hochhäuser flankieren ihren Anfang, auf dem Dach des rechten befindet sich der → **Panoramapunkt**. Links der Daimler-City gehören noch der **Tilla-Durieux-Park** und die sog. **Park-Kolonnaden**, eine Reihe von Gebäuden mit H-förmigem Grundriss, zum Potsdamer Platz.

Folgt man vom Potsdamer Platz der Ebertstraße an den Mauerelementen vorbei gen Norden – die Ebertstraße zeichnet hier den einstigen Mauerverlauf nach –, fällt rechter Hand das futuristische **Otto-Bock-Haus** (Hnr. 15 a) ins Auge, dessen geschwungene weiße Fassadengestaltung der Struktur von Muskelfasern nachempfunden ist. Nicht ohne Grund: Die Firma *Otto Bock* ist Weltmarktführer in der Prothesenherstellung.

Hinter dem Weinberg der Hessischen Vertretung und dem roten Elefanten im Garten der Landesvertretung Niedersachsens tut sich das Stelenfeld des → **Holocaust-Denkmals** auf, das – so war's nicht gedacht – Kinder zum „Huhu"-Schreien verführt. Auf der anderen Seite der Ebertstraße, schon im Tiergarten, steht einsam und schräg ebenfalls eine Stele: das **Denkmal für die im Nationalsozialismus verfolgten Homosexuellen**. Die Kriminalisierung Homosexueller durch den Paragraphen 175 im Jahr 1935 führte zu über 50.000 Verurteilungen. Es kam zu Zwangskastrationen und Deportationen in KZs. In der Stele tut sich etwas, gehen Sie hinüber.

Wieder auf der anderen Seite der Ebertstraße folgt die **Botschaft der USA**. „Hässlich, aber sicher" titelte *Die Welt* zu deren Eröffnung. Einziger Hingucker sind die fünfzackigen Sterne des Konzeptkünstlers Sol LeWitt im Eingangsbereich.

Wenige Schritte weiter steht man vorm → **Brandenburger Tor**, Wahrzeichen und

Spaziergang

touristischer Hotspot Berlins. Das einstige Stadttor trennt den Platz des 18. März vom Pariser Platz. Oft ist es Zentrum von Kundgebungen: auf der einen Seite die Pro-Rufe, auf der anderen Pfiffe. Vom Platz des 18. März führt die Straße des 17. Juni gen Westen durch den Tiergarten auf die Siegessäule zu (→ Tiergarten, Kulturforum und Diplomatenviertel ab S. 98). Vom Pariser Platz hingegen führt der Boulevard Unter den Linden gen Osten dorthin, wo einst das Stadtschloss stand, das heute in neuer, wiederaufgebauter Form den Namen „Humboldt Forum" trägt.

Pariser Platz

Wie der Potsdamer Platz waren auch das Brandenburger Tor und der **Pariser Platz**, an der Sektorengrenze zwischen Ost und West gelegen, 28 Jahre lang Sperrgebiet und eine einzige Ödnis. An die einst umliegenden Palais erinnerte nichts mehr. Lediglich ein paar Kaninchen wagten sich seinerzeit in die Nähe der Grenzbeamten. Erst mit dem Wiederaufbau nach der Wende wurde aus dem Karree mit den historischen Abmessungen von 120 x 120 m wieder ein wenig das, was der Platz einmal war: die sog. „Berliner Stube".

An das Brandenburger Tor grenzt im Norden das → **Max-Liebermann-Haus** (Hnr. 7). Es steht genau an jener Stelle, wo die Familie Liebermann einst ihr Stadthaus hatte; am Wannsee unterhielt der Maler Max Liebermann zudem noch eine Villa (→ S. 210). Beim Anblick der Fackelzüge der SA durch das Brandenburger Tor tat Liebermann den viel zitierten Ausspruch: „Ick kann jar nich soville fressen, wie ick kotzen möchte."

Weiter im Uhrzeigersinn fällt die von Christian de Portzamparc entworfene **Französische Botschaft** ins Auge (Hnr. 5) und an der Südseite des Platzes das **Hotel Adlon**. Das berühmteste Hotel Berlins wurde 1907 eröffnet, der Wiederaufbau erfolgte in Anlehnung an die Originalfassade. Schon Könige und Kaiser logierten hier, zuletzt die betagte Queen aus dem Hause Windsor.

Auf dem Pariser Platz

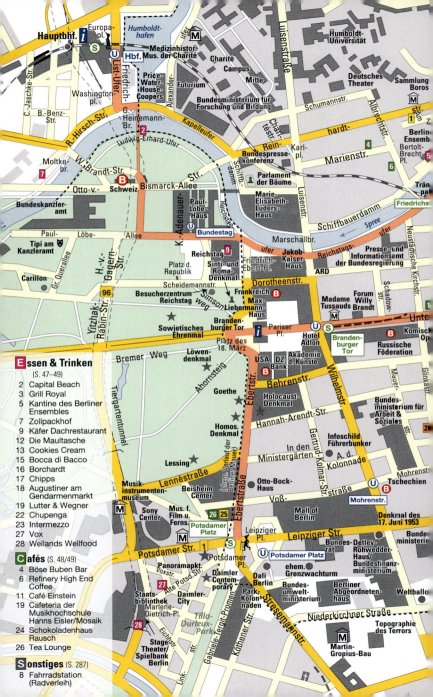

Die 185 m² große Royal Suite kostet übrigens 26.000 € pro Nacht. Günstiger kommt ein Cocktail oder eine Tasse Tee in der beeindruckenden Lobbybar.

An das Hotel schließt die gläserne Fassade der →**Akademie der Künste** an (Hnr. 4). Im Vorgängerbau bastelte Albert Speer an seinen Modellen für die Welthauptstadt Germania.

Die grandiose Innenarchitektur der DZ-Bank am Pariser Platz

Die nächste Tür ist ein Muss! Treten Sie ein ins Foyer der **DZ-Bank** (Hnr. 3). Auch wenn man es von außen gar nicht glauben mag: Hinter der unspektakulären Fassade verbirgt sich spektakuläre Architektur. Verantwortlich dafür zeichnete Frank O. Gehry. Schade, dass der Bausenat mit seinem strikten Regelwerk eine solch unkonventionelle Formensprache nur im Verborgenen duldet.

Unter den Linden

Der Boulevard **Unter den Linden** ging aus einem Reitweg vom Schloss zum Tiergarten hervor. Auf Anordnung des Kurfürsten Friedrich Wilhelm wurden 1647 die ersten Linden und Kastanien gepflanzt. Damals stromerten hier noch aus den nahen Ställen entflohene Schweine umher. Bis ins 18. Jh. blieb die Allee unbefestigt. Aber dann reihten sich wie Perlen an einer Kette peu à peu repräsentative königliche Bauten aneinander, die das militärische und geistig-künstlerische Preußen widerspiegeln sollten. So wuchs die Allee vom Schloss aus gen Westen und fand mit dem Brandenburger Tor ihren krönenden Abschluss. Die Baulücken füllten Aristokraten und das reiche Bürgertum mit Stadtpalais, Hotels, Cafés, Restaurants und noblen Geschäften. 1925 gab es entlang des Boulevards 18 Automobilsalons, 17 Juweliere, 13 Zigarrenläden und v. a.: viel Verkehr. Polizisten regelten ihn mit Trillerpfeife und Trompete. Das Überqueren der Straße war einer Zeitzeugin zufolge ein „Kunststück für Großstädter, eine Pein für Provinzler". Zwar stahl der Ku'damm in den Goldenen Zwanzigern den „Linden" nach und nach die Show und stieg zur ersten Adresse Berlins auf. Die Linden aber blieben weiterhin *der* Prachtboulevard, bis heute verewigt in Büchern, Bildern, Filmen und Chansons. „Auf 'ner Kilometerlänge sieht man nichts als Menschenmenge" sang Marlene Dietrich. Und Walter Kollos *Linden-Marsch* war gar die inoffizielle Berlinhymne: „Solang noch Unter'n Linden die alten Bäume blüh'n, kann nichts uns überwinden. Berlin bleibt doch Berlin." Wie wahr! Die Nazis holzten die Bäume ab – Boulevard und

Stadt waren gesehen. Vieles, an dem Sie vorbeispazieren werden, ist keine 50 Jahre alt! Zu DDR-Zeiten waren die Linden übrigens die Sackgasse der Nation, das Verkehrsaufkommen glich dem einer Dorfstraße.

> Hinweis: 60 m ist der Boulevard breit. In seiner Mitte verläuft unter den Silberlinden eine Promenade, die zum ständigen Seitensprung verführt. Durch den Bau der U-Bahn-Linie 5 (Fertigstellung für Ende 2020 angekündigt) ist die Promenade abschnittsweise leider immer wieder von Bauzäunen unterbrochen.

Wenige Schritte nachdem man die Wilhelmstraße überquert hat, liegt linker Hand der Eingang zu → **Madame Tussauds**. Hier wurde am 4. Juli 2008 das letzte Attentat auf Hitler verübt: Ein Altenpfleger enthauptete den Führer. Dahinter folgt das **Forum Willy Brandt** (Hnr. 62–68) mit einer Ausstellung zum Leben und Wirken des SPD-Politikers. Auf der anderen Straßenseite steht die **Botschaft der Russischen Föderation**. Als Sowjetische Botschaft wurde der Komplex mit Ehrenhof, Repräsentationssälen, Wohnungen und Schwimmbad im Stil des stalinistischen Neoklassizismus zwischen 1950 und 1953 erbaut.

Nachdem man die Neustädter Kirchstraße überquert hat, liegt gleich linker Hand das bekannte **Café Einstein** (→ Essen & Trinken/Cafés) und zwei Häuser weiter, ebenfalls linker Hand, der unauffällige Eingang zum **ZDF-Hauptstadtstudio** (Hnr. 36–38). Im Atrium (mit öffentlich zugänglichem Café) diskutiert u. a. Maybrit Illner mit ihren Gästen (für Tickets → S. 274).

An der Ecke zur Friedrichstraße grüßt Wilhelm Tell vom **Haus der Schweiz**. Es ist eines jener 13 Gebäude zwischen Brandenburger Tor und Universität, die den Krieg halbwegs unversehrt überstanden. Schräg gegenüber, im Büro- und Geschäftszentrum **Lindencorso**,

geht man zum Bentley-, Porsche- und Bugatti-Shoppen.

Unmittelbar nach Überquerung der Charlottenstraße liegt linker Hand die **Staatsbibliothek**, der größte historische Baukomplex in Berlin-Mitte (1914 eröffnet). Allein die Front misst 107 m in der Breite und reicht bis zur Universitätsstraße, in der Tiefe hat der Komplex eine Länge von 170 m. Bereits seit 2004 wird das mächtige Gebäude schrittweise restauriert und nach und nach wiedereröffnet. Im Rahmen der letzten Generalsanierung kam auch ein Glaskubus-Lesesaal in der geistigen bzw. räumlichen Mitte hinzu. Verantwortlich dafür zeichnete das Architekturbüro *HG Merz* – sehenswert, Führungen finden stets freitags um 17 Uhr statt (kostenlos, www.staatsbibliothek-berlin.de).

Auf Höhe Universitätsstraße beendet das **Reiterstandbild des Alten Fritz** die Mittelpromenade. Das Denkmal aus der Mitte des 19. Jh. schuf Christian Daniel Rauch. Figuren zeitgenössischer Persönlichkeiten schmücken den Sockel, darunter Militärs, Angehörige des Königshauses und – unter dem Hinterteil des Pferdes – Vertreter von Kunst und Wissenschaft.

Linker Hand folgt die → **Humboldt-Universität**. Begründer Wilhelm und Bruder Alexander sitzen an warmen Sommertagen davor – in Marmor auf hohen Sockeln. Im Winter verziehen sie sich in ein geschütztes Depot. Den beiden zu Füßen findet man zumeist Stände mit antiquarischen Büchern.

Bebelplatz

Gegenüber der Humboldt-Universität erstreckt sich der **Bebelplatz**, ehemals Opernplatz. Auf ihm veranstalteten am 10. Mai 1933 die Stiefellecker der Deutschen Studentenschaft in SA-Uniform im Zuge der Aktion „Wider den undeutschen Geist" die Bücherverbrennung. Erich Kästner stand bei strömendem

Tour 1: Vom Potsdamer Platz ins Regierungsviertel

Die „Kommode" am Bebelplatz

Regen unerkannt in der Menge, als der Feuerspruch verkündet wurde: „Gegen Dekadenz und moralischen Verfall! Für Zucht und Sitte in Familie und Staat! Ich übergebe den Flammen die Schriften von Heinrich Mann, Ernst Glaeser und Erich Kästner!" Insgesamt wurden 24 deutsche Schriftsteller symbolisch ausgetilgt. Auf Höhe des Schriftzugs der Juristischen Fakultät befindet sich eine Glasplatte im Boden, darunter leere Bücherregale, ein so einfaches wie eindrucksvolles Mahnmal von Micha Ullmann.

Das barocke Gebäude der **Juristischen Fakultät** selbst wurde in der zweiten Hälfte des 18. Jh. als Königliche Bibliothek erbaut und nach dem Zweiten Weltkrieg wie die meisten umliegenden Häuser und Palais wiederaufgebaut. Wegen seiner geschwungenen Form wird es auch „Kommode" genannt. Zugrunde lag ein Entwurf Fischer von Erlachs für die Wiener Hofburg, der einfach kopiert wurde. Da sich die Wiener mit der Umsetzung des Entwurfes Zeit ließen, war die Kopie über 100 Jahre früher fertig als das Original ...

Die Südseite des Bebelplatzes nimmt das **Hotel de Rome** ein. Das Gebäude wurde einst als Zentrale der *Dresdner Bank* erbaut und besitzt eine tolle Dachterrasse (→ Übernachten, S. 290, und Nachtleben, S. 257). Links davon erhebt sich die → **St.-Hedwigs-Kathedrale**, über die Spötter sagen, sie sehe aus wie eine umgestülpte Teetasse.

Im Osten, gen Fernsehturm, begrenzt die → **Staatsoper Unter den Linden** das Forum Fridericianum, wie der Bebelplatz von Kunsthistorikern auch genannt wird. Mit dem Ensemble repräsentativer Bauten wollte sich Friedrich II. unvergesslich machen. Zu seiner Zeit war der Besuch des Opernhauses übrigens noch kostenlos, aber nicht fürs Volk – das durfte gar nicht erst hinein.

Weiter entlang der Linden passiert man linker Hand, von einem Kastanienhain umgeben, die → **Neue Wache**, heute die Gedenkstätte der Bundesrepublik Deutschland für die Opfer der Kriege und der Gewaltherrschaft.

Als nächster Bau folgt ebenfalls linker Hand das barocke Zeughaus, die ehemalige preußische Waffenkammer. Wo einst Kanonen und Gewehre (früher „Geschwindschüsse" genannt), Trommeln und Trophäen lagerten, präsentiert heute das → **Deutsche Historische Museum** seine Sammlungen.

Auf der anderen Seite der Linden, schräg gegenüber dem Deutschen Historischen Museum, steht das **Prinzessinnenpalais**, das seit Herbst 2018 die Kunstsammlung der Deutschen Bank beherbergt und seitdem den Namen → **Palais Populaire** trägt. Darauf folgen das **Kronprinzenpalais** (mit Säulenportal, Hnr. 3), in dem hin und wieder Ausstellungen stattfinden, und die **Alte Kommandantur** (Hnr. 1), heute die Hauptstadtrepräsentanz der *Bertelsmann AG und Stiftung*. Dieses Ensemble herrschaftlicher Bauten wurde in Anlehnung an die Originalpläne nach dem Zweiten Weltkrieg wiedererrichtet.

Schinkelplatz und Hausvogteiplatz

Die **Schlossbrücke** führt auf die Museumsinsel (→ S. 50), wir aber halten uns unmittelbar vor der Brücke rechts und gelangen so zum Schinkelplatz, der nur durch den Spreearm vom Schlossplatz getrennt ist.

Im Rücken der Statue des preußischen Architekten Schinkel bildet eine Musterfassade aus Kunststoff Schinkels **Bauakademie** nach, wie sie hier von 1836–1962 stand – sie soll wiederaufgebaut werden. Aus der Bauakademie, die die preußische Architektur maßgeblich prägte, ging später die Technische Universität Berlin hervor.

Rechts von der Bauakademie steht die ebenfalls nach Plänen von Karl Friedrich Schinkel errichtete **Friedrichswerdersche Kirche**. Bis 2012 zeigte darin die Alte Nationalgalerie klassizistische Skulpturen. Doch dann begann man mit dem Bau von Luxuswohnungen (teils mit Pool auf dem Dach) drum

herum. Beim Ausheben der Tiefgaragen kam es zu Rissen im Fundament der Kirche, Putz fiel von der Decke, Rippengewölbe und Fensterpfeiler brachen. Bis die Kirche wieder der Öffentlichkeit zugänglich sein wird, werden wohl noch Jahre vergehen.

Der → **Schinkel Pavillon** direkt hinter der Kirche, in dem feine zeitgenössische Kunst präsentiert wird, hat mit dem preußischen Baumeister übrigens recht wenig zu tun – er wurde zu DDR-Zeiten errichtet.

Über den Werderschen Markt gelangt man in die Kurstraße. Der Gebäudekomplex linker Hand ist das **Auswärtige Amt**. Der vordere Teil stammt aus den 1990ern und besitzt einen überdachten Lichthof (mit einem jedermann zugänglichen Coffeeshop), der hintere Teil ist ein Nazibau und beherbergte einst die geraubten Gold- und Devisenreserven der Reichsbank.

Rechter Hand erblickt man nach rund 100 m die **Berlin Townhouses**, ein Ensemble in Reihe gebauter Häuser mit schmalen, schicken Fassaden, die zukunftsweisend für andere Berliner Stadthausensembles wurden.

Im Rücken der Häuserzeile liegt der **Hausvogteiplatz**. Bis zur Machtübernahme der Nationalsozialisten stellte er das Zentrum der Berliner Mode- und Textilbranche dar, in der überwiegend jüdische Schneider, Modeschöpfer und Händler tätig waren. Ein zweiteiliges Denkmal erinnert daran: am Platz selbst drei Flächen aus verspiegeltem Edelstahl, die Ankleidespiegeln ähneln, auf den Stufen hinab zum U-Bahnhof Informationen über die einst hier ansässigen jüdischen Modefirmen.

Gendarmenmarkt und Friedrichstraße

Über die Taubenstraße, vorbei an Starcoiffeur Shan Rahimkhan, gelangt man zum **Gendarmenmarkt**, vielfach als schönster Platz Berlins gepriesen. Hier trifft man auf den nach dem Krieg wiedererrichteten klassizistischen Dreiklang aus → **Konzerthaus** (Mitte), → **Französischem Dom** (rechts) und → **Deutschem Dom** (links) – die beiden Letzteren waren aber in ihrer Geschichte nie Bischofskirchen. Es lohnt, die weite Freitreppe zum Konzerthaus hinaufzuspazieren, man hat dann meist die Möglichkeit, einen Blick durch die Tür in den Großen Saal zu werfen.

Das **Quartier 205** trennt den Gendarmenmarkt von der Friedrichstraße. Nimmt man den Eingang auf Höhe der Rückseite des Deutschen Doms, gelangt man zum *Turm von Klythie*, den der US-amerikanische Künstler John Chamberlain aus Autoblechen und verchromten Stoßstangen schuf. Von hier führt eine unterirdische, leider ziemlich leblose Ladenpassage durch das Quartier 205 und das **Quartier 206** zur feinen Foodmeile in den **Galeries Lafayette** (Quartier 207). Die drei Quartiere werden auch als Friedrichstadt-Passagen bezeichnet.

Die **Friedrichstraße**, der wir, nun oberirdisch, weiter Richtung Bahnhof Friedrichstraße folgen – in der Ferne kann man die Hochbahngleise erkennen –, war in den Goldenen Zwanzigern eine der schillerndsten Straßen Berlins. Berühmte Cafés und Restaurants gab es hier genauso wie Theater und Kabaretts, Tanzsalons, feine Gesellschaftslokale, schmierige Vergnügungsetablissements und einfache Schänken. „Nach 4 Uhr" war die Straße „durchsetzt von gewissen, vielfach sehr elegant angezogenen und je nach Alter und Aussehen entsprechend bemalten ‚Damen'" (*Straube-Reiseführer Berlin*, 1925). Die Straße wurde in jener Zeit zum weltweiten Mythos und Synonym für das verruchte Berlin. Die Nazis schoben dem wilden, „undeutschen" Treiben einen Riegel vor, dann regnete es Bomben. Der Wiederaufbau nach der Wende

machte aus der Friedrichstraße eine Geschäftsmeile. Zwischen der zeitgenössischen Moderne fallen ein paar wenige Fassaden ins Auge, die den Krieg überdauerten, so z. B. jene des sog. **Hauses Automat** (Hnr. 167/168). 1905 wurde darin eines der ersten Berliner Automatenrestaurants eröffnet, in dem man Speisen gegen Münzeinwurf aus Automaten bekam. Die Tradition hat das gepflegte Restaurant Bocca di Bacco (→ Essen & Trinken) nicht wiederbelebt.

Nachdem man die Straße **Unter den Linden** überquert und das **Kulturkaufhaus Dussmann** mit der laut Eigenwerbung „größten Klassikabteilung der Welt" passiert hat, gelangt man zum **Bahnhof Friedrichstraße**. Der **Admiralspalast** rechts dahinter (also nördlich) wurde 1911 als rund um die Uhr geöffnete Luxustherme und Eislaufbahn eröffnet und 1922 zum Varieté-Theater umgebaut. 1946 gründete sich darin die SED. Heute gehen hier Theater, Konzerte und Revuen über die Bühne (→ Kultur, S. 247).

Gegenüber stehen zwei düstere Hochhäuser. Für diesen Standort hatte übrigens Mies van der Rohe 1921 jenen gläsernen Wolkenkratzer „Wabe" entworfen, der, obwohl nie realisiert, zu einer Ikone der Moderne wurde. Zwischen den Hochhäusern und dem Bahnhof Friedrichstraße befindet sich der → **Tränenpalast**, der zu DDR-Zeiten oft Schauplatz dramatischer Abschiedsszenen war (→ Kasten „Die U6 im geteilten Berlin", S. 90).

Regierungsviertel

Spaziert man die Spree entlang gen Westen, also wieder unter den Bahngleisen des Bahnhofs Friedrichstraße hindurch, gelangt man ins Regierungsviertel. Den Auftakt bildet linker Hand das **Presse- und Informationsamt der Bundesregierung**, wo Steffen Seibert

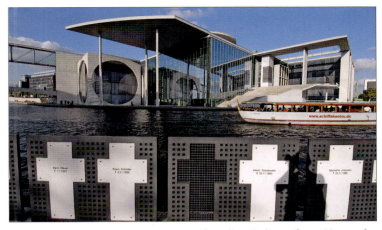

Kreuze erinnern am ehemaligen Todesstreifen an Maueropfer

bei Pressekonferenzen die Meinung der Bundesregierung in schöne Worte verpackt. Das gegenüberliegende Spreeufer wird – nachdem der letzte Plattenbau verschwunden ist – u. a. einen elliptischen Bau nach Entwürfen von *Kusus + Kusus* bekommen, in den die Bundestagsverwaltung einziehen soll.

Auf dem weiteren Spaziergang entlang des Spreeufers – in der Ferne sieht man bereits die Kuppel des Bundestages – passiert man auch das **ARD-Hauptstadtstudio**. Von hier wandern die Kommentare zum politischen Geschehen aus Berlin in die Wohnzimmer.

Auf das ARD-Hauptstadtstudio folgt hinter der Marschallbrücke linker Hand das **Jakob-Kaiser-Haus**, kein einzelnes Gebäude, sondern ein „Haus aus acht Häusern" mit 1745 Büros, die durch Achsen und Brücken miteinander verbunden sind. Davor kann man auf einer Glaswand die ersten 19 Artikel des Grundgesetzes in der Fassung von 1949 nachlesen, ein Werk von Dani Karavan.

Das **Jakob-Kaiser-Haus** gehört wie das **Marie-Elisabeth-Lüders-Haus** auf der gegenüberliegenden Uferseite zum Bundestag. Letzteres wird aktuell erweitert, weil zukünftig jeder Bundestagsabgeordnete (derzeit 709) vier anstatt drei Büroräume bekommen soll. Die Fertigstellung ist für 2021 geplant. Das Lüders-Haus beherbergt zudem die parlamentarische Bibliothek (1,4 Mio. Bände), außerdem jenen Anhörungssaal, in dem die gefürchteten Untersuchungsausschüsse stattfinden, und das Mauer-Mahnmal (→ Kasten „Ins Zentrum der Macht", S. 44/45).

Das Marie-Elisabeth-Lüders-Haus auf ehemals Ostberliner Seite ist durch zwei Brücken (die obere hat den Spitznamen „höhere Beamtenlaufbahn") mit dem Paul-Löbe-Haus auf ehemals Westberliner Terrain am anderen Ufer verbunden – der symbolische Brückenschlag des Bundestags zwischen Ost und West. Für beide Häuser zeichnete der Architekt Stephan Braunfels verantwortlich.

Direkt am Spreeufer – die Spree war hier der Todesstreifen – erinnern sieben Kreuze an die einstigen Maueropfer. Geht man zu den Kreuzen hinab und schaut dort linker Hand ums Eck, erblickt man zwei grüne Männer auf zwei grünen Leitern. Sie haben, wie so manche Abgeordnete auch, „hohe Ziele" vor Augen. Die Leuchtskulpturen schuf Neo Rauch.

> Für die Besichtigung der Bundestagsgebäude und des Kanzleramts → Kasten „Ins Zentrum der Macht".

Der → Reichstag mit seinen vier Ecktürmen, seinem klassizistischen Portal und seiner gläsernen Kuppel kommt am besten von seinem begrünten Vorplatz, dem Platz der Republik, zur Geltung. Die grauen Container nahe dem Eingang dienen der Besucherabfertigung, ihre Tage sind jedoch gezählt. Für die jährlich rund drei Mio. Besucher soll ein Besucherzentrum am Tiergarten gebaut werden, von wo es dann durch einen Tunnel in den Reichstag geht.

Im Paul-Löbe-Haus kommen die Ausschüsse und Lobbyisten (geschätzte 5000 in Berlin) zusammen und beraten über Fischfangquoten und Subventionen. Das Hauptportal des Hauses mit monumentalem Vordach und verglaster Eingangshalle erhebt sich gegenüber dem Ehrenhof des Bundeskanzleramtes, wo beim Besuch hoher Staatsgäste der rote Teppich ausgerollt wird. Im siebten Stock des Kanzleramts-Kubus hat Angela Merkel ihr Büro, im Stockwerk darüber pflegt sie zu speisen. Viel „umbaute Luft" kennzeichnet die Architektur des Kanzleramtes, das wegen der riesigen Bullaugen an den Seiten – so heißt es in den Kommentaren der vorbeiziehenden Ausflugsschiffe – von den Berlinern „Waschmaschine" genannt wird. Das ist Humbug!

Gegenüber der Zufahrt zum Kanzleramt steht – irgendwie etwas verloren – die Schweizer Botschaft. Wie durch ein Wunder überstand das Gebäude den Krieg, während alles drum herum in Schutt und Asche versank. Aber allzu viel stand hier schon vor Kriegsbeginn nicht mehr. Das ehemalige feudale Alsenviertel hatte bereits Hitler stellenweise plattmachen lassen, um seinen Traum von Germania zu verwirklichen (→ Kasten S. 236).

Im Sommer kann man den Spaziergang in der Strandbar Capital Beach (→ Essen & Trinken) ausklingen lassen. In dem Gebäude mit der weißen Rasterfassade am Ufer gegenüber sitzt übrigens *PricewaterhouseCoopers*, rechts davon stehen das → Futurium und das Bundesministerium für Bildung und Forschung (grünlicher Bau). Linker Hand befindet sich der → Hauptbahnhof, von wo man per U- und S-Bahn oder Bus in alle Ecken der Stadt gelangt.

Sehenswertes

Eyecatcher am Potsdamer Platz

Sony Center

Der gläserne Komplex nach einem Entwurf von Helmut Jahn umfasst sieben Gebäude, darin u. a. die deutsche Sony-Niederlassung, die DB-Konzernzentrale, Büros, luxuriöse Penthouse-Wohnungen, das Museum für Film und Fernsehen (s. u.), Kinos, das Legoland Discovery Centre (→ S. 277), Restaurants und Cafés. Der Gebäudetrakt rechts hinter dem BahnTower überbrückt die Reste des einstigen Grandhotels Esplanade, das im Krieg zu 90 % zerstört wurde. Zu dessen Gästen gehörten einst Charlie Chaplin, Greta Garbo und Billy Wilder. Die Ruine selbst diente Wim Wenders als Kulisse für seinen Filmklassiker *Himmel über Berlin*. Für die Neugestaltung des Potsdamer Platzes musste die Ruine versetzt werden. Dabei wurde der 1300 t schwere *Kaisersaal* auf Luftkissen verschoben (nicht zugänglich, heute ein Veranstaltungssaal). Der

Touristenmagnet: das Sony Center

angrenzende **historische Frühstücks-saal**, der für den Transport in über 500 Teile zerlegt wurde, gehört heute zum Restaurant Josty.

Vom Forum in der Mitte des Sony Centers blickt jeder mal nach oben. Abends ist der Blick am schönsten: Die sich selbst reinigenden Stoffbahnen in der grandiosen Dachkonstruktion wechseln dann ihre Farben.

Ⓢ+Ⓤ Potsdamer Platz. www.sonycenter.de.

Deutsche Filmgeschichte

Museum für Film und Fernsehen

Spannend konzipierte Zeitreise durch die über 100-jährige Film- und Fernsehgeschichte Deutschlands. Der Schwerpunkt liegt auf jener Zeit, als Berlin noch Hollywood Konkurrenz machte, man denke nur an Murnaus *Der letzte Mann* oder Langs *Metropolis*. In der Abteilung „Programmgalerie Fernsehgeschichte" können 1500 Sendungen aller Genres ab 1952 per Mausklick abgerufen werden – da werden Kindheitserinnerungen wach!

Potsdamer Str. 2 (Sony Center), Ⓢ+Ⓤ Potsdamer Platz. Tägl. (außer Di) 10–18 Uhr, Do bis 20 Uhr. 8 €, erm. 5 €, Do 16–20 Uhr. Eintritt frei. www.deutsche-kinemathek.de.

Kunst zwischen Glas und Stahl

Daimler-City

Die Daimler-City (wer hier investiert hat, kann jeder selbst erraten) besteht aus 19 Gebäuden, über 100 Geschäften, zehn Straßen und einer zentralen Piazza. Den Masterplan zum Prototyp des neuen Berlin schufen Renzo Piano und Christoph Kohlbecker. Folgt man vom Potsdamer Platz der Alten Potsdamer Straße, passiert man nach wenigen Schritten den Eingang zum **Panoramapunkt** auf dem Kollhoff-Tower, von wo einem Berlin zu Füßen liegt (s. u.). Etwas weiter steht linker Hand das eins-

tige *Weinhaus Huth* (Hnr. 5), das einzige noch gänzlich erhaltene historische Gebäude rund um den Potsdamer Platz. Hier präsentiert **Daimler Contemporary** wechselnde Ausstellungen abstrakt-konstruktiver, minimalistischer Kunst.

Etwas weiter trifft die Alte Potsdamer Straße auf den Marlene-Dietrich-Platz. Vor dem dortigen Musicaltheater wird zur Berlinale der rote Teppich ausgerollt, das Theater wird dann zum Filmpalast. Im Wassergraben vor dem Theater und der Spielbank Skulpturen aus der Daimlerkunstsammlung – teuere Plastiken erkennt man in Berlin daran, dass sie zum Schutz vor Sprayern im Wasser oder in unerreichbaren Höhen stehen. Infos zu allen Skulpturen in der Daimler City (darunter Werke von Nam June Paik, Mark di Suvero, Auke de Vries, Keith Haring oder Frank Stella) bei Daimler Contemporary.

Ⓢ+Ⓤ Potsdamer Platz. Daimler Contemporary, Eingang etwas unauffällig zwischen Lutter & Wegner und dem Café. Tägl. 11–18 Uhr. Eintritt frei. Klingeln! www.art.daimler.com.

Berlin von oben

Panoramapunkt Potsdamer Platz

Hinauf geht es mit dem schnellsten Aufzug Europas. Oben lädt ein Café ein, nett v. a. am frühen Abend. Hier behält man auch nach mehreren Gläschen Wein noch den Überblick!

Potsdamer Platz 1 (auf dem Dach des Kollhoff-Towers, Eingang von der Potsdamer Straße), Ⓢ+Ⓤ Potsdamer Platz. Im Sommer tägl. 10–20 Uhr, im Winter bis 18 Uhr. 7,50 €, erm. 6 €. www.panoramapunkt.de.

Gegen das Vergessen

Holocaust-Denkmal

2711 aufrechte Stelen, die an Sarkophage erinnern, bilden das Denkmal für die ermordeten Juden Europas (errichtet

2003–2005), das nach einem Entwurf von Peter Eisenmann entstand. Dazwischen befinden sich 23 „Internet-Pflastersteine" mit einem QR-Code, mit dessen Hilfe man sich die App „Virtuelles Konzert" herunterladen kann. Beim Gang durch das Stelenfeld (am besten mit Kopfhörer) erklingt dann das eigens für das Denkmal komponierte Werk *Vor dem Verstummen* von Harald Weiss genau so, wie es 2008 eingespielt wurde: 24 Musiker hatten sich dazu im Stelenfeld verteilt, und je nachdem, wo man gerade spaziert, hört man auf diese Weise mal die Geige lauter, mal den Kontrabass. Unter dem Stelenfeld liegt der **Ort der Information** (Zugang an der südöstlichen Ecke), der die nationalsozialistische Terrorpolitik kurz erläutert, vielmehr aber die Dimension des Holocaust und die einstige Vielfalt des europäischen Judentums wie auch die Orte des Verbrechens beleuchtet. Im „Raum der Namen" sind zum Gedenken und in Erinnerung an die ermordeten oder verschollenen Juden über Lautsprecher Kurzbiografien hörbar, mehr als 10.000 sind bereits aufgenommen, sechs Mio. wären möglich. Wären einmal alle Kurzbiografien in der hier präsentierten Form gesprochen, müsste man sechs Jahre, sieben Monate und 27 Tage warten, bis sich der erste Name wiederholt.

Cora-Berliner-Str. 1, Ⓤ Brandenburger Tor o. Ⓢ+Ⓤ Potsdamer Platz. **Ort der Information**, April–Sept. tägl. (außer Mo) 10–20 Uhr, Okt.–März bis 19 Uhr. Eintritt frei, oft lange Schlangen. www.stiftung-denkmal.de.

Das Symbol der Stadt
Brandenburger Tor

Zwischen 1788 und 1791 wurde das 65,5 m breite Tor von Carl Gotthard Langhans in Anlehnung an die Propyläen der Athener Akropolis erbaut. Und in Anlehnung an das Mausoleum von Halikarnassos (heute Bodrum/Türkei), eines der sieben Weltwunder der

2711 Stelen erinnern an die ermordeten Juden Europas

Antike, setzte man eine Quadriga mit der Friedensgöttin Eirene obenauf, ein Werk von Johann Gottfried Schadow. 1806 wurde die Göttin von Napoleon geraubt, 1814 eroberte man sie zurück, fortan tat sie Dienst als Siegesgöttin Viktoria. Bis zum Ende der Kaiserzeit war die breitere mittlere Durchfahrt für das gemeine Volk tabu, nach dem Mauerbau für jedermann – das Tor stand nun im Niemandsland. Im südlichen Torhaus befindet sich heute eine Touristeninformation, im nördlichen der „Raum der Stille", dessen Vorbild der Meditationsraum im Gebäude der Vereinten Nationen in New York ist. Historische Aufnahmen vom Brandenburger Tor schmücken den gleichnamigen U-Bahnhof, der eleganteste Berlins (Zugang auf Höhe des Hotels Adlon).

Pariser Platz, Ⓢ+Ⓤ Brandenburger Tor.

Kulturstiftung der Berliner Sparkasse
Max-Liebermann-Haus

Von Josef Paul Kleihues in Anlehnung an den Vorgängerbau wiedererrichtet, beherbergt es heute die *Stiftung Brandenburger Tor*, die darin temporäre Ausstellungen zeigt.

Pariser Platz 7, Ⓢ+Ⓤ Brandenburger Tor. Mo u. Mi-Fr 10–18 Uhr, Sa/So 11–18 Uhr. Eintrittspreise ausstellungsabhängig. www.stiftung brandenburgertor.de.

Die Kulturinstitution Deutschlands
Akademie der Künste

In dem von *Behnisch & Partner* projektierten Gebäude finden Lesungen, Filmvorführungen und spannende Ausstellungen statt. Eine Dependance der Akademie befindet sich in Tiergarten (→ S. 103).

Pariser Platz 4, Ⓢ+Ⓤ Brandenburger Tor. Die Öffnungszeiten der Ausstellungen und die Eintrittspreise sind variabel. www. adk.de.

Wachsfigurenkabinett
Madame Tussauds

Im Wachsfigurenkabinett mit ca. 85 Prominenten kann man sich u. a. zu Günther Jauch an den Fragetisch setzen (kein Casting nötig!) oder ein Selfie mit Conchita Wurst machen.

Unter den Linden 4, Ⓢ+Ⓤ Brandenburger Tor. Tägl. 10–19 Uhr. 23,50 €, Kinder 18,50 €, online deutlich günstiger. www.madametussauds. com/Berlin.

Wissenschaft unter den Linden
Humboldt-Universität

Der Gebäudetrakt mit Ehrenhof wurde als Palais für Prinz Heinrich Mitte des 18. Jh. erbaut. 1810 zog die von Wilhelm von Humboldt gegründete Berliner Universität ein, die seit 1949 dessen Namen trägt. 29 Nobelpreisträger waren im Laufe der Zeit mit der Universität wissenschaftlich verbunden. Über 35.000 Studenten sind heute an der HU eingeschrieben.

Unter den Linden 6, Ⓢ+Ⓤ Friedrichstraße. www.hu-berlin.de.

Klassizistische Bischofskirche
St.-Hedwigs-Kathedrale

Der schlichte Rundbau mit Tempelportikus ist zugleich die Bischofskirche der Erzdiözese Berlin. Für deren Entwurf stand wie so oft das Pantheon in Rom Pate. Baubeginn war 1747; 1773 mussten die Arbeiten wegen Geldmangel provisorisch abgeschlossen werden. Erst 1886 wurden sie wieder aufgenommen, ein Jahr später war das Bauwerk vollendet. 1943 wurde es zerstört und zwischen 1952 und 1963 wiederaufgebaut. Seitdem herrscht zwischen der klassizistischen Fassade und dem nüchternen Innern ein gewisser Widerspruch.

Die Raumaufteilung in Ober- und Unterkirche samt Krypta, verbunden durch eine breite Treppe, ist eigen-

Sehenswertes 41

willig. Im Rahmen der derzeit laufenden 60 Mio. Euro teuren Sanierung soll dieses „Loch" geschlossen werden. Gegner des Umbaus sprechen von der Zerstörung eines Kulturdenkmals. Die Wiedereröffnung ist für 2023 geplant.

Behrenstr. 39, (S)+(U) Friedrichstraße o. (U) Französische Straße. www.hedwigs-kathedrale.de.

> **Bequemer ans Ziel:** Entlang dem Boulevard Unter den Linden fahren von (S)+(U) Alexanderplatz die Busse 100 und 200. Direkt unter dem Boulevard verkehrt die U5 (aber nicht vor Ende 2020).

Ewige Baustelle
Staatsoper Unter den Linden

Die ehemalige „Königliche Hofoper" ließ Friedrich II. von dem ihm nahestehenden Architekten Georg Wenzeslaus von Knobelsdorff in der ersten Hälfte des 18. Jh. erbauen und am 7. Dezember 1742 mit Carl Heinrich Grauns *Cleopatra e Cesare* festlich eröffnen. Zweimal musste das Haus wieder aufgebaut werden, das erste Mal nach einem Brand 1844, das zweite Mal kann man sich denken. Von 2010–2017 wurde es grundsaniert. Dabei wurde u. a. das Raumvolumen durch die Anhebung der Saaldecke zum Zweck einer besseren Akustik vergrößert. Gesamtkosten der Sanierung: 400 Mio. Euro.

Unter den Linden 7, (S)+(U) Friedrichstraße. www.staatsoper-berlin.de.

Zentrale Gedenkstätte Deutschlands
Neue Wache

Der massive Kubus mit offener Säulenhalle wurde zwischen 1816 und 1818 erbaut und gilt als eines der Meisterwerke Schinkels. 100 Jahre später verlor das Bauwerk seine Funktion als Wachstube und Arrestlokal, behielt aber seinen Namen bei und wurde zur Gedenkstätte in vier deutschen Staaten: zur „Gedächtnisstätte für die Gefallenen des Weltkrieges" in der Weimarer Zeit, zum „Ehrenmal für die Gefallenen des Weltkrieges" unter Hitler, zum „Mahnmal für die Opfer des Faschismus und Militarismus" nach dem Wiederaufbau in der DDR und zur „Gedenkstätte für die Opfer der Kriege und Gewaltherrschaft" unter Helmut Kohl. An die Opfer erinnert heute einzig und allein die Käthe-Kollwitz-Skulptur *Mutter mit totem Sohn*.

Unter den Linden 4, (S)+(U) Friedrichstraße. Tägl. 10–18 Uhr. Eintritt frei.

Unserer Vergangenheit auf der Spur
Deutsches Historisches Museum

Es besteht aus zwei Gebäuden: dem **Zeughaus**, zugleich das älteste Gebäude des Boulevards Unter den Linden (1695 Grundsteinlegung, Bauzeit 35 Jahre, Wiederaufbau 1948–1965), und dem rückwärtigen **Pei-Bau** (2004). Letzteren entwarf Stararchitekt Ieoh Ming Pei, ein Schüler von Gropius und Breuer. Pei gilt als „Meister des Lichts" und „Magier des Raumes", ein Hingucker ist das Glasfoyer, aus dessen geschwungener Fassade sich ein gläserner Treppenturm entwickelt. Der alte Teil beherbergt die sehenswerte Dauerausstellung „Deutsche Geschichte in Bildern und Zeugnissen" (rund 8000 Exponate), der Neubau dient temporären Ausstellungen. Peis Idee war es auch, den Hof des Zeughauses mit einer Glas-Stahl-Konstruktion zu überdachen. Heute befinden sich hier 22 Masken sterbender Krieger von Andreas Schlüter, die zu den bedeutendsten Werken europäischer Barockkultur zählen. Schlüter selbst wirkte auch als Architekt des Zeughauses mit. Am 21. März 1943, als Haus und Hof Schauplatz einer Ausstellung russischer Beutewaffen waren, scheiterte hier das Selbstmordattentat des Freiherrn von Gersdorff auf Hitler. Gersdorff, der am

Vom Potsdamer Platz ins Regierungsviertel → Karte S. 28/29

Körper einen Sprengsatz trug, hatte bei Ankunft Hitlers den auf zehn Minuten eingestellten Zeitzünder aktiviert. Doch Hitler blieb nur zwei Minuten. Gersdorff gelang es in der Toilette des Hauses gerade noch, den Sprengsatz zu entschärfen.

Unter den Linden 2, Ⓢ+Ⓤ Friedrichstraße o. Ⓢ Hackescher Markt. Tägl. 10–18 Uhr. Tageskarte für alle Ausstellungen 8 €, erm. 4 €. www.dhm.de.

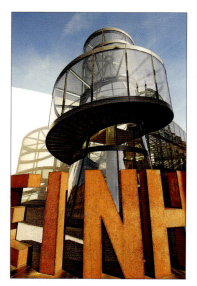

Der Pei-Bau des Museums

Moderne Kunst unter den Linden
Palais Populaire

Im Rokokopalast zeigt die Deutsche Bank seit 2018 ihre hochkarätige Kunstsammlung in wechselnden Ausstellungen. Die jüngst minimalistisch durchgestylten Räumlichkeiten dienen aber auch als Forum für Kultur und Sport.

Unter den Linden 5, Ⓤ Französische Straße. Tägl. 10–20 Uhr, Di–So 4 €, erm. 3 €, Mo freier Eintritt und kostenlose Kurzführungen. www.palaispopulaire.de.

Luftige Expositionen
Schinkel Pavillon

Im rundum verglasten Pavillon aus dem Jahr 1969 (Erich Honecker empfing hier früher gerne Gäste) zeigt Kuratorin und Fotokünstlerin Nina Pohl kleine, aber extrem feine experimentelle Ausstellungen, nicht selten sind Big Names darunter.

Oberwallstr. 1, Ⓤ Hausvogteiplatz. Do–So 12–18 Uhr. 5 €, erm. 3 €. www.schinkelpavillon.de.

Klassik im Schinkel-Bau
Konzerthaus

Das von Karl Friedrich Schinkel 1818–1821 errichtete ehemalige Schauspielhaus zählt zu den Meisterwerken klassizistischer Architektur in Deutschland. Nach der Zerstörung im Zweiten Weltkrieg wurde es in den 1980ern originalgetreu wiederaufgebaut. Es besitzt vier Säle und ist die Heimat des Konzerthausorchesters Berlin (→ Kultur, S. 247).

Gendarmenmarkt, Ⓤ Stadtmitte o. Hausvogteiplatz. Fast tägl. werden kostenlose kurze Rundgänge geboten (Termine auf www.konzerthaus.de). Ausführlichere Führungen stets Sa um 13 Uhr. 3 €.

Hugenottenmuseum
Französischer Dom

Genau genommen steht der Begriff „Dom" nur für die dominanten Kuppelbauten (von frz. *dôme*), die Ende des 18. Jh. zur repräsentativen Gestaltung des Gendarmenmarktes der **Französischen Friedrichstadtkirche** und der **Deutschen Kirche** angefügt wurden. Der Französische Dom kann bestiegen werden (241 Stufen). Leider ist die Brüstung der **Aussichtsplattform** so hoch, dass man schon ein Riese sein muss, um darüber hinwegschauen zu können – so bleibt den meisten nur ein Blick durchs Gitternetz. Die Friedrich-

Sehenswertes

stadtkirche selbst (1701–1705) entstand für die französischen Glaubensflüchtlinge. An ihr Schicksal erinnert das **Hugenottenmuseum** im Dom.

Gendarmenmarkt 5, Ⓤ Französische Straße o. Hausvogteiplatz. **Französische Friedrichstadtkirche**, tägl. (außer Mo) 12–17 Uhr. **Orgelandachten** Di–Fr um 12.30 Uhr. Der **Französische Dom** (einschließlich Hugenottenmuseum) soll nach Abschluss der Restaurierungsarbeiten im Frühjahr 2019 wiedereröffnen.

Wege, Irrwege, Umwege
Deutscher Dom

Die Kirche entstand zwischen 1701 und 1708, wurde später jedoch immer wieder umgebaut bzw., nachdem man 1781 den Kuppelbau hinzufügt hatte, wiederaufgebaut – Dom und Kirche waren aufgrund des weichen, sandigen Untergrunds eingestürzt. Heute beherbergt der Dom die vom Deutschen Bundestag initiierte Ausstellung „Wege, Irrwege, Umwege – die Entwicklung der parlamentarischen Demokratie in Deutschland", die erheblich mehr Besucher verdient.

Gendarmenmarkt 1–2, Ⓤ Stadtmitte o. Hausvogteiplatz. Mai–Sept. tägl. (außer Mo) 10–19 Uhr, ansonsten bis 18 Uhr. Eintritt frei. www.bundestag.de.

Die Teilung Berlins hautnah
Tränenpalast

Als die Stadt noch geteilt war, verließen Westberliner und Bundesbürger durch diesen Pavillon ihre Verwandten und Freunde in Ostberlin. Die Abschiedsszenen, die sich hier abspielten, gaben der Ausreisehalle des Bahnhofs Friedrichstraße ihren Namen. An die Teilung Berlins erinnert dort die Ausstellung „Alltag der deutschen Teilung". Spannend sind die gegenübergestellten Wochenschau-Ausschnitte aus Ost und West.

Reichstagsufer 17, Ⓢ+Ⓤ Friedrichstraße. Di–Fr 9–19 Uhr, Sa/So 10–18 Uhr. Eintritt frei. Kostenlose Führungen stets Fr um 17 Uhr und Sa um 12.30 Uhr. www.hdg.de.

Der Politik aufs Dach steigen
Reichstag

Der Reichstag, 1995 von Christo verhüllt und dann von Norman Foster umgebaut (mehr zur Geschichte des Gebäudes ab S. 233), beherbergt seit 1999 den Deutschen Bundestag. Foster schuf hinter der historischen Fassade einen Hightech-Neubau (mit eigener Wasser- und Elektrizitätsversorgung), aus dem die

Vom Potsdamer Platz ins Regierungsviertel ↓ Karte S. 28/29

Im Tränenpalast befindet sich heute eine interessante Ausstellung

Berlin im Kasten
Ins Zentrum der Macht

Politkern begegnet man im Regierungsviertel selten, da diese auf den unterirdischen Tunnel- oder den oberirdischen Brückensystemen unterwegs sind. Verstecken aber will sich die Politik hier nicht. Viel Glas wurde im Regierungsviertel verbaut, um Transparenz zu schaffen. Nichts ähnelt einer miefigen Behörde, die Bundestagsgebäude gleichen eher Kunsthallen. Und sie stecken auch voller Kunst – die bundestagseigene Kunstsammlung umfasst mehr als 5000 Werke, darunter Arbeiten von Georg Baselitz, Joseph Beuys, Hans Haacke, Jenny Holzer, Joseph Kosuth, Sigmar Polke und Gerhard Richter. Der Kunst-am-Bau-Richtlinie ist es zu verdanken, dass eine Besichtigung aller Gebäude überaus spannend ist.

Auf den Reichstag
Kuppel und Dachterrasse können nach vorheriger Anmeldung (wegen starker Nachfrage am besten mehrere Tage, wenn nicht Wochen im Voraus) kostenlos besichtigt werden. Termine (alle 15 Min. während der tägl. Einlasszeit von 8–22 Uhr) können über www.bundestag.de gebucht werden. Kurzentschlossene können probieren, beim Besucherdienst (zuletzt ein Kiosk) schräg gegenüber dem Reichstag an der Scheidemannstraße eine Last-Minute-Zutrittsberechtigung zu bekommen. Alternativ dazu kann man auch einen Tisch im Restaurant Käfer reservieren, dem Dachgartenrestaurant neben der Kuppel (feine Küche, höhere Preise, ☏ 22629933, www.feinkostkaefer.de). Egal wie: Vergessen Sie nicht, Ihren Ausweis mitzubringen.

Am Reichstag

Ohne Mandat in den Bundestag

Das geht in Verbindung mit einer 90-minütigen Führung oder einem 45-minütigen Vortrag, wobei die Arbeitsweise des Parlaments sowie die Geschichte und Architektur des Reichstagsgebäudes erläutert werden. Führungen finden nur in der sitzungsfreien Zeit tägl. um 10.30, 13.30, 15.30 u. 18.30 Uhr statt, die Vorträge auf der Besuchertribüne des Plenarsaals (ebenfalls nur in der sitzungsfreien Zeit; nicht so spannend wie die Führung) zu jeder vollen Stunde. April–Okt. tägl. 9–18 Uhr, sonst Mo–Fr 9–17 Uhr, Sa/So 10–16 Uhr. Spezielle Führungen zum Thema „Kunst und Architektur" finden i. d. R. ganzjährig Sa/So um 11.30 Uhr statt, Führungen für Familien mit Kindern zwischen 5 und 14 J. ebenfalls ganzjährig Sa/So um 10, 12.30 u. 14.30 Uhr. Tagt der Bundestag (22 Sitzungswochen im Jahr), ist Mi–Fr der Besuch einer Plenarsitzung möglich. Im Anschluss an alle Führungen oder Vorträge geht es auf die Kuppel. Egal für was Sie sich entscheiden: Alle Führungen sind kostenlos. Melden Sie sich am besten mehrere Wochen im Voraus an (gleiches Verfahren wie für die Kuppel).

Ins Paul-Löbe-Haus oder Jakob-Kaiser-Haus

Diese Häuser können nur im Rahmen kostenloser Kunst- und Architekturführungen (Paul-Löbe-Haus i. d. R. Sa/So um 14 Uhr, Jakob-Kaiser-Haus um 16 Uhr) besichtigt werden. In Verbindung mit diesen Führungen darf im Anschluss auch noch die Reichstagskuppel bestiegen werden. Für das Anmeldeverfahren → Auf den Reichstag.

Ins Marie-Elisabeth-Lüders-Haus

Ohne Anmeldung kann tägl. (außer Mo) von 11–17 Uhr das von Ben Wagin gestaltete Mauer-Mahnmal besichtigt werden, bei dem Mauersegmente im Gebäude dem ursprünglichen Verlauf der Mauer folgen. Zugang über die Spree-Uferpromenade, Eintritt frei.

Ins Bundeskanzleramt

Gelangt man am einfachsten zum Tag der Offenen Tür stets Ende August. Anmeldungen für kostenlose Führungen (Sa um 11 Uhr) – am besten mehrere Wochen im Voraus – unter ☏ 184002187 o. besucherdienst@bk.bund.de.

▲ Paul-Löbe-Haus

▼ Marie-Elisabeth-Lüders-Haus

prägnante gläserne Kuppel emporragt. Damit diese nicht irgendwann wieder hinter der Fassade verschwindet, mussten die bereits vorhandenen rund 2000 Stützpfeiler im sandigen Boden durch massive Betonpfeiler ergänzt werden.

Platz der Republik 1, Ⓤ Bundestag. Für Besichtigungen → Kasten „Ins Zentrum der Macht".

Bühne der Zukunft
Futurium

Der futuristische Bau von *Richter Musikowski Architekten* eröffnet im Frühjahr 2019 (also nach Redaktionsschluss dieses Buches) als Zukunftsmuseum, Zukunftslabor und Zukunftsforum in einem.

Alexanderufer 2, Ⓢ+Ⓤ Hauptbahnhof.

Ein Stück neues Berlin
Hauptbahnhof und Europacity

An der Stelle des im Krieg zerstörten und 1959 gesprengten Lehrter Bahnhofs steht heute der von Meinhard von Gerkan entworfene größte Kreuzbahnhof Europas. Sofern die GDL nicht streikt, zählt er täglich rund 300.000 Reisende und Besucher. Die Züge in Nord-Süd-Richtung halten unterirdisch in 15 m Tiefe, die Ost-West-Gleise verlaufen 10 m über dem Straßenniveau. Die sich darüber wölbende Stahl- und Glaskonstruktion sollte ursprünglich 430 m lang werden. Um die Fertigstellung zur WM 2006 nicht zu verzögern, wurden allerdings nur 321 m realisiert, sodass die Medien spöttelten, Erste-Klasse-Reisende müssten nun im Regen zusteigen.

Nördlich des Bahnhofs ist mit der Europacity ein neues Stadtquartier mit Büro- und Wohntürmen am Entstehen. 10.000 Menschen werden dort einmal leben und arbeiten – v. a. reiche Menschen. Nur 42 der hier entstehenden 2840 Wohnungen werden mietpreisgebunden und somit auch für sozial Schwächere finanzierbar sein.

Futurium: spannende Architektur neben dem Hauptbahnhof

Sehenswertes abseits des Spaziergangs

Geschichte einer Familie
Mendelssohn-Remise

In der Kassenhalle der einstigen Mendelssohn-Bank informiert eine kleine Ausstellung über die Mendelssohn-Dynastie, aus der über Jahrhunderte hinweg Künstler, Bankiers und Gelehrte hervorgingen.

Jägerstr. 51, Ⓤ Hausvogteiplatz. Tägl. 12–18 Uhr. Eintritt frei. www.mendelssohn-remise.de.

Ai Weiwei im Bunker
Sammlung Boros

Den einstigen Reichsbahnbunker (für 2000 Pers.), zu DDR-Zeiten wegen der Lagerung von Südfrüchten „Bananenbunker" genannt und in den 1990ern als „Bunker" einer der härtesten Technoclubs der Welt, ließ der Kommunikationsdesigner Christian Boros zwischen 2003 und 2007 für seine Sammlung zeitgenössischer Kunst umbauen. Zu dieser Kunst, die „er selbst nicht versteht", gehören u. a. Werke von Olafur Eliasson, Ai Weiwei und Wolfgang Tillmans – absolut sehenswert. Darüber, auf dem Dach des Bunkers, lebt der Hausherr in einer 450 m² großen Penthousewohnung mit Pool (leider nicht zugänglich).

Reinhardtstr. 20, Ⓢ+Ⓤ Friedrichstraße. Führungen (15 €, erm. 9 €, Dauer 1:30 Std.) nur Do–So nach Anmeldung unter www.sammlung-boros.de – kümmern Sie sich rechtzeitig, am besten Monate im Voraus, um einen Termin.

Praktische Infos

→ Karte S. 28/29

Essen & Trinken

Vor allem Edelrestaurants und Touristenlokale prägen das Eck zwischen Potsdamer Platz, Reichstag und Gendarmenmarkt.

Restaurants

Käfer Dachrestaurant 🄈 → Kasten „Ins Zentrum der Macht", S. 44/45.

Cookies Cream 🄌, vegetarisches Spitzenrestaurant, mit einem Michelin-Stern gekrönt. Zwischen Kunst auf unverputzten Wänden isst man z. B. Maisporridge mit Koriander, vegetarischen Kaviar mit Avocado oder gegrillten Lauch mit schwarzem Sesam. 4-Gänge-Menü 59 €. Di–Sa ab 18 Uhr. Behrenstr. 55 (nehmen Sie die Liefereinfahrt rechts an der Komischen Oper vorbei, halten Sie sich hinter den Mülltonnen rechts, gehen Sie weiter hinein in die schmuddelige, von Tauben bevölkerte Einfahrt und halten Sie dann rechter Hand nach der Tür Ausschau), ☎ 27492940, www.cookiescream.com.

Vox 🄍, Edeladresse im Hotel Grand Hyatt. In Berlins größter Showküche entstehen raffinierte und spannend kombinierte Gerichte wie „Simmentaler Wolowina-Rind" mit Szechuan-Pfeffer und roten Pimientos. Oder Spargel mit Artischocke, Büffelmilch und Wasserkresse. Zudem göttliches Sushi. Hinterher genehmigt man sich am besten einen Drink in der Bar mit über 200 Whiskeysorten, die schon mehrfach ausgezeichnet wurde. Hg. 28–48 €. Tägl. ab 18.30 Uhr. Marlene-Dietrich-Platz 2, Ⓢ+Ⓤ Potsdamer Platz, ☎ 25531772, www.vox-restaurant.de.

Bocca di Bacco 🄕, Edelitaliener, wo auch schon mal Matt Damon oder Demi Moore Suppe löffeln, meist aber weniger bekannte Business-People furchtbar wichtige Gespräche führen. Klares, lichtes Innendesign, sehr guter Service. Auf die blütenweißen Tischdecken kommt klassisch-italienische Küche von hoher Qualität: Risotto mit Garnelen und Fenchelsamen, Ravioli mit Minzfüllung, Kalbsleber in Salbeibutter ... Pasta 15,50–20 €, Fisch- oder Fleischgerichte 20–38,50 €. Reservierung erwünscht. Mo–Sa 12–24 Uhr, So ab 18 Uhr. Friedrichstr. 167/168, Ⓤ Französische Straße, ☎ 20672828, www.boccadibacco.de.

Borchardt 🄖, hier fährt das Auge Karussell: Säulen, Stuck, Mosaiken und – „den kenn ich doch" – Promis aus Politik und Kultur. Natürlich viele gaffende Touristen. Klasse Wiener Schnitzel, Gutes vom Grill und französisch-internationale Küche. Hg. 12–80 €. Tägl. ab 11.30 Uhr. Reservieren! Französische Str. 47, Ⓤ Französische Straße, ☎ 81886262, www.borchardt-restaurant.de.

Augustiner am Gendarmenmarkt 🄘, großes, lautes Wirtshaus, ganz wie man es in Bayern mag. Dirndlmädels bringen ordentlichen Schweinebraten, Braumeistergulasch oder Hax'n an die meist vollbesetzten Tische – der Laden brummt. Dazu Augustiner-Bier vom Fass – unbedingt kosten: den *Edelstoff.* Vegetarier haben's leider schwer. Hg. 13,50–27,50 €. Von Lesern gelobt. Tägl. ab 10 Uhr. Charlottenstr. 55, Ⓤ Französische Straße, ☎ 20454020, www.augustiner-braeu-berlin.de.

Grill Royal 🄃, in Berlins mondäner Steakadresse Nr. 1 genießt eine bunte Mischung aus Stars und Sternchen, Künstlern und Politikern *American Porterhouse, Tomahawk* oder *Chateaubriand* zu satten Preisen; pro 100 g Kobe-Roastbeef werden z. B. 115 € fällig (ist ja aber auch etwas Besonderes). Trotz der 180 Plätze sollte man unbedingt reservieren. Tägl. ab 18 Uhr. Danach empfehlen wir einen Drink in der Bar Meisterschueler eine Etage höher. Friedrichstr. 105 b, Ⓢ+Ⓤ Friedrichstraße, ☎ 28879288, www.grillroyal.com.

Lutter & Wegner 🄙, gediegen-gemütliches Traditionslokal mit Kunst an den Wänden und Terrasse samt schönem Blick auf den Deutschen Dom. Zudem eine charmante Weinhandlung, in der es sich auch sehr nett sitzen lässt. Die Küche bietet verfeinerte deutsch-österreichische Bodenständigkeit wie Wiener Schnitzel,

48   Tour 1: Vom Potsdamer Platz ins Regierungsviertel

Tafelspitz und Backhendl. Hg. 16,50–24,50 €. Tägl. 11–24 Uhr. Charlottenstr. 56, Ⓤ Französische Straße, ℘ 2029540, www.l-w-berlin.de.

Chipps 17, zum Frühstück (klasse!) gibt es auf Wunsch Würstchen oder Bacon, ansonsten hat sich dieses lichte, freundliche Café-Restaurant komplett der vegetarischen Küche verschrieben. Hochwertig, undogmatisch und sehr lecker. Mittagstisch ab 8 €, abends Hg. 14–17 €. Den Köchen kann man in die Töpfe gucken. Draußen nette Terrasse, drinnen etwas eng bestuhlt. Mo–Sa 9 Uhr bis spät, So 9–17 Uhr.   Jägerstr. 35,   Ⓤ Hausvogteiplatz, ℘ 36444588, www.chipps.eu.

Die Maultasche 12, selbstverständlich ein schwäbisches Lokal, das zwischen Feinkostladen und Restaurant jongliert. So nah an der Touristenmeile und doch kein Beschiss. Die Maultaschen (nicht selbst gemacht, aber von einem schwäbischen Metzger des Vertrauens) gibt es in verschiedenen leckeren Varianten (Portion ab 9,80 €). Man kann aber auch Fleischkäse mit Kartoffelsalat, Käsespätzle oder Butterbrezeln bekommen. Mo–Sa 11–22 Uhr. Charlottenstr. 35,   Ⓤ Französische   Straße, ℘ 31011686, www.die-maultasche.de.

Kantinen

Cafeteria der Musikhochschule Hanns Eisler und **Mosaik 19**, 2 Low-Budget-Adressen am Hochpreispflaster Gendarmenmarkt: Im 1. OG die nette Mensa der Musikhochschule. Sollte sich da nichts auf dem Menüplan (www.studentenwerk-berlin.de) finden lassen, einfach eine Etage höher gehen – die Mosaik-Kantine ist ein Sozialprojekt. Mo–Fr 8.30–15 Uhr. Charlottenstr. 55 (Zugang von der Taubenstraße neben *Lutter & Wegner*, gleich die linke Tür in der Passage nehmen), Ⓤ Französische Straße o. Hausvogteiplatz.

Intermezzo 23, so nennt sich die karg-lichte Kantine für die Angestellten des Bundesfamilienministeriums, die auch Normalsterblichen zugänglich ist. Schlicht-ordentlicher Mittagstisch, zur Auswahl 3 Hg. (4,50–7,50 €) und 2 Suppen. Günstiger kann man so nahe an den „Linden" wohl kaum essen. Und statt Touris gibt es blasse Gesichter mit Pagenkopf, schlecht sitzenden Anzügen, Blazer und Pumps. Mo–Fr 7.30–17.30 Uhr,   Mittagstisch   11.30–15 Uhr. Glinkastr. 24, Ⓤ Stadtmitte o. Mohrenstraße.

Berliner Ensemble 5, die nette, mit Theaterfotografien bestückte Kantine des Theaters am Schiffbauerdamm hat eher etwas von einem Café als von einer Kantine und dazu

noch einen kleinen Biergarten im Hof. Hungrige Schauspieler kommen auch schon mal kostümiert. Schlichte Küche, Hg. 4,50–7,50 €. Mo–Sa   10–18.30 Uhr.   Bertolt-Brecht-Platz 1 (Eingang auf der Rückseite, rotes Gebäude), Ⓢ+Ⓤ Friedrichstraße.

Schnelle Küche/Snacks

Weilands Wellfood 28, gesund, günstig und lecker. Das Rezept geht auf – mittags werden dem Bistro fast die Türen eingerannt. Im Mittelpunkt stehen Salate und kreative Bowls zu 5,60–11,20 €. Draußen sitzt man am Wasserbecken mit Blick auf eine Suvero-Skulptur. Nur   Mo–Fr   10–20 Uhr.   Marlene-Dietrich-Platz 1, Ⓢ+Ⓤ Potsdamer Platz, ℘ 25899717, www.weilands-wellfood.de.

Chupenga 22, ein beliebtes Mittagslokal des Businesspublikums rund um den Gendarmenmarkt. Im minimalistischen Kantinenambiente gibt's Tacos oder Burritos mit allerlei Leckereien wie gezupftem Rind- oder Schweinefleisch, Quinoa, Salsas, Bohnen etc. Große Portionen ab 7 €. Nur Mo–Fr 11.30–20 Uhr. Mohrenstr. 42,   Ⓤ Hausvogteiplatz,   ℘ 23936961, www.chupenga.de.

Cafés/Bars

Café Einstein 11, fast schon eine Institution. Im Stil eines traditionellen Kaffeehauses, leger und klassisch zugleich. Kellner mit schwarzer Fliege, Weste und weißer Schürze. Im vorderen Teil sitzen die Touris in der Hoffnung, dass sich an ihnen vorbei ein Promi in den hinteren Teil zum Dinieren begibt. Gutes Frühstück und gute österreichische Küche: Rindssuppe mit Frittaten, Wiener Saftgulasch, Schnitzel mit Preiselbeeren oder Backhendl. Hg. 16–27 €. Mo–Fr ab 7 Uhr, Sa/So ab 8 Uhr. Unter den Linden 42, Ⓢ+Ⓤ Brandenburger Tor, ℘ 2043632, www.einstein-udl.com.

Café Panoramapunkt → Sehenswertes.

Tea Lounge 26, im Ritz-Carlton. Die Afternoon-Tea-Orgien steigen hier mit süßen und herzhaften Köstlichkeiten sowie ausgewählten Tees, zubereitet von professionellen Teamastern. Stilvoll-gediegenes Ambiente, Sa/So mit Pianobegleitung. Do–So 14–16.30 Uhr. 42 €, mit Champagner   54 €.   Potsdamer   Platz 3, Ⓢ+Ⓤ Potsdamer Platz, ℘ 337777, www.ritzcarlton.com.

Weingalerie Nö! 20 → Nachtleben, S. 256.

Refinery High End Coffee 6, hipstereskes „Third-Wave-Café", in dem Kaffeekochen mit Spezialröstungen als Kunsthandwerk begriffen

Praktische Infos 49

wird. Mo–Fr 8–18 Uhr, Sa 9–19 Uhr, So geschl. Albrechtstr. 11 b, Ⓢ+Ⓤ Friedrichstraße, ℡ 30874491, www.refinerycoffee.de.

Schokoladenhaus Rausch 24, der Chocolatier der Stadt. Edle Trüffel und Pralinen, Schokoschiffe, -tore und -türme, Törtchen, Konfekt u. v. m. Über dem Ladengeschäft (laut Eigenwerbung das größte Schokoladenhaus der Welt) ein Café-Restaurant, in dem verschiedene Sorten Trinkschokolade serviert werden. Tägl. 11–20 Uhr. Charlottenstr. 60 (Gendarmenmarkt), Ⓤ Stadtmitte, ℡ 757880, www.rausch.de.

Bars

Böse Buben Bar 4, gar nicht böse, eher das Gegenteil – eine Oase im touristischen Zentrum und dazu noch in einer der schönsten Straßen Berlins. Gemütliche Café-Bar mit Wohnzimmeratmosphäre, hohe Bücherwände. Kleinigkeiten zu essen. Leute zwischen 35 und 50 fühlen sich hier wohl. Auch offen für Minderheiten (viele Jung-Liberale, die FDP-Geschäftsstelle ist nicht weit). Hübsch dekorierte Gehwegterrasse. Tägl. ab 10 Uhr. Marienstr. 18, Ⓢ+Ⓤ Friedrichstraße, ℡ 27596909, www.boesebubenbar.de.

Newton 21 → Nachtleben, S. 257.

Draußen

Zollpackhof 7, gepflegtes Restaurant und gemütlicher Biergarten gegenüber dem Kanzleramt. Im Restaurant speist man à la carte (gute deutsche Küche inkl. Brotzeitteller, Mittagstisch 9,80 €). Im Selbstbedienungs-Biergarten unter einer 145 Jahre alten Rosskastanie gibt's Grillhendl und Bratwurst. Tägl. ab 11 Uhr. Elisabeth-Abegg-Str. 1, Ⓢ+Ⓤ Hauptbahnhof o. Ⓤ Bundestag, ℡ 33099720, www.zollpackhof.de.

Capital Beach 2, bunte, eng stehende Liegestühle auf einer schmalen, zur Spree abfallenden Wiese. Zum Blick auf den Hauptbahnhof und die vorbeiziehenden Touristenschiffe gibt es Cocktails, Flammkuchen und Baguettes. Bei schönem Wetter tägl. ab 10 Uhr. Ludwig-Erhard-Ufer, Ⓢ+Ⓤ Hauptbahnhof.

Shopping

Fashion

Michalsky Gallery 25, Michael Michalsky, der Erfinder von Y3, kombiniert klassische Styles mit Streetwear-Einflüssen. Michalsky ist heute eines der bekanntesten Berliner Modelabels. Hosen ab rund 200 €. Mo–Sa 11–19 Uhr. Potsdamer Platz 4, Ⓢ+Ⓤ Potsdamer Platz, www.michalsky.com.

Einfach märchenhaft: Weihnachtsmarkt auf dem Gendarmenmarkt

Bücher

Dussmann, das Kulturkaufhaus 10, ... und das ist es wirklich. Eine Berliner Institution. Bücher (150.000 Titel auf Lager), Filme, Noten und Musik auf 5 Etagen. Oft Lesungen hochkarätiger Autoren. Mit dem *Ursprung* ist auch ein gutes Biorestaurant angeschlossen. Mo–Sa 9–24 (!) Uhr. Friedrichstr. 90, Ⓢ+Ⓤ Friedrichstraße, www.kulturkaufhaus.de.

Langer Blomqvist 1, anspruchsvolles, modernes Antiquariat mit vielen aktuellen Titeln (selbst die aktuellen Müller-Reiseführer zu Spottpreisen ...). Mo–Sa 10–20 Uhr. Reinhardstr. 17, Ⓢ+Ⓤ Friedrichstraße, www.langer-blomqvist.de.

Lebensmittel

Galeries Lafayette, Mischung aus Feinkost-Supermarkt mit Foie-Gras-Regal, Boulangerie etc. und Foodmeile mit Austern-Schlürf-Station, *Sushipoint, Steakpoint* usw. Mo–Sa 10–20 Uhr. Friedrichstr. 76–78, Ⓤ Französische Straße, www.galerieslafayette.de.

Kunsthandwerks-/Flohmarkt

Kunstmarkt am Zeughaus, Kunsthandwerk in jeglicher Form, und auch ein bisschen Touristenkitsch. Etwas weiter nördlich am Kupfergraben v. a. Bücher. Sa/So 11–17 Uhr. Am Zeughaus 1–2, Ⓢ+Ⓤ Friedrichstraße, www.kunstmarkt-berlin.com.

Vom Potsdamer Platz ins Regierungsviertel → Karte S. 28/29

Zu den Tempeln der Künste
Tour 2

Das größte Museumsensemble der Welt ist zugleich Deutschlands beliebtestes Eiland: Rund 2,5 Mio. Besucher zählt es jährlich – Sylt oder Rügen können von solchen Gästezahlen nur träumen.

- Berliner Dom, S. 52
- Humboldt Forum, S. 55
- Altes Museum, S. 52
- Alte Nationalgalerie, S. 54
- Pergamonmuseum, S. 54
- Neues Museum, S. 56
- Bode-Museum, S. 57

Alte, neue und vergessene Mitte II
Museumsinsel

„Großstadt ohne Größenwahn", titelte *Der Spiegel* vor ein paar Jahren über Berlin. Das war nicht immer so – und ist es auch heute nicht mehr, nicht auf diesen Metern. Auf der Spreeinsel prahlten die preußischen Könige und protzte die Führung der DDR. Und mit dem Humboldt Forum, dem Nachbau des Berliner Schlosses, schließt sich auch die Bundesrepublik der Tradition an.

Auf der nördlichen Hälfte der knapp 1 km² umfassenden Spreeinsel stehen bislang fünf Museen, die Kunst und Kultur aus 6000 Jahren Menschheitsgeschichte präsentieren. Das erste Museum öffnete 1830 zum Geburtstag des kunstsinnigen Königs Friedrich Wilhelm III. seine Pforten – was die Franzosen mit dem Louvre und die Engländer mit dem British Museum schon längst hatten, wollten die Preußen nun auch. 100 Jahre später war mit dem Pergamonmuseum das vorerst letzte Museum fertig. Der Krieg brachte nicht nur die Verwüstung der Häuser, sondern auch – obwohl viele Exponate in Flakbunker ausgelagert wurden – einen enormen Verlust an Kunstschätzen und Arbeit für Generationen von Restauratoren. Nach der Wiedervereinigung wurde ein Masterplan erstellt, der die Zusammenführung der archäologischen Sammlungen der verschiedenen staatlichen Berliner Museen in Ost und West vorsah, außerdem die Restaurierung der Kriegsschäden, eine Modernisierung der Gebäude und eine Neuordnung der Infrastruktur vor Ort. Zum federführenden Architekturbüro wurde für viele Vorhaben David Chipperfield Architects. Bereits saniert und wiedereröffnet sind die Alte Nationalgalerie, das Bode-Museum und das Neue Museum. Die Arbeiten am Pergamonmuseum begannen 2012 und werden sich voraussichtlich 15 bis 20 Jahre hinziehen, doch werden stets Trakte des Gebäudes für Besucher zugänglich sein. Das Alte Museum ließ die DDR zwischen 1951 und 1966 wiederaufbauen, nach Abschluss der Arbeiten am Pergamonmuseum ist dessen Generalsanierung angedacht. Ein ganz neuer Bau ist die James-Simon-Galerie, das Portal zum Kosmos der Künste. Noch 2019 soll es eröffnen, eine sog. „Archäologische Promenade" soll dann die umliegenden Häuser miteinander verbinden.

Orientierung

Der zentrale Platz der Museumsinsel ist der **Lustgarten**. Als Gemüsegarten des Berliner Schlosses, wo erstmals in Preußen Kartoffeln angebaut wurden, ging er in die Geschichte ein. Aber auch als Aufmarsch- und Demonstrationsplatz. Heute geht es hier gemütlicher zu: Touristen imitieren die Berliner: liebstes Hobby und liegen faul im Gras herum.

An der Südseite des Lustgartens steht das wiedererrichtete Berliner Schloss, ehemals einer der bedeutendsten Barockbauten Nordeuropas. Mangels König beherbergt es das Humboldt Forum, das Ende 2019 eröffnen soll. (→ Kasten S. 55).

Die Ostseite des Lustgartens begrenzt der → **Berliner Dom**. Die Nordseite beherrscht eine breite Säulenfront. Dahinter verbirgt sich das → **Alte Museum**. Für den klassizistischen Bau stand das Erechtheion auf der Athener Akropolis Pate. Im Rücken des Alten Museums thront erhaben rechter Hand hinter einem Kolonnadengang die → **Alte Nationalgalerie**. Links davon befinden

sich die temporären Zugänge zum → **Pergamonmuseum** und zum → **Neuen Museum**. Neben dem Neuen Museum steht die **James-Simon-Galerie**, das neue Entree zum Forum der Künste und Wissenschaften auf der Spreeinsel. Den nördlichen Abschluss der Museumsinsel nimmt das → **Bode-Museum** ein, das auch über die Monbijoubrücke zugänglich ist

Die Polizisten zwischen James-Simon-Galerie und Monbijoubrücke sind übrigens nicht zum Schutz der Museen dort abgestellt: Ganz in der Nähe wohnt die Kanzlerin. Gegenüber dem Bode-Museum lädt die **Strandbar Mitte** (→ S. 84) im Sommer zu einer Pause ein.

> Um all die schwere Kunst mit einem Tick Leichtigkeit zu bereichern, gibt es Pläne, den Spreearm zwischen James-Simon-Galerie und Monbijoubrücke in ein Flussbad umzuwandeln. Auf www.flussbad-berlin.de können Sie diesen Traum unterstützen.

Tipp: Egal für welches Museum Sie sich entscheiden – gönnen Sie sich einen Audioguide, um im Tohuwabohu der Künste nicht den Überblick zu verlieren. Wollen Sie alle hier beschriebenen Museen besichtigen, so können Sie mit der **Bereichskarte Museumsinsel** Geld sparen. Sie kostet 18 € (erm. 9 €) und gilt für alle Museen auf der Insel, jedoch nur für einen Tag. Eine Alternative ist daher der **Museumspass**, → S. 280. Falls Sie keine der Ausstellungen besuchen möchten, so lohnt dennoch ein Blick in das Foyer des Bode-Museums – kostenlos.

Sehenswertes

Hohenzollernprotz
Berliner Dom

Der protestantische Dom, 1905 eingeweiht, folgte dem Motto der Hohenzollern: bitte größer und pompöser! Die alte Domkirche, die zuvor hier stand, hatte dafür weichen müssen. Der wilhelminische Prunkbau im Stil der barock beeinflussten Hochrenaissance wird von vier Ecktürmen flankiert. Im Krieg wurde der Dom von Bomben getroffen, durch die Kuppel, die sich einst 114 m (heute 70 m) über das Straßenniveau erhob, flogen Tauben. 1975 begann man mit dem Wiederaufbau (samt Abriss der anschließenden Denkmalskirche), die Mittel dazu kamen aus dem Westen. Zwei Jahre nach der Jahrtausendwende wurde das letzte Kuppelmosaik feierlich enthüllt – der Wiederaufbau ist u. a. ein Thema der Domausstellungen und Videostationen und macht den Rundgang äußerst spannend. In der Hohenzollerngruft ruhen Könige und viele Kinder, aber keine Kaiser. Lohnenswert ist der Kuppelrundgang (267 Stufen sind es hinauf) mit tollem Blick über die Stadt und in schicke Wohnungen. Im Dom finden zudem immer wieder Orgelkonzerte statt, für den grandiosen Klang sorgen die 7269 Pfeifen der Sauerorgel.

Am Lustgarten, bis zur Eröffnung des U-Bahnhofs Museumsinsel (nicht vor Ende 2020) ist der nächstgelegene Bahnhof Ⓢ Hackescher Markt. April–Sept. tägl. 9–20 Uhr, im Winter nur bis 19 Uhr. Keine Besichtigung zu Gottesdiensten, kein Zugang mit Rucksack oder großer Tasche. 7 €, erm. 5 €. Infos zu Konzerten und Gottesdiensten unter www.berlinerdom.de.

Klassische Antike
Altes Museum

Der Ausstellungstempel widmet sich ganz der klassischen Antike und präsentiert archäologische Kleinfunde und Skulpturen der Griechen (EG), Römer und Etrusker (OG). Der Bau entstand nach Entwürfen Karl Friedrich Schinkels zwischen 1823 und 1830. Vor der Grundsteinlegung hatte man mehrere Tausend Holzpfähle in den sumpfigen Boden gerammt, um ein späteres Absinken des Gebäudes zu verhindern. Für die zentrale Rotunde mit Kassettendecke und Galeriering stand das Pantheon in Rom Pate. Den Mittelpunkt der Rotunde sollte eigentlich

Imposante Lage: Bode-Museum

Sehenswertes 53

eine Granitschale schmücken. Doch die war zu groß und zu schwer geworden, so ließ man sie vor dem Museum stehen. Die Exponate der Ausstellung rund um die Rotunde sind thematisch arrangiert. Neben Büsten von Kaisern und Knaben, bebilderten Trinkschalen, zierlichen Tonstatuetten, steinernen Sarkophagen u. v. m. überraschen eine Münzsammlung unter einem blauen Himmelszelt, eine Schatzkammer voller Goldschmuck und ein kleiner „Garten der Lüste".

Am Lustgarten, bis zur Eröffnung des U-Bahnhofs Museumsinsel (nicht vor Ende 2020) ist der nächstgelegene Bahnhof Ⓢ Hackescher Markt. Di–So 10–18 Uhr, Do bis 20 Uhr, Mo geschl. 10 €, erm. 5 €. Bereichskarte Museumsinsel → S. 51. www.smb.museum.

Bequemer ans Ziel: Entlang der Karl-Liebknecht-Straße und des Boulevards Unter den Linden fährt zwischen Ⓢ+Ⓤ Brandenburger Tor und Ⓢ+Ⓤ Alexanderplatz Bus 100. Zwischen Ⓢ+Ⓤ Potsdamer Platz und Ⓢ+Ⓤ Alexanderplatz passiert Bus 200 den Lustgarten.

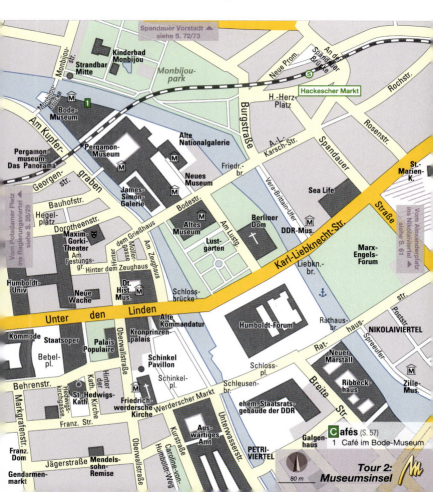

Gemälde und Skulpturen des 19. Jh.
Alte Nationalgalerie

Mit dem Bau der Neuen Nationalgalerie 1968 nahe dem Potsdamer Platz (→ S. 105) wurde die hiesige zur „Alten", auch wenn die offizielle Umbenennung erst nach der Wende erfolgte. Der Kunsttempel, der wie kein anderer erhaben auf einem Sockel thront, geht auf eine Skizze Friedrich Wilhelms IV. zurück; mehrere Architekten plagten sich im Anschluss mit deren Umsetzung. 1876 wurde das Bauwerk eingeweiht. Die Giebelinschrift „Der deutschen Kunst" bezeugt das neue patriotische Selbstbewusstsein jener Zeit. Heute zeigt die Alte Nationalgalerie Malerei und Skulpturen aus der Zeit zwischen Französischer Revolution und Erstem Weltkrieg oder anders gesagt: zwischen Klassizismus und Sezession. Die umfangreiche Epochensammlung umfasst Werke u. a. von Caspar David Friedrich, Menzel, Manet, Monet, Renoir, Degas, Cézanne, Liebermann, Beckmann u. v. m. Zusätzliche Bonbons sind Plastiken von Johann Gottfried Schadow und Auguste Rodin. Ein Werk mit großem Berlinbezug stellt Franz Krügers Biedermeiergemälde *Parade auf dem Opernplatz 1822* dar – in der feinen Gesellschaft des Publikums befindet sich auch Alexander von Humboldt.

Bodestr. 1–3, bis zur Eröffnung des U-Bahnhofs Museumsinsel (nicht vor Ende 2020) ist der nächstgelegene Bahnhof Ⓢ Hackescher Markt. Di–So 10–18 Uhr, Do bis 20 Uhr, Mo geschl. 12 €, erm. 6 €. Bereichskarte Museumsinsel → S. 51. www.smb.museum.

Ein Museum im Umbau
Pergamonmuseum

Das Museum wurde im Jahr 1930 nach 20-jähriger Bauzeit eröffnet. Den Entwurf dazu hatte Alfred Messel geliefert. Ein vierflügeliger Bau sollte es werden, um Monumentalarchitektur aus der alten Welt zu präsentieren. Aber Geld war knapp, ein Dreiflügelbau musste genügen. Mit der Modernisierung und Sanierung des Hauses nach Plänen des 2007 verstorbenen Architekten Oswald Mathias Ungers soll nun endlich auch der vierte Flügel realisiert werden. Der Umbau ist umstritten, wird aber Platz für weitere hochkarätige Exponate aus anderen Berliner Museen schaffen.

Während des Umbaus ist die Ausstellungsfläche auf etwa ein Drittel reduziert,

Alte Nationalgalerie

Berlin im Kasten

Humboldt Forum im Stadtschloss – Ort mit Geschichte

Das Stadtschloss steht. Im November 2019 soll es als Humboldt Forum eröffnen – es käme einem Berliner Wunder gleich, wenn der Termin gehalten würde. Es soll ein Superlativ werden, der Kunst, Kultur und Wissenschaft unter einem Dach vereint und die Museumsinsel als Ort der Kulturen der Welt bereichert. Die Stiftung Stadtmuseum (Stammhaus ist das Märkische Museum, → S. 64) wird mit der Ausstellung „Berlin und die Welt" vertreten sein. Die Humboldt-Universität wird das Humboldt-Labor bespielen und Wissenschaft erfahrbar machen. Die Stiftung Preußischer Kulturbesitz wird mit Exponaten aus den Sammlungen des Ethnologischen Museums und des Museums für asiatische Kunst in den Dialog mit den Weltkulturen treten. Eine Agora wird als verbindendes Element wirken – ganz im Sinne der Idee von Gottfried Wilhelm Leibniz von einem umfassenden Wissenschaftstheater. Und vor dem Schloss soll zum 30. Jahrestag des Mauerfalls das Einheitsdenkmal eingeweiht werden. Mal sehen, was daraus wird.

Das wiederaufgebaute Schloss, 117 m breit, 184 m lang, ist keine Kopie des Originals. Der Architekturentwurf stammt von dem Italiener Franco Stella. Auf drei Seiten schenkte Stella dem Schloss eine pseudobarocke Fassade, zur Spree hin eine moderne. Das alte Berliner Schloss, das aus einer Burg hervorgegangen war und als Kriegsruine endete, präsentierte einst mit 700 Zimmern und Sälen Preußenprunk par excellence. Wie die Fassade des alten Schlosses aussah, kann man erahnen, wenn man einen Blick auf das benachbarte ehemalige **Staatsratsgebäude der DDR** wirft (heute Sitz der *European School of Management and Technology*, kurz *esmt*) – das Portal stammt noch vom alten Schloss. Bevor man die Ruine sprengte (1950), wurde das Portal mit dem Balkon abgetragen, weil Karl Liebknecht am 9. November 1918 von diesem Balkon die deutsche sozialistische Republik proklamiert hatte.

Nachdem das Stadtschloss verschwunden war, erstreckte sich hier der Marx-Engels-Platz, auf dem die großen Aufmärsche der jungen DDR stattfanden. Bis zu einer Dreiviertelmillion Menschen defilierte hier in Kolonnen über Stunden hinweg an den Staatsoberhäuptern vorbei – die Teilnahme war für alle eine lästige Pflicht. Zwischen 1974 und 1976 wurde dann zur Spree hin der Palast der Republik erbaut. Neben viel zu viel Asbest (was u. a. sein Schicksal nach der Wende besiegelte) gab es darin den Plenarsaal der DDR-Volkskammer und für das Volk Cafés, Restaurants, Wein- und Bierstuben, eine Milchbar, Jugendtreffs u. v. m. Zwischen 2006 und 2008 wurde der Palast abgerissen, die über 100.000 t Stahl wurden eingeschmolzen und wiederaufbereitet. VW bastelte daraus Kotflügel für den Golf, zudem stecken sie im höchsten Gebäude der Welt in Dubai, die *BILD* titelte dazu: „Der Burj Chalifa ist ein Ossi."

Tipp: Am Schlossplatz 7 steht neben dem Humboldt Forum der neobarocke **Neue Marstall**, der einst für die Pferde, Kaleschen und Schlitten des Hofes errichtet und in den 1960ern wiederaufgebaut wurde. Heute befindet sich darin die staatliche **Hochschule für Musik Hanns Eisler Berlin** (HFM)– etwas Besonderes sind die Konzerte im Krönungskutschensaal (→ Kultur, S. 248).

der Nordflügel und der Mittelbau sind bis voraussichtlich 2023 geschlossen. Infolgedessen ist auch der berühmte Zeusaltar aus Pergamon (Türkei) mit seinem 120 m langen Relieffries nicht mehr zu sehen. Bis voraussichtlich

2023 steht den Besuchern lediglich der Südflügel offen. Hier beeindrucken u. a. das Markttor von Milet (ebenfalls Türkei), das sich mit 17 m Höhe gerade noch unter die Decke ducken kann, die mit strahlendblauen Ziegelreliefs verzierte Prozessionsstraße zum Ischtar-Tor von Babylon (heute Irak) und die Fassade des Wüstenschlosses von Mschatta (heute Jordanien). Des Weiteren sind Reliefs, Stelen, Statuen und kleinere Objekte in festen und temporären Ausstellungen aus dem Fundus des **Museums für Islamische Kunst**, des **Vorderasiatischen Museums** und der **Antikensammlung** zu sehen. Und zwar nicht nur im Hauptgebäude, sondern auch im temporären Ausstellungsbau mit dem Namen „Pergamonmuseum. **Das Panorama**" direkt gegenüber der Museumsinsel. Es präsentiert zudem bis zum Ende der Umbaumaßnahmen des Hauptgebäudes den kleinen Telephos-Fries des Pergamonaltars und ein 360°-Panorama des Künstlers Yadegar Asisi. Das 30 m hohe Panorama mit einem Umfang von 104 m zeigt eine Vision der antiken Metropole Pergamon.

Pergamonmuseum, Bodestr. 1–3. Pergamonmuseum. Das Panorama, Am Kupfergraben 2, bis zur Eröffnung des U-Bahnhofs Museumsinsel (nicht vor Ende 2020) ist der nächstgelegene Bahnhof Ⓢ Hackescher Markt. Beide Häuser tägl. 10–18 Uhr, Do bis 20 Uhr. Kombiticket 19 €, erm. 9,50 €. Bereichskarte Museumsinsel → S. 51. www.smb.museum.

Nofretete zwischen Kriegsnarben

Neues Museum

Es ist eine architektonische Perle, nicht zuletzt aufgrund seiner traurigen Geschichte. Zwischen 1843 und 1855 wurde das Neue Museum als Erweiterung des Alten Museums nach Plänen des Schinkel-Schülers Friedrich August Stüler im Stil des späten Klassizismus und Historismus erbaut. Hundert Jahre später fiel es dem Bombenhagel zum

Opfer. Aus der Kriegsruine wuchsen schon Bäume, als in den 1980er-Jahren eine erste Notsicherung folgte. Den Wiederaufbau (2003–2009) besorgte David Chipperfield. Wo es möglich war, wurde die Originalsubstanz bewahrt, wurden verblasste Wandmalereien behutsam konserviert. Wo nicht, tritt Chipperfields klare Formensprache hervor, die Kriegsnarben verwischte er nicht. Im Neuen Museum zeigt heute das **Ägyptische Museum** Statuen, Reliefs, Mumienmasken, seine Papyrussammlung u. v. m. Highlights sind der *Berliner Grüne Kopf* – wegen seiner Gesichtsfarbe so genannt –, zudem das Porträt der Königin Teje und v. a. die 3300 Jahre alte Büste der Nofretete, einer der bekanntesten Kunstschätze des alten Ägyptens, aufbewahrt in einem eigenen Kuppelsaal. Letztere stand einst auf dem Vertiko von James Simon (1851–1932): Der Kaufmann, Kunstsammler und Mäzen verhalf den Berliner Museen durch seine Schenkungen zu Weltruhm. Nach ihm ist die im Bau befindliche neue Eingangsgalerie zwischen Neuem Museum und Kupfergraben benannt. Des Weiteren präsentiert im Neuen Museum das **Museum für Vor- und Frühgeschichte** seine Schätze, darunter Funde aus Schliemanns Trojagrabung, aber auch der Neandertaler von Le Moustier. Alles in allem eine eindrucksvolle, bunte Mischung, in der das Auge Karussell fährt – mehrere Tausend Exponate laden zu Zeiten- und Weltensprüngen ein. Erholen kann man sich im gemütlichen angeschlossenen Café.

Bodestr. 1–3, bis zur Eröffnung des U-Bahnhofs Museumsinsel (nicht vor Ende 2020) ist der nächstgelegene Bahnhof Ⓢ Hackescher Markt. Tägl. 10–18 Uhr, Do bis 20 Uhr. 12 €, erm. 6 €. Bereichskarte Museumsinsel → S. 51.

Bei langen Warteschlangen vor dem Neuen Museum oder dem Pergamonmuseum können Sie Tickets für beide Museen auch an den Kassen des Alten Museums, der Alten Nationalgalerie und des Bode-Museums erhalten.

Ein großer Kessel Buntes
Bode-Museum

Das herrschaftliche Gebäude im wilhelminischen Barock mit dominanter Kuppel, monumentalen Pilastern und Halbsäulen bildet so etwas wie den Bug der Museumsinsel. Als Kaiser-Friedrich-Museum wurde es 1904 unter Leitung von Wilhelm von Bode (1845–1929) eröffnet, 1956 ihm zu Ehren umbenannt. Hier wird Kunst nicht einfach ausgestellt, sondern ganz im Sinne von Bodes Präsentationskonzept inszeniert. Das Museum ist heute Showroom der **Skulpturensammlung**, die Bildwerke vom frühen Mittelalter bis zum ausgehenden 18. Jh. aus den deutschsprachigen Ländern (u. a. von Tilman Riemenschneider und Hans Leinberger), Frankreich, den Niederlanden, Italien und Spanien präsentiert. All das wird ergänzt durch dazu passende Werke der **Gemäldegalerie**. Darüber hinaus lädt das **Museum für Byzantinische Kunst** zu temporären Ausstellungen ein, wobei es aus seiner unvergleichlichen Sammlung an Kunstwerken aus dem gesamten Mittelmeerraum schöpfen kann. Das **Münzkabinett** wiederum präsentiert kostbare Medaillen und Kleingeld, die Kollektion reicht bis zu den Anfängen der Münzprägung im 7. Jh. v. Chr. zurück.

Die Sammlungen verteilen sich auf zig Säle und Räume, die zum Verlaufen einladen. Zum Glück findet man aber immer zum Herzstück des Museumsbaus zurück, der in Anlehnung an San Francesco al Monte in Florenz errichteten Basilika. Wer vor dem Rendezvous mit allzu viel sakraler Kunst zurückschreckt, aber einen Blick in das Gebäude werfen möchte, kann das Foyer im großen Kuppelsaal mit angegliedertem Café einfach so betreten.

Am Kupfergraben 1, Ⓢ Hackescher Markt. Tägl. (außer Mo) 10–18 Uhr, Do bis 20 Uhr. 12 €, erm. 6 €. Bereichskarte Museumsinsel → S. 51. www.smb.museum.

Praktische Infos → Karte S. 53

Essen & Trinken

Eine große Auswahl an Restaurants finden Sie rund um die Museumsinsel, → Tour 1, S. 47, Tour 3, S. 67, und Tour 4, S. 81. Auf der Museumsinsel selbst ist das architektonisch reizvolle **Café im Bode-Museum** ❶ zu empfehlen. Es bietet eine kleine Auswahl an Speisen und Snacks zu 6–10 €. Geöffnet zu den gleichen Zeiten wie das Museum. Am Kupfergraben 1, Ⓢ Hackescher Markt, ✆ 20214330, www.koflerkompanie.com.

Schräg gegenüber lädt im Sommer zudem die **Strandbar Mitte** (→ S. 84) auf ein Getränk oder einen Happen ein.

Kuppel des Berliner Doms

Wo Berlin seinen Anfang nahm
Tour 3

Die einstige Wiege Berlins ist aus der Balance geraten. Willkommen in Berlins hässlicher Mitte!

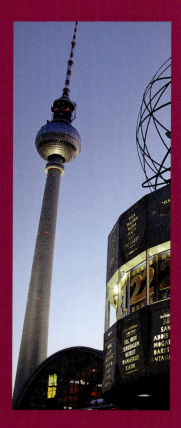

Nikolaiviertel, eine aus Plattenbauten zusammengebastelte „Altstadt", S. 64

Fernsehturm und Alexanderplatz, besser hochfahren als unten bleiben am tristesten Platz Berlins, S. 59 und 66

Alte, neue und vergessene Mitte III
Vom Alexanderplatz ins Nikolaiviertel

Berlin ist die Stadt der Brüche zwischen einst und jetzt, noch voller Narben und Brachen, ganz besonders rund um den Alexanderplatz.

Nach dem Krieg stellte die DDR mit dem Fernsehturm und den endlosen Wohnblöcken rund um den Alexanderplatz Größe zur Schau. Mit dem Nikolaiviertel schenkte sie den Berlinern eine rekonstruierte Altstadt. Anheimelnd ist das ganze Eck aber nicht. Auf den Bänken vorm Roten Rathaus fühlen sich v. a. die Obdachlosen wohl. Und taucht der Alexanderplatz in den Medien auf, geht es meist um Massenschlägereien, Drogenhandel oder Diebstahl. Immerhin versucht man mit einer neuen Polizeiwache Abhilfe zu schaffen.

Seit dem Mauerfall wird über die Neugestaltung der historischen Berliner Mitte diskutiert, umgesetzt wurde bislang nur wenig. So kann man zu Füßen des Fernsehturms, auf einem der zentralsten Plätze der Stadt, noch immer Beachvolleyball spielen. Den Ball bekommt man übrigens bei Dunkin Donuts – wo gibt's so was sonst noch auf der Welt in einer Großstadt? Und wo bereits neue Akzente gesetzt wurden, vergaß der Bausenat meist, jeglichen Anspruch auf Ästhetik durchzusetzen. Nur wenige Neubauten der historischen Mitte besitzen Raffinesse.

Spaziergang

Der S- und U-Bahnhof Alexanderplatz ist ein bedeutender innerstädtischer Umsteigebahnhof, den in Stoßzeiten mehr als 10.000 Passanten pro Stunde frequentieren. In direkter Nachbarschaft erhebt sich der Fernsehturm, das

Wahrzeichen des „Alex", wie die Berliner die Ecke rund um den Bahnhof nennen. Mit dem eigentlichen Alexanderplatz hat der Fernsehturm, auf den wir am Ende des Spaziergangs noch detailliert eingehen werden, aber nichts zu tun. Der Platz liegt auf der anderen Seite der Bahngleise und wirkt durch seine Weiträumigkeit und die grauen Wohn- und Geschäftsbauten wie das nüchterne Zentrum einer Satellitenstadt. Das war nicht immer so.

Tour-Info Länge ca. 3,3 km, **Dauer** ca. 1:30 Std., **Karte** S. 61.

Alexanderplatz

In den 1920er- und 1930er-Jahren galt der Alexanderplatz als Inbegriff des pulsierenden, sich stetig verändernden Berlins. Hier funkelten die größten Leuchtreklamen, hier befanden sich die berühmten Kaufhäuser Titz und Wertheim, es stand hier aber auch das gefürchtete Polizeipräsidium. Mit Alfred Döblin ging der Platz in die Weltliteratur ein, mit dem Krieg in Schutt und Asche über. Nur die Skelette zweier Gebäude blieben erhalten, das des **Berolina-Hauses** (zwischen Bahnhof und Platz, darin u. a. *C & A*) und das des **Alexanderhauses** (auf der anderen Seite der Straßenbahngleise, darin u. a. die *Berliner Sparkasse*), 1930–32 von Peter Behrens erbaut, einem Vorreiter der Neuen Sachlichkeit.

Einen Besuch wert ist die **Galeria Kaufhof**, zu DDR-Zeiten das *Centrum Warenhaus*, damals noch mit Wabenfassade und bescheidenerem Warenangebot. Mit dem Umbau nach Plänen von Josef Paul Kleihues (2004–2006) wurde es zu einem der schönsten Kaufhäuser Berlins.

Das mit 125 m höchste Gebäude am Platz ist das **Hotel Park Inn**, ehemals Interhotel. Von seinem Dach kann man hinunterfliegen (→ Base-Flying, S. 270) oder die Aussicht genießen (April–Sept. 12–22 Uhr, ansonsten bis 18 Uhr, den Hoteleingang nehmen, dann Aufzug A, 4 €). Es gab schon Pläne für den Abriss des Hochhauses. Nun sollen acht neue 150-m-Türme rund um den Alexanderplatz hinzukommen, einer nach einem Entwurf des Stararchitekten Frank O. Gehry.

Der **Brunnen der Völkerfreundschaft** vor der Galeria Kaufhof gehört wie die 10 m hohe **Weltzeituhr** aus Alu und Emaille vor dem Alexanderhaus zu den Attraktionen aus DDR-Zeiten. Letztere weckte Reiseträume, die niemals verwirklicht werden konnten. Der Drang nach Freiheit machte sich aber auch auf dem Alexanderplatz Luft: Am 4. November 1989 fand hier die größte Demonstration in der Geschichte der DDR statt. 500.000 Menschen pfiffen die DDR-Führung aus und lachten deren Macht förmlich nieder. Auf Plakaten stand „Glasnost statt Süßmost", „Reformen, aber unbeKrenzt" oder „Neue Männer braucht das Land". Fünf Tage später fiel die Mauer.

Durch die Flucht links des Alexanderhauses sieht man die Aluminiumkuppel des **Berlin Congress Center**. Links daneben steht das **Haus des Lehrers** mit einem als „Bauchbinde" bespöttelten

60 Tour 3: Vom Alexanderplatz ins Nikolaiviertel

Bildfries. Der Zyklus zeigt – oder sollte zeigen – das glückliche Leben im Sozialismus. Das Bildnis des jungen Paares am Strand (Rückseite) schaffte es in der Druckversion über nahezu jede zweite Wohnzimmerkommode der DDR.

Rechts des Congress Centers, auf der anderen Seite der Alexanderstraße, soll bis 2021 der *Alexander Tower*, ein 150 m hoher Wohnturm, entstehen. In dessen Schatten steht dann die rosafarbene Shoppingburg **Alexa**, die an Hässlichkeit kaum zu überbieten ist (→ Shopping), aber dennoch monatlich mehr als eine Million Besucher lockt. Nachdem man die S-Bahngleise unterquert hat, thront linker Hand der **Justizpalast** (Littenstr. 11–17) aus der Zeit um 1900. Heute residieren darin das Amtsgericht Berlin-Mitte und das Landgericht Berlin. Sehenswert ist das Treppenhaus – einfach reingehen! Gegenüber die traurigen Mauerreste der gotischen **Klosterkirche der Franziskaner**. Die Kriegsruine wird heute für luftige temporäre Ausstellungen und Veranstaltungen genutzt.

Altes Berlin

An der Littenstraße keine 100 m weiter ist noch ein Abschnitt der **mittelalterlichen Stadtmauer** erhalten. Rechts davon, hinter der Gaststätte „Zur letzten Instanz", steht die → **Parochialkirche** und ihr gegenüber, an der Kochstraße, das **Alte Stadthaus**, ein mächtiger Komplex mit fünf Höfen und einer über 400 m langen, düsteren Kalksteinfassade. Es wurde 1902–1911 als Ergänzung zum Roten Rathaus errichtet. Heute sitzt darin u. a. der Senat für Inneres. Die Rückseite wirkt wenig einladend – hinein darf man ohnehin nicht. Von den Aussichtspunkten der Stadt aber ist der Rundturm des Hauses, von dem die Fortuna winkt, eine Dominante in der Silhouette Berlins.

Vorbei am **U-Bahnhof Klosterstraße**, einem der schönsten U-Bahnhöfe Berlins, geht es weiter zum Rolandufer, wo die **Botschaft des Königreiches der Niederlande** steht.

Der Spreeabschnitt vor der Botschaft war einst der bedeutendste **Hafen** Berlins und für die Entwicklung der Stadt überaus wichtig. Früher nämlich kam nahezu sämtliches Baumaterial über Wasserwege nach Berlin und wurde von dort, wenn möglich, auch auf dem Wasser in der Stadt verteilt.

Der wehrhaft anmutende, rote Backsteinbau am anderen Ufer linker Hand ist das → **Märkische Museum**. Rechter Hand lässt die unter Denkmalschutz stehende **Mühlendamm-Schleuse** den Schiffsverkehr auf der Spree stocken. Die 21-geschossigen Plattenbauten, die sich dahinter erheben, befinden sich auf der **Fischerinsel**, dem südlichen Teil jener Spreeinsel, deren nördlicher Teil die Museumsinsel bildet. Einst lag hier der Fischerkiez, ein ärmliches, aber pittoreskes Viertel mit engen Gassen und urigen Schankstuben. Den Krieg überstand der Kiez noch halbwegs gut, nicht aber die sozialistische Städteplanung.

Der Uferweg vorbei an der Mühlendamm-Schleuse führt zum → **Nikolaiviertel**. Hätte man den Fischerkiez nicht platt gemacht, hätte man das Nikolaiviertel, die freie Rekonstruktion einer Altstadt, in den 1980er-Jahren gar nicht hochziehen müssen. Berliner lockt das Viertel kaum, Touristen umso mehr, dementsprechend finden sich hier viele Souvenirläden mit einem Angebot zwischen Erzgebirgskrippen und Plauener Spitze sowie auf Alt-Berliner Behaglichkeit getrimmte Restaurants – Orte für ausgiebige Eisbein-Orgien.

Nahe der Bronzeskulptur des Hl. Georg, der wie immer mit dem Drachen ringt, liegt der Eingang zum → **Zille-Museum**, das dem künstlerischen Schaffen und

Spaziergang 61

Leben des Zeichners und Fotografen Heinrich Zille die Reverenz erweist. Folgt man der Propststraße weiter, gelangt man zur → **Nikolaikirche**, der ältesten Kirche Berlins. Die Häuserzeile um die Kirche ist der gelungenste Teil des Altstadtnachbaus. Wer mag, kann um das Gotteshaus herumschlendern und Altstadtflair atmen – aber bitte schön langsam, sonst ist alles gleich vorbei.

Rechts der Nikolaikirche steht das → **Knoblauchhaus**, das wie das → **Ephraim-Palais** ein paar Schritte weiter den

62 Tour 3: Vom Alexanderplatz ins Nikolaiviertel

Berlin im Kasten

Auf der Suche nach der DDR?

Worauf waren die DDR-Zöllner ganz besonders scharf? Auf Gänsefleisch! – „Gänsefleisch ma' Gofferraum aufmach'n?" Zugegeben, etwas platt, aber so waren nun mal die Witze in und über die Deutsche Demokratische Republik. Wer mehr davon hören will, kann das **DDR-Museum** besuchen. Es bietet DDR-Geschichte und DDR-Alltag zum Anfassen. Die Ausstellung ist unterhaltsam, vieles wird eher ironisch als allzu kritisch aufbereitet.

Etwa 600 m weiter, unter den S-Bahnbögen nahe dem Alex, zeigt das **1. Berliner DDR-Motorrad-Museum** nahezu alle Arten von Zweirädern, die in 40 Jahren DDR vom Band liefen, darunter die *Schwalbe*, jener Kultroller, der jüngst mit Elektromotor wiederbelebt wurde. Auch dem Trabant, der exakt 3.069.099-mal in Zwickau produziert wurde, hat man ein Museum gewidmet, das **Trabi Museum** am Checkpoint Charlie (→ S. 87).

Wer den alten Osten nochmals schmecken will, geht ins Restaurant **Volkskammer** in Friedrichshain (**11**, Karte S. 150/151). In einem Speisesaal mit DDR-Ambiente der 1970er isst man Jägerschnitzel auf Spirelli (panierte Jagdwurst auf Nudeln mit Tomatensoße), Grilletta (Bulette) oder Goldbroiler (Hähnchen). „Sie werden platziert" sagt allerdings keiner mehr.

Wer sich ernsthaft mit dem Leben, Lieben, Rackern, Träumen, mit dem Lachen und Weinen im untergegangenen Staat auseinandersetzen will, der sollte auch das **Museum in der Kulturbrauerei** (→ S. 138) in Prenzlauer Berg besuchen, das den DDR-Alltag kritisch und sehr detailliert beleuchtet. Das gemeine und grausame Gesicht der DDR spiegeln v. a. zwei Gedenkstätten wider: das **Stasimuseum** in Lichtenberg (→ S. 198) und der ehemalige Stasiknast in **Hohenschönhausen** (→ S. 199), aber auch die **Gedenkstätte Berliner Mauer** (→ S. 80) und der **Tränenpalast** (→ S. 43). Wiederum fast witzig ist ein Ausflug zur **Plattenbaumuseumswohnung** in Marzahn-Hellersdorf. Sie ist bis auf wenige Details in ihrem Urzustand mit Originalinterieur erhalten: Zimmertüren aus Pappwaben, Schrankwand Modell „Schleiz", Duroplastdrücker im Holzdekor, Teppich aus der Mongolei usw. Schließlich gibt es noch das **Ostel**, ein Hostel in einem Friedrichshainer Plattenbau, mit viel Ostalgie eingerichtet und mit Erich an der Wand.

DDR-Museum, Karl-Liebknecht-Str. 1, Ⓢ Hackescher Markt. So–Fr 10–20 Uhr, Sa bis 22 Uhr. 9,80 €, erm. 6 €. www.ddr-museum.de. **Volkskammer**, Straße der Pariser Kommune 18b, Ⓤ Ostbahnhof. Tägl. ab 11 Uhr. ☎ 20687549, www.volkskammer.de. **1. Berliner DDR-Motorrad-Museum**, Rochstr. 14 c,

Ⓢ Hackescher Markt. Tägl. 10–19 Uhr, So ab 11 Uhr. 6,50 €. www.erstesberliner-ddr-motorradmuseum.de. **Plattenbaumuseumswohnung**, Hellersdorfer Str. 179, Ⓤ Cottbusser Platz. Nur So 14–16 Uhr. Eintritt frei. www.stadtundland.de. **Ostel**, Wriezener Karree 5, Ⓢ Ostbahnhof, www.ostel.eu.

Krieg überdauerte – Ersteres an Ort und Stelle, Letzteres in Kisten verpackt.

Wir verlassen die „neue Altstadt" in entgegengesetzter Richtung über die Poststraße. Dabei passieren wir das **Designpanoptikum** bzw. das **Surreale**

Museum für industrielle Objekte, ein Sammelsurium bizarrer Dinge: medizinische Apparate, Schleudersitze, Prothesen, ausgefallene Lampen etc. Werfen Sie einen Blick durch die Schaufenster und entscheiden Sie dann, ob Sie 10 € Eintritt zahlen wollen (Mo–Sa 11–18 Uhr, www.designpanoptikum.com).

Am Ende der Poststraße stößt man auf das **Marx-Engels-Forum**, ein begrüntes Areal, das bis voraussichtlich Ende 2020 von Bauzäunen (der Aushebung für die neue U5 geschuldet) durchsetzt ist.

Linker Hand, hinter dem Spreearm, erhebt sich das **Humboldt Forum** mit seiner rückseitigen modernen Fassade (→ S. 55). Geradewegs voraus, hinter dem Marx-Engels-Forum, sieht man im Winter, wenn die Bäume keine Blätter tragen, das **DomAquarée**, einen Geschäfts- und Wohnkomplex mit glasüberdachter Passage. Wer mit dem Fahrstuhl durch ein riesiges rundes Aquarium, gefüllt mit einer Million Liter Salzwasser und 1500 Fischen, gleiten will, kann dorthin spazieren und die → **Sealife-Welt** besuchen. Wer nur mal schauen will – von der Seite gucken kostet nix –, hält in der Passage linker Hand nach der Tür zum **Aqua-Dom** Ausschau.

Rechter Hand dagegen sieht man das **Rote Rathaus**, leicht zu erkennen an seinem 74 m hohen Turm, in dem der Senat zusammen mit dem Regierenden Bürgermeister sitzt. Das Bauwerk aus rotem Ziegelwerk heißt schon seit seiner Eröffnung im Jahr 1868 so. Seine imposanten Säle im 1. Stock können wochentags von 9 bis 18 Uhr besichtigt werden, sofern kein hoher Besuch anwesend ist. Auf der namenlosen Freifläche vor dem Rathaus sprudelt der **Neptunbrunnen**, der einst den Schlossplatz zierte – vielleicht kommt er ja dort auch wieder hin …

Fernsehturm und nix als Leere

Ein paar Schritte weiter, im Schatten des Fernsehturms, steht irgendwie verloren die → **St.-Marienkirche**. Als sich hier noch die Altstadt Berlins befand, ragte die Kirche aus einem Häusermeer

Mit dem Radl da: Fahrradkorso der „Critical Mass"

mit engen Gassen erhaben empor. Doch mit der Altstadt verschwand im Zweiten Weltkrieg auch die historische Mitte Berlins. Seit Jahren diskutiert man darüber, wie und ob man die hässliche Leere zwischen Marienkirche und Rotem Rathaus füllen soll, genauso die zwischen Humboldt Forum und Fernsehturm. Im Gespräch war bereits die Rekonstruktion der historischen Mitte. Andere Pläne sehen vor, das Areal von der Spree her zu fluten und mit Terrassen zu umgeben, wiederum andere schlagen einen Stadtpark vor. Das Gros der Anwohner in den umliegenden Plattenbauten möchte am liebsten möglichst wenig Veränderung, allenfalls ein paar Sitzbänke mehr – eine Aufwertung des Areals wäre ja auch langfristig mit höheren Mieten verbunden.

Eine Fahrt auf den → **Fernsehturm** ist fast ein Muss – am schönsten in den Abendstunden, wenn die Lichter Berlins die Stadt erleuchten. Direkt unter dem Fernsehturm, in dessen Sockelumbauung, zeigt das umstrittene **Menschen Museum** Plastinate von Menschen und Tieren, gruselig und faszinierend zugleich (tägl. 10–19 Uhr; 14 €, erm. 9–12 €; www.memu.berlin).

Sehenswertes

Kirche mit neuem Turm

Parochialkirche

Wie viele andere Kirchen der Stadt war auch die barocke Parochialkirche (Baubeginn 1695) nach dem Krieg eine Ruine. Kurz vor dem Mauerfall erhielt sie wieder ein Dach. Ihr Turm, lange Zeit nur ein Stumpf, wurde erst 2016 mit Glockenspiel wiederhergestellt, es erklingt um 9, 12, 15 u. 18 Uhr. Im Innern (oft Ausstellungen oder kulturelle Veranstaltungen) liegt das Mauerwerk noch heute blank.

Klosterstr. 67, ⓤ Klosterstraße. Für gewöhnlich Mo–Fr 9–15.30 Uhr. www.marienkirche-berlin.de.

Stadtgeschichte Berlins

Märkisches Museum

Der Backsteinbau (1899–1908), Stammhaus der Stiftung Stadtmuseum Berlin, ist an die norddeutsche Gotik und Renaissance angelehnt. In chronologischer (EG) und thematischer (OG) Abfolge werden hier prägende Momente der Stadt thematisiert, die die geschichtliche, gesellschaftliche, wirtschaftliche und künstlerische Entwicklung Berlins über die Jahrhunderte hinweg beleuchten. Die Exponate sind bunt gemischt: Industriegemälde aus der Borsig-Villa am Tegeler See, ein Panoptikum, mittelalterliche Skulpturen, eine Sammlung an Automatophonen (Vorführungen stets So um 15 Uhr) u. v. m. Zudem finden temporäre Ausstellungen statt. Aber nur bis voraussichtlich Ende 2019. Dann soll das Haus wegen umfangreicher Sanierungsarbeiten vorübergehend geschlossen werden.

Am Köllnischen Park 5, ⓤ Märkisches Museum o. Ⓢ+ⓤ Jannowitzbrücke. Tägl. (außer Mo) 10–18 Uhr. 7 €, erm. 4 €, jeden 1. Mi im Monat freier Eintritt. www.stadtmuseum.de.

Nachbau einer Altstadt

Nikolaiviertel

Es ist – leicht übertrieben – eine Art sozialistisches Disneyland und Erich Honecker zu verdanken, der den geistreichen Spruch tat: „Eine Reise in die Hauptstadt muss immer mehr ein schönes Erlebnis sein." So bekam Berlin zur 750-Jahr-Feier 1987 eine aus Waschbetonplatten zusammengeschraubte Altstadt im neohistorischen Stil samt Hansegiebeln, wie man sie aus Rostock kennt. Immerhin platzierte man die kleine verkehrsberuhigte Pflastergas-

Vor der Nikolaikirche

sen-Kulisse an den richtigen Ort, an die Wiege Berlins (→ Stadtgeschichte, S. 230). Nur vier der hiesigen Häuser und die Nikolaikirche standen schon vor dem Krieg hier.

Ⓤ Klosterstraße.

Chronist der armen Leute
Heinrich-Zille-Museum

Es führt in das Leben und Werk Heinrich Zilles (1858–1929) ein, der nicht Prachtboulevards fotografierte oder zeichnete, sondern das sog. „Milljöh". Über seine sozialkritischen Arbeiten mit ihrem bissigen Humor sagte Zilles Freund Max Liebermann: „Man spürt die Tränen hinter dem Lachen". Und Zille selbst: „Tut weh, wenn man den Ernst als Witz verkaufen muss."

Propststr. 11, Ⓤ Klosterstraße. Tägl. 11–18 Uhr. 7 €, erm. 5 €. www.zillemuseum-berlin.de.

Ältestes Gotteshaus Berlins
Nikolaikirche

Die Fundamente der dreischiffigen Hallenkirche reichen bis ins 13. Jh. zurück. 1980–87 wurde die Kriegsruine mit ihren neogotischen Zwillingstürmen wiederaufgebaut und dem Märkischen Museum als Dependance übergeben. Im sehenswerten Inneren werden u. a. die Geschichte des Viertels und der Kirche sowie das Wirken mit ihr eng verbundener Persönlichkeiten beleuchtet.

Nikolaikirchplatz, Ⓤ Klosterstraße. Tägl. 10–18 Uhr. 5 €, erm. 3 € inkl. Audioguide. www.stadtmuseum.de.

Bürgerliches Leben im Biedermeier
Knoblauchhaus

Fast 170 Jahre lebte in dem Haus (erbaut zwischen 1759 und 1761) die Familie Knoblauch, aus deren Reihen so berühmte Persönlichkeiten hervorgingen wie der Architekt und Schinkelschüler Eduard Knoblauch, der die Neue Synagoge an der Oranienburger Straße entwarf, oder Armand Knoblauch, der 1868 das Böhmische Brauhaus gründete. Die Obergeschosse können besichtigt werden, sie vermitteln u. a. die Atmosphäre biedermeierlicher Lebenskultur. Der Salon des Hauses war eines der geistigen Zentren Berlins: Unter anderem gaben sich hier Wilhelm von Humboldt, Gotthold Ephraim Lessing (der

66   Tour 3: Vom Alexanderplatz ins Nikolaiviertel

nahebei wohnte), Ludwig Tieck und Karl Friedrich Schinkel die Ehre.

Poststr. 23, Ⓤ Klosterstraße. Tägl. (außer Mo) 10–18 Uhr. Eintritt frei. www.stadtmuseum.de.

Ausstellungen im Rokokopalast

Ephraim-Palais

Das Rokokopalais, von dessen Balkonen die Putten lachen, ließ der Hofjuwelier und Münzunternehmer Veitel Heine Ephraim zwischen 1762 und 1766 erbauen. Als man den Mühlendamm 1935/36 verbreiterte, wurde das Palais abgetragen und seine Fassade eingelagert. Mit der Errichtung des Nikolaiviertels wurde es samt Originalfassade rekonstruiert – 12 m von seinem alten Standort entfernt. Heute nutzt die Stiftung Stadtmuseum Berlin das Palais für temporäre Ausstellungen zur lokalen Kunst- und Kulturgeschichte.

Poststr. 16, Ⓤ Klosterstraße. Bei Ausstellungen Do–So u. Di 10–18 Uhr, Mi 12–20 Uhr. In der Regel um die 7 €, erm. 5 €. www.stadtmuseum.de.

Viele, viele bunte Fische

Sealife Berlin

Über 5000 Tiere in über 35 Becken, dazu der 25 m hohe *AquaDom* (→ S. 63). Alles in allem aber kein billiges Vergnügen. Unser Tipp für jene, bei denen das Geld nicht so locker sitzt: das Aquarium (→ S. 118).

Spandauer Str. 3, Ⓢ+Ⓤ Alexanderplatz o. Ⓢ Hackescher Markt. Tägl. 10–19 Uhr. 17,95 €, erm. 14,50 €. www.visitsealife.com.

Historisches Überbleibsel

St.-Marienkirche

Einem Wunder gleich überstand die Kirche aus dem 13. Jh. Krieg und DDR. In der Turmhalle zieht das *Totentanz-Fresko* die Blicke auf sich, vorm Chor die marmorne Kanzel von Andreas Schlüter. Die Orgel, auf der schon Johann Sebastian Bach spielte, hat einen ausgezeichneten Klang. Für gewöhnlich kann man sich donnerstags und freitags um 13.30 Uhr davon überzeugen, dann finden meist kostenlose Konzerte statt (alle Termine auf www.marienkirche-berlin.de).

Karl Liebknecht-Str. 8, Ⓢ+Ⓤ Alexanderplatz. Tägl. 10–18 Uhr, im Sommer zuweilen länger.

Eines der Wahrzeichen Berlins

Fernsehturm

In 40 bis 60 Sekunden und mit einem leichten Druck im Ohr ist man oben in der Kugel, die an einen Sputnik-Satelliten erinnern soll. Aber Achtung: Um ein Ticket nach oben zu bekommen, steht man zuweilen Ewigkeiten an (außer man bucht ein Ticket online), und um wieder herunterzukommen auch. Wer keine Zeit vertrödeln will, begibt sich auf die Aussichtsterrasse des Hotels Park Inn nebenan (→ S. 59). Auch von dort ist die Aussicht toll, aber nicht so genial wie vom Fernsehturm. Die Kapsel in einer Höhe von über 200 m beherbergt ein Restaurant, in dem sich der Sitzbereich innerhalb von 30 bis 60 Min. um die eigene Achse dreht – bei besserer Luft wäre es empfehlenswert. Darunter befindet sich die Panoramaetage ohne Drive, aber mit Bar. Egal wo: Bei guter Witterung sieht man bis zu 40 km weit. Aber oh je, wenn der Strom ausfällt: Die Schachttreppe hinunter hat 986 Stufen. Die Gesamthöhe des Turms beträgt 368 m. Ende der 1960er wurde er erbaut, um die Leistungsfähigkeit des Sozialismus zu demonstrieren, daher damals auch „Ulbrichts Protzstängel" genannt. Bei den Planungen hatte man eines jedoch nicht bedacht: Je nach Sonneneinstrahlung erscheint auf der Kugel durch Reflexion ein großes leuchtendes Kreuz – für die gottlosen Genossen einst ein schlimmes Ärgernis.

Panoramastr. 1 a, Ⓢ+Ⓤ Alexanderplatz. März-Okt. tägl. 9–24 Uhr, Nov.–Feb. ab 10 Uhr. 15,50 €, erm. 9,50 €, Online-Tickets je nach Tageszeit 19,50 €, erm. 12 €. Hg. im Restaurant 2 14–28 €, preiswertere Mittagskarte, man kann auch frühstücken. Tischreservierung online auf www.tv-turm.de möglich.

Praktische Infos
→ Karte S. 61

Essen & Trinken

Viele Touristenlokale, darunter etliche schwer rustikale Altberliner Gaststätten im Nikolaiviertel, bilden den gastronomischen Schwerpunkt in diesem Teil der Stadt.

Restaurants

Georgbräu 5, das hier gebraute Georgbräu ist u. E. das süffigste Bier der Stadt: saugut! Dazu gibt's Hackepeter, Gulasch, Wurstsalat mit Roggenbrötchen und japanische Reisegrüppchen mit „einem Meter Bier" vor der Nase. Drinnen rustikale Schankstube, draußen Spreeterrasse. Hg. 10–15 €. Tägl. ab 12 Uhr. Spreeufer 4, Ⓢ+Ⓤ Alexanderplatz, ✆ 2424244, www.brauhaus-georgbraeu.de.

Zur Letzten Instanz 4, ältestes Gasthaus der Stadt (1621) mit holzvertäfelten Wänden und einem über 200 Jahre alten Majolika-Kachelofen. Niveauvolle Berliner Küche mit Eisbein von einem Umfang, wie es nur von Fußball spielenden Schweinen kommen kann. Wenig Auswahl für Vegetarier. Abends besser reservieren. Kleiner Biergarten. Hg. 13–23 €, Di–Fr günstige Mittagsgerichte, teures Bier. Tägl. (außer Mo) ab 12 Uhr. Waisenstr. 14–16, Ⓤ Klosterstraße, ✆ 2425528, www.zurletzteninstanz.com.

Zum Nußbaum 3, das Original war das Wohnhaus Heinrich Zilles und stand auf der Fischerinsel. Nach Zilles Zeichnungen wurde der Nußbaum 1986/87 im Nikolaiviertel nachgebaut. In der kleinen, urig-rustikalen Gaststätte serviert man solide Hausmannskost wie Blutwurst, Matjes oder Bulette zu annehmbaren Preisen (Hg. 8–15 €). Neben vielen Touristen auch Berliner mit Faible fürs „Jemütliche". Tägl. ab 12 Uhr. Am Nussbaum 3, Ⓢ+Ⓤ Alexanderplatz, ✆ 2423095.

Shopping

Rund um den Alexanderplatz dominieren 08/15-Geschäfte wie *H & M*, *Primark* & Co., außerdem gibt es diverse Läden mit Touristenkitsch. Oma und Opa kaufen ihre Souvenirs gerne im Nikolaiviertel.

Shoppingmall

Alexa, die Mall, ein Ungetüm an kommerzieller Einfallslosigkeit, ist mit rund 180 Geschäften und Bistros eine der größten der Stadt, darunter viele Läden, die man auch in der Provinz kennt, aber auch ein paar ausgefallenere Adressen. Mo–Sa 10–21 Uhr. Grunerstr. 20, Ⓢ+Ⓤ Alexanderplatz. www.alexacentre.com.

Den Über-Blick bekommt man auf der Aussichtsterrasse des Hotels Park Inn

Kunst- und Modezirkus
Tour 4

Straßen voller Galerien und stylisher Flagshipstores, dazwischen die digitale Boheme in angesagten Bars. Shoppen, essen, feiern – willkommen in Berlins cooler Mitte!

- **Rund um die August- und Linienstraße**, hier versammeln sich einige der spannendsten Kunsträume der Stadt, zudem jede Menge tolle Läden Berliner Labels, S. 74 f.
- **Hackesche Höfe**, shoppen und bummeln im Hinterhof, S. 75
- **Neue Synagoge**, die einst größte Synagoge Europas mit einer informativen Ausstellung, S. 76

Alte, neue und vergessene Mitte IV
Spandauer Vorstadt

Kaum ein Berliner, der zum lässigen Shoppen rund um die Hackeschen Höfe aufbricht, zu einer Vernissage in die unzähligen Galerien oder zum Statusgequatsche in eine hippe Bar, sagt, dass er in die Spandauer Vorstadt geht. Der historische Name des Viertels, das übrigens mit dem Stadtteil Spandau im Nordwesten Berlins nichts zu tun hat, hat in der Alltagssprache fast ausgedient. Man sagt schlicht „Mitte".

Zur coolen Mitte wurde die Spandauer Vorstadt erst in jüngerer Zeit – in ihren Anfängen galt sie als der Hinterhof Berlins. Hier, vor den einstigen Toren der Stadt, hausten die Schwächsten der Schwachen, Wohnungslose und Tagelöhner, Prostituierte und Kleinkriminelle. Ende des 19. Jh. gesellten sich osteuropäische Juden hinzu, die vor Pogromen in Russland und Polen geflüchtet waren. Sie verhalfen dem Viertel zu einer gewissen Blüte. Niedrige Häuserzeilen aus dem 18. und 19. Jh. vermitteln mancherorts noch heute kleinstädtisch-pittoresken Charme. Der Krieg ging aber auch an der Spandauer Vorstadt nicht spurlos vorüber, und zu DDR-Zeiten wurden die Lücken mit hässlichen „Ersatzneubauten" geschlossen.

Unmittelbar nach der Wende teilte die Spandauer Vorstadt das Schicksal von Prenzlauer Berg und Friedrichshain. Aber viel schneller als dort standen hier auch die Investoren parat. Die Ossi-Omas in Kittelschürze verschwanden, *Konsum* und Eckkneipe wurden durch Boutiquen und New-York-Cheese-Cake-Cafés ersetzt. Heute wirkt im versnobtesten Szeneviertel der Stadt vieles etwas aufgesetzt und touristisch verkitscht. Manche Ecken halten aber noch immer einen Hauch Ostberliner Authentizität parat, außerdem überraschen originelle Bars und Clubs aus alten Zeiten. Auch die jüdische Kultur wurde im Kleinen wiederbelebt, es gibt einige jüdische Cafés und Kultureinrichtungen. Im Norden der Spandauer Vorstadt warten zudem zwei Sehenswürdigkeiten, für die Sie den Marker zücken sollten: das großartige Naturkundemuseum und die Gedenkstätte Berliner Mauer.

Tour-Info Länge ca. 4,6 km, Dauer ca. 2:30 Std., Karte S. 72/73.

Spaziergang

Ausgangspunkt des Spaziergangs ist der Rosa-Luxemburg-Platz am gleichnamigen U-Bahnhof. Den Platz beherrscht, einer Trutzburg gleich, die **Volksbühne** – vorne hui, an den Seiten pfui, was dem Wiederaufbau nach dem Krieg geschuldet ist. Ein Viertel Jahrhundert prägte Frank Castorf die Bühne, zuletzt war unklar, welchen Weg sie zukünftig beschreiten soll. Vor der Volksbühne sind auf Gehwegen und Fahrbahnen dunkle Betonbalken mit Zitaten Rosa Luxemburgs eingelassen – ein Denkzeichen des Künstlers Hans Haacke.

Zur Spitze des dreieckigen Platzes hin befindet sich das **Kino Babylon**, eines der schönsten Filmtheater Berlins und eine der Spielstätten der Berlinale (→ Kultur, S. 253).

Scheunenviertel

Die Rosa-Luxemburg-Straße führt hinein ins **Scheunenviertel**, das sich von hier gen Westen bis zur Rosenthaler Straße zieht. Das Viertel erhielt seinen Namen im 17. Jh., als aufgrund eines Brandschutz-Erlasses Scheunen innerhalb des Stadtgebietes untersagt wurden und hier – damals lag das Gebiet noch außerhalb der Stadtmauern – neu errichtet wurden. Ein Bewohner des Scheunenviertels, der in die Geschichte einging, war übrigens Julius Fromm, ein osteuropäischer Jude, der 1893 im Alter von zehn Jahren aus Posen hierher kam. Er schlug sich zunächst als Zigarettendreher durch und besuchte schließlich die Abendschule für Chemie, um dann als Erfinder des nahtlosen Gummipräservativs zu Berühmtheit zu gelangen. „Fromms zieht der Edelmann beim Mädel an" war einer der Werbesprüche, bis sich die Nazis den Betrieb unter den Nagel rissen. Weitere grandiose Berliner Erfindungen sind übrigens die Postkarte (1865), der Haartrockner (1900), die Thermoskanne (1903) und Ohropax (1908).

Scheunen gibt es im Scheunenviertel heute keine mehr, es dominiert die mittetypische Mischung aus Altbau und Platte. Darin: schicke Läden, darunter auch viele Stores Berliner Modelabels. Außerdem: viele Touristen. Der erste Abschnitt des Spaziergangs ist dem Shoppen oder

An der Volksbühne

Windowshoppen gewidmet. Er verläuft über die Rosa-Luxemburg-Straße, die Münzstraße (mit einem Denkmal für Deutschlands Säulenheiligen Ernst Litfaß), die Alte Schönhauser Straße, die Mulackstraße und die Rosenthaler Straße in die Gipsstraße.

Nun lernen wir Hinterhöfe und geheimnisvolle Durchfahrten kennen, die die Spandauer Vorstadt ebenfalls prägen. Von der Gipsstraße 12 führt eine schmale Passage in die **Sophie-Gips-Höfe**. Der Komplex drum herum entstand für einen Nähmaschinenfabrikanten in der zweiten Hälfte des 19. Jh. Das heutige Aussehen der liebevoll restaurierten Höfe ist dem Ehepaar Erika und Rolf Hoffmann zu verdanken. Sie richteten Loftbüros und Wohnungen in dem Ensemble ein und schufen sich selbst ein sagenhaftes Penthouse obenauf. In einem Teil ihrer Privaträume (!) macht Erika Hoffmann heute jeden Samstag ihre Kunstsammlung, die → **Sammlung Hoffmann**, der Öffentlichkeit zugänglich – sehenswert. Ohnehin wimmelt es in den Höfen nur so vor Kunst, schauen Sie sich um.

Die Höfe münden in die Sophienstraße. Die **Sophienkirche** (s. u.) und die stuckverzierten Häuser entlang der Straße verströmen Kleinstadtatmosphäre – einst befand sich hier das Handwerkerviertel der Spandauer Vorstadt. Das ehemalige **Handwerkervereinshaus** schräg gegenüber der Kirche, das ein repräsentatives Terrakotta-Doppelportal besitzt, erinnert daran. Im Inneren befindet sich das Theater **Sophiensaele** (→ Kultur, S. 244).

Durch die Hackeschen Höfe

Von der Sophienstraße 6 führt ein unauffälliger Durchgang hinein in die → **Hackeschen Höfe**, ein städtebauliches Juwel, das jeder Berlin-Tourist einmal gesehen haben sollte. Folgt man in den Höfen der Beschilderung zu Hof I, verlässt man die Hackeschen Höfe zur Rosenthaler Straße hin. Rechts voraus liegt der S-Bahnhof Hackescher Markt. Doch bevor wir uns dorthin aufmachen, werfen wir noch einen Blick linker Hand in den nächsten Durchgang (Hnr. 39) und damit in den schrabbelig-charmanten,

Spaziergang 71

schlauchförmigen Hof des → **Hauses Schwarzenberg** – das Gegenprogramm zum aufgeputzten, kommerzialisierten Nachbarn.

Der 1880 errichtete S-Bahnhof **Hackescher Markt** ist ein kleines Schmuckstück mit Pilastern, Bögen, Gesimsen und Mosaiken. Die Terrassenlokale auf dem gleichnamigen Platz davor haben an lauen Sommerabenden eine magische Anziehungskraft auf Touristen, die hier den Straßenmusikanten lauschen. Donnerstags und samstags findet hier zudem ein kleiner Wochenmarkt statt, auf dem auch Souvenirs verkauft werden.

Oranienburger Straße

Spaziert man mit den S-Bahngleisen zur Linken weiter und hält sich bei der ersten Möglichkeit rechts, bei der folgenden Gabelung aber links, gelangt man auf die Oranienburger Straße. Dort versteckt sich rechter Hand hinter Hnr. 18 die → **Galerie Sprüth Magers**, eine der führenden Galerien der Stadt und eine der letzten Adressen für anspruchsvolle Kunst in der Oranienburger Straße. Von der einst mythen- und kunstbeladenen Straße ist nicht viel übrig geblieben. Die touristisch-kommerzielle Verödung brachte gesichtslose 08/15-Lokale mit aufdringlichen Kellnern. Nur eines hat sich auf der schon in den Goldenen Zwanzigern „Geile Meile" genannten Straße nicht verändert: Ab Sonnenuntergang schwenken spacig aufgetakelte Bordsteinschwalben ihre Handtäschchen.

Linker Hand, wo sich heute der Monbijoupark erstreckt, stand einst das gleichnamige Schloss, das 1960 als Kriegsruine gesprengt wurde. Gen Westen schließt an den Monbijoupark Berlins einstiges Haupttelegrafenamt an. Anfang des 20. Jh. wurde es erbaut, die dazugehörige Rohrpostanlage war bis 1986 in Betrieb. Zusammen mit sieben weiteren denkmalgeschützten Gebäuden wird der Komplex, der bis zur Spree reicht, in moderne Lofts, Büros und Wohnungen umgewandelt. Das Projekt nennt sich **Forum Museumsinsel**, im Telegrafenamt selbst soll ein Spa-Hotel entstehen.

Spandauer Vorstadt → Karte S. 72/73

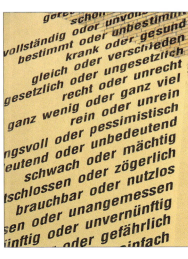

Die Sophie-Gips-Höfe stecken voller Kunst

E ssen & Trinken
(S. 81–83)
- 4 Papà Pane di Sorrento
- 6 Yumcha Heroes
- 7 Tak Tak Polish Deli
- 11 Fleischerei
- 14 Bandol sur Mer
- 15 Kopps
- 20 Rutz
- 22 Yam Yam
- 23 Muret la barba/ District Mot
- 24 einsunternull
- 25 Kantine der Volksbühne
- 28 Kuchi
- 35 Pauly Saal/Mogg
- 44 Night Kitchen
- 48 House of Small Wonder
- 52 Lebensmittel in Mitte
- 55 Ma'loa

N achtleben (S. 256/257)
- 8 Schokoladen
- 10 Mein Haus am See
- 12 Neue Odessa Bar
- 18 Kaffee Burger
- 19 Reingold
- 25 Roter Salon und Grüner Salon (S. 248)
- 32 Bar 3
- 34 Clärchens Ballhaus
- 38 Zosch
- 42 Hackendahl
- 46 Anna Koschke
- 54 b-flat

C afés (S. 83/84)
- 1 Nola's am Weinberg
- 5 Distrikt Coffee
- 33 Altes Europa
- 36 Barcomi's Deli
- 37 Keyser Soze
- 47 Tadshikische Teestube
- 51 Eschschloraque Rümschrümp
- 57 Strandbar Mitte

Shopping (S. 84/85)

- 2 Record Store
- 3 Ocelot
- 13 Grober Unfug
- 16 Jünnemann's Pantoffeleck
- 17 Kaviar Gauche und Bridal Budget Boutique
- 21 LaLa Berlin
- 27 Das neue Schwarz
- 29 Do you read me? und Sabrina Dehoff
- 30 pro qm
- 31 Herr von Eden
- 37 Anke Runge Berlin
- 39 o.k.
- 40 adddress
- 41 Soma
- 43 Langhein Berlin
- 44 Bonbonmacherei
- 49 Trippen Flagshipstore/ Ampelmann/Home on Earth
- 50 Made in Berlin
- 53 ic! berlin
- 56 Mykita
- 58 Walther König

Sonstiges

- 26 Fahrradstation (Radverleih) (S. 287)
- 45 scooter2go (S. 286)
- 51 Chamäleon (Theater) (S. 247)

 Tour 4: Spandauer Vorstadt

Tour 4: Spandauer Vorstadt

Rechter Hand folgt die → **Neue Synagoge** mit ihrer goldenen, weithin sichtbaren Kuppel – ein Wahrzeichen Berlins. Ein paar Schritte dahinter liegt der Zugang (Hnr. 32) zu den hübschen **Heckmannhöfen**, die die Oranienburger Straße mit der Auguststraße (s. u.) verbinden. In den restaurierten Remisen haben sich u. a. Restaurants und Boutiquen niedergelassen.

Nächster Eyecatcher an der Oranienburger Straße/Ecke Tucholskystraße ist das ehemalige **Postfuhramt** rechter Hand, das nach einer Generalsanierung die Konzernrepräsentanz des Herzschrittmacher-Machers *Biotronik* wird. Der zwischen 1876 und 1881 errichtete Ziegelbau mit achteckiger Kuppel galt als aufwendigster Behördenbau seiner Zeit. Nachdem 1995 der Postbetrieb eingestellt wurde, zeigte hier für ein paar Jahre die Galerie C/O (heute in der City West, → S. 117) hochkarätige Fotoausstellungen.

200 m weiter linker Hand steht das **Tacheles** – falls noch nicht umbaut, an dem Mural *How long is now* leicht zu erkennen. Die Kriegsruine eines Kaufhauses aus dem frühen 20. Jh. wurde kurz nach der Wende von der Künstlerinitiative „Tacheles" besetzt, die dem Haus den Namen gab. Lange galt das abgewrackte Gemäuer als eine Art Hotspot der Off-Kultur mit zig Ateliers, Bar, Kino usw. 2013 wurde das Tacheles zwangsgeräumt. Bis Ende 2020 soll es Teil eines neuen Stadtquartiers werden, das das Büro *Herzog & de Meuron* entwarf.

Jüdisches Berlin

Die Linienstraße aber ist noch immer eine *der* Galerienmeilen Berlins. Hier hat u. a. die → **Galerie Neugerriemschneider**, eine Institution in der Berliner Kunstlandschaft, ihren Sitz. Wir spazieren die Straße aber nicht bis zu ihrem Ende, sondern zweigen nach rechts in die Tucholskystraße und dann nach links in die Auguststraße ab, eine weitere wichtige Galerienstraße.

Gleich rechter Hand steht dort die ehemalige **Jüdische Mädchenschule** (Hnr. 11–13), ein eleganter Klinkerbau der Neuen Sachlichkeit, 1927/28 von Alexander Beer entworfen. Heute erfreuen darin „Pauly Saal" und „Mogg" den Gaumen (→ Essen & Trinken), die Galerien **Michael Fuchs** und **CWC** (→ S. 117) das Auge. Zudem beherbergt

In den Hackeschen Höfen

das Haus die Ausstellung *The Kennedys* mit Infos über John F. und Jackie.

Spannende zeitgenössische Kunst präsentieren u. a. auch das → **KW Institute for Contemporary Art** und der benachbarte → **me Collectors Room** auf der Straßenseite gegenüber. Etwas weiter wieder rechter Hand lohnt noch die Galerie → **Eigen + Art** einen Besuch.

Die Große Hamburger Straße (hier rechts abbiegen) führt wieder zurück in Richtung Hackescher Markt. Auf dem Weg passiert man das katholische **St.-Hedwig-Krankenhaus**, einen neogotischen Klinkerbau vom Ende des 19. Jh., und etwas weiter die **Sophienkirche** aus der ersten Hälfte des 18. Jh. Sie besitzt den einzigen noch erhaltenen barocken Kirchturm Berlins.

Die **Große Hamburger Straße** steht für eines der schrecklichsten Kapitel in der Geschichte des Berliner Judentums. Zwei Häuser hinter dem Zugang zur Sophienkirche befindet sich die **Jüdische Oberschule** (Hnr. 27), 1863 als Jüdische Knabenschule erbaut. Daneben stand einst das im Krieg zerstörte Jüdische Altersheim. 1942 wurden beide Gebäude in ein „Sammellager" umfunktioniert: 55.000 Berliner Juden wurden von hier in die Konzentrationslager deportiert. Ein Mahnmal von Will Lammert erinnert daran.

Im Hof des Altersheims lag der **Alte jüdische Friedhof**, heute eine efeubewachsene Fläche. Er wurde von 1671–1827 genutzt und 1943 von den Nazis zerstört. Ein einziges symbolisches Grabmal gedenkt hier des Philosophen Moses Mendelssohn (1729–1786). Gotthold Ephraim Lessing machte ihn als *Nathan der Weise* unsterblich.

Sehenswertes

Kunstverführung im Penthouse

Sammlung Hoffmann

Neid ist verwerflich! Nur – wie kann man nicht neidisch sein auf ein 1400 m² großes Penthouse über den Dächern der Stadt? Mit Möbeln von Frank O. Gehry oder Mies van der Rohe? Mit Warhol, Beuys oder Stella im Wohnzimmer? Zum Glück ist Erika Hoffmann so freundlich und lässt Außenstehende teilhaben an ihrer Liebe zur Kunst, die sie seit den 1960ern zusammen mit ihrem Mann Rolf (gest. 2001) gesammelt hat. Einmal im Jahr wird das edle Domizil komplett umgekrempelt und neu geordnet.

Sophie-Gips-Höfe/Sophienstr. 21 (Aufgang C), Ⓤ Weinmeisterstraße. Führungen (1:30 Std.) nur Sa 11–16 Uhr (Anmeldung erforderlich, ☎ 284 99120). 10 €. www.sammlung-hoffmann.de.

Büros, Geschäfte, Theater, Kino …

Hackesche Höfe

Der 1906 errichtete Komplex aus acht Gewerbehöfen ist einer der großen Touristenmagneten Berlins. Hier kauft man Berliner Designerware oder Ampelmann-Souvenirs, isst und trinkt oder geht ins Kino bzw. Theater. Hof I, den man von der Rosenthaler Straße betritt, ist mit seinen farbigen Glasursteinen eine echte Jugendstilperle. Nach hinten werden die Höfe zunehmend schlichter und fast idyllisch.

Zugang von der Rosenthaler Str. 40/41 u. 36 sowie von der Sophienstr. 6, Ⓢ Hackescher Markt o. Ⓤ Weinmeisterstraße.

Relikt der wilden Neunziger

Haus Schwarzenberg

Kunterbunte Graffiti auf bröseligen Wänden, aus brüchigem Mauerwerk

Tour 4: Spandauer Vorstadt

Wahrheiten an der Brunnenstraße

sprießendes Unkraut – in den Nachwendejahren sah das Gros der Höfe rund um den Hackeschen Markt so aus wie die des Hauses Schwarzenberg, heute ein Paradiesvogel in der durchgentrifizierten Gegend. Im alternativen Künstlerhaus gibt es ein Kino, eine Kneipe, Maschinenmonster der Künstlergruppe *Dead Chickens* (auch im Keller, www.monsterkabinett.de) und die meistfotografierten Briefkästen Berlins. Der Komplex beherbergt auch die ehemalige **Blindenwerkstatt Otto Weidt** (wo blinde und gehörlose Juden unterkamen) und das **Anne Frank Zentrum** (das in das kurze Leben der Anne Frank einführt).

Rosenthaler Str. 39. Anfahrt → Hackesche Höfe. **Blindenwerkstatt Otto Weidt**, tägl. 10–20 Uhr. Eintritt frei. www.museum-blindenwerkstatt.de. **Anne Frank Zentrum**, tägl. (außer Mo) 10–18 Uhr. 5 €, erm. 3 €. www.annefrank.de.

Der Avantgarde auf der Spur
Galerie Sprüth Magers

Die Berliner Dependance der Avantgarde-Galeristinnen Monika Sprüth und Philomene Magers. Man arbeitet mit Künstlern wie Cindy Sherman, George Condo oder Andreas Gursky zusammen, die auch schon mal im MoMA in New York zu sehen sind. Kunst auf zwei Etagen, die im etwa zweimonatigen Rhythmus wechselt.

Oranienburger Str. 18, Ⓢ Hackescher Markt o. Oranienburger Straße. Di–Sa 11–18 Uhr. www.spruethmagers.com.

Einst größte Synagoge Europas
Neue Synagoge

Dem Polizeioberleutnant Wilhelm Krützfeld ist es zu verdanken, dass die Synagoge in der Reichskristallnacht 1938 nicht abbrannte: Er rief noch rechtzeitig die Feuerwehr. Fünf Jahre später aber wurde die 1866 im Alhambra-Stil errichtete Synagoge derart zerbombt, dass der Hauptgebetssaal nach dem Krieg abgerissen werden musste. Erhalten sind nur noch die Vorhalle und die Seitenräume der einst größten Synagoge Europas, in der 3200 Gläubige Platz fanden. Über die Geschichte des Hauses informiert eine spannende Ausstellung des *Centrums Judaicum*. Die riesige Freifläche hinter den restaurierten

Gebäudetrakten, wo acht gusseiserne Säulen an den einstigen Standort des Thoraschreins erinnern, lässt die Dimensionen des Hauptsaals noch erahnen. Die Kuppel ist zugänglich, die Aussicht ist jedoch nicht sonderlich spektakulär.

Oranienburger Str. 28/30, Ⓢ Oranienburger Straße o. Ⓤ Oranienburger Tor. April–Sept. Mo–Fr 10–18 Uhr, So bis 19 Uhr, im Winter verkürzt. 7 €, erm. 4,50 €. www.centrumjudaicum.de.

Kunstrausch in der Remise
Galerie Neugerriemschneider

Die etablierte Galerie in einer ehemaligen Fabrikremise arbeitet mit hochkarätigen und preisintensiven Künstlern wie Ai Weiwei, Wolfgang Tillmans oder Olafur Eliasson zusammen.

Linienstr. 155, Ⓢ Oranienburger Straße o. Ⓤ Oranienburger Tor. Di–Sa 11–18 Uhr. www.neugerriemschneider.com.

Herz der Berlin Biennale
KW Institute for Contemporary Art

Vernissagen, die wegen Überfüllung geschlossen werden, und Ausstellungen, über die oft noch lange gesprochen wird – das Zentrum für zeitgenössische Kunst in einer ehemaligen Margarinefabrik ist einer der *Places to be* in der Berliner Kunstszene. Abgefahren auch das Café Bravo im Innenhof, eine begehbare Glasskulptur des US-amerikanischen Künstlers Dan Graham. Die KW („Kunst-Werke") sind Veranstaltungsort und Träger der *Berlin Biennale*.

Auguststr. 69, Ⓤ Oranienburger Tor. Mi–So 11–19 Uhr, Do bis 21 Uhr. 5 €, erm. 3 €. www.kw-berlin.de.

Neue Synagoge

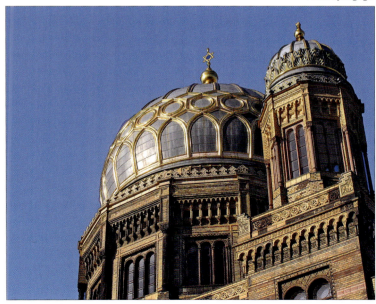

Tour 4: Spandauer Vorstadt

Kunst und Kuriositäten
me Collectors Room

Hier präsentiert Thomas Olbricht, ein Erbe des Wella-Konzerns, in wechselnden Ausstellungen seine rund 2500 Werke umfassende Kunstsammlung. Fest installiert ist die *Wunderkammer* mit rund 150 Kuriositäten aus der Renaissance und dem Barock, darunter auch der Stoßzahn eines Narwals und ein Schrumpfkopf aus Südamerika.

Auguststr. 68, Ⓤ Oranienburger Tor. Tägl. (außer Di) 12–18 Uhr. 8 €, erm. die Hälfte. www.me-berlin.com.

Neue Leipziger Schule
Galerie Eigen + Art

Galerist Gerd Harry Lybke stammt aus Leipzig und hat vorrangig Leipziger Künstler im Programm. Mit Neo Rauch machte er die „Neue Leipziger Schule" weltberühmt.

Auguststr. 26, Ⓤ Weinmeisterstraße. Di-Sa 11–18 Uhr. Eintritt frei. www.eigen-art.com.

Street Art in der Spandauer Vorstadt

Sehenswertes abseits des Spaziergangs

Wo Bertolt Brecht zu Hause war
Brecht-Weigel-Museum

Durch die originalgetreu hergerichtete Drei-Zimmer-Wohnung Bertolt Brechts, in der er von 1953 bis zu seinem Tod 1956 lebte, werden Führungen angeboten. Brechts Badfenster ging zum Dorotheenstädtischen und Französischen Friedhof (s. u.) – dorthin also, wo er später wunschgemäß begraben wurde. Im gleichen Haus kann auch die Wohnung von Brechts Frau, der Intendantin und Schauspielerin Helene Weigel, besichtigt werden. Aufgrund unterschiedlicher Lebensrhythmen lebte das Paar getrennt.

Chausseestr. 125, Ⓤ Naturkundemuseum. Tägl. (außer Mo), Zeiten der Führungen auf www.adk.de. 5 €, erm. die Hälfte.

Club der toten Dichter
Dorotheenstädtischer und Französischer Friedhof

Karl Friedrich Schinkel, Bertolt Brecht, Christa Wolf, Helene Weigel, Anna Seghers, Heinrich Mann, Johannes Rau – die Crème de la Crème der klugen Köpfe fand auf den nur durch eine Mauer getrennten Friedhöfen ihre letzte Ruhe. Sie wurden in der zweiten Hälfte des 18. Jh. angelegt.

Chausseestr. 126, Ⓤ Naturkundemuseum o. Oranienburger Tor. März–Okt. tägl. 8–20 Uhr, Nov.–Feb. bis 17 Uhr.

Dinos & Co.
Museum für Naturkunde

Kopf in den Nacken! Im Lichthof des 1889 eingeweihten Museums grüßt *Brachiosaurus brancai*, das größte je rekonstruierte Dinosaurierskelett. Das Tier war so groß wie ein vierstöckiges Haus und so schwer wie zehn Elefanten. Die Saurierhalle, in der sich mit dem *Archaeopteryx litographica* auch das berühmteste Fossil der Welt befindet, ist Anziehungspunkt Nr. 1. Doch zu bestaunen gibt es noch Tausende andere Exponate. In der Präparationsabteilung begegnet man Gorilla Bobby, dem Berliner Zooliebling der 1930er-Jahre, dem legendären Eisbären Knut (2006–2011) und dem zu Lebzeiten als frauenfeindlich verschrienen Pandabären Bao Bao (1978–2012), ebenfalls aus dem Berliner Zoo. Im Ostflügel ist die Nasssammlung untergebracht: 276.000 Gläser mit eingelegten Tieren. Sie vertragen kein Tageslicht, weswegen der Trakt fensterlos ist.

Invalidenstr. 43, Ⓤ Naturkundemuseum. Di–Fr 9.30–18 Uhr, Sa/So 10–18 Uhr. 8 €, erm. 5 €. www.naturkundemuseum-berlin.de.

Im einstigen Todesstreifen
Invalidenfriedhof

Auf dem Mitte des 18. Jh. angelegten Friedhof wurden v. a. hohe preußische Militärs bestattet. Ab 1961 befand sich das Friedhofsareal im Grenzgebiet, Abschnitte sogar direkt auf dem Todesstreifen – nur 200 von einst 3000 Gräbern sind deswegen erhalten. Heute dient das Areal als Gedenkstätte, in die Reste der einstigen hinteren Sperrmauer einbezogen sind. Nahebei wurde am 24. August 1961 mit Günter Litfin der erste Grenzflüchtling erschossen.

Scharnhorststr. 33, Ⓢ+Ⓤ Hauptbahnhof o. Ⓤ Naturkundemuseum. Sie gelangen über den Mauerweg zwischen Spandauer Schiff-

Sommer im Monbijoupark

Tour 4: Spandauer Vorstadt

fahrtskanal und Bundeswirtschaftsministerium in ca. 5 Min. dorthin. April–Sept. 7–19 Uhr, Okt.–März 8–16 Uhr.

Nix für Weicheier
Medizinhistorisches Museum der Charité

Herzstück ist die für Laien ziemlich gruselige Sammlung pathologisch-anatomischer Präparate: Babys mit Wasserköpfen, mit zwei Mündern oder nur einem Auge, Zirrhoselebern, Magengeschwüre, riesige Harnblasensteine. Zudem wird die Geschichte der Charité dokumentiert, die um 1700 als Pesthaus errichtet wurde und bis ins 19. Jh. ein reines Armenkrankenhaus war. Heute ist sie eine der größten Universitätskliniken Europas.

Charitéplatz 1, nächstgelegener Zugang von der Invalidenstr. (Alexanderufer), Ⓢ+Ⓤ Hauptbahnhof o. Ⓤ Naturkundemuseum. Di/Do/Fr/So 10–17 Uhr, Mi/Sa bis 19 Uhr. 9 €, erm. 4 €. www.bmm-charite.de.

Unterwegs auf dem Berliner Mauerweg

Museum für Gegenwart
Hamburger Bahnhof

Der im klassizistischen Stil 1847 errichtete Bahnhof wurde bereits 1884 stillgelegt. Den Grundstock des Museums bildet die Sammlung des Unternehmers Erich Marx. Kunstwerke ab 1960 überwiegen, darunter Werke von Andy Warhol und Joseph Beuys. In den angrenzenden Rieckhallen sind in wechselnden Ausstellungen Werke aus der Sammlung Friedrich Christian Flick zu sehen, die 1500 Arbeiten von 150 Künstlern aus den letzten Jahrzehnten umfasst. Zudem werden im Gebäude bis zur Wiedereröffnung der Neuen Nationalgalerie (voraussichtlich 2020, → S. 105) Werke aus deren Sammlung präsentiert. Darüber hinaus werden im Hamburger Bahnhof stets sehr sehenswerte Sonderausstellungen gezeigt. Nach der Besichtigung empfehlen wir einen Einspänner im angeschlossenen Kaffeehaus von Sarah Wiener.

Invalidenstr. 50–51, Ⓢ+Ⓤ Hauptbahnhof. Tägl. (außer Mo) 10–18 Uhr, Do bis 20 Uhr. 14 €, erm. 7 €. www.smb.museum.

Am alten innerdeutschen Grenzstreifen
Gedenkstätte Berliner Mauer

Die Gedenkstätte Berliner Mauer ist der zentrale Erinnerungsort an die deutsche Teilung. Mit dem Mauerbau im August 1961 gehörte der Straßenraum nördlich der Bernauer Straße fortan zu West-Berlin, die im Süden angrenzenden Häuser zu Ost-Berlin. Um dem Grenzstreifen Platz zu machen – bis heute ist die Teilungsnarbe sichtbar –, ließ die DDR-Führung auf Ostberliner Seite alle Häuser abreißen.

Auf dem ehemaligen Grenzstreifen erstreckt sich heute über eine Länge von 1,4 km das Areal der Gedenkstätte. Hier steht auch das letzte Stück der Berliner Mauer, das in seiner Tiefenstaffelung erhalten geblieben ist und den Aufbau

Praktische Infos   81

der Grenzanlage zum Ende der 1980er-Jahre zeigt. Der Mauerabschnitt ist 70 m breit und wurde von den Architekten Kohlhoff & Kohlhoff mit Wänden aus poliertem Stahl seitlich begrenzt, um durch Spiegelung die Länge der Grenzmauer in Erinnerung zu rufen. Vom Turm auf der anderen Straßenseite lässt sich der Mauerabschnitt überblicken. Der Turm gehört zum **Dokumentationszentrum** mit einer Ausstellung zum Mauerbau.

Östlich des Mauerabschnitts steht die **Kapelle der Versöhnung** – genau an jener Stelle, an der die ehemalige Versöhnungskirche stand, die durch den Mauerbau unzugänglich geworden war und 1985 gesprengt wurde.

Westlich des Mauerabschnitts erinnert das **Fenster des Gedenkens** an die Mauertoten. Themenstationen auf dem Areal dokumentieren zudem u. a. spektakuläre Fluchten (durch Fluchttunnels, aber auch tödlich verlaufende Fenstersprünge), den Ausbau der Grenzanlagen, die Mauer und den Kalten Krieg im politischen, sozialen und medialen Kontext. Literatur zum Thema hält das **Besucherzentrum** an der Ecke zur Gartenstraße bereit. Eine kleine Ausstellung im nahen Nordbahnhof informiert zudem über Grenz- und Geisterbahnhöfe im geteilten Berlin (→ Kasten S. 90).

Bernauer Str. 111/119, Ⓤ Bernauer Straße o. Ⓢ Nordbahnhof. **Dokumentationszentrum** und **Besucherzentrum**, tägl. (außer Mo) 10–18 Uhr. **Open-Air-Themenstationen**, stets zugänglich. Eintritt frei. www.berliner-mauergedenkstaette.de.

Praktische Infos   → Karte S. 72/73

Essen & Trinken

Restaurants

einsunternull `24`, in einem ehemaligen Brauereikeller serviert man minimalistische saisonale Küche: Chicorée mit Landkaffee und Rapsöl, Saibling unter Lauchasche, Schwarzkohlblatt mit Mohncremefüllung ... So außergewöhnlich ist das Ganze, dass es dem Michelin ein Sternchen wert war. 4-Gänge-Lunchmenü 59 €, 8-Gänge-Abendmenü 119 €. Lunch Di u. Do–Sa 12–14 Uhr, Dinner Mo/Di u. Do–Sa ab 19 Uhr. Hannoversche Str. 1, Ⓤ Oranienburger Tor, ☎ 27577810, www.restaurant-einsunternull.de.

Rutz `20`, Weinhandlung, Weinbar und Restaurant – Marco Müller hat sich mit seinen spektakulär inszenierten Aromaerlebnissen sogar zwei Michelin-Sterne erkocht. 9 Gaumenerlebnisse 185 €. Nette Terrasse. Rustikaler und günstiger geht es in der Weinbar zu: Weideochsenschulter oder Wollschwein-Eisbein mit Sauerkraut zu 17,50–25 €. Weinbar Di–Sa ab 16 Uhr, Restaurant ab 18.30 Uhr. Chausseestr. 8, Ⓤ Oranienburger Tor, ☎ 24628760, www.rutz-restaurant.de.

Pauly Saal `35`, extravagantes Gourmetlokal (ebenfalls ein Michelin-Stern) in der Turnhalle der ehemaligen jüdischen Mädchenschule (→ S. 74). Dunkelgrüne Polstermöbel eng an eng, von der hohen Decke baumeln Kronleuchter aus Murano-Glas, über der einsehbaren Küche eine Rakete von Cosima von Bonin, an der Wand ausgestopfte Füchse mit bandagierten Pfoten von Daniel Richter. Nette Sommerterrasse. Hervorragende, ein wenig durchgeknallte Küche, unser Favorit: „Tiergartenkrebs Schweinekopf Erbsen Beurre Blanc". Tolle Bar dabei. 3-Gänge-Mittagsmenü 69 €, Abendmenüs ab 85 €. Di–Sa 12–15 u. ab 18 Uhr (abends reservieren). Auguststr. 11–13, Ⓤ Oranienburger Tor, ☎ 33006070, www.paulysaal.com.

MeinTipp Night Kitchen `44`, das Stammhaus dieses Bar-Restaurants befindet sich in Tel Aviv, nun gibt es auch eine Filiale in den Heckmann-Höfen. Bei angenehmer Musik kann man hier entweder an der mittigen Bar sitzen und ein Bier trinken oder drum herum dinieren – was man tun sollte. Die mediterranen Gerichte, die in Vorspeisenportionen (4–23 €) daherkommen, sind so lecker, dass man danach den Teller abschlotzen möchte: Rindersalat mit Oliven und Joghurt, Tomaten-Carpaccio mit Tulum-Käse, Oktopus mit Jerusalem-Artischocke und Meerrettichpüree ... Dazu hausgebackenes Brot mit moussiger Tahini-Butter.

Spandauer Vorstadt → Karte S. 72/73

82 Tour 4: Spandauer Vorstadt

Tägl. ab 17 Uhr, So Brunch ab 11 Uhr. Oranienburger Str. 32, ✆ 23575075, www.nightkitchen berlin.com.

🔪 **Kopps** ⬛15, freundliches veganes Restaurant mit gemütlichem Barbereich. Schick, ohne kühl zu wirken. Regional-saisonale Küche aus Bioprodukten. Hier isst man Tagliatelle mit Pfifferlingen, Birnen und Erbsen, Variationen von der Aubergine oder Kohlrabitaschen mit Rote-Bete-Chutney. 3-Gänge-Menü 42 €, Hg. 18–21 €. Sa/So Brunch. Mo–Fr ab 18 Uhr, Sa/So ab 9.30 Uhr. Linienstr. 94, Ⓤ Rosenthaler Platz, ✆ 43209775, www.kopps-berlin.de.

Bandol sur Mer ⬛14, in der ehemaligen Dönerbude (Platz hat's für lediglich 20 Pers.) wird in unaufgeregt-legerem Ambiente (offene Küche) ganz hervorragende französische Sterneküche kredenzt: Tatar vom Wiesenkalb, Estragonkabeljau mit Tomaten-Artischocken-Ragout oder Jacobsmuscheln mit Kalbskopfvinaigrette. Alles vom Feinsten, selbst der kleine Gruß aus der Küche macht da keine Ausnahme. Brad Pitt schaute hier auch schon vorbei. 6-Gänge-Menü 92 €. Unbedingt reservieren. Ab 18 Uhr, Di/Mi Ruhetag. Torstr. 167, Ⓤ Rosenthaler Platz, ✆ 67302051, www.bandolsurmer.de.

Kuchi ⬛28, japanisches Restaurant, das zwar bezüglich des Designs mit so manch anderem Szene-Asiaten nicht (mehr) mithalten kann, dem aber in puncto Köstlichkeiten aus der Küche nur wenige das Stäbchen reichen können. Originelle Sushi-Variationen, leckere Suppen, gegrillte Spieße. Lauschiger Hof. Mittagsmenüs ab 8,50 €, abends wird's teurer. Mo–Sa 12–24 Uhr, So ab 18 Uhr. Gipsstr. 3, Ⓤ Weinmeisterstraße, ✆ 28386622, www.kuchi.de.

Muret la barba ⬛23, nett-schlichte italienische Weinhandlung und -bar, in der auch lecker gekocht wird. Hochwertige Zutaten und bestes Olivenöl – auf der wechselnden Karte stehen z. B. Risotto mit Kräutersaitlingen und Wachtelbrust oder Linguine mit Fischrogen. Auch die Antipasti sind zu empfehlen. Die Weinkarte ist das Regal mit vielen feinen Italienern. Hg. 14–28 €. Mo–Fr 10–24 Uhr, Sa/So ab 12 Uhr. Rosenthaler Str. 61, Ⓤ Weinmeisterstraße, ✆ 28097212, www.muretlabarba.de.

District Mot ⬛23, kunterbunter Vietnamese mit Quietschfarben-Plastikblumen als Deko und blauen und roten Schemeln zum Sitzen, ein Mopedfragment lehnt in der Ecke. Passend zur inszenierten Fressgasse Streetfood à la Saigon: z. B. Rindfleisch mit Wassersellerie und Eiernudeln, Hühnercurry mit Baguette (!) und

für Mutige gegrillte Hühnerfüße oder frittierte Seidenraupen. Hg. 8–11 €. Tägl. ab 12 €. Rosenthaler Str. 62, Ⓤ Weinmeisterstraße, ✆ 20089284, www.districtmot.com.

Papà Pane di Sorrento ⬛4, italienische Steinofenpizza mit dünnem Boden und fruchtiger Tomatensoße. Unser Favorit ist die *Papà Pane* mit Büffelmozzarella, Kirschtomaten und bestem Olivenöl. Neben Pizzen auch gute Antipasti, Primi und Secondi. Hohe Decken, puristische Einrichtung – aber auch hoher Geräuschpegel. Tägl. 12–24 Uhr. Ackerstr. 23, Ⓤ Rosenthaler Platz, ✆ 28092701.

Yumcha Heroes ⬛6, im Mittelpunkt dieses Szene-Asiaten stehen Teigtaschen verschiedenster Art, die als Hefeknödel daherkommen, als *Wantan* in der Suppe oder gedämpft im Bastkörbchen. Gefüllt mit Lammfleisch, Zimt und Minze, mit Garnelen und Wasserkastanien, serviert mit Entenfilet und Feige usw. Zum Fingerablecken! Es mangelt nur etwas an Gemütlichkeit, trotz Blick auf die Zauberkünstler in der Küche und auf den Weinbergspark durch die Fenster. Mittagsmenüs 9,50 €, auch am Abend wird man nicht arm – dann aber unbedingt reservieren. Tägl. 12–24 Uhr. Weinbergsweg 8, Ⓤ Rosenthaler Platz, ✆ 76213035, www.yumchaheroes.de.

Kantine

Volksbühne ⬛25, rustikale Souterrain-Kantine. Meist stehen um die 4 Gerichte zur Auswahl, das Gros ist eher deftig, es gibt aber auch stets ein vegetarisches Gericht. Tägl. 8–24 Uhr. Linienstr. 227 (Rückseite des Theaters, dort vom Pförtner den Weg zeigen lassen), Ⓤ Rosa-Luxemburg-Platz.

Schnelle Küche/Snacks

Fleischerei ⬛11, der Name des Lokals erinnert daran, was der Laden zuvor beherbergte – das alte Metzgerei-Ambiente der trendigen Mitte-Location ist noch erhalten. Mittags gibt's auf die Schnelle Currywurst, Bulette, Gulasch und Ähnliches (7–10 €), abends sitzt man bei Brathähnchen, Entrecote oder Rib-Eye vom Grill (15–36 €) auch mal länger. Mo–Fr 12–24 Uhr, Sa/So nur abends ab 18 Uhr. Abends besser reservieren. Schönhauser Allee 8, Ⓤ Rosa-Luxemburg-Platz, ✆ 50182117, www.fleischerei-berlin.com.

Tak Tak Polish Deli ⬛7, ein kleiner Laden, der heimwehkranke Polen, Touristen und Business People gleichermaßen anzieht. Es gibt verschiedenartig gefüllte Pieroggen, die man auch mischen kann (7 Stück 6,90 €, 10 Stück 8,90 €),

Praktische Infos   83

dazu Röstzwiebeln, zerlaufene Butter, Sauerrahm und Gurke. Außerdem: leckere Suppen und *Bigosch*. Tägl. 12–22 Uhr. Brunnenstr. 5, Ⓤ Rosenthaler Platz, ☎ 0151/40432618, www.taktak-polishdeli.de.

Mogg ☒, der Hauch eines New Yorker Delis liegt hier in der Luft. Geniale Pastrami-Sandwiches (ab ca. 9,50 €), zudem ein paar Suppen, Salate, Snacks und Hauptgerichte. Unter der Woche ab 11 Uhr, sonst ab 10 Uhr. Auguststr. 11–13, Ⓤ Oranienburger Tor, www.mogg mogg.com.

House of Small Wonder ☒, und noch mal ein Hauch New York. Schließlich verlegten die amerikanisch-japanischen Betreiber ihr charmantes *HOSW* (Kurzform) einfach von Williamsburg (Brooklyn) nach Mitte. Tagsüber wird eine kleine, feine Auswahl an Fusion-Gerichten (mit japanischem Einschlag) zu 8–13 € serviert, außerdem diverse Sandwiches. Tägl. 9–17 Uhr. Abends kann man in die dazugehörige japanische Brasserie Zenkichi im EG gehen. Ebenfalls zu empfehlen. Johannisstr. 20 (1. OG), Ⓤ Oranienburger Tor, ☎ 24630810 (für Zenkichi, im House of Small Wonder keine Reservierung möglich), www.houseofsmall wonder.de bzw. www.zenkichi.de.

Ma'loa ☒, wo haben eigentlich die Hipster zu Mittag gegessen, bevor all diese schicken Bowl-Boutiquen eröffneten? Dieses bunte, schräg dekorierte Exemplar hat sich der hawaiianischen Küche verschrieben und schmeißt frischen rohen Thunfisch (= *Poke*) ins Schüsselchen, zusammen mit Avocado, Sesam, Schalotten, Sojasoße, Salat oder was man auch immer wählt: Denn neben 6 „festen" Bowls zu jeweils 12 € kann man sich sein Gericht selbst zusammenstellen. Oft großer Ansturm – man kann sich aber auch alles einpacken lassen und auf einer Bank im nahen Monbijou-Park verzehren. Mo–Fr 11–21.45 Uhr, Sa ab 12 Uhr, So ab 13 Uhr. Oranienburger Str. 7, Ⓢ Hackescher Markt, ☎ 28427238, www.maloa.com.

Lebensmittel in Mitte ☒, Mischung aus Feinkostladen (mit baumelnden Würsten hinter der Theke) und stilvoll-alpenländisch eingerichtetem Restaurant. Abends raffinierte süddeutsche Küche mit internationalen Akzenten (Hg. 17,50–32 €), beim Mittagstisch (nur Mo–Fr) geht es mit Schnitzel oder Leberkäse rustikaler und günstiger zu. Mo–Sa 12–24 Uhr, So geschl. Rochstr. 2, Ⓤ Weinmeisterstraße, ☎ 27596130.

Yam Yam ☒, hier geht's nach Korea. So simpel wie nettes Schnelllokal, Touristen und

Mitte-Schick an den Tischen. Schmackhafte, rustikale Küche, empfehlenswert: *Dak Bokum*, ein scharfes Hühnergericht, oder *Bibimbab*, Reis mit Rindfleisch und einem Spiegelei obenauf. Hg. 7–11 €. Mo–Sa 12–24 Uhr, So 13–23 Uhr. Alte Schönhauser Str. 6, Ⓤ Rosa-Luxemburg-Platz, ☎ 24632485, www.yamyam-berlin.de.

Cafés/Bars/Kneipen

Altes Europa ☒, charmant-simples Café-Restaurant. Hier kann man Kuchen essen, einfach nur ein Glas Wein trinken oder gemütlich dinieren. Zur kleinen Auswahl an wechselnden internationalen Gerichten gehören z. B. Kräuterfrikadellen, Pasta oder getrüffeltes Kartoffelcremesüppchen. Vegetarierfreundlich. Hg. 8–16,50 €. Rauchersalon. Tägl. ab 12 Uhr. Gipsstr. 11, Ⓤ Weinmeisterstraße, ☎ 28093840, www.alteseuropa.com.

Distrikt Coffee ☒, Kaffeehaus mit puristischem, stilsicherem Vintage-Charme samt Ledersofas vor Backsteinwänden. Hier wird bis 16 Uhr gefrühstückt bzw. gebruncht, und um 17 Uhr ist Schluss. Es gibt z. B. Avocado-Toast, Blumenkohlsuppe, Superfood Bowls usw. Ruhige, abseitige Lage, meist i. d. R. touristenfrei, aber knackevoll (Warteschlangen!). Eine Reservierung ist nicht möglich! Mo–Fr ab 8.30 Uhr, Sa ab 9.30 Uhr. Bergstr. 68, Ⓢ Nordbahnhof, ☎ 54594033.

Barcomi's Deli ☒, in den Sophie-Gips-Höfen. Sparsam dekoriertes Kaffeehaus mit Freischwingern auf Parkettboden. Leckere Kuchen, Bagels und Sandwiches. Im Sommer sitzt man draußen im Hof. Mo–Sa 9–21 Uhr, So ab 10 Uhr. Sophienstr. 21, Ⓤ Weinmeisterstraße, ☎ 28598363, www.barcomis.de.

Tadshikische Teestube ☒, versteckt im Kunsthof (Durchgang nehmen!). Ein Raum wie aus dem Morgenland – mit Teppichen, Kissen, niedrigen Tischen, geschnitzten Pfeilern und Deckenbalken. Das Interieur entstammt einem tadschikischen Stand auf der Leipziger Messe 1974 und wurde der DDR später geschenkt. Ein netter Ort für einen Tee, dazu Soljanka, Borschtsch oder *Pelmeni*, die russischen Maultaschen. Schuhe werden ausgezogen. Werktags ab 16 Uhr, Sa/So ab 12 Uhr. Oranienburger Str. 27, Ⓢ Oranienburger Straße o. Ⓤ Oranienburger Tor, ☎ 2041112, www.tadshikische-teestube.de.

Nola's am Weinberg ☒, gepflegtes, großes Café inmitten des hügeligen Weinbergparks, wo bis ins 18. Jh. tatsächlich Wein angebaut

84   Tour 4: Spandauer Vorstadt

wurde. Gutes Frühstück, man macht auf Schweiz: Bündner Gerstensuppe, Röschti, „Chäs-Fondue". Günstiger Mittagstisch. Schöne Sommerterrasse. Tägl. 10–1 Uhr. Veteranenstr. 9, Ⓤ Rosenthaler Platz, ✆ 44040766, www.nolas.de.

Keyser Soze 🎫37, die große, gut beschallte Café-Bar ist eine Institution und belebt zu jeder Tageszeit. Die einen kommen zum Frühstücken, die anderen auf eine Latte zur *Süddeutschen*, die dritten auf die Après-Vernissage-Bulette und die Touris zum Gucken. Tägl. 7.30–3 Uhr. Tucholskystr. 33,   Ⓢ Oranienburger   Tor, ✆ 2859489, www.keyser-soze.de.

Eschschloraque Rümschrümp 🎫51, im Haus Schwarzenberg (→ Sehenswertes). Ein Klassiker seit 1995 – aber nichts für den Besuch mit Oma, v. a. nicht, wenn sie Nichtraucherin ist … Die Deko mit schummrig-abgewetzter Bar besteht aus Horrorfilmrequisiten. Draußen sitzt man ebenfalls in Gesellschaft skurriler Objekte. Abends wird das Eschschloraque zur DJ-Bar (viel elektronische Musik) auch finden Konzerte statt. Viele Touristen. Tägl. ab 14 Uhr, ✆ 2810293, www.eschschloraque.de.

Mein Haus am See 🎫10 → Nachtleben, S. 256.

Draußen

Gemütliche Sommerlocations sind die Bars in den S-Bahn-Bögen im Monbijoupark. Außerdem:

Strandbar Mitte 🎫57, Palmen, Strandkörbe, Tische, Liegestühle und Oleanderbäumchen vor der tollen Kulisse des Bode-Museums. Pizza aus dem Steinofen. April bis Ende Sept. tägl. ab 10 Uhr. Abends wird getanzt – mal Tango, mal Salsa, mal Swing, Monbijoustr. 3, Ⓢ Hackescher Markt, www.monbijou-theater.de.

Clärchens Ballhaus 🎫34 → Nachtleben, S. 257.

Shopping

Fashion (schick und teuer)

Herr von Eden 🎫31, tolle Anzüge für sie (!) und ihn. Die Entwürfe des Hamburgers Bent Angelo Jensen verbinden Modernität mit dem Stil der 20er- und 30er-Jahre – der Gottschalk Thomas, der Mälzer Tim und die Gaga Lady kaufen hier ein. Tägl. (außer So) 11–20 Uhr. Alte Schönhauser Str. 14, Ⓤ Weinmeisterstraße, www.herrvoneden.com.

adddress 🎫40, die noch bezahlbare Damen- (größere Auswahl) und Herrenmode (weniger Auswahl) von Andreea Vrajitoru geht in die avantgardistisch-androgyne Richtung. Auch viele

Schuhe. Mo–Sa 11–20 Uhr. Weinmeisterstr. 12 –14, Ⓤ Weinmeisterstraße, www.adddress.de.

Kaviar Gauche 🎫17, das Berliner Damenlabel entwirft geniale Brautmode, die romantisch und rockig zugleich ist. Mo–Sa 12–19 Uhr. Linienstr. 44, Ⓤ Rosa-Luxemburg-Platz. Wer sich die Luxusvariante der Kleider nicht leisten kann, kann sein Glück in der zugehörigen **Bridal Budget Boutique** 🎫17 in der nahen Torstr. 62 versuchen, wo günstigere Exemplare verkauft werden.

LaLa Berlin 🎫21, dahinter steckt das erfolgreiche Berliner Label der ehemaligen MTV-Redakteurin Leyla Piedayesh. Edle Strickwaren und bunt bedruckte Tücher. Tägl. (außer So) 11–19 Uhr. Alte Schönhauser Str. 3, Ⓤ Rosa-Luxemburg-Platz, www.lalaberlin.com.

Fashion (jung und schräg)

Soma 🎫41, szeniger kleiner Laden mit verrückter Mode für verrückte Mädels, darunter verschiedene Berliner Designer. Außerdem Accessoires wie lustig-skurrile Strumpfhosen. Tägl. (außer So) 12–20 Uhr. Alte Schönhauser Str. 27, Ⓤ Weinmeisterstraße, www.soma-berlin.de.

Langhein Berlin 🎫43, hier gibt's mädchenhaft-märchenhafte Feenkleidchen. Tolles Design und tolle Stoffe, sehr außergewöhnlich. Di–Fr 13–19 Uhr, Sa bis 18 Uhr. Rosa-Luxemburg-Str. 25,   Ⓤ Rosa-Luxemburg-Platz,   www.langhein-berlin.de.

Schuhe, Taschen und Accessoires

Sabrina Dehoff 🎫29, Sabrina Dehoff kreiert Modeschmuck genauso wie goldene, mit Edelsteinen besetzte Ringe und Accessoires. Außerdem auch ein paar Klamotten. Mo–Fr 12–19 Uhr, Sa bis 18 Uhr. Auguststr. 26A, Ⓤ Weinmeisterstraße, www.sabrinadehoff.com.

Anke Runge Berlin 🎫37, die Ledertaschen – von verspielt bis elegant – stellt Anke Runge in allen Größen in ihrer Werkstatt im Hinterzimmer her. Mo–Fr 10–19 Uhr, Sa 11–19 Uhr. Tucholskystr. 31, Ⓢ Oranienburger Straße oder Ⓤ Oranienburger   Tor,   www.ankerunge-taschen.de.

✎ **Trippen Schuhe**, die Berliner Kultschuhe aus naturbelassenen Materialien gibt's im Flagshipstore 🎫49 in den Hackeschen Höfen (Hof 4 u. 6) ab ca. 200 €. Mo–Sa 11–19.30 Uhr. Rosenthaler Str. 40/41, Mitte, Ⓢ Hackescher Markt. Billiger im **Trippen-Outlet** 🎫13 (→ Karte S. 160/161), wo Vorjahres-Modelle bereits ab 100 € zum Verkauf stehen. Mo–Sa 10–18 Uhr.

Köpenicker Str. 187, Kreuzberg, Ⓤ Schlesisches Tor, www.trippen.com.

Mykita 56, schöne und coole Brillen und Sonnenbrillen aus dem Stadtteil Kreuzberg. Auch Stars wie Brad Pitt oder Sarah Jessica Parker tragen sie. Mo–Fr 11–20 Uhr, Sa bis 18 Uhr. Rosa-Luxemburg-Str. 6, Ⓤ Weinmeisterstraße, www.mykita.com.

ic! berlin 53, die nächste heimische Topadresse in Sachen Avantgardebrillen, gleich ums Eck. Schraubenlose Nasenfahrräder, ultraschick. Nicht umsonst gilt Berlin mittlerweile als Brillenhauptstadt. Mo–Sa 10–20 Uhr. Münzstr. 5, Ⓤ Weinmeisterstraße, www.ic-berlin.de.

Jünnemann's Pantoffeleck 16, Reno Jünnemann fertigt das, was schon Papa, Opa und Großopa gefertigt haben: Pantoffeln und Hausschuhe. Solide, klassisch, aber auch in trendigen Farben und gar nicht teuer: ab 16 €. Die Manufaktur ist unbedingt unterstützenswert. Mo–Fr 9–18 Uhr. Torstr. 39, Ⓤ Rosa-Luxemburg-Platz, www.pantoffeleck.de.

Secondhand/Vintage

Das neue Schwarz 27, Designer-Secondhand. Unter anderem Kleider von Vivienne Westwood oder Yves Saint Laurent zu satten Preisen. Ein Hingucker sind allein schon die Verkäufer ... Tägl. (außer So) 12–20 Uhr. Mulackstr. 38, Ⓤ Weinmeisterstraße o. Rosa-Luxemburg-Platz, www.dasneueschwarz.de.

Made in Berlin 50, Vintage auf 2 Etagen. Reichhaltige Auswahl für sie und ihn, auch ein beachtliches Sortiment an Schuhen. Tägl. (außer So) 12–20 Uhr. Neue Schönhauser Str. 19, Ⓤ Weinmeisterstraße, www.picknweight.de.

Souvenirs/Geschenke/Diverses

Ampelmann 49, alles, was man mit den Ampelmännchen anstellen kann oder worauf sie sich drucken lassen. Mo–Do 9.30–20 Uhr, Fr/Sa bis 21 Uhr, So 13–18 Uhr. Hackesche Höfe (Hof V), Ⓤ Weinmeisterstraße. Zudem Filialen u. a. am Potsdamer Platz, am Gendarmenmarkt und im DomAquaree. www.ampelmann.de.

o.k. 39, skurrile Alltagsgegenstände aus aller Welt: Plastiktrash aus Indonesien, Spielzeug aus recycelten Dosen, Flaschentragetaschen aus Kronkorken u. v. m. Tägl. (außer So) 12–20 Uhr. Alte Schönhauser Str. 36/37, Ⓤ Weinmeisterstraße, www.okversand.com.

🍃 **Home on Earth 49**, Nachhaltigkeit und Fair Trade werden in diesem schönen Krimskramsladen in den Hackeschen Höfen (Hof 5) groß geschrieben. Die meisten Produkte sind selbst entworfen, mit den Produzenten vor Ort arbeitet man eng zusammen. Verwendet werden ausschließlich Naturmaterialien. Besonders gut gefallen uns die Filzwaren aus Nepal, es gibt aber u. a. auch hübsches Geschirr und Spielzeug. Mo–Sa 10–19.30 Uhr. Rosenthaler Str. 40/41, Ⓤ Weinmeisterstraße, www.homeonearth.com.

Bücher

Ocelot 3, was für eine Schönheit von einem Buchladen! Unter der kargen Betondecke lässt sich ausgiebig stöbern, die Auswahl an Berlin-Literatur ist hervorragend, der Service freundlich und sehr persönlich. Und wer mag, holt sich einfach nur einen Kaffee und macht es sich mit einem Kunstmagazin gemütlich. Mo–Sa 10–20 Uhr. Brunnenstr. 181, Ⓤ Rosenthaler Platz, www.genialokal.de.

pro qm 30, in der ehemaligen Metzgerei dreht sich alles um Architektur (auch viel in städtebaulicher Hinsicht zu Berlin), Design und Kunst. Mo–Sa 11–20 Uhr. Almstadtstr. 48–50, Ⓤ Weinmeisterstraße, www.pro-qm.de.

Do you read me? 29, gute Auswahl an Kunst- und Lifestylemagazinen. Wer danach mit einer „Do you read me?"-Tasche herumspaziert, darf sich richtig hip fühlen. Mo–Sa 10–19.30 Uhr. Auguststr. 28, Ⓤ Weinmeisterstraße, www.doyoureadme.de.

Walther König 58, Eldorado für Bildbandfans – riesige Auswahl. Mo–Sa 10–20 Uhr. Burgstr. 27, Ⓢ Hackescher Markt, www.buchhandlung-walther-koenig.de.

Grober Unfug 13, Comicladen mit bestem Ruf und stets der neuesten Stand. Mo–Fr 11–19 Uhr, Sa bis 18 Uhr. Torstr. 75, Ⓤ Rosenthaler Platz, www.groberunfug.de.

Schallplatten

Record Store 2, Vinylfans halten hier nach Soul und Sixties Ausschau, viele Raritäten. Tägl. (außer So) 12–20 Uhr. Invalidenstr. 148, Ⓢ Nordbahnhof.

Leckereien

Bonbonmacherei 44, in den lauschigen Heckmannhöfen werden Bonbons hergestellt wie anno dazumal. Mit Schauküche, man kann sich über den Produktionsprozess informieren kann. Unser Favorit: die Himbeerbonbons. Mi–Sa 12–19 Uhr, Juli/Aug. geschl. Oranienburger Str. 32, Ⓢ Oranienburger Straße o. Ⓤ Oranienburger Tor, www.bonbonmacherei.de.

Spandauer Vorstadt → Karte S. 72/73

Berliner Geschichte hautnah
Tour 5

Entlang der Zimmerstraße trennte einst die Mauer Ost-Berlin von West-Berlin. Heute bildet die Zimmerstraße die Grenze zwischen Kreuzberg und Mitte. Somit befinden sich ein paar der hier beschriebenen Sehenswürdigkeiten genau genommen nicht in Mitte, sondern in Kreuzberg.

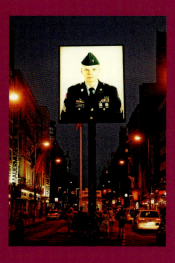

- **Checkpoint Charlie**, ehemaliger Grenzübergang, kommerziell verramscht, S. 87
- **Topographie des Terrors**, Dokumentationszentrum über den NS-Terror, S. 92
- **Martin-Gropius-Bau**, großes Kunstkino, achten Sie auf aktuelle Ausstellungen, S. 92
- **Jüdisches Museum**, herausragende Architektur, hochinteressante Infos, S. 94

Alte, neue und vergessene Mitte V
Rund um den Checkpoint Charlie

Ein weiteres Stück neues Berlin erstreckt sich hier, das sich seiner Vergangenheit stellt: An die Schaltzentrale der Nazis erinnert das Dokuzentrum „Topographie des Terrors", an das geteilte Berlin das Mauermuseum, an das Schicksal der Berliner Juden das Jüdische Museum. Nur an das alte Zeitungsviertel rund um die Kochstraße erinnert kaum mehr etwas. Lediglich in den Verlagsgebäuden von *Springer* und *taz* werden noch Nachrichten gemacht. In der Kaiserzeit und der Weimarer Republik war das Eck der größte Presseplatz weltweit. 147 Tageszeitungen erschienen 1928 in Berlin. Die Redaktionen von Ullstein, Mosse und Scherl druckten hier die ersten großen Massenblätter, viele hatten Morgen-, Mittags- und Abendausgaben. Doch mit der Machtergreifung der Nazis war nur noch eine einzige Meinung zulässig. Am 3. Februar 1945 verwandelte sich das Viertel bei Bombenwetter in ein Trümmerfeld. Danach zerschnitt die Mauer den alten Pressestandort. Nach der Wende folgte der Wiederaufbau. Rentabilitätsoptimierte Bürohäuser entstanden, nur wenige mit architektonischer Raffinesse. Zudem zogen Bundesrat und Bundesministerien an die Grenze zwischen Kreuzberg und Mitte. Sie bringen tagsüber Leben, aber schon um 18 Uhr machen viele Cafés dicht, abends ist nicht mehr viel los. Vorher aber laden die hiesigen Museen zu einem Parcoursritt durch die Berliner Geschichte des letzten Jahrhunderts ein.

Tour-Info **Länge** ohne Abstecher ca. 3,5 km, **Dauer** ca. 1:45 Std., **Karte** S. 89.

Spaziergang

Verlässt man den **U-Bahnhof Kochstraße** Richtung „Kochstraße", liegt geradewegs voraus der einstige Grenzübergang **Checkpoint Charlie**. Ein Leuchtkasten mit dem Brustbild eines russischen Soldaten (rückseitig das Porträt eines US-Soldaten), ein Kunstwerk von Frank Thiel, markiert die Stelle. Direkt davor steht eine verkleinerte Kopie des einstigen US-Wachhauses samt Sandsäcken. Es wurde auf Initiative des → **Mauermuseums** errichtet, um Touristen anzulocken oder anders gesagt: um den Checkpoint zum Cashpoint zu machen. An nur wenigen anderen Stellen wird die Historie Berlins wohl mehr verramscht als in der Ecke um den Checkpoint Charlie. Der „Checkpoint C", nach dem Buchstabieralphabet der US Army „Charlie" genannt, war im geteilten Berlin ein Grenzübergang für Ausländer. West-Berliner oder Bundesbürger durften ihn nicht passieren.

Die Brachen rechts und links der Friedrichstraße auf Höhe der Zimmerstraße sollen eigentlich seit Jahren bebaut werden, neben Büros und Apartments soll hier auch ein **Museum des Kalten Krieges** entstehen. Doch der Investor, dem die Grundstücke gehörten, ging Pleite. Bis irgendwann einmal mit dem Bau begonnen wird, erinnern **Galeriewände** und die **Black Box** (tägl. 10–18 Uhr, 5 €, erm. 3,50 €, www.bfgg.de) an die Teilung Deutschlands, den Kalten Krieg und das Säbelrasseln im Herbst 1961, als sich hier russische und amerikanische Panzer gegenüberstanden und die Welt den Atem anhielt.

Entlang der Zimmerstraße verlief die Mauer, im Teerbelag ist sie durch ein Band aus Pflastersteinen nachgezeichnet. Folgt man der Zimmerstraße gen Westen, passiert man das **Trabi Museum** (Hnr. 14/15, tägl. 10–18 Uhr, 5 €, www.trabi-museum.com). Ein paar Schritte weiter steigt der Weltballon (→ S. 269) in den Himmel über Berlin.

Der Gebäudekomplex rechter Hand hinter der Wilhelmstraße ist das **Detlev-Rohwedder-Haus**. Es trägt den Namen des 1991 ermordeten Präsidenten der Treuhandanstalt, die 1990 hier einzog und die volkseigenen Betriebe der DDR privatisierte. Heute residiert darin das **Bundesfinanzministerium**. Erbaut wurde der Komplex mit über 2000 Räumen als Reichsluftfahrtministerium der Nazis. Am 7. Oktober 1949 wurde hier die DDR gegründet. Nach dem Auszug der Volkskammer war es das „Haus der Ministerien" der DDR – später dazu noch mehr.

Linker Hand geht, nachdem man die Wilhelmstraße überquert hat, das Pflasterstein-Band in ein 200 m langes Mauerstück über. Hinter der Mauer: der Erinnerungsort → **Topographie des Terrors**, der dem Wahnsinn des NS-Regimes nachspürt. Darauf folgt, ebenfalls linker Hand, der → **Martin-Gropius-Bau**, dem gegenüber das neoklassizistische Prunkpalais des **Berliner Abgeordnetenhauses**. Letzteres beherbergt 50.000 Bienen auf dem Dach. Ihr Honig ist super, schließlich kommen in der Stadt weniger Pestizide als auf dem Land zum Einsatz. Im Erdgeschoss

88   Tour 5: Rund um den Checkpoint Charlie

befindet sich eine öffentlich zugängliche Kantine (→ Essen & Trinken). Der Festsaal im dritten Stock mit den fünf Tafelbildern *Rot-Blau-Grün* von Gerhard Richter ist hingegen nur im Rahmen einer Führung zu besichtigen (Anmeldung unter ☎ 23251064, www.parlament-berlin.de).

Über die Stresemannstraße geht es nun auf den Potsdamer Platz zu. Vorbei an einem Umspannwerk und dem Bundesministerium für Umwelt, Naturschutz und nukleare Sicherheit erreicht man die Erna-Berger-Straße, in der noch ein alter **Wachturm der DDR-Grenztruppen** steht.

Noch vor dem Wachturm führt eine Passage an der Ausstellung → **Dalí Berlin** vorbei zum **Leipziger Platz** mit einem (für Touristen etwas verwirrenden) U-Bahnzugang zum Potsdamer Platz. Quer über den Leipziger Platz verlief einst die hintere Sperrmauer, zwei Mauersegmente erinnern noch daran. Die vordere Mauer verlief über die Stresemannstraße und den Potsdamer Platz gen Brandenburger Tor. 1998 wurde der Wiederaufbau des Leipziger Platzes eingeleitet, im Herbst 2019 soll das letzte Gebäude, das Eckgebäude zum Potsdamer Platz (Hnr. 18–19), fertig sein.

> **Hinweis:** Der Potsdamer Platz, der linker Hand an den Leipziger Platz anschließt, wird in einem separaten Kapitel ab S. 25 beschrieben.

Rechts hinter der Passage befindet sich das → **Deutsche Spionagemuseum**. Das nordöstliche Eck des Platzes schloss einst das *Wertheim* ab, das schönste Kaufhaus Berlins und zugleich das größte Europas. Die Kriegsruine hätte man wieder aufbauen können, doch zu DDR-Zeiten wollte man das nicht. Nach dem Abriss blieb nur noch der Tresorraum erhalten, der als Technoclub *Tresor* von 1991 bis 2005 wummernde Geschichte schrieb. Seit 2014

steht hier die **Mall of Berlin** (→ Shopping), die sich hinter teils historisierenden Fassaden entlang der Leipziger Straße bis hin zur Wilhelmstraße erstreckt. An der Leipziger Straße, gegenüber der überdachten Piazza der Mall, steht das neoklassizistische Gebäude des **Bundesrats** (zugänglich nur nach Terminvereinbarung monatelang im Voraus, www.bundesrat.de). Die Bronzeskulpturen auf dem Giebel, die den im Krieg zerstörten Figurenschmuck ersetzen, sind ein Kunstwerk von Per Kirkeby. Aus der Nähe sollen sie menschliche Körper erkennen lassen.

Geschichtsmeile Wilhelmstraße

Die Wilhelmstraße war im 18. Jh. mit Adelspalästen bebaut. Anfang des 19. Jh. wurde die Straße zum Sitz der wichtigsten Ministerien Preußens, ab 1871 des Deutschen Reichs und später des NS-Staats. Das Gros der Gebäude aus jenen Zeiten, wie z. B. das Preußische Staatsministerium oder Hitlers Neue Reichskanzlei, existiert nicht mehr. Heute wird die Wilhelmstraße von Botschaften, Plattenbauten, Erinnerungsstätten und – z. T. in noch erhaltenen Monumentalbauten aus der Nazizeit befindlichen – Bundesministerien gesäumt. Über die Historie der Wilhelmstraße informiert die Straßenausstellung „Geschichtsmeile Wilhelmstraße" mit 30 Infotafeln.

An der Ecke zur Wilhelmstraße, vor dem **Bundesfinanzministerium** (s. o.), macht sich am Boden das **Denkmal des 17. Juni 1953** breit. Der von Wolfgang Rüppel bearbeitete Ausschnitt einer historischen Fotografie zeigt den Demonstrationszug jenes Tags (→ Stadtgeschichte, S. 239) zu genau diesem Ort, dem damaligen „Haus der Ministerien". Die Platzierung des Denkmals exakt an dieser Stelle ist nicht zufällig. Dahinter prangt in der Pfeilerhalle das von der SED in Auftrag gegebene und von Max Linger geschaffene monumentale Wandbild mit dem Titel „Die Bedeutung des Friedens für die kulturelle Entwicklung der Menschheit und die Notwendigkeit des kämpferischen

Essen & Trinken (S. 96)
2 Kantine im Berliner Abgeordnetenhaus
4 Tim Raue
5 Sale e Tabacchi
6 Nobelhart & Schmutzig
7 Charlotte 1

Cafés (S. 96)
1 Kaffeehaus Dallmayr

Sonstiges
3 Trabi-Safari (S. 303)
8 Liquidrom (S. 274)

Tour 5: Rund um den Checkpoint Charlie

Einsatzes für ihn." Der Protest am 17. Juni 1953 endete mit 125 Toten.

Zweigt man hier nach links in die Wilhelmstraße ab, trifft man nach 150 m rechter Hand auf die **Tschechische Botschaft**. Das in Anlehnung an den Brutalismus geschaffene Bauwerk aus den 1970ern wurde ursprünglich als Botschaftsgebäude für Nairobi entworfen. Diagonal gegenüber stehen DDR-Plattenbauten der besseren Sorte; Angela Merkel wohnte einst darin. Nun wird gestritten, ob sie abgerissen oder wegen ihrer „städtebaulichen Eigenart" unter Denkmalschutz gestellt werden sollen. Im Dritten Reich erstreckte sich hier entlang der Voßstraße (Nordseite) Hitlers **Neue Reichskanzlei**. Deren Front aus gelbem Stuck und grauem Stein maß allein 400 m. Um zu Hitlers Empfangsräumen zu gelangen, mussten Besucher 220 opulent dekorierte Meter zurücklegen. Der Führerbunker im Garten lag direkt dahinter. Die Stelle markiert heute ein Infoschild an der Gertrud-Kolmar-Straße/Ecke An den Ministergärten.

Vor der Tschechischen Botschaft, zum U-Bahnhof Mohrenstraße hin, liegt der **Zietenplatz**, den bronzene Standbilder preußischer Generäle schmücken. An den Zietenplatz grenzt das

Tour 5: Rund um den Checkpoint Charlie

Berlin im Kasten

Die U 6 im geteilten Berlin

Als Berlin noch geteilt war, verband die U-Bahnlinie 6 den amerikanischen Sektor im Süden mit dem französischen Sektor im Norden. Dabei unterquerte die U-Bahn ab Höhe Checkpoint Charlie bis zum Übergang Chausseestraße den Ostteil der Stadt. Alle U-Bahnhöfe im Ostberliner Streckenabschnitt (wie Französische Straße oder Oranienburger Tor) waren zugemauert und – damit sich auch ja kein Ostberliner aus dem Staub machen konnte – zusätzlich durch Grenzpatrouillen gesichert. Lediglich am U-Bahnhof Friedrichstraße durfte der Zug halten, da der Bahnhof zugleich offizieller Grenzübergang war (→ Tränenpalast, S. 43). Wäre man also damals am U-Bahnhof Kochstraße in die U-Bahn in Richtung Alt-Tegel gestiegen, hätte man, sofern man Westberlin nicht verlassen wollte, erst wieder am U-Bahnhof Reinickendorfer Straße aussteigen können. Geisterbahnhöfe gab es auch auf der U-Bahnlinie 8 zwischen Moritzplatz und Voltastraße. Eine kleine Ausstellung zum Thema gibt es im Nordbahnhof (→ S. 81).

Bundesministerium für Arbeit und Soziales. Es belegt u. a. Gebäudetrakte, in denen einst Goebbels' Reichsministerium für Volksaufklärung und Propaganda saß.

An der Ecke zur Glinkastraße steht die **Botschaft Nordkoreas.** Der Schaukasten mit Werbefotos zum Land ist unbedingt einen Blick wert – wir verkneifen uns einen Kommentar. Von der Botschaft sieht man bereits das → **Museum für Kommunikation**, auf dessen Dach drei Atlanten die Weltkugel stemmen. Selbst wenn Sie das Museum nicht besuchen möchten, so lohnt doch ein kurzer Blick in den von Galerien umgebenen Lichthof.

Lässt man den Eingang zum Museum rechts liegen, gelangt man zum Bethlehemkirchplatz, an dem eine Lichtinstallation des spanischen Künstlers Juan Garaizábal an die im Krieg beschädigte und in den 1960er-Jahren abgetragene Böhmische Bethlehemskirche erinnert. Das Stahlskelett, das die Umrisse der Kirche maßstabsgetreu nachzeichnet, leuchtet – sofern die LEDs funktionieren – nachts blau.

Die Schützenstraße ist nicht die schönste Straße Berlins, an der Ecke zur Jerusalemer Straße erhebt sich jedoch das **Mosse-Haus**, eine Ikone der Architektur der 1920er-Jahre. Den Entwurf für das einstige Druck- und Verlagshaus des *Berliner Tageblatts*, dessen Herausgeber Rudolf Mosse war, lieferte Erich Mendelsohn. Heute hat dort u. a. die *Dussmann Group* ihren Sitz. Gegenüber soll im Dezember 2019 der **Axel-Springer-Campus** eröffnen, ein spektakulärer Bau nach Plänen des niederländischen Architekten Rem Koolhaas. Den luftigen, ja „fliegenden" Newsroom werden sich *N24* und *Welt* teilen – er wird die neue Arbeitsstätte für 5500 Mitarbeiter sein.

Südlich der Zimmerstraße (also direkt hinter der ehemaligen Sektorengrenze) erhebt sich das **Axel-Springer-Hochhaus**. Das Hochhaus war – anders als vielfach behauptet – nie an der Mauer geplant. Vielmehr war es so, dass während des Baus auch der Mauerbau stattfand. Auch gab es auf dem Dach des Hauses während der Zeit des Kalten Krieges entgegen häufiger fälschlicher Behauptungen nie eine Leuchtanzeige, die aktuelle Nachrichten und gegen die SED gerichtete Parolen in den Ostteil der Stadt strahlte. Die Leuchtanzeige des West-Berliner Senats war auf dem nahen alten Bürohaus der GSW installiert. Zum Dach des Axel-Springer-Hochhauses gibt es dennoch eine Anekdote: Ein Moderator des RIAS erlaubte sich im Herbst '69 den Scherz, im Radio zu verkünden, dass die Rolling Stones zum 20. Jahrestag der DDR auf dem Dach des Springerhauses ein Konzert für die Ost-Berliner geben würden. Obwohl die Meldung dementiert wurde, strömte die DDR-Jugend in Scharen hierher. Die Stasi fand das gar nicht lustig und verhaftete 200 Personen.

Durch die Springerpassagen gelangt man zur **Rudi-Dutschke-Straße**. An der Ecke zur Markgrafenstraße bietet sich ein Abstecher (500 m) zum →**Jüdischen Museum** an, eines der besten Museen Berlins. Wer das Museum schon gesehen hat, gelangt auf der Rudi-Dutschke-Straße zurück zum U-Bahnhof Kochstraße. Dabei passiert man den **Rocket Tower**, den Firmensitz von *Rocket Internet*. Das Gebäude mit seiner rot-rosa-orangefarbenen Westfassade entstand nach Plänen des Berliner Architekturbüros *Sauerbruch Hutton*.

Sehenswertes

Kommerz am Checkpoint Charlie

Mauermuseum

Das „Haus am Checkpoint Charlie" gibt es bereits seit 1963, ins Leben rief es Dr. Rainer Hildebrandt (1914–2004). Er unterstützte Fluchthelfer, die ihm als Dank Fluchtobjekte – vom Mini-U-Boot bis zum Ultraleichtflugzeug – für seine Sammlung schenkten. Neben der Flucht (spannend) werden u. a. auch der Volksaufstand von 1953, Berlin im kalten Krieg und selbstverständlich die Geschichte der Berliner Mauer bis zu deren Fall beleuchtet. Die Präsentation

Am Eingang zum Mauermuseum

Tour 5: Rund um den Checkpoint Charlie

Topographie des Terrors mit Mauerrelikt

ist mittlerweile jedoch alles andere als zeitgemäß, ein Facelifting und größere Räume für die stets viel zu vielen Besucher wären wünschenswert. Wer sich den hohen Eintrittspreis sparen möchte, fährt zur Gedenkstätte Berliner Mauer (→ S. 80).

Friedrichstr. 43–45, Ⓤ Kochstraße. Tägl. 9–22 Uhr. 14,50 €, erm. 6,50–9,50 €. www.mauermuseum.com.

Dokuzentrum der NS-Verbrechen
Topographie des Terrors

An der Prinz-Albrecht-Straße (heute Niederkirchnerstraße) und ums Eck an der Wilhelmstraße befand sich über mehrere Gebäude verteilt die Schaltzentrale des NS-Terrors. Am „Ort der Täter" saß ab 1933 die Geheime Staatspolizei (Gestapo), später folgten die SS-Führung, der NSDAP-eigene Geheimdienst SD und die für Reinhard Heydrich und seine Schergen neu geschaffene Zentralbehörde des Reichssicherheitshauptamtes (RSHA). Die Gebäude von einst sind allesamt verschwunden. Heute erstreckt sich hier ein asketischer Ort von fast trostloser Leere mit einem Flachbau am Rande. Das darin untergebrachte Dokumentationszentrum informiert über den NS-Terror und die in Deutschland und den besetzten Ländern verübten Verbrechen.

Niederkirchnerstr. 8, Ⓤ Kochstraße o. Ⓢ Anhalter Bahnhof. Tägl. 10–20 Uhr. Eintritt frei. www.topographie.de.

Ort für Kunst-Spektakel
Martin-Gropius-Bau

Ein angemessener Ort für hochkarätige Ausstellungen. Für das schöne Gebäude in der Formensprache der Renaissance, 1881 als Kunstgewerbemuseum errichtet, zeichnen Heino Schmieden

Sehenswertes 93

und der namengebende Großonkel des Bauhausarchitekten Walter Gropius verantwortlich. Ein Hingucker ist der glasüberdachte Innenhof. Restaurant mit Sommerterrasse.

Niederkirchnerstr. 7, Ⓢ+Ⓤ Potsdamer Platz o. Ⓢ Anhalter Bahnhof. Tägl. (außer Di) 10–19 Uhr. Eintritt variabel. www.berlinerfestspiele.de.

Surrealismus am Leipziger Platz
Dalí Berlin

Über 450 Werke des großen Surrealisten Salvador Dalí (1904–1989) sind hier zu sehen, eines Künstlers, der wie kaum ein anderer kopiert wurde und selbst im Akkord Blankobögen signiert haben soll. Die hier versammelten Bilder, Grafiken, Arbeitsmappen, Skulpturen und Installationen sind aber allesamt Originale.

Leipziger Platz 7, Ⓢ+Ⓤ Potsdamer Platz. Mo–Sa 12–20 Uhr, So 12–20 Uhr. 12,50 €, erm. 9,50 €. www.daliberlin.de.

James Bond & Co.
Deutsches Spionagemuseum

Das Museum informiert über die Arbeitsweise der Spitzel, Späher und Agenten von den Anfängen bis zur Gegenwart, inklusive James Bond.

Leipziger Platz 9, Ⓢ+Ⓤ Potsdamer Platz. Tägl. 10–20 Uhr. 12 €, erm. 8 €. www.deutsches-spionagemuseum.de.

Prächtiger Bau und prächtige Exponate
Museum für Kommunikation

Der prunkvolle Bau wurde 1898 als Reichspostmuseum eröffnet. Die hervorragenden Sammlungen des Museums dokumentieren die historische Entwicklung des Post- und Fernmeldewesens bis hin zu den Neuen Medien und deren Einfluss auf die Gesellschaft. Die sog. *Schatzkammer*, ein mystisch-dunkler Säulenwald im Untergeschoss, beherbergt die wertvollsten Exponate des Museums, darunter eine rote und eine blaue Mauritius. Im wunderschönen Lichthof wuseln drei lustige Roboter umher – ein Spaß für Kinder. Nach dem Besuch entspannt man sich am besten im Kaffeehaus Dallmayr (→ Essen & Trinken).

Leipziger Str. 16, Ⓤ Mohrenstraße. Di 9–20 Uhr, Mi–Fr 9–17 Uhr, Sa/So 10–18 Uhr. 5 €, erm. 3 €. www.mfk-berlin.de.

Im Jüdischen Museum

94   Tour 5: Rund um den Checkpoint Charlie

Ein Muss

Jüdisches Museum

Es zählt zu den besten Museen Berlins, und das auch aufgrund seiner spektakulären, symbolischen Architektur. Stararchitekt Daniel Libeskind setzte neben das ehemalige barocke Kammergericht aus dem 18. Jh. einen zinkverkleideten, unregelmäßig gezackten Neubau, der einem geborstenen Davidstern ähnelt. Verbunden sind die beiden Gebäude lediglich unterirdisch. Das Innere besteht u. a. aus sich kreuzenden, schräg verlaufenden Achsen und leeren Räumen, die nach Libeskind die heutige „permanente Abwesenheit"

des deutschen Judentums symbolisieren. Die eindrucksvolle, breit gefächerte Dauerausstellung dokumentiert die jüdische Geschichte auf deutschem Boden von ihren Anfängen vor fast 2000 Jahren bis heute – noch spannender per Audioguide. Angeschlossen ist ein Café mit moderner jüdischer Küche. Gegenüber dem Museum verwandelte Libeskind den ehemaligen Blumengroßmarkt in die *W. Michael Blumenthal Akademie* des Jüdischen Museums mit Bibliothek, Archiv- und Veranstaltungsräumen.

Lindenstr. 9–14, Ⓤ Hallesches Tor. Tägl. 10–20 Uhr, Mo bis 22 Uhr. 8 €, erm. 3 €. www.jm berlin.de. Café und Garten können ohne Ticket besucht werden!

Sehenswertes abseits des Spaziergangs

Moderne Kunst aus Berlin

Berlinische Galerie

Das Museum für moderne Kunst, Fotografie und Architektur sammelt und präsentiert in Berlin entstandene Kunst seit 1870. Für die aktuelle Präsentation (alle paar Jahre wird umgebaut) legte man den Schwerpunkt auf Kunst zwischen 1880 und 1980. Ausgestellt sind u. a. Werke von Max Liebermann, Oskar Kokoschka, Felix Nussbaum, Robert Capa und Georg Baselitz. Das Erdgeschoss dient spannenden Wechselausstellungen.

Alte Jakobstr. 124–128, Ⓤ Hallesches Tor. Tägl. (außer Di) 10–18 Uhr. Bis 18 J. frei, sonst 8 €. Wer ein Ticket für das Jüdische Museum hat, bezahlt 5 €. Jeden ersten Mo im Monat nur 4 €. www.berlinischegalerie.de.

Geschichte im alten Luftschutzbunker

Rund um den Anhalter Bahnhof

In dem 1942 errichteten Luftschutzbunker des Anhalter Bahnhofs drängten

sich zu Kriegszeiten auf fünf Etagen bis zu 12.000 Reisende. Heute empfängt Sie hier das **Berlin Story Museum** mit einem spannenden (tolle Filmaufnahmen) und kurzweiligen Reigen durch die Geschichte Berlins. Zudem beleuchtet die ebenso interessante wie umfangreiche Dokumentation **Hitler – Wie konnte es geschehen?** das Phänomen des Aufstiegs Hitlers, die Terrorherrschaft der Nazis, den Holocaust und den Zweiten Weltkrieg.

Von dem 1880 erbauten **Anhalter Bahnhof** selbst steht heute nur noch ein Teil des Portikus, der der Frontfassade vorgelagert war (historische Fotografien im S-Bahnhof Anhalter Bahnhof). Das weiße, einem Tipi ähnelnde Dachgebilde auf dem einstigen Bahnhofsareal gehört zum **Tempodrom**, einer von *Gerkan, Marg und Partner* entworfenen Eventlocation.

Berlin Story Museum und Hitler – Wie konnte es geschehen?, Schöneberger Str. 23 A, Ⓢ Anhalter Bahnhof. Tägl. 10–19 Uhr. Kombiticket 13,50 €. www.berlinstory.de.

Entree der Berlinischen Galerie

96   Tour 5: Rund um den Checkpoint Charlie

Noch im Entstehen

Dokumentationszentrum der Stiftung Flucht, Vertreibung, Versöhnung

Das Dokumentationszentrum wird voraussichtlich 2020 im sog. *Deutschlandhaus* eröffnen. Es wird Flucht und Vertreibung in Europa im 20. und 21 Jh. beleuchten. Im Mittelpunkt der Dauerausstellung soll also nicht nur das Leid der rund 8 Mio. deutschen Flüchtlinge und Vertriebenen nach dem Zweiten Weltkrieg stehen, sondern auch der Genozid an den osmanischen Armeniern im Jahr 1915 und die Zwangsumsiedlung der Ostpolen durch die Nazis.

Stresemannstr. 90, Ⓢ Anhalter Bahnhof. www.sfvv.de.

Praktische Infos   → Karte S. 89

Essen & Trinken

Restaurants

Tim Raue 4️⃣, die asiatisch inspirierte Aromenküche Tim Raues ist mit 2 Michelin-Sternen gekrönt. Kosten Sie Köstlichkeiten wie japanische Pizza mit weißen Trüffeln, Schweinekinn mit Ginsengsoße oder Königskrabbe mit Mandarine, Ingwer und Paprika. Verrückte Desserts. Lichtdurchflutetes, modernes Interieur. 6-Gänge-Menü ab 168 €, Lunchmenü (4 Gänge) 88 €. Di–Sa 19–24 Uhr, Lunch nur Fr/Sa 12–15 Uhr. Rudi-Dutschke-Str. 26, Ⓤ Kochstraße, ✆ 25937930, www.tim-raue.com.

Nobelhart & Schmutzig 6️⃣, zwischen Plattenbauten und Ein-Euro-Shops verbirgt sich eines der aufregendsten Lokale Berlins. „Brutal regional" nennt sich die mit einem Michelin-Stern ausgezeichnete Küche, die keinen Pfeffer und keine Zitronen und ausschließlich Produkte aus Mecklenburg-Vorpommern, Brandenburg und von der Ostsee kennt. Die gepökelten, fermentierten oder eingeweckten Köstlichkeiten gibt es als einheitliches Menü, Di/Mi zu 95 €, Do–Sa zu 120 €. Gegessen wird an der Theke rund um die offene Küche. Di–Sa ab 18.30 Uhr. Friedrichstr. 218, Ⓤ Kochstraße, ✆ 25940610, www.nobelhartundschmutzig.com.

Sale e Tabacchi 5️⃣, feines Ristorante. Publikum mit Intellekt, Geld und Kunst am Hut. *Minestrone* wie bei Mama, Spaghetti mit beste Vongole, und unbedingt probiere musse: *Carpaccio di pescespada con vinaigrette al coriandolo*. Hast nicht viel Geld? Wähl eines der Tagesmenüs für 16–24 €. Hofterrasse. Tägl. 11.30–23.30 Uhr. Rudi-Dutschke-Str. 25, Ⓤ Kochstraße, ✆ 2521155, www.sale-e-tabacchi.de.

Kantine

Kantine im Berliner Abgeordnetenhaus 2️⃣, meist stehen 4 verschiedene Gerichte zu 3–6 € zur Auswahl. Mo–Fr 8–16 Uhr, Mittagstisch 11.30–15 Uhr. Niederkirchnerstr. 5, Ⓢ+Ⓤ Potsdamer Platz, ✆ 23251950, www.widynskiroick.de.

Schnelle Küche

Charlotte 1 7️⃣, Einraumbistro, das von den Angestellten der umliegenden Büros geliebt wird (also besser nicht zur Mittagszeit kommen). Es gibt kleine, sauleckere Pizzen, Pasta und Salate, kein Gericht über 6 €. Zudem guter Kaffee (Espresso 1 €). Mo–Do 7–16 Uhr, Fr nur bis 15 Uhr. Charlottenstr. 1 (neben dem Lidl), Ⓤ Kochstraße, ✆ 0176/32104133.

Cafés/Bars

Kaffeehaus Dallmayr 1️⃣, im Museum für Kommunikation (→ Sehenswertes). Es besticht durch hohe Decken, rote Brokattapeten und Parkettboden. Tolle Kuchen, zudem wechselnde Tagesgerichte und Snacks wie Quiche und Würstel zu 5,50–14,50 €. Kleine Terrasse im Hof. Di und Sa/So 11–18 Uhr, Mi–Fr bis 17 Uhr. Leipziger Str. 16, ✆ 22488021, www.dallmayr.de.

Shopping

Shoppingmall

Mall of Berlin, Megashoppingtempel mit rund 270 Läden (so manche Händler aber denken wegen hoher Mieten und wenig Umsatz ans Aufgeben), Hotel und Luxus-Lofts. Mo–Sa 10–21 Uhr. Leipziger Platz 12, Ⓢ+Ⓤ Potsdamer Platz, www.mallofberlin.de.

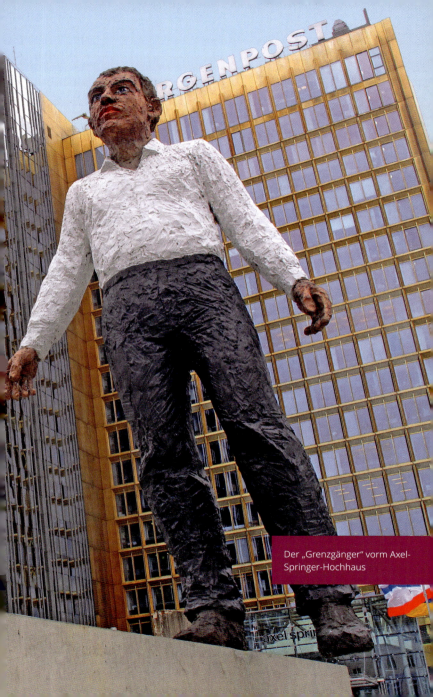

Der „Grenzgänger" vorm Axel-Springer-Hochhaus

Rund um Berlins grüne Lunge
Tour 6

Viel Kunst, Kultur und spannende Architektur bieten das Kulturforum und das Diplomatenviertel. Ruhe vor dem Tohuwabohu der Stadt findet man im angrenzenden Tiergarten.

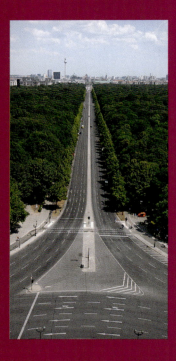

| **Café am Neuen See**, schönster Biergarten der Stadt, S. 107
| **Siegessäule**, mit der „Goldelse" obenauf, S. 102
| **Gemäldegalerie**, alte Meister gucken, S. 104
| **Philharmonie**, außergewöhnlicher Konzertsaal, außergewöhnliche Konzerte, S. 105

Zwischen Mitte und City West
Tiergarten, Kulturforum und Diplomatenviertel

Der 210 ha große Tiergarten wurde einst als Jagdrevier angelegt, im 19. Jh. in einen Volkspark umgewandelt, nach dem Krieg kahl geschlagen, verheizt und als Kartoffelacker gegen den Hunger genutzt. Heute ist er wieder Berlins grüne Lunge – mit Wiesen, Inselchen, Gärten und vielen, vielen Denkmälern. Hier joggt man, bräunt sich in der Sonne und picknickt – das Grillen ist mittlerweile leider verboten, weil immer so viel Dreck liegen blieb. Eine feine Flanieradresse ist der Park jedoch nicht – campende Obdachlose, Stricher und Dealer brachten ihn in den vergangenen Jahren ordentlich in Verruf.

> **Nicht verwirren lassen:** Unter „Tiergarten" versteht man sowohl den Park als solchen, wie er hier beschrieben wird, als auch einen Stadtteil des Bezirks Berlin-Mitte.

Durchschnitten wird der Tiergarten von der Straße des 17. Juni, die vom Brandenburger Tor im Osten zum Charlottenburger Tor im Westen führt. Auf etwa halber Strecke umtost der Verkehr die → **Siegessäule**. Zwischen Siegessäule und Brandenburger Tor flankieren zwei *T-34*-Panzer ein **Sowjetisches Ehrenmal** für die im Kampf um Berlin gefallenen Soldaten. Dieser Abschnitt ist zugleich eine beliebte Demonstrations- und Partymeile, am lustigsten geht's am *Christopher Street Day* zu.

Folgt man von der Siegessäule dem Spreeweg gen Nordosten, passiert man das ovale **Bundespräsidialamt** (linker Hand hinter Bäumen versteckt) und dahinter den ersten klassizistischen Schlossbau Preußens, das **Schloss Bellevue** (1785/86). Es ist heute der Amtssitz des Bundespräsidenten. Achten Sie auf die Beflaggung: „Ist der Lappen oben, ist der Lump unten", lästert der Volksmund. Vom Schloss Bellevue bringt Sie die John-Foster-Dulles-Allee zum → **Haus der Kulturen der Welt.**

Von der Siegessäule führt Richtung Nordwesten die Altonaer Straße zum → **Hansaviertel,** einem Viertel, bei dessen Anblick man sich streiten kann, ob die Nachkriegsarchitektur schön oder hässlich ist. Hier befindet sich die Dependance der → **Akademie der Künste** mit immer wieder interessanten Ausstellungen.

Das wasserreiche südwestliche Eck des Tiergartens ist besonders reizvoll. Immer eine Backhendl-und-Weizen-Pause wert ist das **Café am Neuen See** – herrlicher Biergarten. Nahe der Schleuseninsel gibt es ein **Gaslaternen-Freilichtmuseum** mit 90 Laternen aus verschiedenen europäischen Städten (frei zugänglich). Rund 34.000 Gaslaternen sind in Berlin heute noch in Betrieb – mehr als in jeder anderen europäischen Hauptstadt. Leider sollen sie peu à peu durch LED-Lampen ersetzt werden. Auch sind die Tage des Museums an dieser Stelle gezählt: Die Gaslaternen sollen ins Technikmuseum nach Kreuzberg (→ S. 165) versetzt werden.

Südlich des Tiergartens bzw. westlich des Potsdamer Platzes erstreckt sich das Kulturforum (s. u.), an welches wiederum das Diplomatenviertel anschließt. Dieses Gebiet war einst die bevorzugte Wohnadresse der Industriellen und großbürgerlichen Gesellschaft. Anfang des 20. Jh. zog es die hohe Diplomatie hierher. Klassizistische und italienisch angehauchte Villen und Wohnhäuser mit Schmuckgärten prägten dieses Eck. Für Speers Germania-Pläne (→ Kasten S. 236) standen ein paar Prunkbauten im Wege und wurden abgerissen, den Rest zerstörte größtenteils der Krieg.

Der Grundstein für das Kulturforum wurde gelegt, als die Stadt noch geteilt war. Ost-Berlin besaß die Museumsinsel und die Oper „Unter den Linden" – West-Berlin hingegen nichts Vergleichbares, bis man das Brachland nahe der Mauer in einen Schmelztiegel der Kunst, Kultur und Wissenschaft verwandelte. Für nette Spaziergänge eignet sich das Kulturforum aber nicht, zumal es noch für viele Jahre aufgrund verschiedener Projekte eine ewige Baustelle bleiben wird. Einst in Randlage erbaut, präsentiert es sich bis heute wie ein Einkaufs- oder Industriepark am Stadtrand: durchbrochen von breiten Verkehrsschneisen, ohne urbanes Leben. Zum Kulturforum gehören die → **Gemäldegalerie,** das → **Kupferstichkabinett** und die **Kunstbibliothek,** das → **Kunstgewerbemuseum,** die → **Neue Nationalgalerie,** die → **Philharmonie,** das → **Musikinstrumenten-Museum,** die **Staatsbibliothek** (Haus 2), das **Ibero-Amerikanische Institut** (Veranstaltungskalender unter www.iai.spk-berlin.de) und das **Wissenschaftszentrum für Sozialforschung** (spannende Vorträge, Infos unter www.wzb.eu). Als Architekten verwirklichten sich hier u. a. Hans Scharoun, Mies van der Rohe

Tour 6: Tiergarten, Kulturforum und Diplomatenviertel

und James Stirling. Zwischen all den modernen Bauten hat einzig und allein die **St.-Matthäus-Kirche**, ein neoromanischer Backsteinbau von August Stüler aus der Mitte des 19. Jh., den Krieg überlebt. Ihr bekanntester Prediger, der Theologe und Widerstandskämpfer Dietrich Bonhoeffer, wurde 1945 im KZ Flossenbürg hingerichtet.

Neben der Kirche, zur Potsdamer Straße hin, soll bis frühestens 2023/24 das **Museum der Moderne** entstehen, ein neuer Tempel für die Kunst des 20. Jh. Der Entwurf der Schweizer Architekten *Herzog & de Meuron*, die auch für die Hamburger Elbphilharmonie verantwortlich zeichnen, gefällt vielen nicht – für die einen sieht er aus wie der größte Aldi Berlins, für die anderen wie eine große Scheune.

Mit dem Regierungsumzug nach Berlin zog auch die hohe Diplomatie wieder an den Tiergarten. Rund 20 Nationen haben sich im **Diplomatenviertel** z. T. attraktive Visitenkarten geleistet, allen voran Österreich (toller Bau von Hans Hollein), die nordischen Länder (sechs Gebäude, die von einem geschwungenen Band aus Kupferlamellen umgeben sind) und Mexiko (ebenfalls ein sehenswerter Bau der zeitgenössischen Moderne). Aber auch die Friedrich-Ebert- und die Konrad-Adenauer-Stiftung haben das Botschaftsviertel zu ihrer neuen Adresse erkoren, zudem sitzen hier die CDU-Zentrale und ein paar Vertretungen der deutschen Länder. Buntes Großstadtleben jedoch sucht man auch hier vergebens. Dafür gibt es zwei Sehenswürdigkeiten: die → **Gedenkstätte Deutscher Widerstand** und das → **Bauhaus-Archiv**.

Mexikanische Botschaft im Diplomatenviertel

Sehenswertes

Von oben grüßt die Goldelse
Siegessäule

1873 wurde die Siegessäule mit der Viktoria obenauf zur Erinnerung an die preußischen Feldzüge gegen Dänemark, Österreich und Frankreich vor dem Reichstag aufgestellt. Der umlaufende Historienfries erinnert an die Schlachten. Die (später vergoldeten) Kanonenrohre, die die Säule zieren, sind Beutestücke. Albert Speer, der das Wahnsinnsprojekt „Germania" verfolgte, ließ die Säule in die Mitte des Großen Sterns verlegen, der Teil der neuen Ost-West-Achse werden sollte (→ Kasten S. 236). Mit dem Umzug der Säule kamen auch die Denkmäler für Bismarck, Moltke und Roon zum Großen Stern, zuvor standen hier 16 Marmorstatuen von Figuren der antiken Mythologie. Von den Berlinern wurden sie als „Puppen" bezeichnet, wovon sich der Ausdruck „bis in die Puppen" für eine lange Wegstrecke ableitet. Auch die Viktoria hat einen Spitznamen: „Goldelse". In den 1930ern galt sie einem billigen Witz nach als die billigste Matrone der Stadt, denn es kostete nur eine Mark, sie zu besteigen ... 285 Stufen sind es hinauf bis zur Aussichtsplattform.

Großer Stern (die Säule ist durch unterirdische Gänge zu erreichen), Ⓢ Bellevue. April–Okt. Mo–Fr 9.30–18.30 Uhr, Sa/So bis 19 Uhr, Nov.–März tägl. 9.30–17.30 Uhr. 3 €, erm. 2,50 €.

Schwangere Auster am Wasser
Haus der Kulturen der Welt

Die muschelförmige Kongresshalle von Hugh Stubbins (ehemals Assistent von Walter Gropius) entstand als Beitrag der USA zur *Interbau* 1957 in Berlin. Heute beherbergt sie das „Haus der Kulturen der Welt" und damit einen Ort für internationale zeitgenössische Kunst und ein Forum für aktuelle Diskussionen. Zur Spree hin lädt die Terrasse des Restaurants „Auster" auf eine Pause ein, auf der anderen Seite des Gebäudes steht Henry Moores majestätische Skulptur *Schmetterling* inmitten eines Wasserbeckens. Der vierbeinige, 42 m hohe schwarze Turm in der Nähe beherbergt ein Carillon; Glockenspiele stets um 12 und 18 Uhr, Konzerte von Mai bis September meist So um 15 Uhr (www.carillon-berlin.de).

John-Foster-Dulles-Allee 10, Ⓤ Bundestag. Nur zu Veranstaltungen und Ausstellungen geöffnet. Eintritt variabel. www.hkw.de.

Architektur der Nachkriegszeit
Hansaviertel und Akademie der Künste

Das Hansaviertel erstreckt sich zwischen den S-Bahnhöfen Tiergarten und Bellevue. Es entstand zur Internationalen Bauausstellung *Interbau* 1957 und war Ausdruck eines politischen Konkurrenzdenkens: Im Ostteil der Stadt wurde gerade die Stalinallee hochgezogen (→ Kasten S. 152), da lud der Westteil 53 Architekten aus 13 Ländern ein, um eine Stadt von morgen zu kreieren, eine Mustersiedlung mit Kirchen, Geschäften, Büchereien, Kino (heute das GRIPS-Theater, → Kultur, S. 246) und Wohnquartieren im Grünen. Zu den bedeutendsten Bauwerken gehören der neunstöckige Apartmentblock von Walter Gropius (Händelallee 3–9), die Zeilenhochhäuser von Oscar Niemeyer (Altonaer Str. 4–14) und Alvar Aalto (Klopstockstr. 30–32), das Punkthochhaus von Klaus Müller-Rehm und Gerhard Siegmann (Klopstockstr. 2) und das Eternit-Haus von Paul Baumgarten (Altonaer Str. 1).

Auch die *Akademie der Künste* (seit 2005 Hauptsitz am Pariser Platz, → S. 40) liegt im Hansaviertel, war aber

Am Großen Stern grüßt die Goldelse

Tour 6: Tiergarten, Kulturforum und Diplomatenviertel

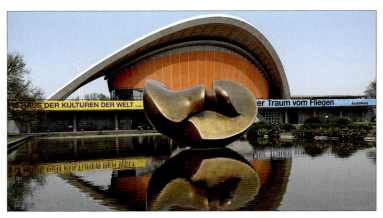

Das Haus der Kulturen nennt man auch „Schwangere Auster"

nicht für die *Interbau* geplant. Der Flachbau mit einer Statue von Henry Moore davor dient Veranstaltungen und temporären Ausstellungen. Eine Infotafel zu allen Bauten findet man u. a. am S-Bahnhof Bellevue (Richtung Akademie der Künste).

Akademie der Künste, Hanseatenweg 10, Ⓢ Bellevue. Tägl. 10–20 Uhr. Eintritt variabel. www.adk.de.

Malerei des 13. bis 18. Jh.
Gemäldegalerie

Grandios, nur nicht von außen! Die Galerie beherbergt eine umfassende Sammlung europäischer Malerei vom 13. bis zum 18. Jh. Der fast 2 km lange Rundgang durch die verschiedenen Kunstlandschaften und Epochen führt an über 1000 Meisterwerken (u. a. von Raffael, Tizian, Caravaggio, Rubens und Rembrandt) vorbei – allesamt in stilvollen, klassisch proportionierten Sälen und Kabinetten in Szene gesetzt. Was für den einen alte Schinken sind, ist für den anderen ein Highlight seines Berlintrips, aus der ganzen Welt reisen Besucher wegen dieses Museums an. Übrigens – wer den Audioguide durch-

hören will (10 Std.!), sollte donnerstags kommen: längere Öffnungszeiten …

Matthäikirchplatz 8, Ⓢ+Ⓤ Potsdamer Platz. Di-Fr 10–18 Uhr, Do bis 20 Uhr, Sa/So 11–18 Uhr. 10 €, erm. 5 €. Für die Bereichskarte s. u. www.smb.museum.

> **Bereichskarte Kulturforum:** Dieses Ticket gilt für alle Ausstellungen im Kulturforum und kostet, je nachdem, welche Sonderausstellungen gerade stattfinden, 12-16 € (erm. die Hälfte). Weitere Spartipps → S. 279.

Großartige Sammlungen
Kupferstichkabinett und Kunstbibliothek

Der Gebäudetrakt, der an die Gemäldegalerie anschließt, beherbergt einen weiteren Superlativ. Auch die grafischen Sammlungen des Kupferstichkabinetts gehören zu den größten und bedeutendsten weltweit: über 500.000 druckgrafische Werke und etwa 110.000 Zeichnungen, Aquarelle, Pastelle und Ölskizzen aus 1000 Jahren Kunst- und Kulturgeschichte. Wegen der Empfindlichkeit der Kunstwerke gibt es keine permanente Ausstellung. Der unerschöpfliche

Fundus lässt aber temporäre Schauen mit Werken von Botticelli oder Dürer genauso zu wie von Picasso oder Warhol.

Eine Etage darunter befinden sich die Ausstellungsräume der Kunstbibliothek, die ebenfalls über herausragende Bestände verfügt (u. a. Sammlungen von Handzeichnungen, Ornamentstichen, Plakat- und Reklamekunst, Gebrauchsgrafik, Buchkunst und Fotografie). Sie werden in regelmäßigen Abständen in Sonderausstellungen vor Ort, aber auch anderswo in Berlin gezeigt.

Matthäikirchplatz 8, ⓢ+ⓤ Potsdamer Platz. Di–Fr 10–18 Uhr, Sa/So 11–18 Uhr. Kupferstichkabinett 6 €, erm. 3 €, Eintritt für Sonderausstellungen der Kunstbibliothek variabel. www.smb.museum.

Kunsthandwerk vom Mittelalter bis heute
Kunstgewerbemuseum

Die Sammlungen des Kunstgewerbemuseums verteilen sich auf zwei Standorte – auf den hiesigen am Kulturforum und auf den im Schloss Köpenick (→ S. 194). Im Kulturforum steht europäisches Kunsthandwerk vom Mittelalter bis zur Gegenwart im Vordergrund, jedoch kommt die Präsentation etwas altbacken daher. Zu entdecken gibt es unendlich viel an all den schönen Dingen, mit denen sich einst Klerus, Hof, Adel und Patriziat zierten und inszenierten. Zu den Highlights gehören der Welfenschatz und das Lüneburger Ratssilber. Aber auch Mode und Design werden beleuchtet.

Matthäikirchplatz, ⓢ+ⓤ Potsdamer Platz. Di–Fr 10–18 Uhr, Sa/So 11–18 Uhr. 8 €, erm. 4 €. Für die Bereichskarte → S. 279. www.smb.museum.

Funktionalistisches Meisterwerk
Neue Nationalgalerie

Alle großen Architekten der Welt haben sich in Berlin verewigt, manche bereicherten das Kompendium der Berli-

ner Bausünden, andere haben Ikonen der Architektur geschaffen. Mies van der Rohes Nationalgalerie ist eine dieser Ikonen. Der „lichte Tempel aus Glas", in welchem die Nationalgalerie ihr Werkspektrum der Kunst des 20. Jh. präsentierte, ist aber voraussichtlich bis Ende 2020 wegen Sanierungs- und Umbauarbeiten geschlossen. Für den Umbau zeichnet David Chipperfield verantwortlich, Kosten voraussichtlich 110 Mio. Euro. Werke aus diesem Haus werden bis zur Wiedereröffnung im Hamburger Bahnhof (→ S. 80) präsentiert.

Potsdamer Str. 50, ⓢ+ⓤ Potsdamer Platz. www.smb.museum.

Ein Konzertbesuch ist fast ein Muss!
Philharmonie

Die Philharmonie, 1960–63 von Hans Scharoun im Sinne seiner „demokratischen Architektur" erbaut, ist ein außergewöhnlicher Konzertsaal: Für die 2240 Besucher gibt es keine Ränge, sondern miteinander verbundene Terrassenlandschaften. Das fünfeckige Orchesterpodium bildet den Mittelpunkt. Die Akustik ist grandios, ganze zwei Sekunden hallt der Klang nach. Im Foyer, das mit Reling, Bullaugen und verschiedenen „Decks" an einen Ozeandampfer erinnert, wird Scharouns Faible für den Schiffsbau deutlich. Auf Basis seiner ursprünglichen Pläne wurden in den 1980ern auch das rückwärtige Musikinstrumenten-Museum (s. u.) und der Kammermusiksaal (1180 Plätze) daneben erbaut. Die Philharmonie ist Heimat der Berliner Philharmoniker, die mit Chefdirigenten wie Herbert von Karajan, Claudio Abbado und Sir Simon Rattle zu Weltruhm gelangten. 2019 wird Kirill Petrenko die Nachfolge von Sir Simon Rattle antreten.

Vor der Philharmonie, zum Tiergarten hin, befindet sich der *Gedenk- und*

Tiergarten, Kulturforum und Diplomatenviertel ↓ Karte S. 100/101

106   Tour 6: Tiergarten, Kulturforum und Diplomatenviertel

Informationsort für die rund 70.000 Euthanasie-Opfer der Nazizeit.

Herbert-von-Karajan-Str. 1, Ⓢ+Ⓤ Potsdamer Platz, ☎ 35488999 (für Tickets). Für die kostenlosen Lunchkonzerte → S. 279. Führungen (1 Std.) tägl. um 13.30 Uhr; früh kommen, da auf 20 Pers. begrenzt. 5 €, erm. 3 €. www.berliner-philharmoniker.de.

800 Instrumente vom 17. Jh. bis heute

Musikinstrumenten-Museum

Das Museum im rückwärtigen Anbau der Philharmonie (s. o.) besitzt eine der bedeutendsten Sammlungen an Instrumenten der europäischen Kunstmusik weltweit. Darunter sind solche, die der Laie nicht mal vom Namen her kennt: Bassetthorn, Bumbass, Orphika, Trumscheit, Tenorpommer, Serpent, Musette oder Zister. Eines der kostbarsten Exponate ist das Bach-Cembalo. Selbstverständlich sind auch Bechstein-Klaviere aus Berlin dabei.

Ben-Gurion-Straße, Ⓢ+Ⓤ Potsdamer Platz. Di–Fr 9–17 Uhr, Do bis 20 Uhr, Sa/So 10–17 Uhr. 6 €, erm. 3 €. Auch hier gilt die Bereichskarte Kulturforum (→ S. 104), www.mim-berlin.de.

Ausstellung im Verteidigungsministerium

Gedenkstätte Deutscher Widerstand Berlin

Der Ostflügel des Bendlerblocks (heute zum Verteidigungsministerium gehörend) war während der Nazizeit Sitz des Oberkommandos des Heeres. Unter Führung von General Friedrich Olbricht bildete sich hier das Zentrum des militärischen Widerstands. Am Operationsplan „Walküre" war Oberst Schenk Graf von Stauffenberg beteiligt, jener Mann, dessen Attentatsversuch auf Hitler im Führerhauptquartier Wolfsschanze in Ostpreußen am 20. Juli 1944 misslang. Noch am selben Abend wurden Stauffenberg, Olbricht und weitere Verbündete in genau jenem Hof erschossen, durch den man heute Zutritt zur Gedenkstätte hat. Die Ausstellung „Widerstand gegen den Nationalsozialismus" ist spannend und aufschlussreich, in der Fülle aber etwas erschlagend.

Im gleichen Gebäude gibt es zudem noch die Ausstellung „Stille Helden" zu sehen, die sich all den couragierten Menschen widmet, die untergetauchten Juden halfen und sie teils über Jahre hinweg bei sich aufnahmen. 1700 Juden konnten so allein in Berlin die NS-Zeit im Untergrund überleben.

Stauffenbergstr. 13–14, von Ⓤ Wittenbergplatz o. Ⓤ Mendelssohn-Bartholdy-Park mit Bus M 29 bis Haltestelle Gedenkstätte Deutscher Widerstand. Mo–Mi u. Fr 9–18 Uhr, Do bis 20 Uhr, Sa/So 10–18 Uhr. Eintritt frei, öffentliche Führungen So um 15 Uhr. www.gdw-berlin.de.

Museum für Gestaltung

Bauhaus-Archiv

In einem von Walter Gropius, dem Gründer des Bauhauses (1919–1933), entworfenen Gebäude präsentierte das Bauhaus-Archiv bis 2018 Ausstellungen zur bedeutendsten Schule für Architektur, Design und Kunst des 20. Jh. Derzeit wird das Haus umfassend restauriert und um einen spektakulären „Turm aus Licht" des Architekten Volker Staab erweitert. Bis zur Wiedereröffnung im Jahr 2022 nutzt das Bauhaus-Archiv das Haus Hardenberg in Charlottenburg als temporären Standort (kleine Ausstellung und Shop).

Klingelhöferstr. 14, von Ⓤ Wittenbergplatz o. Ⓤ Mendelssohn-Bartholdy-Park mit Bus M 29 bis Haltestelle Lützowplatz. Temporärer Standort an der Knesebeckstr. 1–2, Ⓤ Ernst-Reuter-Platz. Tägl. (außer So) 10–18 Uhr. Eintritt frei. www.bauhaus.de.

Praktische Infos → Karte S. 100/101

Essen & Trinken

Restaurants

Patio 2, gehobenes Schiffsrestaurant. Die Gerichte nennen sich „Jakobsmuscheln Rindertatar Miso Lachskaviar" oder „Simmentaler Rinderfilet Süßkartoffel Okraschoten Feigen". Hg. 15–27 €. Mo–Sa 17–23 Uhr, So ab 15 Uhr. Kirchstraße/Ecke Helgoländer Ufer, Ⓢ Bellevue, ✆ 40301700, www.patio-berlin.de.

Capt'n Schillow 5, der blaue Kahn, ein ehemaliger Zementtransporter, liegt idyllisch im Landwehrkanal vertäut. Auf oder unter Deck gibt es neben simpler Fischküche (Spezialität: Labskaus, ein norddeutsches Seemannsessen mit Hering und gepökelter Rinderbrust) auch Handfestes wie Schnitzel oder Eisbein. Außerdem Frühstück. Viele Touristen. Hg. 9–25 €. Mai–Sept. tägl. (außer Di) 11–24 Uhr, im Winter verkürzt und Mo/Di geschl. Straße des 17. Juni, Ⓢ Tiergarten, ✆ 31505015, www.capt-schillow.de.

Kantine

Nordische Botschaften 7, licht-moderne Kantine im sog. „Felleshus". 3 Tagesgerichte (1-mal Fleisch, 1-mal Fisch, 1-mal vegetarisch, Hg. ab 5,50 €). Hohe Qualität. Für externe Esser Mo–Fr 13–15 Uhr (am besten erst gegen 13.30 Uhr kommen – großer Andrang). Rauchstr. 1, von Ⓢ+Ⓤ Potsdamer Platz mit Bus 200 bis Haltestelle Nordische Botschaften/Adenauer-Stiftung, www.nordischebotschaften.org.

Café

Konditorei & Café Buchwald 3, gibt's seit 1852 (einst königlicher Hoflieferant) und ist bekannt für den besten Baumkuchen der Stadt. Innen etwas bieder, kleiner Außenbereich. Tägl. 9–19 Uhr. Bartningallee 29, Ⓢ Bellevue, ✆ 3915931, www.konditorei-buchwald.de.

Draußen

MeinTipp **Café am Neuen See** 6, einer der schönsten und größten Biergärten (2000 Plätze) der Stadt, idyllisch am Neuen See gelegen. Entweder lässt man sich bedienen (kleiner Aufschlag) oder holt sich Brez'n, Pizza oder Brathendl selbst. Innen licht-rustikal und mit Wintergarten. Ruderbootverleih. Tägl. ab 11 Uhr. Lichtensteinallee 2, Bus 200 ab Ⓢ+Ⓤ Potsdamer Platz bis Haltestelle Corneliusbrücke, www.cafeamneuensee.de.

Shopping

Edelporzellan

KPM Quartier 4, auf dem Gelände der *Königlichen Porzellan-Manufaktur Berlin* kann man sich mit dem weißen Gold eindecken – entweder in der noblen Verkaufsgalerie in der ehem. Ofenhalle oder im Werksverkauf mit 2.-Wahl-Produkten (auch nicht billig). Außerdem gibt es eine Ausstellung zur Geschichte der 1763 von Friedrich dem Großen gegründeten Manufaktur, bei der man eine Schauwerkstatt besichtigen kann. Tägl. (außer So) 10–18 Uhr. Wegelystr. 1, Ⓢ Tiergarten, www.kpm-berlin.com.

Flohmarkt

Berliner Trödelmarkt, der bekannteste Flohmarkt Berlins. Viele Profis, viele Touristen, hohe Preise. Glas, Porzellan, Schmuck, Kleintrödel, tolle Lampen. Angeschlossen ein Kunsthandwerksmarkt. Sa/So 10–17 Uhr. Straße des 17. Juni, Ⓢ Tiergarten, www.berlinertroedelmarkt.com.

Denkmal für die Euthanasie-Opfer und Philharmonie

Unterwegs im alten Westen
Tour 7

Die Baukräne drehen sich unaufhörlich. Aus dem einstigen „Schaufenster des Westens", in der Nachwendezeit etwas erblindet, wird langsam wieder das, was es einst war: das stolze Zentrum Westberlins.

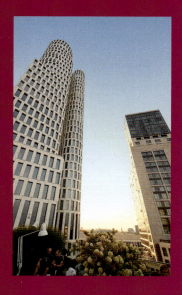

- **Kaufhaus des Westens**, fröhliches Austernschlürfen in der spektakulären Food-Etage, S. 116
- **Kaiser-Wilhelm-Gedächtniskirche**, Berlins berühmte Kriegsruine, S. 117
- **Kurfürstendamm**, wo Kleingeld teils nix bringt …, S. 113
- **Galerie C/O**, eine der besten Fotogalerien der Stadt, S. 117
- **Zoo und Aquarium**, Tiere gucken mitten in der Stadt, S. 118

Ein Name, drei Stadtteile
City West

Tauentzienstraße, Breitscheidplatz, Bahnhof Zoologischer Garten und natürlich Kurfürstendamm bilden die Mittelpunkte der sog. „City West". Drei Stadtteile teilen sie unter sich auf: Schöneberg, Wilmersdorf und Charlottenburg.

Der Grundstein für das Vergnügungs-, Einkaufs- und Wohnviertel wurde 1885 gelegt, als der „Churfürstendamm", damals ein staubiger Reitweg in Richtung Jagdschloss Grunewald, auf Anordnung Bismarcks zu einem repräsentativen Boulevard verbreitert wurde. Es war die Zeit, als Berlin aus dem Nichts der brandenburgischen Streusandbüchse emporwuchs und die Einwohnerzahl sich innerhalb eines Vierteljahrhunderts fast verdoppelte. Der Geldadel fand es schick, sein Domizil in den damaligen „Neuen Westen" zu verlegen – die großbürgerlichen Wohnviertel nördlich und südlich des Kurfürstendamms sind bis heute eine Augenweide. Die Sogwirkung, die Berlin während der Weimarer Republik auf Künstler und Intellektuelle ausübte, tat das Ihrige, dass sich der Kurfürstendamm schnell in eine quirlig-umtriebige Großstadtmeile verwandelte, mit allem, was dazugehörte: mit Theatern und Kabaretts, Kinos und Kaffeehäusern, mit Kokain und leichten Mädchen.

Im Krieg fiel etwa die Hälfte der Bebauung um den Ku'damm den Bomben zum Opfer. Mit dem Wiederaufbau versuchte man, an die Glanz-und-Glamour-Zeiten anknüpfen. Das alte Herz der Stadt war hinter der Mauer verschwunden, und so sollten die eingeschlossenen Westberliner hier mit funkelnd-glitzernder Urbanität Tag und Nacht bei Laune gehalten werden. Der Kurfürstendamm wurde zum „Schaufenster des Westens". Touristen aus aller Welt sollten sehen, dass diese bunte Meile dem grauen Alexanderplatz überlegen war.

Nach der Wende wurde es stiller um die City West. Die Investoren konzentrierten sich auf den Potsdamer Platz und auf die alten Zentren Ostberlins. Bars und Clubs verschwanden, manche Flagshipstores verlegten ihren Sitz in attraktivere Viertel. Mittlerweile wird die City West aber wieder entdeckt. Der neuerliche Wandel ist spürbar: Allerorts hämmert, kracht und bohrt es, neue architektonische Hingucker entstanden und entstehen, die Raum für Modehäuser für die Massen, aber auch für Nobelboutiquen mit edlen Labels wie *Escada*, *Prada* & Co bieten. Altbewährtes dominiert, aber auch die Modeavantgarde traut sich langsam wieder an den Ku'damm.

Das Facelifting der City West hat auch die Anwohner erfasst, es gibt viel

Kunstbräune und selbst *Botox to go*. Die charmanten Terrassenlokale der Nebenstraßen folgen dem neuen Trend weniger. Viele sind alteingesessen, haben ihre Stammkundschaft und müssen nicht, wie z. B. in Mitte, durch ein ausgefallenes Design oder Konzept überzeugen. Ähnliches gilt für die hiesigen Galerien, Antiquariate und Delikatessenläden. Egal was, alles ist etwas gesetzter und gepflegter als anderswo in Berlin, und die Autos vor den Häusern sind eine Nummer größer.

Tour-Info Länge ca. 5,5 km, Dauer ca. 3 Std., Karte S. 110/111.

Spaziergang

Der neoklassizistische **U-Bahnhof Wittenbergplatz** aus dem Jahr 1913 ist ein kleines Schmuckstück der City West. Den gleichnamigen Platz mit zwei Brunnen und Currywurstbuden dominiert das → **Kaufhaus des Westens**, der berühmteste Shoppingtempel Deutschlands. Das KaDeWe mit seiner die Sinne betörenden Food-Etage besitzt so viel Anziehungskraft, dass die Tauentzienstraße als umsatzstärkste Flaniermeile der Stadt gilt.

Spaziert man die Mittelpromenade des „Tauentzien" auf die Hochhäuser zu, kann man die torartige **Skulptur „Berlin"** des Künstlerpaars Matschinsky-Denninghoff durchqueren. Sie stammt

aus dem Jahr 1987 – damals war die Stadt noch geteilt, die ineinander verschlungenen, aber getrennt aufgestellten Chromnickelstahlröhren symbolisieren dies.

Das Herz der City West

Der „Tauentzien" führt direkt zum **Breitscheidplatz** und damit zu einem der Dreh- und Angelpunkte der City West. Mitten auf dem Breitscheidplatz erhebt sich der Turm der alten → **Kaiser-Wilhelm-Gedächtniskirche**. Die noch erhaltene Eingangshalle der von den Einheimischen flapsig als „hohler Zahn" bezeichneten Kriegsruine kann

Tour 7: City West

Glas und Stahl: Neues Kranzler-Eck

besichtigt werden. Auch das Innere der Neuen Kirche nebenan ist einen Blick wert.

Rund um die Kirche findet jedes Jahr ein Weihnachtsmarkt statt. Am 19. Dezember 2016 erlangte er traurige Berühmtheit, als ein Attentäter einen Sattelzug direkt ins Marktgeschehen steuerte. Zwölf Menschen starben dabei, 55 wurden verletzt, viele davon schwer. Ein Mahnmal, bestehend aus einem goldenen Riss und den Namen der Opfer in den Stufen zur Neuen Kirche, erinnert an den Anschlag.

Über die gesamte Nordseite des Breitscheidplatzes erstreckt sich das sog. **Bikini-Haus**. Der Gebäuderiegel erhielt seinen Namen von einem früheren Luftgeschoss – ganz nach dem Motto: „Oben was, unten was und in der Mitte nüscht". Jüngst aufwendig modernisiert, beherbergt der Bikini-Haus-Komplex heute u. a. die wohl lässigste Mall der Stadt (→ Shopping, S. 123). Gehen Sie hinein, wenn auch nur auf einen Kaffee – mit Blick auf die rotärschigen Paviane am Affenfelsen des rückwärtigen Zoos. Für das Kind im Manne bietet in der zweiten Etage zudem **Mydays Erlebniswerk** Renn- und Flugsimulatoren (www.mydays.de).

Gen Westen schließt das Hochhaus **Upper West** den Breitscheidplatz ab. Darin befindet sich u. a. ein *Motel One* mit einer tollen Terrassenbar in der zehnten Etage (→ Essen & Trinken).

Spaziergang 113

Eine **Sky Bar** auf 110 m Höhe mit Wahnsinnsblick über Berlin soll noch eröffnen. Ein weiterer Meilenstein in der Wiedererweckung der City West ist das **Zoofenster**, ein 118 m hoher Turm in Nachbarschaft zum Upper West. Einer der Mieter darin: das Waldorf-Astoria, die Luxusmarke der Hiltonfamilie.

Neue Architektur

Am Breitscheidplatz beginnt der **Kurfürstendamm**, eine 53 m breite Shoppingmeile. Ein Potpourri verschiedenster Baustile ist hier zu finden: Gründerzeitschnörkel an Prachtpalästen, Scheußlichkeiten aus der Nachkriegszeit, aber auch spannende neue Architektur.

Wer noch alte Zeiten schmecken will, sollte einen Blick in den Modeladen *& other Stories* linker Hand (Hnr. 234) werfen. Hier war früher die Konditorei Schilling untergebracht, deren prächtige neobarocke Wand- und Deckenausschmückung aus dem Jahr 1901 erhalten ist.

Anders das **Neue Kudamm-Eck**, ebenfalls linker Hand an der Kreuzung zur Joachimsthaler Straße. Für den um die Jahrtausendwende entstandenen wuchtigen Rundbau, den u. a. *C & A* belegt, zeichnet das Architekturbüro *Gerkan, Marg und Partner (gmp)* verantwortlich. Mit dem dahinter stehenden **Hotel Sofitel**, entworfen von Jan Kleihues, weht hier ein Hauch von Manhattan durch die City West. Kurios dagegen die kleine **Verkehrskanzel** samt Uhr am Straßeneck gegenüber. Sie stammt aus den 1950ern. Ein Verkehrspolizist bediente von dort vier Jahre lang die Ampeln per Hand – dann kapitulierte er vor dem stetig wachsenden Verkehrsaufkommen.

An der Ku'damm-Kreuzung gegenüber blickt man auf die denkmalgeschützte rot-weiße Rotunde des **Cafés Kranzler**, das es an dieser Stelle schon seit 1958 gibt. Seitdem die britische Textilhandelskette *Superdry* das Gebäude belegt und in den Räumlichkeiten des Cafés Kranzler selbst die Hipster-Kaffeerösterei *The Barn* (→ Essen & Trinken) sitzt, ist jede Piefigkeit dahin.

Daneben erhebt sich das sog. **Neue Kranzler-Eck**. Das luftig-leichte Gebäudeensemble stammt wie auch das Sony Center am Potsdamer Platz von Helmut Jahn – die Ähnlichkeit ist unübersehbar. Im Innenhof, zwischen altem Kranzler-Eck und neuem, flattern Sittiche und Papageien in Volieren.

Fasanenstraße – eine Perle

Prunkarchitektur gibt es nicht nur am Ku'damm selbst zu bestaunen, sondern auch in seinen Seitenstraßen. Eine

City West → Karte S. 110/11

Perle aus der Gründerzeit ist die kreuzende **Fasanenstraße**, in die wir nach links einbiegen. An ihr liegt rechter Hand das sog. **Wintergarten-Ensemble**. Den Auftakt bildet das **Literaturhaus** in einer Backsteinvilla (Hnr. 23). Hier werden Lesungen und Ausstellungen veranstaltet, zudem beherbergt es das **Café Wintergarten** mit idyllischer Sommerterrasse (→ Essen & Trinken/Cafés). In der schönen Stadtvilla (Hnr. 24) südlich davon befindet sich noch bis Ende 2019 das → **Käthe-Kollwitz-Museum**. Wieder eine Tür weiter: die **Villa Grisebach** (Hnr. 25), ein fast märchenhaft wirkendes Gebäude aus den Jahren 1891/92. Heute ist hier u. a. eines der bedeutendsten deutschen Auktionshäuser für Kunst des 19. bis 21. Jh. ansässig. Mehr dazu und zu den hiesigen Galerien ab hier → S. 250.

Kurz darauf führt rechter Hand die **Fasanenpassage** (Durchgang bei Hnr. 28) durch mehrere Höfe zur parallel verlaufenden Uhlandstraße. Dort steht man vorm **Kudamm-Karree** bzw. vor einer riesigen Baustelle. Bis auf ein paar historische Bauten soll fast das gesamte Areal zwischen Kurfürstendamm und Lietzenburger Straße entweder abgerissen und neu bebaut oder umfangreich modernisiert werden. Der Besuch des Atomschutzbunkers (→ **The Story of Berlin**) unter dem Karree soll während der Umbauarbeiten aber weiterhin möglich sein.

Nun geht es weiter den Kurfürstendamm entlang. Nachdem man die Bleibtreustraße überquert hat, passiert man **Bier's Kudamm 195**, eine Institution in Sachen Currywurst. (→ Essen & Trinken/Schnelle Küche). Der Kultsnack, den – statistisch gesehen – jeder Berliner 20-mal im Jahr verschlingt, wurde übrigens nicht weit von hier von Herta Heuwer erfunden. Am 4. September 1949 reichte sie die erste Currywurst über die Theke ihres Imbisses am Stuttgarter Platz.

Westberliner Noblesse

Es folgen entlang des Kurfürstendamms Nobelboutiquen wie *Gucci* oder *Louis Vuitton*, *Chanel* oder *Prada*. Wer hier als Verkäufer arbeiten möchte, muss Russischkenntnisse vorweisen. Dazwischen versteckt sich auch eines

Symbol für die einst geteilte Stadt: Skulptur „Berlin" an der Tauentzienstraße

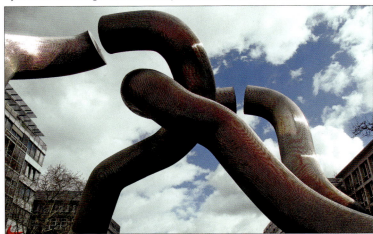

Festbeleuchtung: Ku'damm zur Weihnachtszeit

der schönsten Kaffeehäuser Berlins, das **Grosz** (Hnr. 193/194, → Essen & Trinken).

Bevor der 3,5 km lange Kurfürstendamm jedoch an Reiz verliert und einfache Geschäfte die edlen Stores ersetzen, kehren wir ihm den Rücken.

Über die Giesebrechtstraße, die nach rechts abzweigt, geht es hinein in gehobenere Wohnviertel nördlich des Kurfürstendamms. Herrschaftliche, oft noch reich mit Stuck verzierte Stadthäuser aus dem frühen 20. Jh. sind dort zu entdecken, mit Erkern, Giebeln, herrlichen Treppenaufgängen, liebevoll restaurierten Fahrstühlen und teils riesigen Etagenwohnungen. Auch auf dem weiteren Weg, der über die Sybel-, die Wieland- und die Mommsen- in die Knesebeckstraße führt, stehen solche Häuser, zuweilen aber von ihrem Fassadenschmuck befreit.

Weiter Richtung Zoo

Die Knesebeckstraße verläuft in Richtung Norden zum gärtnerisch gestalteten **Savignyplatz**, den die laute Kantstraße jedoch unschön in zwei Hälften teilt. Lokale mit Freiluftterrassen laden am Platz auf eine Pause ein. Auch in den Bögen des S-Bahn-Viadukts warten Restaurants und bessere Geschäfte auf Kundschaft. Westlich des Platzes erstreckt sich Berlins kleine Chinatown (die Betonung liegt auf „klein") mit asiatischen Imbissen und Lokalen.

Der Spaziergang führt jedoch in entgegengesetzter Richtung weiter gen Osten. Dabei passiert man in der Kantstraße das **Stilwerk**, wo es Designermöbel auf fünf Etagen gibt (→ Shopping), und die renommierte Fotogalerie → **Camera Work** (Hnr. 149) gegenüber.

Vor dem **Theater des Westens** (→ Kultur, S. 247) geht es links ab in die Fasanenstraße. Das Theater, heute eine der großen Musical-Bühnen der Stadt, wurde 1884 im Stil des wilhelminischen Historismus erbaut. Schon Josephine Baker, Maria Callas und Enrico Caruso begeisterten hier das Berliner Publikum. Der Bau mit dem Terrassencafé davor ist der schöne **Delphi-Filmpalast** (→ Kultur, S. 249). Daneben steht in der Fasanenstraße das **Ludwig-Erhard-Haus**. Das 1994–98 errichtete Gebäude von Nicholas Grimshaw wird wegen seiner 15 ellipsenförmigen Stahlbögen auch „Gürteltier" genannt. Es ist heute u. a. Sitz der Berliner Börse.

Hält man sich an der Hardenbergstraße rechts, gelangt man, vorbei am sog. Amerika-Haus mit der → **Galerie C/O**, zum Bahnhof „Zoologischer Garten", kurz: zum Bahnhof Zoo. Noch bevor man die Gleise unterquert, bietet sich ein Abstecher nach links in die Jebensstraße zum → **Museum für Fotografie** an.

Der **Bahnhof Zoo** hat mit dem schmuddeligen, von Junkies und Kinderprostituierten bevölkerten Fernbahnhof der Vorwendezeit, bekannt aus *Christiane F. – Wir Kinder vom Bahnhof Zoo*, heute nur noch wenig gemein. Peu à peu wandelt sich das Eck zu einer der ersten Adressen Berlins. Waldorf Astoria ist schon da. Neue Büro-, Universitäts- und Wohngebäude sind in Planung, zudem ein weiteres Hochhaus. Der namengebende → **Zoo** samt → **Aquarium** liegt hinter dem Bahnhof.

Sehenswertes

Konsumtempel par excellence
Kaufhaus des Westens

Durch das *KaDeWe*, nach dem Londoner *Harrods* das zweitgrößte Kaufhaus Europas, schlendern bis zu 100.000 Besucher täglich. Die Verkaufsfläche (ca. acht Fußballfelder groß) verteilt sich auf sieben Etagen, 2500 rührige Geister sorgen dort für das Wohl der Kunden.

KaDeWe: Am Sonntag
sind die Tore dicht

Eröffnet wurde das KaDeWe 1907. Nach dem Zweiten Weltkrieg musste es aufwendig restauriert werden, da ein amerikanischer Flieger in das Gebäude gestürzt war. Aktuell geht bei laufendem Betrieb die jüngste Modernisierungswelle über die Bühne, sieben Jahre wird der Umbau dauern. Dabei soll das Haus auch ein neues Glasdach und eine spektakuläre Rolltreppe bekommen. Für die Food-Etage zeichnet das Architekturstudio *Karhard* verantwortlich, das auch im Berghain aktiv war. Übrigens ist mittlerweile die thailändische *Central Group* der größte Anteilseigner am KaDeWe.

Das Warensortiment ist erlesen, das Luxussegment gut vertreten, darunter Damenhandtaschen für 150.000 €, aber auch sündhaft teure Designerhalsbänder für den Wauwau. An der Austernbar der riesigen Feinschmeckeretage im 6. Stock werden rund 8000 Austern pro Woche über die Theke gereicht – unter den Augen beeindruckter Zaungäste aus aller Welt. Überhaupt ist die „Fressabteilung" des KaDeWe *der* touristische Hotspot der gesamten City West. Gaumenfreuden an über 30 Gourmetständen, zudem hat man die Wahl zwischen 3400 Wein-, 1300 Käse-, 1800 Wurst- und 400 Brotsorten.

Tauentzienstr. 21–24, Ⓤ Wittenbergplatz. Mo-Sa 10–20 Uhr, Fr bis 21 Uhr. www.kadewe.de.

Sehenswertes 117

Der „hohle Zahn"

Kaiser-Wilhelm-Gedächtniskirche

Die einst monumentale neoromanische Kirche wurde unter Wilhelm II. in Gedenken an seinen Großvater Wilhelm I., den ersten deutschen Kaiser, zwischen 1891 und 1895 erbaut. 1943 wurde sie bei einem Bombenangriff zu großen Teilen zerstört, das Hauptschiff daraufhin abgerissen. Seitdem ragt der 68 m hohe Turmtorso, für Walter Gropius „Deutschlands schönste Ruine", als Mahnmal in den Himmel. Erhalten blieb auch die Eingangshalle der Kirche mit prächtigen Gewölbemosaiken, heute die sog. *Gedenkhalle* mit einer kleinen Ausstellung zur Geschichte der Kirche.

Rechts und links der Turmruine stehen die **Neue Kirche**, der **Neue Turm** und die **Neue Gemeindekapelle**. Der Architekt Egon Eiermann entwarf diese umstrittenen Baukörper in den frühen 1960er-Jahren. Ursprünglich sah Eiermanns Projekt den Abriss der Ruine vor, was jedoch für vehemente Proteste unter den Berlinern sorgte. Das Innere der Neuen Kirche in Form eines Oktogons tauchen über 22.000 kleine blaue Glasfenster in ein eigentümliches Licht. Über dem Altar thront eine aus Tombak getriebene mächtige Christusfigur.

Breitscheidplatz, Ⓤ Kurfürstendamm. **Gedenkhalle**, Mo–Fr 10–18 Uhr, Sa/So 12–17.30 Uhr. Eintritt frei, Spende erwünscht. **Neue Gedächtniskirche**, tägl. 9–19 Uhr. www.gedaechtniskirche-berlin.de.

Sozialkritische Kunst

Käthe-Kollwitz-Museum

Sozialkritik und expressiv-realistischer Ausdruck bestimmen das Werk von Käthe Kollwitz (1867–1945). Wegen ihres Engagements für den Zusammenschluss der linken Parteien gegen die NSDAP musste sie nach der Machtergreifung der Nationalsozialisten ihr Lehramt an der Preußischen Akademie der Künste aufgeben. 1936 erhielt sie Ausstellungsverbot. Das Museum präsentiert bislang auf vier Etagen Selbstporträts, Kohlezeichnungen, Lithografien, Radierungen, Skulpturen und den bekannten Holzschnitt *Gedenkblatt für Karl Liebknecht* (1921). Ende 2019 steht allerdings ein Umzug in die Nähe des Charlottenburger Schlosses an (→ S. 124).

Fasanenstr. 24, Ⓤ Uhlandstraße. Tägl. 11–18 Uhr. 7 €, erm. 4 €. www.kaethe-kollwitz.de.

Ausflug in den Atomschutzbunker

The Story of Berlin

Das kommerzielle Museum bietet einen kurzweiligen Einblick in die Geschichte Berlins von den Anfängen bis in die jüngste Vergangenheit. Auch kann ein noch voll funktionsfähiger unterirdischer Atomschutzbunker mit Platz für rund 3600 Menschen besichtigt werden.

Kurfürstendamm 207–208, Ⓤ Uhlandstraße. Tägl. 10–20 Uhr. 10 €, erm. 5–8 € inkl. Bunkerführung (bis 18 Uhr zu jeder vollen Std.). www.story-of-berlin.de.

Spannende Fotokunst – zum Ersten

Camera Work

Berlins bedeutendste Fotogalerie in einer schön restaurierten Hinterhof-Remise präsentiert die Crème de la Crème der internationalen Fotoszene. Dependance (CWC Gallery) in der Spandauer Vorstadt (→ S. 74).

Kantstr. 149, Ⓢ Savignyplatz. Di–Sa 11–18 Uhr. Eintritt frei. www.camerawork.de.

Spannende Fotokunst – zum Zweiten

Galerie C/O

Die ebenfalls renommierte Fotogalerie C/O residiert im Amerika-Haus, einem architektonisch spannenden Gebäude, das 1957 entstand und bis 2006 als kulturelle Begegnungsstätte

City West → Karte S. 110/111

und Infozentrum der USA diente. Auch hier werden Fotoausstellungen von Weltrang präsentiert. Mit Café.

Hardenbergstr. 22–24, Ⓢ+Ⓤ Zoologischer Garten. Tägl. 11–20 Uhr. 10 €, erm. 6 €. www.co-berlin.org.

Spannende Fotokunst – zum Dritten
Museum für Fotografie – Helmut Newton Foundation

Das Museum in dem neoklassizistischen ehemaligen Offizierskasino widmet sich im EG und im 1. OG dem Leben und Werk Helmut und June Newtons – Helmut Newtons Ehefrau arbeitete ab 1970 unter dem Pseudonym Alice Springs ebenfalls als Fotografin. Helmut Newton selbst wurde 1920 als Helmut Neustädter in Berlin geboren, 2004 verstarb er in Los Angeles. Im schön restaurierten Kaisersaal im Obergeschoss werden wechselnde Ausstellungen aus der Sammlung Fotografie der Kunstbibliothek (→ S. 124) gezeigt.

Jebensstr. 2, Ⓢ+Ⓤ Zoologischer Garten. Di–So 11–19 Uhr, Do bis 20 Uhr. 10 €, erm. 5 €. www.helmut-newton.de bzw. www.smb.museum.

Klein, aber fein
Zoo

Der älteste deutsche Zoo (1844 eröffnet) befindet sich inmitten der City West. Auf dem mit 34 ha relativ kleinen Areal mit seinen schönen historischen Tierhäusern tummeln sich rund 14.000 Tiere. Zu den Lieblingen im Zoo gehören die Pandas Jiao Qing und Meng Meng, zu den Highlights die Flusspferde, denen man dank einer Glaswand auch unter Wasser beim Gähnen zusehen kann.

Hardenbergplatz 8, Ⓢ+Ⓤ Zoologischer Garten. April–Okt. tägl. 9–18.30 Uhr, sonst bis 17 Uhr. 15,50 €, erm. 8–10,50 €, Kombiticket mit Aquarium 21 €, erm. 10,50–15,50 €. www.zoo-berlin.de.

> **Noch mehr Tiere gucken** kann man im Tierpark in Friedrichsfelde (Ⓤ Tierpark), Europas größtem Landschaftstiergarten. www.tierpark-berlin.de.

Eintauchen in die Unterwasserwelt
Aquarium

Das 1913 eröffnete, mit ca. 800 Arten und über 9000 Tieren artenreichste Schauaquarium der Welt bietet einen faszinierenden Einblick in die Welt der Fische, Reptilien, Amphibien und Insekten. Highlight ist die Krokodilhalle mit tropischen Temperaturen. Zu sehen

Attraktion im Zoo Berlin: die Flusspferde

gibt es außerdem Riffhaie, Zackenbarsche, Zitteraale, Quallen und Rochen in Landschaftsbecken wie auch Schlangen, Echsen, Schildkröten u. v. m. Wer im Insektarium einen Blick auf die Brasilianische Riesenvogelspinne wagt,

überdenkt seine Südamerika-Urlaubspläne vielleicht noch einmal …

Budapester Str. 32, Ⓢ+Ⓤ Zoologischer Garten. Tägl. 9–18 Uhr. 15,50 €, erm. 8–10,50 €, Kombiticket mit Zoo 21 €, erm. 10,50–15,50 €. www.aquarium-berlin.de.

Praktische Infos

→ Karte S. 110/111

Essen & Trinken

Restaurants

Neni 19, im 10. Stock des 25hours-Hotels mit abends sensationellem Blick sowohl vom glashausähnlichen Inneren als auch von der umlaufenden Terrasse. Leider hinkt die nahöstliche Küche (*Babaganoush*, Hummus, Mais-Arak-Hühnchen usw.) dem Ambiente hinterher, und auch die Tatsache, dass man sich nach 2 Std. trollen soll, spricht nicht für den Laden. Dennoch ist ein Besuch ein Erlebnis. Man sollte mit ca. 45 €/Pers. rechnen. Tägl. 12.30–23.30 Uhr. Budapester Str. 40, Ⓤ Kurfürstendamm, ✆ 120221200, www.neniberlin.de.

/mein Tipp Brasserie Colette 46, hinter diesem Lokal, das es übrigens auch noch in München und Konstanz gibt, steckt Sternekoch Tim Raue. Die Berliner Variante ist im Gebäude eines luxuriösen Alterssitzes untergebracht – edel und stilvoll, aber leger und alles andere als spießig. Die raffinierte Brasserieküche gibt es als 2-Gänge-Menü mittags bereits ab 18 €, abends wird es teurer (Hg. 19–27 €). Wir hatten Cornichons mit hervorragendem Brot, ein Linsensüppchen mit einem Hauch Speck, Ziegenkäsejoghurt und Pesto sowie eine „vegetarische Perle" aus wildem Brokkoli, geräuchertem Hüttenkäse, Rote Bete und Sanddorn. Toll! Hier essen Charlottenburger Rentner genauso wie Food-Touristen aus aller Welt. Unbedingt reservieren, auch mittags. Tägl. 12–15 und 18–23 Uhr. Passauer Str. 5–7, Ⓤ Wittenbergplatz, ✆ 21992174, www.brasseriecolette.de.

Paris Bar 24, am Nebentisch können hier auch schon mal Hannelore Elsner oder Iris Berben sitzen. Auch sonst gibt es in diesem charmant-bunten Restaurantklassiker viel zu gucken. Da wird das Essen fast zur Nebensache: Perlhuhnbrust, *Bouillabaisse* oder Entenbrust mit Orangensoße zu 24,50–39,50 €. Tägl. 12–1 Uhr. Kantstr. 152, Ⓤ Uhlandstraße, ✆ 3138052, www.parisbar.net.

Diekmann 44, feines Lokal im charmant-nostalgischen Ambiente einer ehemaligen Kolonialwarenhandlung – die Originalschränke sind noch erhalten. Raffinierte deutsch-französische Küche (vornehmlich Fisch oder Fleisch), günstiger Businesslunch, abends 3-Gänge-Menü 38 €. Mo–Sa 12–1 Uhr. Meinekestr. 7, Ⓤ Uhlandstraße, ✆ 8833321, www.diekmann-restaurant.de.

La Sepia 36, wenn wir Lust auf Seafood haben, zieht es uns in dieses extrem populäre portugiesisch-spanische Lokal. Einer der besten Orte für frisches Meeresgetier in der Stadt! Geniale Fischvitrine, offene Küche, ambitioniertes Personal, Ambiente seit seiner letzten Restaurierung recht stylish. Probieren: *Cataplana*, *Caldeirada* oder Dorade im Salzteig. Zuvor gibt's gratis frischen Salat und feine Garnelen, dafür kosten die Hg. ab 16 €, Fisch wird z. T. nach Gewicht berechnet. Günstigere Mittagsgerichte. Tägl. 12–24 Uhr. Marburger Str. 2, Ⓤ Kurfürstendamm, ✆ 2135585, www.lasepia-berlin.de.

Baba Angora 32, gepflegtes türkisches Restaurant. Hervorragende anatolische Küche: Sehr gute *Meze*, zum Hauptgang kann man wählen zwischen den Klassikern vom Grill (überaus zartes Lammfleisch), gefülltem Gemüse, Fischgerichten oder *Güveç*, einer Leckerei aus dem Steinofen. Zuvorkommender Service. Hg. 11,50–22,50 €. Tägl. 11.30–24 Uhr. Schlüterstr. 29, Ⓢ Savignyplatz, ✆ 3237096, www.babaangora.de.

Buddha Republic 9, stets bestens besuchter Edelinder. Nichts für Minimalismus-Fans: opulent dekoriert, schummriges Licht trotz vieler, vieler bunter Lampen, die Wände voller Fotos. Exzellentes Essen und ein wenig Erlebnisgastronomie. So gibt es Spieße aus dem Tandoori-Ofen, die überaus foodpornig aussehen, das Hühnercurry wiederum kommt in einer ausgehöhlten Ananas daher. Tolle Aromen und weniger tolles *Kingfisher*-Bier. Hg. 17–23 €. Tägl. (außer Mo) 17–24 Uhr. Knesebeckstr. 88, Ⓢ Savignyplatz, ✆ 31164204, www.buddharepublic.com.

La Tia Rica **7**, chilenische Küche in behaglichem Ambiente mit so wenig Südamerikakitsch wie möglich. Die Portionen sind üppig und die Zutaten auch – Vorspeise und Hauptgericht sind deswegen leider (!) kaum zu schaffen. Wir schmausten hier Seehechtfilet mit Venusmuscheln auf Graupenrisotto, Rindertafelspitz mit Kartoffelpüree und verschieden gefüllte *Empanadas*. Nichts für Vegetarier! Hg. 15–21 €. Tägl. (außer So) 17–23 Uhr. Knesebeckstr. 92, Ⓤ Ernst-Reuter-Platz, ☏ 31518693, www.latiarica.de.

Dal Buongustaio **18**, ein schlichter Nachbarschaftsitaliener, was aber noch lange nicht heißt, dass die Preise auch superschlicht sind. Pizza mit hauchdünnem Teig, toller Tomatensoße und besten Zutaten (super die Pizza mit Salsiccia und Rosmarin). Messer kennt man nicht, dafür gibt's einen Rollschneider, gegessen wird mit den Händen. Zudem eine kleine Auswahl an Pasta und anderen Gerichten (Tendenz Sardinien, Hg. 12–20 €). Gehwegterrasse. Windscheidstr. 24, Ⓢ Charlottenburg, ☏ 324 6882, www.dal-buongustaio-berlin.de.

Good Friends **14**, authentisches kantonesisches Lokal, groß, laut und immer voll. Einrichtung simpel-unspektakulär, im Fenster hängen marinierte Enten. Die Speisekarte ist so lang wie ein Buch, nicht alles ist europäischen Gaumen und Augen vertraut: Suppe mit getrockneten Jakobsmuscheln, Tausend-Jahr-Eier mit Qualle, Seegurke mit Fischbauch … Viel chinesisches Publikum. Am besten kommt man in der Gruppe und lässt sich viele verschiedene Gerichte auftischen. Hg. 10,50–20 €, günstige Mittagsgerichte. Tägl. 12–1 Uhr. Kantstr. 30, Ⓢ Savignyplatz, ☏ 3132659, www.goodfriends-berlin.de.

Garage **47**, dieses freundlich-familiäre Weinlokal in einer ehemaligen Garage serviert allerbeste Hausmannskost wie Königsberger Klopse, Käsespätzle oder Kaisersülze. Unbedingt kosten: die besten Bratkartoffeln Berlins. Hg. 12–19,50 €, Flasche Wein ab 15,50 €. Mo–Fr 18–24 Uhr. Damaschkestr. 8, Ⓤ Adenauerplatz, ☏ 45086250, www.weinstube-garage.de.

Vaust **8**, vegane Brauereigaststätte! Der Gastraum mit schöner Kachelwand ist zwar rustikal angehaucht, hat dennoch mit einer derben Bierschenke wenig gemein. Kleine, stetig wechselnde Karte mit Gerichten wie Seitan-Currywurst, Selleriemedaillons mit Sesam-Kruste oder Antipasti-Platte mit gutem Treberbrot. Überaus süffig das hausgebraute Bier, das es in hell und dunkel gibt. Hg. 11–15 €. Tägl. (außer So) 17–23 Uhr. Pestalozzistr. 8, Ⓤ Wilmersdorfer Straße, ☏ 54599160, www.vaust.berlin.

Koshary Lux **29**, Streetfood aus Nordafrika und dem Nahen Osten in einem hübschen, kleinen Lokal. Sehr lecker das namengebende *Koshary*, eine Schüssel voll mit Linsen, Makkaroni, Reis, fruchtiger Tomatensoße und Gemüsezwiebeln. Zudem Sandwiches, Teigtaschen, Suppen etc. Hg. 7–15 €. Mo–Do 12–15 u. 18–21 Uhr, Fr/Sa 12–22 Uhr, So Ruhetag. Grolmanstr. 27, Ⓢ Savignyplatz, ☏ 81406190, www.klx-kosharylux.com.

Grüne Lampe **49**, die Einrichtung gleicht einem pseudoschicken osteuropäischen Provinzcafé – egal. Das Lokal wurde vom *Gault Millau* schon zum besten russischen Restaurant Deutschlands gekürt. Im *Borschtsch* könnte man baden, die *Pelmeni* sind köstlich, und der Rest ist es auch: der gebeizte Lachs, der *Hering im Pelzmantel* oder die *Blinis* mit Biokaviar. Dazu russisches Bier oder *Kwas*. Regelmäßig leckere Büfetts, sonntags Kaviarbrunch, Mo–Sa auch Frühstück. Viel russisches Publikum. Hg. 8–16,50 €. Mo–Sa 9–22 Uhr, So ab 10 Uhr. Uhlandstr. 51, Ⓢ Spichernstraße, ☏ 88719393, www.gruene-lampe.de.

Charlottchen **37**, familienfreundliches Lokal, → S. 278.

MeinTipp Diener Tattersall **30**, populäres Kneipen-Restaurant mit herrlich viel Patina, als wäre die Zeit stehen geblieben – selbst das Telefon klingelt noch wie in Hitchcocks Filmen. Der Name geht auf den früheren Besitzer Franz Diener zurück (gest. 1969), einen bekannten Boxer. Viel älteres Stammpublikum aus Künstler- und Promikreisen. Zu essen gibt's Handfestes wie Bulette mit Kartoffelsalat, Blutwurst oder Hackepeterschnittchen zu günstigen Preisen. Raucherbereich. Tägl. ab 18 Uhr. Grolmanstr. 47, Ⓤ Uhlandstraße, ☏ 8815329, www.diener-berlin.de.

Schnelle Küche/Snacks

Kantini im Bikini Berlin, → Einkaufen. Die erste Etage der Shoppingmall beherbergt eine sehr stilsichere Streetfoodmeile. Nochmals eine Etage höher serviert man bei The Dawg edle Hot Dogs zu edlen Preisen.

Klemkes Wein-Eck **34**, originelle Mischung aus Weinladen und Stehimbiss, ist *der* Anlaufpunkt für die schnelle Portion solide-leckerer Hausmannskost wie Wildschweinbolognese oder Schweinekrustenbraten (5–9 €). Sehr beliebt, in Stoßzeiten drängt sich Anzug neben

Praktische Infos 121

Blaumann an den Stehtischen. Mo–Fr 9–19 Uhr, Sa bis 14.30 Uhr (kein Mittagstisch). Mommsenstr. 9, Ⓢ Savignyplatz, ☎ 8811909, www.heute-bei-klemke.de.

Rogacki 1, ein Berliner Original seit 1928. Mischung aus Fischladen, Metzgerei, Delikatessengeschäft und Schnellimbiss. Unzählige Fischsalate, Räucherfischköstlichkeiten oder Rollmops & Co, die man mit einem Glas Weißwein an Stehtischchen verzehren kann. Mo–Mi 9–18 Uhr, Do 9–19 Uhr, Fr 8–19 Uhr, Sa 8–16 Uhr. Wilmersdorfer Str. 145–146, Ⓤ Bismarckstraße, ☎ 3438250, www.rogacki.de.

Bier's Kudamm 195 43, ein Currywurst-Klassiker, den es seit 1965 gibt. Gehobenerer Imbiss, den auch Promis hin und wieder aufsuchen. Zur leckeren Wurst (3,20 €, auf Porzellantellern!) gibt's auf Wunsch auch eine Flasche Sekt oder Champagner (75 €). Tägl. 11–5 Uhr. Kurfürstendamm 195, Ⓤ Uhlandstraße, ☎ 8818942.

meinTipp Thaipark, so nennt sich der Preußenpark im Süden von Wilmersdorf an schönen Sommerwochenenden, wenn hier Berliner Thais Leckereien aus der Heimat brutzeln und köcheln: aromatische Suppen, Fleischspieße, Frühlingsrollen. Gegessen wird auf Tüchern und Bastmatten unter Sonnenschirmen. Schmeckt 100 % nach Urlaub! Das bunte, illegale Treiben ist den Behörden ein Dorn im Auge, daher Zukunft ungewiss. Ⓤ Fehrbelliner Platz o. Konstanzer Straße.

Feinschmeckerabteilung des KaDeWe, → Sehenswertes.

Cafés/Kneipen/Bar

Monkey Bar 19, hoch über der Stadt im Bikini-Haus-Komplex neben dem Restaurant Neni (→ Restaurants). Fast rundherum verglaste, rauchfreie Bar (preislich noch im Rahmen) mit tollem Blick über die City West und aufs Affenhaus des Zoos. Ein Manko aber sind am Abend zuweilen die Türsteher, die gerne eine Schlange stehen haben, auch wenn es oben gar nicht so voll ist – wirkt einfach cooler. Tägl. 12–2 Uhr. Budapester Str. 40, Ⓤ Kurfürstendamm, ☎ 120221210, www.monkeybarberlin.de.

One Lounge 28 eine weitere stylishe Panoramabar, hier im 10. Stock des Hochhauses Upper West und gleichzeitig Bar des Kettenhotels Motel One im Gebäude. Schwarz-Weiß-Porträts von Starfotograf Jim Rakete, dazu grandiose Aussicht, insbesondere von der tollen hortensiengeschmückten Terrasse. Mit dem Gin Tonic in der Hand blickt man direkt aufs Zifferblatt der Gedächtniskirche. Die Preise sind für das Gebotene und im Vergleich zu anderen Charlottenburger Bars fair. Für jedes Alter okay. Tägl. ab 12 Uhr. Kantstr. 163–165, Ⓤ Kurfürstendamm, ☎ 322931900.

Kaffeehaus Grosz 45, mondänes Kaffeehaus im Wiener Stil im denkmalgeschützten Haus Cumberland, einem ehemaligen Luxushotel. Wilhelminische Pracht pur: 8 m hohe Decken, edelholzvertäfelte Wände, Jugendstilsäulen, Stuck und Marmor satt. Kaffee aus Meißner Tässchen, adrette Kellner, eigene Patisserie. Im hinteren Bereich Restaurantbetrieb (Hg. 15–32 €, günstiger Mittagstisch), zudem ein Innenhof. Typisches Charlottenburger Publikum, gerne auch mal älter. Tägl. 9–1 Uhr. Kurfürstendamm 193/194, Ⓤ Uhlandstraße o. Ⓢ Savignyplatz, ☎ 652142199, www.grosz-berlin.de.

Stuck und Gold: Kaffeehaus Grosz am Ku'damm

Café Wintergarten 40, wunderschönes Café im Literaturhaus (→ Spaziergang). Goldener Stuck, Kunst an den Wänden, namengebender Wintergarten und idyllische Gartenterrasse. Frühstück, tolle Kuchen, feine Küche (Hg. 17–26 €). Tägl. 9–24 Uhr. Fasanenstr. 23, Ⓤ Uhlandstraße, ☎ 8825414, www.literaturhaus-berlin.de.

meinTipp Die Stulle 13, selten eine Speisekarte gelesen, von der man eigentlich jedes Gericht nehmen möchte. In diesem freundlichen Café (Landhausstil trifft Shabby Chic) gibt es spannend belegte Stullen und anderes Frühstück, mittags z. B. eine Wildreis-Quinoa-Rucola-Bowl oder tolle Burger. Jedes Gericht kommt als Kunstwerk daher. Alles frisch,

Bikini Berlin: neuer Hingucker neben der Gedächtniskirche

gesund und trotzdem lecker. Von Lesern auch sehr gelobt. Mo u. Mi–Fr 9–19 Uhr, Sa/So bis 17.30 Uhr, Di Ruhetag. Carmerstr. 10, Ⓢ Savignyplatz, ✆ 31179403, www.die-stulle.com.

The Barn im Café Kranzler 31, wo einst Hildegard Knef, Harald Juhnke und die „Wilmersdorfer Witwen" saßen, wird heute ganz lässige Kaffeekultur zelebriert, teils handgebrüht mit ausgewählten, selbst gerösteten Bohnen – wer da Milch in den Kaffee kippt, ist ein Banause! Dazu gibt's Zuckerwaffeln und Snacks. Im Sommer sitzt man gemütlich draußen unter der Jalousie der Rotunde. Mo–Sa 10–20 Uhr. Kurfürstendamm 18, Ⓤ Uhlandstraße, www.thebarn.de.

Café Hardenberg 5, ein Kaffeehaus wie aus dem Bilderbuch: Marmortischchen, rote Sitzbänke, abgetretener Parkettboden. Buntes Publikum. Frühstück und einfache Gerichte zu 7–11,50 €. Mo–Fr ab 9 Uhr, Sa/So ab 10 Uhr. Hardenbergstr. 10, Ⓤ Ernst-Reuter-Platz, ✆ 3122644, www.cafe-hardenberg.com.

Frau Behrens Torten 42, schön altmodisches Café mit Bistrotischchen, Kronleuchter und Piano (das am Wochenende auch gespielt wird). Wunderbare Kuchen und Torten, die in der offenen Backstube hinter der Vitrine gezaubert werden. Rund 2000 Eier werden pro Woche dafür verbraucht. Hübscher gärtnerisch gestalteter Außenbereich. Auch Frühstück und Mittagstisch. Tägl. 10–19 Uhr. Wilmersdorfer Str. 96–97, Ⓤ Adenauerplatz, ✆ 88912864, www.gugelhupf-berlin.de.

Gasthaus Lentz 22, was für ein schönes zweites Wohnzimmer! Mischung aus Kaffeehaus im Wiener Stil und Bierkneipe mit großer Schanktheke. Fröhlich-laut. Zu zivilen Preisen gibt es ordentliche deutsch-mediterrane Küche (Schnitzel, Buletten, Fischpfanne usw.). Tägl. 9–24 Uhr. Stuttgarter Platz 20, Ⓢ Charlottenburg o. Ⓤ Wilmersdorfer Straße, ✆ 3241619.

Berliner Kaffeerösterei 41, 150 Sorten bester Kaffee, leckere Trinkschokolade, Torten aus der hauseigenen Patisserie, Sandwiches, Quiches und Salate – serviert im Stil traditioneller Kaffeehäuser. Im Laden nebenan kann man den Röstmeistern bei der Arbeit zusehen. Mo–Sa 9–20 Uhr, So 10–19 Uhr. Uhlandstr. 173/174, Ⓤ Uhlandstraße, ✆ 88677920, www.berliner-kaffeeroesterei.de.

Schwarzes Café 23, Rund-um-die-Uhr-Location (Ausnahme: Di von 3–10 Uhr!). In der Vorwendezeit hatte das großräumige Kneipen-Café auf 2 Etagen einen legendären Ruf. Heute gemischtes Publikum aus illustrem Nachtvolk, Studenten und vielen Touristen. Sandwiches, Baguettes, gute Frühstücksangebote und ein paar Hauptgerichte zu 8–19 €. Kantstr. 148, Ⓢ Savignyplatz o. Ⓤ Uhlandstraße, ✆ 3138038, www.schwarzescafe-berlin.de.

Praktische Infos   123

Zwiebelfisch **12**, gemütliche, gewachsene Kneipe – ebenfalls ein Klassiker. Beliebt bei Leuten zwischen 40 und 60. Lange Theke, die Wände voller Ausstellungsplakate. Jazzmusik und Zeitungen. Günstige Tagesgerichte. Tägl. 12–6 Uhr. Savignyplatz 7, Ⓢ Savignyplatz, ✆ 3127363, www.zwiebelfisch-berlin.de.

Wirtshaus Wuppke **11**, einfache, holzvertäfelte Raucherkneipe, der nur das Eck fehlt, um zu den urigsten Berliner Eckkneipen zu gehören. Hier soll Heinz Werner Höber so manchen *Jerry-Cotton*-Roman geschrieben haben. Raucher. Tägl. 11–3 Uhr. Schlüterstr. 21, Ⓢ Savignyplatz, ✆ 31509217, www.wirtshauswuppke.de.

Cafeteria

Cafeteria Skyline **2**, im 20. Stock des Hochhauses der Technischen Universität – grandioser Rundblick auf halb Berlin, über den Tiergarten, zum Potsdamer Platz und zum Fernsehturm. Frühstück, Snacks und Mittagsgerichte zu 4,50–6,50 €. Mo–Fr 7.30–16 Uhr. Ernst-Reuter-Platz 7, Ⓤ Ernst-Reuter-Platz, www.stw.berlin.

Draußen

Schleusenkrug **3**, netter Biergarten direkt an der Tiergartenschleuse des Landwehrkanals. Frühstück, zeitgemäß-internationale Küche und Flammkuchen, Hg. 9,50–16 €. Gemütlicher Innenbereich für den Winter. Tägl. 11–24 Uhr, im Winter verkürzt. Müller-Breslau-Straße, Ⓢ Tiergarten, ✆ 3139909, www.schleusenkrug.de.

Shopping

Shoppingmall/Kaufhaus

Bikini Berlin **17**, die mit Abstand außergewöhnlichste Mall der Stadt. Neben Boutiquen Berliner Designer, Concept- und Flagship-Stores gibt es auf den 3 Etagen auch Pop-up-Stores (hippe Läden, die nur temporär existieren) und die sog. *Berlin Boxes*, Holzschachtel-Geschäfte, die schnell neu vermietet werden können. Tägl. (außer So) 10–20 Uhr. Am Breitscheidplatz, Budapester Str. 38–50, Ⓤ Kurfürstendamm, www.bikiniberlin.de.

KaDeWe, *das* Kaufhaus schlechthin, → S. 116.

Sneakers

Solebox **38**, der Multi-Label-Store ist eine Sneakerfan-Pilgerstätte. Limitierte Modelle, die sonst nur schwer zu bekommen sind. Neben den gängigen Marken auch Raritäten. Hingucker ist ein Industrieroboter hinter Glas, der Schuhmodelle ausgibt. Mo–Sa 11–20 Uhr.

Nürnberger Str. 16, Ⓤ Wittenbergplatz, www.solebox.com.

Wohnen

Stilwerk **15**, noble Möbelmall, 52 Einzelgeschäfte auf 5 Etagen – wohnst du noch oder residierst du schon? Tägl. (außer So) 10–19 Uhr. Kantstr. 17, Ⓢ+Ⓤ Zoologischer Garten, www.stilwerk.de.

Antiquitäten und Trödel

Eine Antiquitäten- und Trödelstraße ist die **Keithstraße**, wobei im südlichen Bereich eine Handvoll besserer Händler vertreten ist, die auch Ikonen und asiatische Raritäten anbieten, leider aber i. d. R. nur nach Voranmeldung öffnen. Ⓤ Wittenbergplatz.

Bücher

Bücherbogen **26**, Kunstbuchhandlung mit einem riesigen Sortiment an Bildbänden sowie Literatur zu Kunst, Architektur, Städtebau, Film und Mode. Mo–Fr 10–20 Uhr, Sa bis 19 Uhr. Stadtbahnbogen 593, Ⓢ Savignyplatz, www.buecherbogen.com.

Autorenbuchhandlung **25**, nahebei. Die unprätentiös-schlichte Buchhandlung, zu deren Begründern im Jahr 1976 u. a. Günter Grass gehörte, steht im Ruf, die bestsortierte literarische Buchhandlung Berlins zu sein. Mo–Fr 10.30–20 Uhr, Sa bis 19 Uhr. Else-Uhry-Bogen 599–600, Ⓢ Savignyplatz, www.autorenbuchhandlung.com.

Wochenmarkt

Wochenmarkt auf dem Karl-August-Platz, Mi und Sa von 8–14 Uhr. Netter, unprätentiöser Markt, es geht einmal im Karree um die Kirche. Mehrere Fleischer, ein toller Käsestand, Fischhändler, türkische Gemüsehändler, ein Wiener Holzofenbäcker und Streetfood, das sich auch noch die Bauarbeiter in der Mittagspause leisten können ... Ⓤ Wilmersdorfer Straße.

Sonstiges

Manufactum **4**, „Es gibt sie noch, die guten Dinge", so lautet das Motto des Versandhauses, das Wert auf qualitativ hochwertige, robuste Alltagsprodukte legt. Im Berliner Manufactum-Warenhaus, einem der schönsten 50er-Jahre-Bauten der Stadt, gibt es auf 2 Etagen Kosmetik, Kleidung, Werkzeug, Schreibwaren, Kleinmöbel u. v. m. Nebenan das **Manufactum brot & butter**, eine Mischung aus Feinkostladen und Bistro. Mo–Fr 10–20 Uhr, Sa bis 18 Uhr. Hardenbergstr. 4–5, Ⓤ Ernst-Reuter-Platz, www.manufaktum.de.

City West → Karte S. 110/111

Heimat der Herthaner
Tour 8

Ein großes Schloss, ein großer Park und ein paar hochkarätige Museen. Etwas weiter kann man der Messe und dem Olympiagelände einen Besuch abstatten.

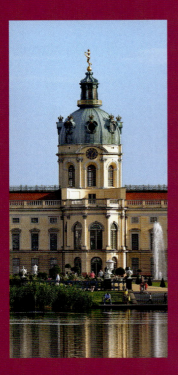

- Schloss Charlottenburg, ein Schloss, wie es Kinder malen, S. 124
- Museum Berggruen, Picasso, Klee und Matisse in ehemaliger Kaserne, S. 128
- Sammlung Scharf-Gerstenberg, surreale Welten, S. 129

Erbe von Königen und Kunstsammlern
Schloss Charlottenburg und Umgebung

Schloss Charlottenburg wurde einst im Grünen vor den Toren der Stadt erbaut. Anfangs hieß es Schloss Lietzenburg nach dem Dorf Lietzow nahebei. Rund drei Stunden war man damals per Kutsche vom Berliner Stadtschloss hierher unterwegs. Heute liegt das Schloss inmitten des gleichnamigen Stadtteils, der gen Osten Teil der City West ist (s. o.). Erst 1920 wurde Charlottenburg zu Berlin eingemeindet. Noch 1875 zählte die Residenzstadt um das Schloss gerade mal 25.000 Einwohner, 1910 waren es bereits 305.000. In der Umgebung des →Schlosses Charlottenburg und seines →Schlossparks gibt es hin und paar Schmankerl für Kunstfreunde: das →Museum Berggruen, die →Sammlung Scharf-Gerstenberg, das →Bröhan-Museum und die →Abgusssammlung antiker Plastik. Ende 2019 wird zudem das Käthe-Kollwitz-Museum (bis dahin in der City West, → S. 117) am Spandauer Damm 19 hinzukommen.

Publikumsmagneten sind zudem, obwohl sie mit Kunst und Kultur weniger am Hut haben, das weiter südlich gelegene →Messegelände samt Funkturm sowie das →Olympiagelände weiter im Westen.

Sehenswertes

Residenz der preußischen Monarchen
Schloss Charlottenburg

Die größte erhaltene Hohenzollernresidenz Berlins mit einer Front von 500 m Länge ging aus einem für die Kurfürstin und spätere Königin Sophie-Charlotte zwischen 1695 und 1699 erbauten Lustschlösschen hervor. Bereits ab 1701 wurde das Schloss durch den Architekten Eosander von Göthe umfangreich erweitert. 1705 nannte es Friedrich I. nach dem frühen Tod seiner Gattin „Charlottenburg" um, es wurde seine bevorzugte Nebenresidenz. Zuvor hatte der König nur nach Einladung Zutritt zum Schloss gehabt, die Ehe mit Sophie-Charlotte galt als nicht besonders glücklich. Insgesamt sieben Monarchengenerationen prägten das Schloss, zuletzt wohnte hier Kaiser Friedrich III. in seiner nur 99 Tage während en Regierungszeit im Jahr 1888. Nach dem Zweiten Weltkrieg wurde das zerstörte Schloss nach historischem Vorbild wiederaufgebaut.

Im **Alten Schloss**, wie der mit Tambour und Kuppel gekrönte Haupttrakt in der Mitte der Schlossanlage genannt wird, können die Besucher in die Zeit Sophie Charlottes und Friedrichs I. eintauchen. Highlights sind das imposante Porzellankabinett mit 2700 Porzellangefäßen, das Schlafgemach des Königs samt Marmorbad und die prunkvoll ausgestattete Kapelle.

Der Trakt, der gen Westen an das Alte Schloss anschließt, ist die **Große Orangerie**, wo u. a. Zitronen- und Pomeranzenbäume überwinterten, die den Barockgarten im Sommer zierten. Heute finden hier Veranstaltungen und Konzerte im höfischen Stil statt. Den Abschluss der Orangerie bildete einst das **Schlosstheater**.

Der Trakt gen Osten nennt sich **Neuer Flügel** und entstand unter Friedrich II., Architekten war Georg Wenzeslaus von Knobelsdorff. Als Höhepunkt des friderizianischen Rokoko gilt die dortige Goldene Galerie, ein 42 m langer, herrlicher Tanzsaal. Sehenswert sind auch die sog. Winterkammern, die für Friedrich Wilhelm II. (1744–1797) eingerichtet wurden. Der König verstarb jedoch noch vor deren Fertigstellung. Später machte es sich hier dessen Schwiegertochter Luise (1776–1810) gemütlich, die wohl populärste deutsche Königin überhaupt. Ihre Wohnräume wurden rekonstruiert, so das elegante Schlafzimmer mit stoffdrapierten Wänden, das nach einem Entwurf des damaligen Stararchitekten Karl Friedrich Schinkel entstand.

Spandauer Damm 20–24, Ⓢ Westend o. Ⓤ Richard-Wagner-Platz. Altes Schloss, April–Okt. tägl. (außer Mo) 10–17.30 Uhr, sonst bis 16.30 Uhr. 10 €, erm. 7 €. Neuer Flügel, gleiche Öffnungszeiten und Eintrittspreise. Tipp: Mit dem Tagesticket „Charlottenburg plus" (17 €, erm. 13 €) können Sie alle Sehenswürdigkeiten auf dem Schlossareal (inkl. Park) besuchen. www.spsg.de.

Eine grüne Oase in Charlottenburg

Schlosspark

Nördlich des Schlosses schließt der 55 ha große Schlosspark an, der aus einem wunderschönen Barockparterre im französischen Stil und einem naturnahen englischen Landschaftsgarten besteht. Er wird ausgiebig zum Spazierengehen, Joggen und Sonnenbaden genutzt – und damit das so bleibt, gibt es

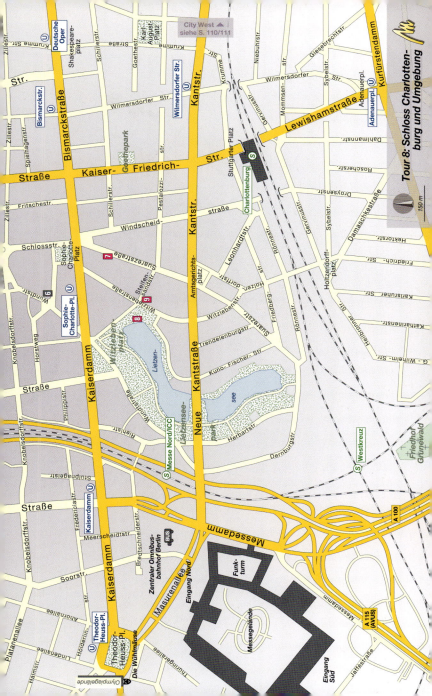

Tour 8: Schloss Charlottenburg und Umgebung

Schloss Charlottenburg: ein Muss für Schlösserfans

massive Proteste gegen die Erhebung eines Eintrittsgeldes.

Am Parkrand, direkt neben dem Neuen Flügel des Schlosses, steht der **Neue Pavillon**, den Karl Friedrich Schinkel 1824 als Sommerhaus für Friedrich Wilhelm III. errichtete. Darin wird heute Kunst aus der Schinkelzeit gezeigt. Inmitten des Parks liegt das klassizistische **Mausoleum** aus dem Jahr 1810. Friedrich Wilhelm III. ließ es nach dem plötzlichen Tod seiner Gemahlin Luise errichten. Neben ihrem Marmorsarkophag ruht er selbst. Ihnen leisten Kaiser Wilhelm I. (1797–1888) und Gattin Augusta Gesellschaft. Im Nordosten des Schlossparks kann man noch das **Belvedere** besichtigen, ein dreigeschossiges Gebäude, das 1788 als Teehaus und Aussichtspavillon errichtet wurde. Heute präsentiert man darin eine umfangreiche Sammlung Berliner Porzellans.

Adresse und Anfahrt → Schloss Charlottenburg. **Schlosspark**, tagsüber frei zugänglich, nachts geschl. **Neuer Pavillon**, April–Okt. tägl. (außer Mo) 10–17.30 Uhr, sonst tägl. (außer Mo) 12–16 Uhr. 4 €, erm. 3 €. **Mausoleum**, nur April–Okt. tägl. (außer Mo) 10–17.30 Uhr. 3 €, erm. 2 €. **Belvedere**, Öffnungszeiten wie Mausoleum. 4 €, erm. 3 €. www.spsg.de.

Picasso & Co.
Museum Berggruen

Direkt gegenüber dem Schloss fallen zwei gleichartige neoklassizistische Gebäude mit weithin sichtbaren Rundtempeln auf den Dächern ins Auge. Sie wurden 1851–1859 von August Stüler als Kasernen für die königliche Leibwache errichtet. Im westlichen der sog. Stülerbauten ist heute die Ausstellung „Picasso und seine Zeit" mit mehr als 120 Werken des spanischen Malers aus allen Perioden zu besichtigen. Bei den Werken handelt es sich quasi um Schenkungen der Berggruens an die *Stiftung Preußischer Kulturbesitz*. Der Berliner Jude Heinz Berggruen (1914–2007) emigrierte 1936 in die USA und arbeitete ab 1947 als erfolgreicher Kunsthändler in Paris, zu seinen

Freunden zählte u. a. Pablo Picasso. Das angeschlossene Kommandantenhaus beherbergt vorwiegend Werke von Paul Klee, Henri Matisse, Alberto Giacometti und Paul Cézanne.

Schloßstr. 1, ⓢ Westend o. Ⓤ Richard-Wagner-Platz. Di–Fr 10–18 Uhr, Sa/So ab 11 Uhr. 10 €, erm. die Hälfte. Das Ticket gilt auch für die Sammlung Scharf-Gerstenberg. www.smb. museum.

Surrealismus zwischen antiken Säulen
Sammlung Scharf-Gerstenberg

Im östlichen Stülerbau wartet die Ausstellung „Surreale Welten" auf Kunstfreunde. Gezeigt werden rund 300 Werke des Surrealismus und seiner Vorläufer aus der Kollektion des Kunstsammlers Dieter Scharf (gest. 2001). Darunter sind Werke von Salvador Dalí, René Magritte, Pablo Picasso, Max Klinger und Victor Hugo (der geniale Romancier konnte auch gut zeichnen). Das imposante Tempeltor von Kalabscha (20 v. Chr.) am Eingang zum angeschlossenen ehemaligen Marstall stammt noch aus der Zeit, als das Gebäude das Ägyptische Museum beherbergte (bis 2005). Das Tor wurde 1963 vor der Flutung des Assuan-Staudamms demontiert. Nach Abschluss der Umbauarbeiten am Pergamonmuseum (→ S. 54) wird es dorthin verlegt werden. Das Gleiche gilt für die Säulen aus dem Totentempel der Sahurê (um 2450 v. Chr.), die derzeit noch das hauseigene Kino schmücken – eine wahrlich surreale Atmosphäre.

Schloßstr. 70, ⓢ Westend o. Ⓤ Richard-Wagner-Platz. Di–Fr 10–18 Uhr, Sa/So ab 11 Uhr. 10 €, erm. die Hälfte. Das Ticket gilt auch für das Museum Berggruen. www.smb.museum.

Jugendstil, Art déco und Funktionalismus
Bröhan-Museum

Es ist nach seinem Gründer Karl H. Bröhan (1921–2000) benannt. Hier dreht sich alles um die Zeit zwischen 1889 und 1939: Jugendstil, Art déco und Funktionalismus (der allerdings etwas zu kurz kommt). Präsentiert wird Kunsthandwerk (Möbel, Silber-, Porzellan- und Glasarbeiten), aber auch Bildende Kunst. Außerdem finden regelmäßig Wechselausstellungen statt.

Schloßstr. 1 a, ⓢ Westend o. Ⓤ Richard-Wagner-Platz. Tägl. (außer Mo) 10–18 Uhr. 8 €, erm. 5 €. www.broehan-museum.de.

Gipsskulpturen
Abgusssammlung antiker Plastik

Diese Sammlung von rund 2000 Gipsabgüssen griechischer und römischer Skulpturen dient in erster Linie der Forschung und Lehre, doch auch Zaungäste sind willkommen. Um die Originale zu sehen, müsste man Museen in ganz Europa abklappern. Wer etwas kaufen will, geht in die Gipsformerei (→ Shopping).

Schloßstr. 69 b, ⓢ Westend o. Ⓤ Richard-Wagner-Platz. Nur Do–So 14–17 Uhr. Eintritt frei. www.abguss-sammlung-berlin.de.

Mit dem Aufzug in den Berliner Himmel
Messe und Funkturm

Die Messe Berlin – Schauplatz der *Grünen Woche*, der *ITB*, der *IFA* u. v. m. (→ Veranstaltungen) – ist ein riesiges Areal mit 160.000 m² Hallenfläche, verteilt auf 26 Messehallen. Dazwischen ragt der **Funkturm** in den Himmel, eine 138 m hohe, filigrane Stahlkonstruktion, die zwischen 1924 und 1926 anlässlich der 3. Deutschen Funkausstellung errichtet wurde. Das Turmrestaurant in luftiger Höhe ist ein Tipp für den besonderen Lunch (Hg. 16,50–25,50 €) oder das besondere Dinner (Themenbüfetts, ab 29,50 €/Pers.). Zur noch weiter oben gelegenen Aussichtsplattform auf 125 m Höhe bringt Sie ein gläserner Aufzug in atemberaubend schnellen 34 Sekunden. Von dort hat

130 Tour 8: Schloss Charlottenburg und Umgebung

man nicht nur eine tolle Aussicht über den grünen Westen Berlins, sondern auch auf das silberne ICC-Gebäude, das **Internationale Congress Centrum**. Es stammt aus den 1970ern, ist asbestverseucht und seit 2014 geschlossen. Bis 2017 diente es als Flüchtlingsunterkunft, ab 2019 soll es saniert werden.

Messedamm 22 (Zugang zum Funkturm von der Masurenallee/Ecke Messedamm), Ⓢ Messe Nord/ICC o. Ⓤ Kaiserdamm. **Funkturm**, Aussichtsplattform, Di–Fr 14–22 Uhr, Sa/So 11–22 Uhr, Mo geschl. Restaurant (✆ 30382900), Di–Fr 18–23 Uhr, Sa/So ab 11.30 Uhr. Aussichtsplattform 5 €, erm. 3 €, nur Restaurant 3 €, erm. 2 €. www.funkturm-messeberlin.de.

Nicht nur für Hertha-Fans von Interesse

Olympiagelände und Umgebung

Das Olympiagelände (ehemals Reichssportfeld) entstand 1934–1936 nach dem Entwurf des Berliner Architekten Werner March. Neben dem **Olympiastadion** umfasst das 132 ha große Areal u. a. ein Hockey-, ein Reit- und ein Schwimmstadion sowie die Waldbühne (→ S. 249). Für die Fußball-WM 2006 wurde das Olympiastadion, zugleich die *Hertha*-Heimstätte mit Platz für 74.244 Zuschauer, vom Architekturbüro *Gerkan, Marg und Partner* aufwendig modernisiert. Auch außerhalb der Spielzeiten ist das Gelände für Besucher geöffnet. Den besten Blick auf das Olympiastadion genießt man vom 76 m

hohen **Glockenturm** ganz im Westen des Geländes am *Maifeld*, das für Massenveranstaltungen konzipiert wurde (Ausgang Waldbühne nehmen, dann ausgeschildert). Im Tribünengebäude unter dem Turm informiert eine Ausstellung über die Historie des Ortes. Zudem befindet sich darin die *Langemarck-Halle*, die der im Ersten Weltkrieg gefallenen deutschen Jugend gewidmet war.

Nur wenige Fußminuten südlich des Olympiageländes (und von diesem zu sehen) steht das **Corbusierhaus**, eine „Wohnmaschine" von Le Corbusier aus dem Jahr 1958: 530 Parteien auf 17 Etagen. Im Foyer gibt es architekturbezogene Wechselausstellungen. Ein Blick in eine Musterwohnung ist nur zu besonderen Gelegenheiten wie zum „Tag des offenen Denkmals" möglich. Für Gruppen werden nach Anmeldung (Informationen auf der Webseite, s. u.) jedoch Führungen angeboten – wer nachfragt, kann sich eventuell einer Gruppe anschließen.

Olympiastadion, Besucherzentrum Osttor, Ⓢ+Ⓤ Olympiastadion. Olympiastadion April–Okt. 9–19 Uhr, im Winter 10–16 Uhr. Glockenturm April–Okt. tägl. 9–18 Uhr, www.glockenturm.de. Termine für Führungen (11–13 €) unter www.olympiastadion-berlin.de. Besichtigung Olympiastadion ohne Führung 8 €, erm. 5,50 €, Glockenturm 5 €, erm. 3 €.

Corbusierhaus, Flatowallee 6, Ⓢ Olympiastadion. Tägl. 10–18 Uhr. www.corbusierhaus-berlin.org.

Praktische Infos

→ Karte S. 126/127

Essen & Trinken

Restaurants

🔪 Engelbecken **9**, karg-schlichtes, sehr sympathisches Restaurant mit allerbester alpenländischer Küche. Hervorragender Krustenbraten, fluffige Knödel, aber auch feine vegetarische Gerichte (Hg. 14–24 €). Dazu passt fränkisches

Landbier vom Fass. Fleisch fast ausschließlich in Bioqualität. Reservierung empfohlen. Lässiger (Reservierung nicht möglich!) und günstiger (Brotzeiten und ein paar Hauptgerichte) geht es nebenan in der angeschlossenen **Schankwirtschaft** zu – ebenfalls sehr empfehlenswert. Engelbecken Speisewirtschaft Mo–Fr 17–1 Uhr, Sa ab 16 Uhr, So ab 12 Uhr, Schankwirtschaft

Praktische Infos   131

nur Mo–Fr 17–23 Uhr. Witzlebenstr. 31, Ⓤ Sophie-Charlotte-Platz, ✆ 6152810, www.engelbecken.de.

Stella Alpina 7, ein fröhlich-lauter, gemütlicher Nachbarschaftsitaliener (norditalienische Küche) mit gar nicht so geringer Promidichte. Hierher kommt man auf einen Teller *Penne Puttanesca* oder *Spaghetti Vongole* genauso wie zum feinen Mehrgänge-Menü. Alles von allerbester Qualität! Spezialität: *Pappardelle al Tartuffo*, die im Parmesanrad geschwenkt werden. Fair kalkulierter Hauswein. Würde der Laden bei uns ums Eck liegen, wären wir ständig dort. Hg. 10,50–32 €. Tägl. ab 17 Uhr. Suarezstr. 4, Ⓤ Sophie-Charlotte-Platz, ✆ 3222805, www.stellaalpina.de.

Opera Italiana 2, Buongiorno! Nochmals Italiener, dieses Mal in unmittelbarer Nähe zum Charlottenburger Schloss. Der eine oder andere Tourist kann vorkommen, dennoch immer noch very Charlottenburg und sehr authentisch. Flinke Kellner mit kiloweise Gel in den Haaren bringen riesige Pizzen mit hauchdünnem Teig. Aber auch alle anderen Gerichte können sich sehen lassen, und die Preise passen. Innen eine mittelgroße Geschmacksverirrung, außen nette Terrasse. Spandauer Damm 5, Ⓤ Richard-Wagner-Platz, ✆ 34703626, www.opera-italiana.com.

/meinTipp **Wilhelm Hoeck 5**, deftige Küche im absolut urigen Ambiente einer Likörwein-Probierstube von 1892 – ein Überbleibsel alter Berliner Gasthauskultur. Und das Beste (oder das Schlimmste): Es darf geraucht werden! Für Nichtraucher gibt es einen Nebenraum mit offener Küche. Eisbein, Königsberger Klopse oder Schnitzel zu 8,50–15,50 €. Megaportionen, aber keine Gourmetambitionen. Viel älteres Publikum, das oft nur auf ein Bier hereinschaut. Tägl. 11–1 Uhr. Wilmersdorfer Str. 149, Ⓤ Bismarckstraße o. Richard-Wagner-Platz, ✆ 34509848, www.wilhelm-hoeck.de.

Wendel 3, geht in die gleiche Richtung, ist aber nicht ganz so urig – trotz Altherren-Kartenrunde am Nebentisch. Ein Berliner Original mit mehr als 100-jähriger Geschichte. Schon viele Prominente (Curd Jürgens, Paul Lincke, Martin Benrath) gingen hier ein und aus, doch das ist schon ein Weilchen her. Solide Hausmannskost zwischen Roulade, Schnitzel, Steaks und Wurstsalat – Vegetarier gehen besser woandershin. Hg. 10–23 €. Tägl. (außer So) 16–24 Uhr. Richard-Wagner-Str. 57, Ⓤ Richard-Wagner-Platz, ✆ 3416784.

Kneipe

Kastanie 4, bereits seit 1973 gibt es diesen Kneipenklassiker – nur 650 m vom Schloss Charlottenburg entfernt und dennoch fast touristenfrei. Innen karg-hell, draußen ein hübscher, weiß bestuhlter Biergarten unter – richtig! – Kastanien. Mittelalte bis alte Kiezbewohner treffen sich hier zum Frühstück, zum Essen (günstige deutsch-internationale Küche) oder einfach nur auf ein Bier. Tägl. 10–1 Uhr. Schloßstr. 22, Ⓤ Sophie-Charlotte-Platz, ✆ 3215034, www.kastanie-berlin.de.

Draußen

Bootshaus Stella am Lietzensee 8, ein Stück Stadtidylle. Holzhaus mit Terrasse direkt am See. Kuchen, Pizza, Würste, Frühstück. Selbstbedienung. April tägl. 11–20 Uhr, Mai-Okt. tägl. 10–23 Uhr, Nov. und Feb./März Sa/So 11–18 Uhr, Dez./Jan. geschl. Witzlebenplatz, Ⓤ Sophie-Charlotte-Platz, www.bootshausam lietzensee.de.

Shopping

Skulpturen

Gipsformerei, die Gipsformerei der Staatlichen Museen zu Berlin fertigt erschwingliche Gipsrepliken historischer Skulpturen, Statuen und Statuetten an, die im Original in Berliner und europäischen Museen zu bewundern sind. Von der klassischen Antike bis zum 20. Jh. ist alles dabei. Mo–Fr 9–16 Uhr, Mi bis 18 Uhr. Jeden 1. u. 3. Mi um 10 oder 16 Uhr Führungen durch die Werkstätten (4 €, Infos und Reservierung unter www.smb.museum). Sophie-Charlotten-Str. 17/18, Ⓢ Westend.

Antiquitäten

Eine Antiquitäten- und Trödelstraße ist die **Suarezstraße** zwischen Kant- und Bismarckstraße, wo sich Laden an Laden reiht und es edle Stücke aller Stilepochen gibt. Ⓤ Sophie-Charlotte-Platz.

Schallplatten

Platten Pedro 1, wer auf der Suche nach Raritäten ist, für den lohnt es sich, hierher zu fahren. Platten Pedro (seit 50 Jahren im Geschäft!) treibt jede Rarität auf – was er nicht selbst hat, hat zumindest ein Bekannter oder ein Bekannter eines Bekannten ... Keine CDs. Mo–Fr 10.07–16.53 Uhr, Sa 10–13 Uhr. Tegeler Weg 102, Charlottenburg, Ⓤ Mierendorffplatz, www.platten-pedro.de.

Durch den Mutti-Kiez
Tour 9

Über kaum einen Berliner Stadtteil zerreißen sich die Medien so das Maul wie über Prenzlauer Berg, eines der schönsten Gründerzeitviertel der Stadt.

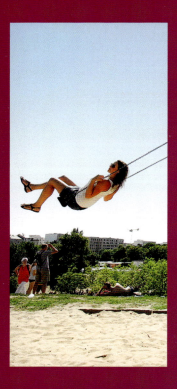

- **Kastanienallee,** shoppen und Leute gucken, S. 136
- **Konnopke's Imbiß,** eine Institution in Sachen Currywurst, S. 143
- **Kollwitzplatz,** Herz des Stadtteils, S. 137

Schöne heile Welt
Prenzlauer Berg

„Bionade-Biedermeier", „Pregnancy Hill", „Latte-Macchiatisierung", „Gutmenschenbiotop", „Mutti-Spießertum" – Lifestyle-Journalisten aus ganz Deutschland schmücken ihre Beschreibungen zu Prenzlauer Berg in den letzten Jahren mit immer gewagteren Wortschöpfungen. Und das Stadtmagazin Zitty prüfte gar schon die gängigen Klischees über die hiesigen Familien mit der Überschrift „Anatomie eines Feindbildes".

Der Stadtteil hat im Laufe seiner Existenz erstaunliche Wandlungen durchlebt. Aus dem traditionellen Arbeiterviertel wurde zu DDR-Zeiten ein Rückzugsort der Unangepassten und Bürgerrechtler, die in verfallenen Altbauten, oft ohne Bad und nur mit Außentoilette, lebten, liebten und debattierten. Zu ihnen gesellten sich nach der Wende – ähnlich wie in Friedrichshain – all jene, die die Abenteuer der Jugend suchten, außerdem die nachts aktive und tags verkaterte Boheme. Sie ließen sich in den maroden Altbauwohnungen nieder – mit oder ohne Mietvertrag. Es war eine aufregende Zeit, improvisierte Kneipen eröffneten an allen möglichen und unmöglichen Orten, manche nur über Dächer oder Kellerlöcher erreichbar, weil der eigentliche Hauseingang zugemauert war.

Das alles ist passé. Der Gentrifizierungshammer hat in „Prenzlberg" so zugeschlagen wie nirgendwo sonst in der Stadt. Die meisten Straßenzüge des im Krieg von Bomben weitestgehend verschonten Stadtteils wurden saniert und aufpoliert. Steigende Mieten führten zu einem fast kompletten Austausch der Bevölkerung. Die wenigen verbliebenen Altbewohner haben heute Nachbarn, die man stereotyp so skizzieren kann: Akademiker, zwischen 40 und 50, politisch korrekt, hip-teuer gekleidet, Kind im Designerbuggy. „Wir sind ein Volk! Und ihr seid ein anderes" wurde schon gegen die Zugezogenen plakatiert. „Stuttgart-Sindelfingen: 600 Kilometer. Ostberlin wünscht gute Heimfahrt": Solche Shirt-aufdrucke waren kein Witz! Vor allem in den Schwaben sehen viele Ossi-Urgesteine die westdeutsch-spießbürgerliche Vereinnahmung des Stadtteils personifiziert. Dass tatsächlich aber mehr Sachsen oder Niedersachsen in Prenzlauer Berg leben, interessiert dabei nicht.

Gewiss, Prenzlauer Berg ist immer ruhiger, schicker und braver geworden. Man entspannt mit Yoga und gönnt dem Vierbeiner Biohundekekse. Aber hausbacken? Sicher nicht. Prenzlauer Berg ist, v. a. rund um den Kollwitz-platz, den Helmholtzplatz und entlang der Kastanienallee, in erster Linie charmant. Hier lehnt man sich zurück in Cafés und Bars mit fantasievollen Namen, geht shoppen in Lädchen junger Berliner Designer und besucht Restaurants mit außergewöhnlichen kulinarischen Konzepten. Eines aber fehlt dem am dichtesten besiedelten Viertel Berlins: schöne Grünflächen.

Tour-Info **Länge** 6 km, **Dauer** ohne Besichtigungen und Abstecher ca. 2:30 Std., **Karte** S. 134/135.

Spaziergang

Der Rundgang durch Prenzlauer Berg beginnt und endet am **Senefelderplatz** (U-Bahnhof, Ausgang Schwedter Straße), benannt nach Alois Senefelder (1771–1834), dem Erfinder der Lithografie. Dort, an der Schönhauser Allee bergab, kann man ein typisches grünes **Café Achteck** begutachten, Männer auch von innen. Unter „Café Achteck" versteht man in Berlin nämlich kein Kaffeehaus, sondern ein historisches gusseisernes Pissoir mit oktogonalem Grundriss. In der Achteck-Blütezeit im frühen 20. Jh. gab es rund 140 davon in der Stadt, 25 sind geblieben. Sieben Pinkler können darin bequem nebeneinander stehen. Nur wenige „Cafés" besitzen auch ein Damenabteil.

Spaziert man auf der anderen Straßenseite die Schönhauser Allee bergab, steht man schon gleich vor einem Torbogen, dem Zugang zur einstigen **Brauerei Pfefferberg** (rechter Hand, Hnr. 176) aus der Mitte des 19. Jh. Steigen Sie die Stufen hinauf – heute wird in den Klinkerbauten Kunst, Kultur und Gastronomie geboten, im Biergarten der **Brauerei Pfefferbräu** lässt sich eine nette erste Pause einlegen. Spannendes zu Architektur und Stadtentwicklung erfährt man in der Galerie **AEDES** (Di–Fr 11–18.30 Uhr, Sa/So 13–17 Uhr; Eintritt frei, www.aedes-arc.de) und im **Museum der Tchoban Foundation** (Mo–Fr 14–19 Uhr, Sa/So 13–17 Uhr; 5 €, erm. 3 €, www.tchoban-foundation.de). Übrigens haben auf dem Gelände die Starkünstler Ai Weiwei und Olafur Eliasson ihre Ateliers.

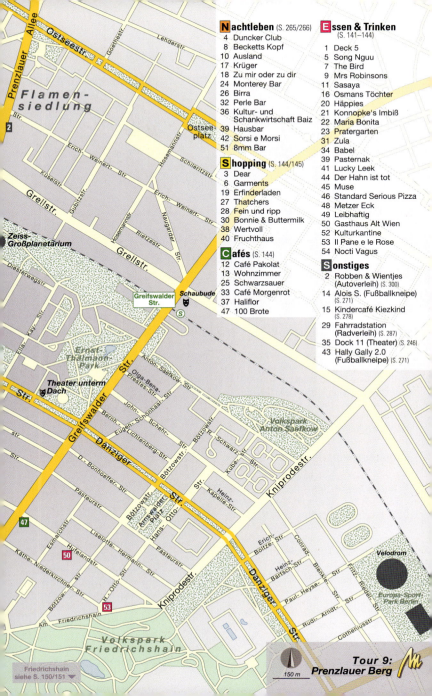

Coole Schnitte für wenig Geld: Haare lassen in der Stargarder Str. 76

Auf der anderen Seite des Brauereiareals (nehmen Sie den Weg am Hostel vorbei) gelangt man zum **Teutoburger Platz**, der im Volksmund einfach „Teute" genannt wird. Weiter geht es entlang der Zionskirchstraße, die – über die Kastanienallee hinweg – direkt zum **Zionskirchplatz** führt, den die gleichnamige 1866 erbaute Kirche dominiert. Drum herum eine Reihe netter Cafés (ohne Achteck).

Kastanienallee

Die kunterbunte **Kastanienallee** ist alles andere als ein Prachtboulevard, dennoch Prenzlbergs berühmteste Straße, auch wenn der Hype längst vorüber ist. Passende Plätze fürs Peoplewatching beim Nachmittagsfrühstück gibt es – vielleicht läuft ja Heike Makatsch vorbei. Zudem trendige Schnickschnackläden für kleine Statussymbole, aber auch coole Fahrräder für lässige 3000 €. Fast absurd dagegen der Spruch an Hausnummer 86: „Kapitalismus normiert zerstört tötet". Er stammt noch aus der Zeit, als Prenzlauer Berg vornehmlich Heimat alternativer Visionäre war.

Die Oderberger Straße mit ihren vielen unkonventionell-originellen Läden und Cafés kreuzt die Kastanienallee. Nach links führt sie zum **Mauerpark** (→ Sehenswertes abseits des Spaziergangs), wo sonntags ein Flohmarkt stattfindet – ein netter Abstecher.

Vorbei am beliebten Biergarten **Pratergarten** erreicht man die Schönhauser Allee. Dort steht, direkt unter den Hochbahngleisen, **Konnopke's Imbiß**, eine Institution in Sachen Currywurst (→ Essen & Trinken).

LSD-Viertel

Nachdem man den **Hochbahnhof Eberswalder Straße** unterquert hat, geht es nun parallel zur Hochbahn bis zur Stargarder Straße und auf dieser hinein ins sog. **LSD-Viertel**. „LSD" hat in diesem Fall nichts mit Drogen zu tun, sondern bezeichnet die Gegend um **L**ychener, **S**chliemann- und **D**unckerstraße. Aufpolierte Altbauten und z. T. holprige Pflasterstraßen prägen das Viertel.

Gleich zu Beginn kommt man an der **Gethsemanekirche** vorbei, ein gotisierender Klinkerbau aus dem Jahr 1893. Sie entstand nach Plänen August Orths, einem Schüler August Stülers. In der Vorwendezeit nutzten Oppositionelle die Kirche als Plattform, eine kleine Ausstellung erinnert daran (leider oft geschlossen). Dahinter passiert man die **Eispatisserie Hokey Pokey** mit fast schon verboten gutem Eis: Tonkabohne mit Macadamia, Gurke-Gin-Tonic, Apfel-Basilikum, Passionsfruchtsorbet ... In die Schlagzeilen geriet die Eisdiele, als es wegen langer Schlangen vor der Tür Anwohnerproteste hagelte. Hokey Pokey versuchte den Zustrom der Schleckermäuler durch Preiserhöhung (Kugel 1,80 €!) einzuschränken – vergeblich.

Die Lychener Straße (hier rechts einbiegen) tangiert den **Helmholtzplatz**, ein begrüntes Karree mit Spielplatz, Kindercafé und meist ein paar Suffköpfen, die die Parkbänke belegen – ein Unding für dieses Viertel. Nächstes Ziel ist die **KulturBrauerei**. Das zum Ende des 19. Jh. entstandene denkmalgeschützte, monumentale Backsteinensemble der einstigen Schultheiss-Brauerei nimmt ein ganzes Straßengeviert ein. Mit der Bierproduktion war hier schon 1967 Schluss. Heute saniert, dient das Areal der Kunst, der Kultur und dem Gewerbe – mehrere Clubs, Restaurants und Kinos sorgen für stetigen Zulauf. Sonntags findet auf dem Areal von 12–18 Uhr ein Street-Food-Markt statt. Zudem führt das → **Museum in der Kulturbrauerei** in den „Alltag in der DDR" ein. Spazieren Sie in Ruhe über das Gelände – rein geht es von der Knaackstraße, heraus kommt man an der Sredzkistraße (dort links halten).

Kollwitzkiez

Von der Sredzkistraße sind es nur ein paar Katzensprünge zur **Husemannstraße** (rechts ab), einer Bilderbuchstraße mit nostalgischen Straßenschildern, historischen Wasserpumpen und stuckverzierten Häusern samt schmiedeeisernen Balkonen. Zur 750-Jahr-Feier Berlins (1987) wurde die Straße in ein Freilichtmuseum verwandelt, mit putzigen Handwerkerstuben, einem Museum, das ins Arbeiterleben um 1900 entführte, sowie mit Läden und Gaststätten im Stil jener Zeit. Die obersten Genossen führten hier gerne Staatsgäste herum. Nichts davon hat die Zeiten überlebt: Heute ist die Husemannstraße in erster Linie eine schmucke Wohnstraße mit saftigen Mieten.

Die Husemannstraße führt direkt auf den grünen, dreieckigen **Kollwitzplatz** zu – besonders nett zur samstäglichen Wochenmarkt-Kiezparade. Dass der Platz sich heute so charmant präsentiert, ist der Wende zu verdanken. Sie kam zu schnell für die DDR-Städteplaner, die hier die maroden Altbauten durch Platte ersetzen wollten. Benannt ist der Platz nach der Künstlerin und einstigen Anwohnerin Käthe Kollwitz (1867–1945, → S. 117). Noch heute wohnen hier Leute, deren Namen einmal Plätze schmücken könnten, z. B. Wolfgang Thierse.

Über die Wörther Straße geht's weiter. Werfen Sie dort einen Blick in **Klemmi's Flickschneiderei** (Hnr. 31), eine herrliche Mischung aus Schneiderladen und verstaubtem Museum rund ums Handarbeiten.

Im Kollwitzkiez

Die **Rykestraße** punktet mit etlichen schönen Boutiquen, die die hiesige Kaufkraft widerspiegeln. Vor Hausnummer 53 steht i. d. R. ein Polizist – in dem neoromanischen Backsteinbau befindet sich eine *Jeschiwa*, eine Lehreinrichtung für jüdische Talmud- und Thorastudenten. Die **Synagoge** im Hof nebenan stammt aus dem Jahr 1903. 1200 Gläubigen bietet sie Platz (für die Öffentlichkeit leider nicht zugänglich). Den Krieg überstand sie als Pferdestall der SA-Truppen.

Nur ein paar Schritte weiter steht das Wahrzeichen von Prenzlauer Berg, der „Dicke Hermann". Der 30 m hohe backsteinerne **Wasserturm** wurde 1877 errichtet. Zusammen mit dem schlanken Steigrohrturm und zwei unterirdischen Wasserspeichern versorgte er einst den gesamten Nordosten Berlins mit Wasser. 1933 richteten die Nazis im heute nicht mehr existenten Maschinenhaus ein Konzentrationslager ein. 1952 wurde die gesamte Anlage stillgelegt. Die ehemaligen Werkswohnungen im Turm (tortenstückförmige Zimmer!) sind begehrt. Die Reservoirs werden zuweilen für kulturelle Veranstaltungen genutzt – tolle Atmosphäre.

Über die Knaackstraße, die Wörther Straße und die Schönhauser Allee gelangt man zurück zum Senefelderplatz. An der Schönhauser Allee passiert man dabei den Eingang zum → **Jüdischen Friedhof**.

Sehenswertes

DDR-Alltag
Museum in der Kulturbrauerei

Hier präsentiert die staatliche Stiftung *Haus der Geschichte* die Ausstellung „Alltag in der DDR". Widersprüche zwischen planwirtschaftlicher DDR-Wirklichkeit und Gründungsmythen bzw. Bedürfnissen und Wünschen der Bevölkerung werden hier anschaulich aufgezeigt. Man erfährt, was Bückware, Delikat-Läden und Kaffee-Mix waren, was auf DDR-Speisekarten

In der Kulturbrauerei

Installation am Bezirksamt Pankow

stand und was sich in Westpaketen verbarg.

Knaackstr. 97, Ⓤ Eberswalder Straße. Tägl. (außer Mo) 10–18 Uhr, Do bis 20 Uhr. Eintritt frei. www.hdg.de.

Wo Max Liebermann begraben ist
Jüdischer Friedhof mit Lapidarium

Der 1829 eröffnete Friedhof mit rund 23.000 Gräbern ist heute ein entrückt-melancholischer Ort – viele Grabsteine sind umgefallen oder efeuüberrankt. Die prominentesten Gräber sind die des Malers Max Liebermann (gest. 1935) und des Verlegers Leopold Ullstein (gest. 1899). Sie liegen nahe beieinander ganz im Osten der Anlage. Im angeschlossenen Lapidarium sind Grabsteine aufbewahrt, deren ursprünglicher Standort nicht mehr rekonstruierbar ist.

Schönhauser Allee, Ⓤ Senefelderplatz. Mo–Do 8–16 Uhr, Fr 8–13 Uhr. Männer müssen eine Kopfbedeckung tragen, die man am Eingang im Lapidarium erhält. www.jg-berlin.org.

Sehenswertes abseits des Spaziergangs

Unterm Sternenhimmel
Zeiss-Großplanetarium

Das 1987 eröffnete Sternetheater in einer riesigen silbernen Dreiviertelkugel wurde jüngst aufwendig modernisiert und zählt heute zu den modernsten Wissenschaftstheatern Europas. Tausende Sterne funkeln am künstlichen 3D-Universumshimmel. Neben unterschiedlichen Streifzügen durch die Astronomie stehen auch Hörspiele, Theater u. v. m. auf dem Programm.

Prenzlauer Allee 80, Ⓢ Prenzlauer Allee. Veranstaltungsprogramm auf www.planetarium. berlin. Eintritt je nach Event variabel.

> Vom Zeiss-Großplanetarium sind es nur ein paar Schritte zum **Bezirksamt Pankow** (Eingang Prenzlauer Allee 70). Im Keller des sog. Hauses 3 richtete der sowjetische Geheimdienst NKWD 1945 eine Haft- und Verhörstätte ein, die 1950 an die Stasi übergeben wurde. Auf einem schwarzen das Haus umspannenden Band stehen heute Fragen wie „Wer verschwand im Keller?" oder „Wer schloss die eiserne Tür?" – eine Installation von Karla Sachse.

Erinnerung an den Mauerfall
Platz des 9. November

Auf das Codewort „Wir fluten jetzt" traten am 9. November 1989 am Grenzübergang Bornholmer Straße gegen 23.30 Uhr die DDR-Grenzsoldaten zur Seite und ließen die Ostberliner ungehindert in den Westen. Eine kleine Gedenkstätte in der Nachbarschaft des einstigen Grenzübergangs erinnert an jenen Tag. Da auch noch 155 m der alten hinteren Sperrmauer erhalten sind, kann man sich die ehemalige Teilung der Stadt hier besonders gut vorstellen. Der Übergang Bornholmer Straße war einer der insgesamt sieben innerstädtischen Grenzübergänge. Vom Platz des 9. November bietet sich eine Radtour entlang des Mauerradwegs an, mehr dazu auf S. 287.

Ⓢ Bornholmer Straße.

Graffiti, Flohmarkt und Karaoke
Mauerpark

Die längliche Wiese am ehemaligen Mauerverlauf zwischen Prenzlauer Berg und Wedding zieht sich von der Bernauer bzw. Eberswalder Straße für rund 1 km nach Norden. Sie ist – obwohl mittlerweile ziemlich abgerockt und zuweilen recht vermüllt – ein beliebter Treffpunkt im Sommer, man grillt, trommelt und jongliert oder trinkt einfach nur ein Bierchen am bunt bemalten Amphitheater. Dort gibt es von April bis Oktober zudem sonntags ab 15 Uhr Karaoke, um die 1000 Zuschauer wohnen dem Spaß oft bei. An einem Teilstück der ehemaligen hinteren Sperrmauer toben sich die Sprayer aus. Im Norden des Mauerparks wird ein neues Stadtviertel hochgezogen. Für den Flohmarkt am Mauerpark → Shopping.

Zugang u. a. von der Bernauer Str., Ⓤ Bernauer Straße. www.mauerpark.info.

Gedenkstätte am Platz des 9. November

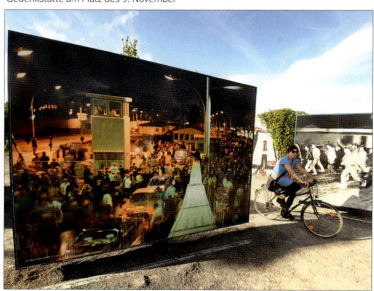

Praktische Infos

→ Karte S. 134/135

Essen & Trinken

Restaurants

Nocti Vagus 54, ein Erlebnis! Hier isst man in vollkommener Dunkelheit, bedient von Blinden. Zur Auswahl stehen 4 Menüs: vegetarisch, Fleisch, Fisch oder die „Überraschung". Letzteres sorgt tatsächlich für Überraschung – die Sinne fahren Karussell, und man hält Kalbfleisch für Geflügel und Zucchini für Schwarzwurzel … *Dinner in the Dark* ohne Programm (4 Gänge) 49 €, mit Programm 69 €. Saarbrücker Str. 36–38, Ⓤ Senefelderplatz oder Rosa-Luxemburg-Platz, ✆ 74749123, www.nocti vagus.com.

Lucky Leek 41, vegane Küche auf Gourmetniveau in gepflegt-legerem Ambiente. Auch ein Erlebnis für Fleischesser! 3-Gänge-Menü 36 €, 5-Gänge-Menü 59 €. Guter Wein. Mi–So ab 18 Uhr. Reservierung empfohlen. Kollwitzstr. 54, Ⓤ Senefelderplatz, ✆ 66408710, www.lucky-leek.com.

Mrs Robinsons 9, verrückte asiatisch beeinflusste Fusionküche in einem clean-schicken Lokal – mehr als 30 Leute passen aber nicht hinein. Es gibt eine kleine Karte mit *Snacks* und *Plates* zum Teilen, wobei die *Plates* eigentlich auch nur *Snacks* sind. Pro Pers. sollte man mind. 2 dieser Tellerchen bestellen, um halbwegs satt zu werden, wobei man mit mind. 40 € rechnen sollte, zumal ein 0,1-l-Wein auch erst ab 7 € zu haben ist. Das, was allerdings kommt, sind wahrhaftige Aromaduschen in Form von kleinen Kunstwerken. Wir hatten u. a. Hühnchen mit Forellenkaviar und *Tobiko* im Dampfbrötchen, einen Hammertofu mit Bergamottezesten und *Tosazu*-Soße und ein Minisandwich mit Kalbsbries und Dry-Aged-Tatar. Man spricht Englisch. Do–Mo 18–23 Uhr. Pappelallee 29, Ⓤ Eberswalder Straße, ✆ 54622839, www.mrs robinsons.de.

Pasternak 39, gehobenes russisches Restaurant, dessen Räumlichkeiten an ein aristokratisches Wohnzimmer erinnern. Mit netter Sommerterrasse. Sehr gute Küche. Schaschlik, *Pelmeni* (Nudeltaschen mit Geflügelfüllung und Schmand) oder *Tabakà* (Perlhuhn mit Kartoffel-Knoblauch-Soße) zu 11–25 €. Sonntags russischer Brunch (14,50 €). Tägl. 9–1 Uhr. Knaackstr. 22–24, Ⓤ Senefelderplatz, ✆ 4413399, www.restaurant-pasternak.de.

Gasthaus Alt Wien 50, herrlich unprätentiös für den Stadtteil, einer rustikalen österreichischen Gastwirtschaft nachempfunden. Hierher pilgert man der Wiener Schnitzel wegen (die bis über den Tellerrand reichen). Aber auch der Schweinsbraten mit überdimensioniertem Semmelknödel, das Tafelspitz und das Eierschwammerlgulasch sind *leiwand*. Dazu süffiges Bier und fair kalkulierte Weine. Hg. 17,50–21,50 €. Reservieren! Di–Sa 18–24 Uhr, So ab 12 Uhr. Hufelandstr. 22, von Ⓢ+Ⓤ Alexanderplatz mit Tram M 4 bis Hufelandstraße, ✆ 70129610, www.altwien-berlin.de.

Der Hahn ist tot 44, das nach dem gleichnamigen französischen Kanon benannte, legerstilsichere Lokal hat sich der französischen Landküche verschrieben. Wechselnde 4-Gänge-Menüs um die 24 €. Suppe gibt's aus der Kanone. Der Coq au Vin hält stets die Stellung, außerdem Fisch, Fleisch und Vegetarisches mit ausgefeilten Soßen. Tägl. (außer Mo) ab 18.30 Uhr. Zionskirchstr. 40, Ⓤ Senefelderplatz, ✆ 65706756, www.der-hahn-ist-tot.de.

Sasaya 11, für das Sasaya, eines der besten und authentischsten japanischen Lokale der Stadt, sollte man besser reservieren. Im puristischen Ambiente wird außergewöhnlich gutes und extravagantes Sushi der mittleren bis gehobenen Preisklasse kredenzt, z. B. mit Süßkartoffeln und Seeigel. Teils sitzt man auf Matten auf dem Boden. Achtung: Kinder unerwünscht! Do–Mo 12–15 u. 18–23.30 Uhr. Lychener Str. 50, Ⓢ+Ⓤ Schönhauser Allee, ✆ 44717721, www.sasaya-berlin.de.

Osmans Töchter 16, türkisch mal anders. Kein Orientkitsch und keine Schnauzbärte, dafür weiße Holzmöbel und unaufgeregte Kargheit. Hier frönt man der Vorspeisenkultur, auf Türkisch *Meze*. Zig Sorten, warm und kalt: verschiedene Pasten, Blätterteigpasteten, gefüllte Mangoldblätter, Fischbällchen, Lammkoteletts usw. Pro Portiönchen 5–13,50 € – das läppert sich. Laut-fröhliche Atmosphäre. Tägl. (außer So) ab 17.30 Uhr. Pappelallee 15, Ⓤ Eberswalder Straße, ✆ 0172/2744662, www.osmans toechter.de.

Il Pane e le Rose 53, großes, helles Ecklokal von unaufdringlicher Eleganz. Gute Pasta (ca. 12–14,50 €), gute Pizzen (teuerste 12,50 €) und stets ein paar wechselnde feine Hg. auf der Tageskarte (15–24,50 €). Wenn Sie meinen, Daniel Brühl am Nebentisch zu sehen – er ist es wirklich! Außenbereich. Tägl. 12–24 Uhr. Am Friedrichshain 6, von Ⓢ+Ⓤ Alexanderplatz mit Bus 200 bis Haltestelle Bötzowstraße, ☎ 4231916.

Leibhaftig 49, in diesem kleinen, rustikal-modernen Souterrainlokal serviert man zu selbst gebrautem Bier (4 Sorten) leckere bayrische Tapas (!) wie Obatzd'n, Nürnberger Bratwürste mit Kraut, Kartoffelsalat oder Sülze mit Eisbeinfetzen (!). Die Portiönchen kosten 4–6 €, fürs Sattwerden braucht man mindestens 3 Stück. Es gibt aber auch ein paar Hg. wie Schweinebraten (12,90 €). Besser reservieren. Tägl. (außer So) 18–24 Uhr. Metzer Str. 30, Ⓤ Senefelderplatz, ☎ 54815039, www.leibhaftig.com.

The Bird 7, wird als einer der besten Burgerspots der Stadt gehypt (unter amerikanischer Leitung). Dementsprechend populär – knallvoll schon am frühen Abend. Zu lautem Grunge oder auch mal zu *99 Luftballons* verzehrt man 250-Gramm-Burger aus gutem, frisch und grob durch den Wolf gedrehtem Fleisch, dazu gibt's handgeschnitzte Pommes und Bier aus Humpen. Auf Etikette legt man wenig Wert: etwas klebrige Speisekarten, Zewa statt Serviette, ohnehin ist der Laden alles andere als stilvoll. Wurscht, schmecken soll's und das tut's. Burger 10–14,50 €. Mo–Do ab 18 Uhr, Fr ab 16 Uhr und Sa/So ab 12 Uhr. Am Falkplatz 5, Ⓢ+Ⓤ Schönhauser Allee, ☎ 51053283, www.thebirdinberlin.com.

Standard Serious Pizza 46, ein bis auf seinen tollen Pizzaofen ziemlich karger Laden, stets proppevoll – reservieren oder erst ab 21 Uhr kommen! Was aus dem Ofen gezaubert wird, ist schlicht der Hammer: Pizzen im neapolitanischen Stil, der Teig weich, die Soße aus San-Marzano-Tomaten. Schon allein die klassische *Margherita* ist eine Verheißung … Im Sommer kann man draußen sitzen. Pizzen 9,50–17,50 €. Di–Fr ab 18 Uhr, Sa/So ab 12 Uhr. Templiner Str. 7, Ⓤ Senefelderplatz, ☎ 48625614, www.standard-berlin.de.

Metzer Eck 48, wie schön, dass es ein solches Kneipen-Urgestein im Bobo-Stadtteil noch gibt. Familienbetrieb seit 1913, mittlerweile in der 4. Generation. Uriges holzvertäfeltes Interieur, kleiner Pseudobiergarten davor. Solide, frische Hausmannskost wie Bulette, Matjes, Kartoffelpuffer oder Schnitzel. Hg. 7–9 €. Mo–Fr 16–1 Uhr, Sa ab 18 Uhr. Metzer Str. 33, Ⓤ Senefelderplatz, ☎ 4427656, www.metzer-eck.de.

Muse 45, eher gemütliches Esszimmer als Restaurant. Es gibt Burger, Sandwiches und Currys (Letztere laufen den Indern in der gleichen Straße lässig den Rang ab), abends gesellen sich ein paar hochwertige Steak-Gerichte hinzu. Hin und wieder Supperclubs (manchmal mit Gastköchen) und andere Events. Hg. 7,50–26,50 €. Mo–Sa 12–23 Uhr, So 11–16 Uhr (Brunch). Immanuelkirchstr. 31,

Hoher Spaßfaktor: Sonntagskaraoke im Mauerpark

Praktische Infos 143

Picknicken am Wasserturm

Ⓤ Senefelderplatz, ☏ 40056289, www.muse berlin.de.

Song Nguu 5, kleines, unprätentiöses vietnamesisches Lokal mit hervorragender frischer Küche, darunter auch vegane Angebote. Suppen aus hausgemachten Brühen (in der mit Tamarindensoße und Fleischbällchen hätten wir baden können), die Speisekarte kommt als Fächer. Sehr, sehr freundlicher Service und günstige Preise, Hg. um die 7,50 €. Tägl. (außer Mo) 12–22 Uhr. Am Falkplatz 5, Ⓢ+Ⓤ Schönhauser Allee, ☏ 63965869, www.songnguu.de.

Zula 31, das israelisch geführte Café-Restaurant steht ganz im Zeichen der Kichererbsen-Sesam-Paste Hummus, die in den verschiedensten Varianten (vegetarisch oder mit Fleisch) und Portionen (als Snack oder als Hg.) daherkommt. Dazu gibt's warmes Pitabrot, scharfe Koriandersoße, Eingelegtes und Oliven. Sehr freundlich, lecker und günstig. Tägl. ab 11 Uhr. Husemannstr. 10, Ⓤ Eberswalder Straße, ☏ 41715100, www.zulaberlin.com.

Schnelle Küche/Snacks

Häppies 20, in dem schicken kleinen Imbiss bekommt man Germknödel nicht nur mit Pflaumenmus und Mohnstreuseln, sondern auch mal herzhaft gefüllt: mit Rindfleisch und Speckbirnen, mit Ziegenkäse und Rucolapesto, mit Tofu und Mango-Curry usw. Günstig. Mi–So 12–20 Uhr. Dunckerstr. 85, Ⓤ Eberswalder Straße, ☏ 0151/14984140.

Maria Bonita 22, simpel-liebenswertes mexikanisches Bistro für den schnellen Hunger: farbenfrohe Wände, offene Küche, Kitschecke mit Madonna, nur die Kakerlaken fehlen. Die superaromatischen Tacos, Flautas, Enchiladas oder Burritos (7–10 €) schmecken fast wie in Mexiko. Mo–Sa 12–23 Uhr, So bis 22 Uhr. Danziger Str. 33, Ⓤ Eberswalder Straße, www.mariabonita.de.

Babel 34, libanesisches Schnellrestaurant von ungebrochener Popularität. *Schawarma*, *Falafel* & Co, entweder als Sandwich oder in verschiedenen Kombinationen auf dem Teller (7–16 €). Draußen Bierbänke. Tägl. 11–24 Uhr. Kastanienallee 33, Ⓤ Senefelderplatz, ☏ 44031318, www.babel-restaurant.com.

Konnopke's Imbiß 21, traditionsreiche Currywurstbude (im Wurstgeschäft seit 1930, mittlerweile aber im neuen Kiosk!) unter den Hochbahngleisen am U-Bahnhof Eberswalder Straße. Für viele Berliner die beste Currywurst der Stadt (ohne Darm!) – auch Promis schauen vorbei. Die hausgemachte Soße ist Familiengeheimnis. Mo–Fr 10–20 Uhr, Sa ab 12 Uhr. Schönhauser Allee 42, www.konnopke-imbiss.de.

Kantine

Kulturkantine 52, im stattlichen Backsteinensemble der einstigen *Königstadtbrauerei* sitzen heute Gewerbetreibende, Handwerker und kreative Köpfe. Die werden hier mittags mit einem Essen versorgt, das wie von Mutti gekocht schmeckt: einfach, aber lecker und

144   Tour 9: Prenzlauer Berg

reichlich. 3 Gerichte (meist nicht mehr als 6 €) stehen tägl. zur Auswahl. Nur Mo–Fr 8.30–15 Uhr. Saarbrücker Str. 24 (Haus E), Ⓤ Senefelderplatz, ✆ 0173/9499308, www.kuka-berlin.de.

Cafés/Bars

Café Morgenrot 🟥**33**, linkes Café mit veganer Ausrichtung. Ein bisschen Industriedesign, ein bisschen Trödel, dunkeltürkise Wände. Fr–So Frühstücksbüfett. Di–Do ab 10 Uhr, Fr–So ab 11 Uhr. Kastanienallee 85, Ⓤ Eberswalder Straße, ✆ 44317844, www.morgenrot.blogspot.eu.

Schwarzsauer 🟥**25**, Klassiker in der Kastanienallee. Feucht-fröhliche Raucherbar mit typisch Prenzlberger Publikum. Stets voll. Mo–Fr 17–5 Uhr, Fr–So ab 16 Uhr. Kastanienallee 13, Ⓤ Eberswalder Straße, ✆ 4485633.

Haliflor 🟥**37**, schönes unprätentiöses Kneipen-Café, das schwer in den 90er-Jahren hängen geblieben ist – viel Patina und draußen eine nette Terrasse. Hier trifft sich der Kiez zum Schwätzchen, auf einen Kaffee, zum Frühstück oder abends auf das eine oder andere Glas Wein. Sehr entspannt und günstig. Fazit: knorke – Ausnahme: die Toiletten. Tägl. 10–2 Uhr. Schwedter Str. 26, Ⓤ Senefelderplatz, ✆ 54713311.

Café Pakolat 🟥**12**, Leserentdeckung! Ein charmant-nostalgisches, sehr gemütliches Café mit angeschlossener Kaffeerösterei. Emaille-Schilder an den Wänden, viel Krimskrams, selbst auf dem Klo. Leckeres Frühstück, zudem hervorragender Kuchen aus der eigenen Patisserie – kleine Kunstwerke! Mo–Fr 10–19 Uhr, Sa/So bis 18 Uhr. Raumerstr. 40, Ⓤ Eberswalder Straße, ✆ 44793883, www.kaffee-pakolat.de.

Wohnzimmer 🟥**13**, heißt so, wie's ist. Plüschiges Mobiliar auf uralten Dielenböden, supergemütlich die Chaiselongue im Eingangsbereich. In manchen Zimmern darf geraucht werden. Frühstück und Snacks. Wird abends zur netten Bar. Betont intellektuelles Prenzlberg-Publikum. Tägl. ab 14 Uhr. Lettestr. 6, Ⓤ Eberswalder Straße, ✆ 4455458, www.wohnzimmer-bar.de.

🥢**100 Brote** 🟥**47**, schmeckt nach Früher. Hier gibt's allerbestes Biobrot, entweder zum Mitnehmen oder belegt zum Vorort-Essen im Stullenformat. Zum Beispiel als Strammer Max, mit Avocado-Creme oder Kalbsleberwurst bestrichen. Hmm! Mo–Sa 8–20 Uhr, So 9–18 Uhr. Hufelandstr. 2, Ⓤ Senefelderplatz, ✆ 0173/6015913, www.100brote.de.

Draußen

Pratergarten 🟥**23**, Berlins ältester Biergarten (seit 1837). 600 Sitzplätze unter alten Kastanien. Man isst Krakauer mit Kartoffelsalat und trinkt *Prater Schwarzbier*. April–Sept. tägl. ab 12 Uhr. Kastanienallee 7–9, Ⓤ Eberswalder Straße, www.pratergarten.de.

Deck 5 🟥**1**, witzig inszenierte Strandillusion auf dem Parkdeck der Schönhauser-Allee-Arkaden – mit sandigen Füßen und einem Cocktail in der Hand genießt man den schönen Blick über Prenzlauer Berg. Mai–Sept. bei gutem Wetter ab 14 Uhr. Schönhauser Allee 50, Zugang tagsüber über den Fahrstuhl im Shoppingcenter („P5" drücken), ab 22 Uhr so ganztags über das Treppenhaus an der Greifshagener Straße, Ⓢ+Ⓤ Schönhauser Allee, ✆ 41728905, www.freiluftrebellen.de.

Shopping

Fashion (schick und elegant)

Thatchers 🟥**27**, hinter diesem Modelabel, das konservative Assoziationen weckt, stecken Ralf Hensellek und Thomas Mrozek. Dennoch keine steifen Kostüme für eiserne Ladys, sondern körperbetonte Mode mit wunderschönen Details für die elegante Dame. Kleider ab 90 €, Jacken ab 200 €. Mo–Sa 11–19 Uhr. Kastanienallee 21, Prenzlauer Berg, Ⓤ Eberswalder Straße, www.thatchers.de.

Fruchthaus 🟥**40**, aufregende, nicht ganz billige Damenbekleidung, die sich an alle möglichen Epochen anlehnt: Bleistiftröcke, Petticoats, dazu die passenden Schuhe und Perücken. Ausdrücklich für „Frauen mit Kurven". Mo–Fr 12–19 Uhr, Sa bis 18.30 Uhr. Zionskirchstr. 39, Prenzlauer Berg, Ⓤ Senefelderplatz, www.fruchthaus-berlin.de.

🥢**Wertvoll** 🟥**38**, grüne Mode ohne Öko-Touch. Darunter bekannte Labels genauso wie kleine Berliner Designer. Auch tolle Sneakers. Mo–Fr 10–19 Uhr, Sa ab 11 Uhr. Marienburger Str. 39, Ⓤ Senefelderplatz, www.wertvoll-berlin.com.

Fashion (jung und schräg)

Bonnie & Buttermilk 🟥**30**, kunterbunte Retromode. Das Berliner Designerduo näht witzige Röcke, Kleider, Blusen, Hoodys u. v. m. aus selbst designten Stoffen. Wer Prilblumen mag, ist hier genau richtig. Shop und Atelier in einem. Rock ca. 130 €. Di–Sa 11–18 Uhr. Kollwitzstr. 80, Ⓤ Eberswalder Straße, www.bonnieandbuttermilk.com.

Praktische Infos 145

Secondhand/Vintage

Garments 6, gute Adresse im Vintage-Eldorado Stargarder Straße. Hier bekommt man auch Klamotten, die bereits bei Filmproduktionen Verwendung fanden. Regelmäßig wird umdekoriert. Mo sowie Mi-Sa 12-19 Uhr. Stargarder Str. 12/A, Prenzlauer Berg, Ⓢ+Ⓤ Schönhauser Allee, www.garments-vintage.de.

Ein paar Türen weiter lohnt auch der Laden *Dear* (Hnr. 9, 3) einen Besuch, richtet sich auch an Männer.

Fein und ripp 28, Knopfleistenhemden, Unterhosen, Hosenträger – all das gibt es hier original alt (aber ungetragen!) genauso wie neu. Die 1920er- bis 1980er-Jahre stehen im Vordergrund. Mo-Sa 12-19 Uhr. Kastanienallee 91/92, Ⓤ Eberswalder Straße, www.feinundripp.de.

Souvenirs und Geschenke

Erfinderladen 19, hier werden skurrile Erfindungen (sinnlose wie sinnvolle) verkauft: DDR-Brausepulver, Trikots für Kickerfiguren, Berliner Luft in Dosen – alles ist möglich. Mo-Sa 11-20 Uhr. Lychener Str. 8, Prenzlauer Berg, Ⓤ Eberswalder Straße, www.erfinderladen-berlin.de.

Märkte

Trödelmarkt Arkonaplatz, netter, kleiner Flohmarkt. Gut sortierter Retrokram, Schnäppchen sind allerdings selten zu machen. So 10-16 Uhr. Mitte, Ⓢ Bernauer Straße, www.troedelmarkt-arkonaplatz.de.

Flohmarkt am Mauerpark, sehr großer, bunter und hipper Flohmarkt, immer viel los, auch bei Touristen sehr beliebt. Wohnmüll, Schrilles, Platten ... und außerdem geiles Streetfood. So 10-18 Uhr. Prenzlauer Berg, Ⓤ Bernauer Straße, www.flohmarktimmauerpark.de.

🌿 **Märkte am Kollwitzplatz**, reiner Ökomarkt am Do (12-18 Uhr). Der bunte Wochenmarkt am Sa (9.30-16.30 Uhr) hat Kultstatus und ist *der* Treffpunkt im Viertel. Prenzlauer Berg, Ⓤ Senefelderplatz.

Dong Xuan Center, *der* Asiamarkt Berlins liegt nicht in Prenzlauer Berg, sondern im östlich daran angrenzenden Lichtenberg. 250 Händler (aus Vietnam, Indien, China und Pakistan) in tristen Hallen. Es gibt Läden, die die merkwürdigsten Kräuter und selbst lebende Krebse verkaufen, authentische vietnamesische Restaurants, aber auch Friseure, Nagelstudios und, so weit das Auge reicht, Plastikkitsch und Plastikramsch. Tägl. (außer Di) 10-20 Uhr. Herzbergstr. 128-139 (von Ⓤ Rosa-Luxemburg-Platz mit Tram M 8 bis Haltestelle Herzbergstraße/Industriegebiet), www.dongxuan-berlin.de.

Retro und kein Ende: Flohmarkt auf dem Arkonaplatz

Mauer, Spree und Stalinbauten
Tour 10

Jung und partyfreudig, viele Hunde, viele, viele bunte Tattoos – Friedrichshain ähnelt ein wenig Kreuzberg, nur sorgen hier v. a. ausländische Touristen und Erasmus-Studenten für Multikulti-Flair.

East Side Gallery, Touristen im Selfie-Wahn vor einem quietschbunt bemalten Stück Mauer, S. 153

Boxhagener Platz, am besten zu den Markttagen am Wochenende kommen, S. 149

Karl-Marx-Allee, Kopf in den Nacken beim Anblick der Stalinbauten, S. 152

Landebahn der Easyjetter
Friedrichshain

Friedrichshain war bis zum Fall der Mauer ein traditioneller Arbeiterbezirk. Zu Kaisers Zeiten lebten in der Gegend um den heutigen Ostbahnhof (dem früheren Schlesischen Bahnhof) v. a. arme Zuzügler aus den östlichen Provinzen Preußens. Sie malochten in den Fabriken an der Spree und im Osthafen. Und sie hausten in engen, lichtarmen Löchern voller Wanzen und Dreck, ein einziger Raum musste einer ganzen Familie genügen. Damals hatte Friedrichshain dreimal so viele Einwohner wie heute.

Zwischen den Weltkriegen lebte hier auch – zusammen mit einer Prostituierten – der Sohn eines Pastors, der sein Studium abgebrochen hatte, sich mit Gelegenheitsjobs über Wasser hielt und verblendet-pathetische Verse schrieb. Sein Name: Horst Wessel. Im Jahr 1930 wurde er im Alter von nur 22 Jahren erschossen und von den Nazis zum Märtyrer hochstilisiert. Die braunen Hosen benannten gar den Stadtteil nach ihm um, von 1933 bis 1945 hieß Friedrichshain Horst-Wessel-Stadt. Heute lauern die Neonazis, so heißt es, im benachbarten Lichtenberg, weswegen Friedrichshains linke Kiezguerilla stets in kampfbereiter Montur parat steht. Doch das ist eine andere Geschichte.

Die Trümmerfelder aus dem Krieg bepflasterte man zu DDR-Zeiten mit riesigen Plattenbaukonglomeraten und stalinistischen Prunkklötzen (→ Kasten S. 152). Die verbliebenen Altbauten ließ man verfallen. Noch zur Wendezeit hatten 60 Prozent der Wohnungen nur Außentoiletten, viele standen leer – eine ideale Spielwiese für die rebellische westdeutsche Jugend. In den 1970ern und 80ern wäre sie noch nach Kreuzberg gezogen, nun war Friedrichshain hip. Es formierte sich ein neuer Szenebezirk und um den Boxhagener Platz ein Viertel, in dem man sich amüsiert. Das blieb auch den Touristen nicht verborgen – was passieren kann, wenn zu viele kommen, ist an der Simon-Dach-Straße abzulesen: Sie verwandelte sich zur Kommerz-Trinkmeile mit wie geklont wirkenden Cocktailbars und Restaurants. Abseits davon aber gibt Friedrichshain noch immer viel her: verrückte Clubs an verrückten Orten,

alternative Hausprojekte, witzige Läden mit noch witzigeren Namen und einen guten Flohmarkt (→ Shopping).

Tour-Info Länge ohne Abstecher ca. 5 km, Dauer ca. 2:45 Std., Karte S. 150/151.

Spaziergang

Die schönste und meistfotografierte Brücke Berlins ist die **Oberbaumbrücke**, die Kreuzberg mit Friedrichshain verbindet. Damit man die Aussicht von ihr genießen kann – v. a. abends schön, wenn sich die Lichter der Stadt in der Spree spiegeln –, beginnt der Spaziergang durch Friedrichshain in Kreuzberg am **U-Bahnhof Schlesisches Tor**. Von dort folgt man der Hochbahn bzw. der Oberbaumstraße vorbei am Ramones Museum (→ Kreuzberg, S. 166), und schon steht man auf der Brücke. 1894 bis 1896 wurde sie im Stil der märkischen Backsteingotik mit Zinnen und Türmen erbaut. Im geteilten Berlin war sie ein Grenzübergang, den lediglich West-Berliner Fußgänger benutzen durften. Erst seit 1995 rollen wieder U-Bahnen über das Viadukt.

Linker Hand, gen Westen, sieht man von der Brücke den Fernsehturm und den Turm des Roten Rathauses aus der Skyline Berlins ragen, rechter Hand erhebt sich aus der Spree der sog. **Molecule Man**. Das 30 m hohe, durchlöcherte Monumentalwerk des amerikanischen Künstlers Jonathan Borofsky

(1999) besteht aus drei aufeinander zugehenden und sich berührenden Metallmännern. Jeder steht für einen der umliegenden Stadtteile: Treptow, Friedrichshain und Kreuzberg.

Mediaspree

An der Uferzeile links des Molecule Man fällt ein Gebäudekomplex mit einem silbernen vorragenden Baukörper darüber ins Auge. Es ist das **Nhow Hotel**, das erste Musikhotel Europas (→ Übernachten, S. 291). Direkt an der Brücke in einem ehemaligen Eierkühlhaus: *Universal Music Deutschland*. Die Terrasse davor gehört zum Restaurant Eat Side, gewissermaßen die Universal-Kantine (→ Essen & Trinken).

Entlang des Spreeufers in westliche Richtung zieht sich noch ein Stück der Berliner Mauer. Auf der flussabgewandten Seite wurde sie nach der Wende bunt bemalt und ist als → **East Side Gallery** heute eine Touristenattraktion. Noch davor steht der alte Mühlenspeicher (heute das Clubrestaurant *Pirates Berlin*), obenauf ist ein alter Wachturm der DDR-Grenzposten zu erkennen. Im 2. Stock des Gebäudes ist das **The Wall Museum** untergebracht – der x-te Versuch in Berlin, mit der deutschen Teilung, dem Kalten Krieg und der Wiedervereinigung Bares zu verdienen.

Rechts der East Side Gallery, auf der anderen Seite der Mühlenstraße, erstreckt sich das sog. Anschutz-Areal (benannt nach dem millionenschweren US-amerikanischen Investor Philip F. Anschutz, dem auch die *Eisbären* gehören). Rund um die **Mercedes-Benz Arena** ist dort ein neues steriles Stadtquartier im Entstehen – ein Stich ins Herz des Soziotops Friedrichshain. Die ersten Nobelwohnungen, Büros, Hotels und die *East Side Mall* (mit über 120 Läden) sind schon fertig. Ein „Entertainment District" nach amerikanischem Vorbild und ein paar Hochhäuser mit bis zu 140 m Höhe sollen hinzukommen.

Von der Oberbaumbrücke geht es – sofern man keinen Abstecher zur East Side Gallery macht – geradewegs weiter in die **Warschauer Straße**, vorbei am gleichnamigen U-Bahnhof. Östlich (also rechts der Warschauer Brücke) erstreckt sich die **Oberbaum-City**, einst auch „Lampenstadt" genannt, da von hier die 1918 gegründeten *OSRAM*-Werke Glühlampen in die ganze Welt exportierten. Zu DDR-Zeiten wurde daraus das *Narva-Kombinat*, dessen Betrieb 1993 eingestellt wurde, Tausende von Arbeitsplätzen gingen damit flöten. Neue kamen wieder, nachdem die alten Fabrik- und Verwaltungsbauten entkernt und zu Bürohäusern umgebaut worden waren. Unter anderem residiert hier *BASF Services Europe* im sog. „Lichtturm", einem der augenfälligsten Gebäude der Oberbaum-City.

RAW-Gelände und Boxi

Die Warschauer Brücke, die über ein Wirrwarr an Gleisen führt, wird tagtäglich von Zehntausenden Menschen frequentiert. Tag und Nacht ist hier die Hölle los. Vorbei an Roma-Combos oder Punks mit lieben Hunden geht es rechts ab in die Revaler Straße. Dort lohnt rechter Hand ein Blick auf das **RAW-Gelände**. Das 70.000 m² große Areal des ehemaligen Reichsbahnausbesserungswerks ist heute ein kunterbunt-versiffter Szenetreff. Diverse Clubs, Bars und

„Molecule Man", ein Eyecatcher in der Spree

Berlin im Kasten
Mediaspree versenken – Spreeufer für alle!

Kater Holzig († 2014), *Kiki Blofeld* († 2011), *Strandgut* und *Oststrand* (beide † 2013) – diese Spreeclubs und Strandbars gibt es nicht mehr. Sie waren beliebte Sommerspots für die Anwohner von Kreuzberg und Friedrichshain, beflügelten auch Berlins Mythos als Partystadt und zogen viele junge Besucher an – mehr als die Museumsinsel oder das Kulturforum. Weitere Clubs an den Spreeufern zwischen Jannowitz- und Elsenbrücke sollen verschwinden und mit ihnen die Brachflächen, die alten Industrieanlagen, die morbiden Gewerbehöfe, die Künstler und Studenten, die die verlassenen Fabriketagen wiederbelebten. Dafür sollen im Rahmen des sog. *Mediaspree*-Projekts gläserne Büro- und Hotelpaläste sowie schicke Lofts entstehen. Die Ansiedlung von Unternehmen der Medien- und Kommunikationsbranche ist gewünscht, *Universal Music Deutschland* und *MTV* sind schon da. Wer aber letztendlich herzieht, entscheidet der Investor. Zuletzt kamen die *Daimler*-Vertriebszentrale, die Deutschlandzentrale von *Coca-Cola* (beide * 2013) und der Online-Versandhandel *Zalando* (* 2014).

Die Proteste gegen die Bebauung des Ufers sind groß, zumal Berlin genügend Brachflächen andernorts zu bieten hat. Immerhin wurde 2017 mit dem Holzmarkt (→ Essen & Trinken) eine neue Partylocation geschaffen. Aufgrund von Rechtsstreitigkeiten droht jedoch die Insolvenz.

„Kiez statt Profitwahn – Spreeufer für alle!" lautet der Slogan des *Initiativkreises Mediaspree versenken!* Weitere Infos unter www.ms-versenken.org.

Restaurants haben sich in den ruinösen Hallen niedergelassen, zuweilen gibt's Streetfood-Events, außerdem eine Skaterhalle, Ateliers, mehrere Biergärten, einen Bunker für Kletterer und die Poolbar *Haubentaucher* inmitten einer dachlosen Ruine. Die Zukunft des Areals ist ungewiss. Zwar soll das RAW-Gelände als Kulturstandort dauerhaft erhalten bleiben – ob als räudiger „Technostrich" wie bisher oder in einer eher glattgebügelten Form, bleibt abzuwarten. Bebauungspläne und die zunehmende Drogenkriminalität lassen größere Veränderungen erwarten.

Von der Revaler Straße zweigt links die bekannteste Straße Friedrichshains ab: die **Simon-Dach-Straße**. In ihrem nördlichen Abschnitt reiht sich Bar-Restaurant an Bar-Restaurant – bei manchen dauert die Happy Hour den ganzen Tag.

Einen Häuserblock weiter – u. a. über die Krossener Straße zu erreichen – liegt der „Boxi", wie die Berliner den grünen, denkmalgeschützten **Boxhagener Platz** liebevoll nennen. Viel los ist hier an den Marktagen (Sa Wochenmarkt, So Flohmarkt, → Shopping).

In den Straßen rund um den Boxi findet man kleine Lädchen und skurrile Boutiquen, u. a. von Schmuckdesignern oder witzigen Berliner Labels, außerdem unzählige Asia-Restaurants. Lassen Sie

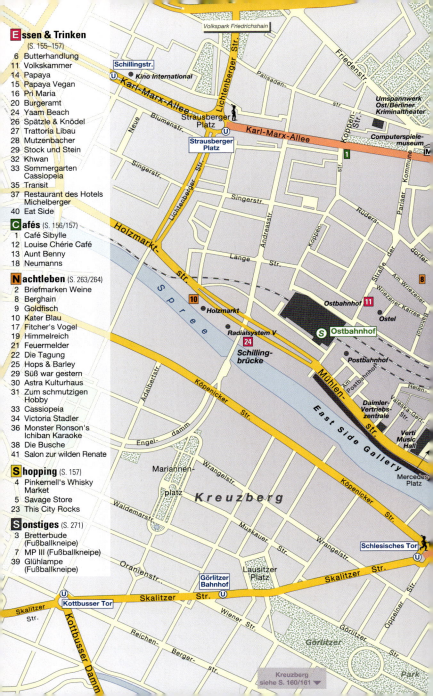

Berlin im Kasten

Moskau lässt grüßen: Monumentalbauten an der Karl-Marx-Allee

Über 2 km erstreckt sich zwischen Strausberger Platz und Frankfurter Tor die einstige „antiimperialistische" Prachtmeile des Arbeiter- und Bauernstaates. Vor dem Krieg hieß die heutige Karl-Marx-Allee „Frankfurter Straße". Nach dem Krieg gab es die Straße zwar noch, doch die Häuser, wie auch jene in den Seitenstraßen, lagen größtenteils in Trümmern. Für ganz Friedrichshain wurden 1945 nur noch 41 % der Gebäude als bewohnbar eingestuft. Am 21. Dezember 1949, zum 70. Geburtstag Stalins, wurde die Straße in „Stalinallee" umbenannt. Im Rahmen des „Nationalen Aufbauprogramms" erfolgte am 3. Februar 1952 die Grundsteinlegung der „Arbeiterpaläste" in der Stalinallee. Mit den sieben- bis neungeschossigen Bauten im stalinistisch-neoklassizistischen Stil wollte man der Wohnungsnot Herr werden, aber noch mehr die Stärke und Ingenieurskunst des neuen Staates repräsentieren und den Sozialismus von seiner schönsten Seite zeigen. Die Fassaden entlang des auf 90 m verbreiterten Boulevards wurden mit ornamentaler Keramik (u. a. aus Meißen), Mosaiken, Säuleneingängen und imposanten Balustraden versehen. Und nach Moskauer Vorgaben sollten auch nationale Elemente – dafür bediente man sich der Schinkelzeit – eingearbeitet werden. Bereits im Januar 1953 waren die ersten Wohnungen bezugsfertig. Rund 40 % der rund 2300 Wohnungen wurden über ein Losverfahren vergeben. Wer 300 Arbeitsstunden für den Wiederaufbau verrichtet hatte, konnte daran teilnehmen. Die hellen und großzügig geschnittenen Wohnungen mit Einbauküche, Müllschlucker, Aufzug, gefliesten Bädern und teils sogar mit Parkettböden waren begehrt. Die Geschäfte in der Allee gehörten zu den bestbestückten im ganzen Land. 1961 wurde die Stalinallee in „Karl-Marx-Allee" umbenannt. Mit der Umbenennung verschwand auch die hiesige Bronzestatue des Diktators – sie wurde eingeschmolzen, das Metall für Tierfiguren im Tierpark verwendet. Heute tut sich die Karl-Marx-Allee schwer, an ihren einstigen Glanz als attraktive Wohnstraße, Einkaufs- und Flaniermeile anzuknüpfen. Matratzendiscounter, Hörgeräteläden und Billigfleischer bestimmen das Bild, viele Läden stehen leer.

Tipp: Wer einen Blick in eine der Wohnungen werfen will, schließt sich am besten einer Wohnungsbesichtigung an.

sich hier ein wenig treiben, bevor Sie den Spaziergang fortsetzen. Nette Straßen sind die Grünberger, die Krossener und die Wühlischstraße. Die beiden letzteren verbindet u. a. die **Knorrpromenade** mit herrschaftlichen Altbauten samt säulengeschmückten Balkonen. Im Glauben, der Arbeiterbezirk Friedrichshain wandele sich zu einer gutbürgerlichen Adresse, hatte eine Wohnungsbaugesellschaft im frühen 20. Jh. dafür alte Mietskasernen abreißen lassen. Doch das Proletariat blieb drum herum wohnen. Und damit es

Sehenswertes 153

nicht zum Betteln kam, war die Promenade durch Tore gesichert.

Vom Boxhagener Platz gelangt man über die Gärtnerstraße in die **Mainzer Straße**. Heute geht es hier sehr friedlich zu, was nicht immer so war: Rund 120 Häuser wurden zur Wendezeit in Ostberlin besetzt, 90 im Lauf der Zeit legalisiert, der Rest geräumt. In der Mainzer Straße war damals fast die Hälfte der Häuser besetzt – diese machten einen so erbärmlichen Eindruck, dass die DDR-Führung seinerzeit deren Abriss geplant hatte. Bei der Räumung der Häuser im November 1990 lieferten sich Besetzer und Polizei zwei Tage und zwei Nächte lang erbitterte Straßenschlachten. In den Zeitungen war von „bürgerkriegsähnlichen Zuständen" die Rede.

Stalinistische Architektur

Die Mainzer Straße trifft auf die verkehrsreiche Frankfurter Allee, an der einst Alfred Döblin seine Praxis hatte. Nördlich davon erstreckt sich das beschauliche **Samariterviertel**. Folgt man der Frankfurter Allee nach links gen Fernsehturm, wird aus ihr nach rund 200 m ein breiter Boulevard, der als Stalinallee Stadtgeschichte schrieb (→ Kasten S. 152). Mit wenigen Unterbrechungen reihen sich fortan über eine Länge von ca. 2 km Zuckerbäckerbauten im stalinistischen Neoklassizismusstil aneinander, monumentale Wohnblöcke mit dekorativem Fliesenschmuck. Nach etwa 400 m passiert man das **Frankfurter Tor**. Die Kuppeln der dortigen Türme imitieren die Domkuppeln am Gendarmenmarkt.

Wenige Meter dahinter rechter Hand steht das 1961/62 errichtete **Kino Kosmos**. Mit 1001 Plätzen war es einst das größte Filmtheater Ostberlins. 2005 wurde der Kinobetrieb eingestellt, der keramikverkleidete Saal dient heute als Event-Location.

500 m weiter liegt, ebenfalls rechter Hand, das → **Computerspielemuseum** und wiederum 300 m weiter, auf der anderen Straßenseite, das **Café Sibylle**. (→ Essen & Trinken/Cafés).

Kurz darauf, hinter der kreuzenden Koppenstraße, unterbrechen rechts und links der Straße Plattenbauten die architektonische Einheit. Der Komplex rechter Hand erhebt sich an jener Stelle, an der im Rahmen des Stalinallee-Projekts eine gigantische Sporthalle errichtet worden war, die man aber bereits 1971 wegen Bauschäden wieder abreißen musste. Gegenüber thronte einst das knapp 5 m hohe Stalindenkmal; des Diktators Ohr und ein Teil des Schnurrbarts befinden sich heute im Café Sibylle. Von hier sind es noch rund 400 m bis zum Strausberger Platz, dem Ende der Prachtstraße aus DDR-Zeiten. Zwei 14-stöckige Turmhäuser markieren es.

Friedrichshain ↓ Karte S. 150/151

Sehenswertes

Open-Air-Galerie mit Museum

East Side Gallery

„Politik ist die Fortsetzung des Krieges mit anderen Mitteln" – solche und andere Sprüche sind hier zu lesen, zudem gibt es jede Menge farbenprächtige, oft mit politischem Symbolkitsch beladene Großbilder. Der rund 1,3 km lange Mauerstreifen, der in der Wendeeuphorie von über 100 Künstlern aus aller Welt bemalt wurde, zieht sich von der Oberbaumbrücke bis zum Ostbahnhof. Die Malereien mussten, da immer wieder übersprüht und verschmiert, schon mehrmals erneuert werden. Sie befinden sich auf jener Mauerseite, entlang welcher einst der Todesstreifen verlief. Doch die East Side Gallery ist in

Tour 10: Friedrichshain

Touristenhotspot East Side Gallery

Gefahr, schließlich versperrt die Mauer den Zugang zu den Sahnegrundstücken direkt am Wasser. Schon beim Bau des Wohnturms *Living Levels* (Kaltmiete 1800 € für 60 m²) wurden 2013 unter großem Protest mehrere Mauersegmente entfernt, auch zwei urgemütliche Strandbars fielen dem Bau zum Opfer. Nun entsteht nebenan bis 2021 ein weiterer Luxusbau namens *Pier 61/63*, der u. a. ein Hotel beherbergen wird. Wieder wurden Mauerteile entfernt.

Mühlenstraße, Ⓢ+Ⓤ Warschauer Straße. www.eastsidegallery-berlin.de.

Daddeln bis zum Abwinken
Computerspielemuseum

Willkommen bei *Super Mario*, *Pacman* & Co! Das Museum führt mit über 300 Exponaten (darunter 21 interaktive) in die Geschichte des Computerspiels ein. Man sollte aber nicht nur an den Konsolen daddeln, sondern auch ein bisschen lesen: spannende kulturgeschichtliche Bezüge!

Karl-Marx-Allee 93 A, Ⓤ Weberwiese. Tägl. 10–20 Uhr. 9 €, erm. 6 €. www.computerspielemuseum.de.

Sehenswertes abseits des Spaziergangs

Freizeitpark mit Märchenbrunnen
Volkspark Friedrichshain

Der 52 ha große Park liegt ganz im Norden Friedrichshains an der Grenze zu Prenzlauer Berg (→ Karte S. 134/135). Auffällig sind zwei Hügel von immerhin 48 und 78 m Höhe, der größere wird auch *Mont Klamott* genannt. Es handelt sich dabei um Trümmerberge – der Kriegsschutt, den man über Flaktürme aus der Nazizeit kippte, kam per Zug hierher, die Gleise hatte man extra dafür verlegt. Heute wird hier im Winter gerodelt.

Im Sommer bietet der Park mit dem Café-Restaurant Schönbrunn ein gemütliches Terrassenlokal samt Biergarten (deutsch-österreichische Gerichte zu 13–24,50 €), ein idyllisches Freiluftkino, Teiche und den zauberhaften **Märchenbrunnen** ganz im Nordwesten, der als einer der schönsten Brunnen Berlins gilt. Die neobarocke Anlage mit Kaskaden, Arkaden, Wasser speienden

Fröschen und Delfinen sowie zahlreichen Märchenfiguren von Aschenputtel bis Rotkäppchen wurde 1913 eingeweiht. Zugänge u. a. von der Landsberger Allee und der Straße Am Friedrichshain (→ Karte S. 134/

135), von Ⓢ+Ⓤ Alexanderplatz mit Straßenbahn M 5 bis Haltestelle Platz der Vereinten Nationen o. mit Bus 200 bis Haltestelle Bötzowstr. **Märchenbrunnen**, Ostern bis Ende Okt. 9–22 Uhr.

Praktische Infos

→ Karte S. 150/151

Essen & Trinken

Restaurants

Butterhandlung Ⓖ, wo früher Butter verkauft wurde, befindet sich heute dieses legere und doch gehobene, mit Fingerspitzengefühl gestylte Lokal. Auf den Tisch kommen mediterrane Gerichte mit einem guten Schuss Brasilien (von dort stammt der Küchenchef). Kleine Karte, lauschiger Außenbereich. Wir hatten Steak *Picanha* mit Knoblauch-Confit und Maniokmehl sowie ein wunderbar cremiges Risotto mit Minze und *Scamorza*. Leider gesalzene Preise: Hg. 20–32 €. Mo–Sa ab 17 Uhr, So ab 12 Uhr. Scharnweberstr. 54, Ⓤ Samariterstraße, ☏ 68915679, www.butterhandlung.de.

Stock und Stein Ⓙ, sehr gemütliches Lokal mit Waldtapete – so kerzenlichtig, dass man die Speisekarte kaum lesen kann. Hier grillt man auf einem heißen Stein am Tisch u. a. Lammlachse, mariniertes Hühnchen oder Thunfischsteaks. Immer dabei ein Brotkörbchen mit hausgemachter Kräuterbutter und eine Beilage. Ein gemütlicher Abend lässt sich hier verbringen, zumal das *Pilsner Urquell*, das direkt aus dem Messingtank kommt, superfein ist. Man sollte auf jeden Fall mit 20 €/Pers. rechnen. Mo–Sa ab 18 Uhr, So ab 17 Uhr. Wühlischstr. 43, Ⓢ+Ⓤ Warschauer Straße, ☏ 644362237, www.stockundstein.eatbu.com.

/meinTipp Khwan Ⓜ, in einem provisorisch wirkenden, kargen Bretterschuppen auf dem runtergerockten RAW-Gelände servieren ein Südafrikaner und ein Engländer unschlagbar gute nordthailändische Grillküche. Laute Tischgesellschaften schieben sich hier gegenseitig Köstlichkeiten in den Mund. Man sollte es ihnen gleichtun und das *Banquet* zum Teilen bestellen (58 € für 2 Pers.). Was dann kommt? In Betelblätter gewickelte Geschmacksexplosionen, Papayasalat, ein hammermäßig mariniertes Tamarindenhähnchen, gegrilltes Lamm mit Chili, Honig und Minze und, und, und … Alle Gerichte können auch einzeln bestellt werden. Wetten, Sie gehen pappsatt und glücklich nach

Hause? Das Ganze ist allerdings nichts für Vegetarier. Di–Sa ab 18 Uhr. Revaler Str. 99, Ⓢ+Ⓤ Warschauer Straße, ☏ 0152/59021331, www.khwanberlin.com.

Transit Ⓙ, in dem roten Schlauch sitzt man unter kunterbunten Vogelkäfigen und isst aromatische thailändisch-indonesische Küche in Tapas-Portionen: Garnelen im Reisteig *(Almost nude),* frittierte Hühnerhaut mit Wasserkastanien *(Chicken little)* oder Ente im Pfannkuchen *(Duck in Pyjamas).* Extrem lecker und preislich sehr fair: 3,50 €/Schälchen, zum Sattwerden braucht man ca. 3 Stück. Tägl. 12–24 Uhr. Sonntagsstr. 28, Ⓢ Ostkreuz, ☏ 26948415, www.transit-restaurants.com.

🐟 **Michelberger** Ⓙ, Restaurant des gleichnamigen Hotels (→ Übernachten, S. 294) und ebenso lässig. Hier trifft sich Mo–Fr ein buntes, kreatives Völkchen zum Lunch (im Sommer im schönen Innenhof) und isst raffiniert-hochwertige internationale Gerichte wie Auberginen-*Shakshuka, Jerk Chicken* oder Räucherfischküchlein (Hg. 8–12 €). Abends (Di–Sa 18–23 Uhr) wird es einen Tick teurer. Die meisten Produkte sind bio, viele stammen von „Jägern, Sammlern und Bauern aus Brandenburg". Warschauer Str. 39, Ⓢ+Ⓤ Warschauer Straße, ☏ 29778590, www.michelbergerhotel.com.

Mutzenbacher Ⓙ, liebevoll-nostalgisch eingerichtetes Lokal mit guter österreichischer Küche. Nennt sich selbst „Schnitzelpuff". Neben Schnitzel gibt es aber auch Frittatensuppe, Kaspressknöderl oder Backhendlsalat, außerdem wechselnde Specials. Dazu passt die leckere Limo mit Namen *Marillenkracherl.* Freundlicher Service und von Lesern gelobt. Hg. 12–23 €. Mo–Fr 17–24 Uhr, Sa/So ab 12 Uhr. Libauer Str. 11, Ⓢ+Ⓤ Warschauer Straße, ☏ 95616788, www.mutzenbacher-berlin.de.

Trattoria Libau Ⓙ, mit Tischen vollgestopfte, alles andere als stilvoll eingerichtete Pizzeria. Vornehmlich studentisches Publikum, das sich die Klinke in die Hand gibt – an Wochenenden

Tour 10: Friedrichshain

Berlins schönste Brücke: die Oberbaumbrücke

ist ohne Reservierung kaum etwas zu machen. Neben Pizzen (6–9 €) auch Primi und Secondi zu günstigen Preisen. Zügiger Service. Tägl. ab 16 Uhr. Libauer Str. 10, Ⓢ+Ⓤ Warschauer Straße, ✆ 25768529.

Papaya **14**, beliebte Thairestaurantkette mit mehreren Lokalen in der Stadt, einem weiteren (= **Papaya Vegan**, **15**) direkt in der gleichen Straße. Nicht verkitscht, sondern eher reduziert eingerichtet. Offene Küche, viele Gerichte mit Neuland-Fleisch. Große Portionen. Hg. 9–16 €. Tägl. 12–23 Uhr. Krossener Str. 11, Ⓤ Samariterstraße, ✆ 29771231, www.papaya-service.de.

Spätzle & Knödel **26**, schnell mal eine Brotzeit, Käsespätzle oder Schweinebraten mit Breznknödel? Dazu eine süffige Halbe? Dann is(st) man in dem kleinen, schlicht-rustikalen Lokal richtig. Die Qualität ist okay, die Preise für ein Hg. liegen zwischen 8,70 und 18 €. Tägl. ab 17 Uhr. Wühlischstr. 20, Ⓤ Samariterstraße, ✆ 27571151, www.spaetzleknoedel.de.

Burgeramt **20**, ansprechendes Burger-Restaurant: gekachelte Wände, bunte Plakate an der Decke, Che Guevara an der Wand. Schmackhafte Charolais-Rind-Burger, aber auch leckere Halloumi- oder Chili-Chicken-Burger. Super Beilage: der hausgemachte Krautsalat mit Cranberries. Tägl. ab 12 Uhr. Krossener Str. 21–22, Ⓤ Samariterstraße, ✆ 75540001, www.burgeramt.com.

Pri Maria **16**, das bulgarische Lokal ist eine nette Adresse direkt am Boxi. Das Ambiente: stimmiger Shabby-Chic ohne Dekorationsgemüse. Der Service: freundlich und schnell. Das Essen: einfach, lecker, üppig, wie Mamis kochen. Gute Vorspeisen, hinterher gibt es z. B. *Zelentschuci* (Gemüse mit Tomatensoße und Rind) oder *Sirene pro Schopski* (Schafskäse mit Ei im Tontopf). Die Preise: sehr fair, Hg. 8–9,50 €. Mo–Fr 18–24 Uhr, Sa/So ab 15 Uhr. Gärtnerstr. 12, Ⓢ+Ⓤ Warschauer Straße, ✆ 29044976, www.primaria.de.

Eat Side **40**, das licht-schicke Café-Restaurant im Gebäude von *Universal Music* dient gleichzeitig als Kantine für die Angestellten. Zu zeitgemäß-internationaler Küche wie Cordon Bleu mit Tomaten-Mais-Salat oder Kichererbseneintopf mit Koriander (6,50–7,50 €) genießt man einen tollen Spreeblick, von drinnen genauso wie von der Terrasse direkt am Fluss. Mo–Fr 8–18 Uhr, Mittagstisch 11.30–15 Uhr. Stralauer Allee 1, Ⓢ+Ⓤ Warschauer Straße, ✆ 520071826, www.eat-side.de.

Cafés/Bar

Neumanns **18**, das Motto des reduziert eingerichteten, aber doch anheimelnden Cafés lautet „Kaffee und Brot". Im Klartext: super Kaffee und auch super Stullen aus hausgebackenem Natursauerteigbrot. Die Karte bietet Strammen Max in Neuauflage, aber auch me-

Praktische Infos   157

diterran angehauchte Schnitten. Und tollen Kuchen! Das Konzept geht auf, der Laden brummt. Mo–Fr 9.30–18 Uhr, Sa/So 10–18 Uhr. Gabriel-Max-Str. 18, Ⓢ+Ⓤ Warschauer Straße, ☏ 81724983, www.neumanns-cafe.com.

Aunt Benny 13, karg eingerichtetes Café etwas abseits des Geschehens, das sich dem *North American Comfort Food* verschrieben hat. Frühstück, toller Kuchen, lecker belegte Sandwiches, sehr guter Kaffee. Kein Wifi! Di–Fr 9–17 Uhr, Sa/So 10–18 Uhr. Oderstr. 7 (Eingang Jessnerstr.), Ⓢ+Ⓤ Frankfurter Allee, ☏ 66405300, www.auntbenny.com.

Louise Chérie Café 12, nostalgisch-verspielt eingerichtetes Café im französischen Stil. Jeden Tag frischer Kuchen, Tartes und Quiches, außerdem wird gutes Frühstück serviert. Auch draußen kann man nett sitzen. Tägl. (außer Di/Mi) 10–19 Uhr. Grünberger Str. 91, Ⓤ Samariterstraße, ☏ 68070609, www.louise cheriecafe.de.

Café Sibylle 1, das Kaffeehaus stammt aus der Anfangszeit der Stalinallee und hieß damals noch „Milchtrinkhalle". Teils existiert die alte Wandbemalung noch. Eisbecher, Kuchen und Snacks zu fairen Preisen. Viele Touristen, da im Café eine interessante Ausstellung zur Geschichte der Karl-Marx-Allee zu besichtigen ist. Mo 11–18 Uhr, Di–So 10–18 Uhr. Karl-Marx-Allee 72, Ⓤ Strausberger Platz, www.cafe-sibylle.de.

Holzmarkt – Utopia an der Spree

Touristen steht das Staunen ins Gesicht geschrieben: Das Kreativzentrum Holzmarkt kommt ihrer Vorstellung von Berlin sehr nahe. Ein zusammengezimmertes Dorf Kunterbunt tut sich hier auf, mit diversen Cafés, Projekträumen, Galerie, lauschigen Ecken direkt am Wasser, dem Bäcker *Backpfeife*, dem wilden Technoclub *Kater Blau* (→ S. 264), dem Gardening Project *Mörchenpark*, dem originellen, aber auch gehobenen Restaurant *Katerschmaus* (reservieren!) und, und, und. Hingehen und staunen! www.holzmarkt.com.

Draußen

Yaam Beach 24, günstiger kommt man kaum in die Karibik oder nach Afrika. Viel schwarze Haut, warmer Sand, Getrommel und Marihuanaschwaden. Außerdem: kunterbunte Bretterbuden mit Ethnofood, Beachvolleyball und oft Konzerte oder Partys (vorrangig Reggae und Dancehall). An schönen Tagen tägl. ab 11 Uhr. An der Schillingbrücke 3, Ⓢ Ostbahnhof, www.yaam.de.

Sommergarten Cassiopeia 33, der zum gleichnamigen Club gehörende Biergarten auf dem RAW-Gelände ist ein gemütliches Plätzchen. Es gibt Kleinigkeiten zu essen. Am Hochbunker nebenan toben sich Kletterer aus. Günstig. Mo–Fr ab 15 Uhr, Sa/So ab 13 Uhr. Revaler Str. 99, Ⓢ+Ⓤ Warschauer Straße, www.cassiopeia-berlin.de.

Shopping

Fashion

Savage Store 5, wer schon immer mal „leichtes Mädchen" spielen wollte, kann sich bei Heidi Pulkkinen ausstaffieren lassen ... Neben ihrem Latex-Label *Savage Wear* gibt es ziemlich heiße Schuhe und jede Menge noch heißere Masken. Di/Mi 13–18 Uhr, Do/Fr 13–20 Uhr, Sa 11–18 Uhr. Grünberger Str. 16, Ⓤ Frankfurter Tor, www.savage-wear.com.

Souvenirs

This City Rocks 23, Wohnaccessoires (schöne Decken und Kissen), Accessoires (Stofftaschen und bunte Strümpfe) und T-Shirts, auf denen die typischen Berliner Motive wie Brandenburger Tor oder Fernsehturm so dezent verarbeitet wurden, dass sie erst auf den zweiten Blick auffallen. Hat Stil. Mo–Fr 12–19 Uhr, Sa ab 11 Uhr. Libauer Str. 23, Ⓢ+Ⓤ Warschauer Straße, www.thiscityrocks.de.

Spirituosen

Pinkernell's Whisky Market 4, Klaus Pinkernell hat über 700 Sorten Whisk(e)y im Angebot, zudem Gin, Rum und ausgezeichneten Cognac. Regelmäßig Degustationen. Mo–Fr 12–20 Uhr, Sa bis 18 Uhr. Boxhagener Str. 36, Ⓤ Samariterstraße, www.pinkernells.de.

Märkte

Flohmarkt auf dem Boxhagener Platz, recht professionell. Auch Neuware, dazu Retrodesign, Klamotten, Möbel, Bücher, Bier und Bulette, zuweilen spielen auch Combos auf. So 10–18 Uhr. Ⓢ+Ⓤ Warschauer Straße.

Wochenmarkt am Boxhagener Platz, viele Produkte von Bauern aus der Umgebung, dazu hochwertige Lebensmittel und ein bisschen Kunsthandwerk. Gibt es schon seit über 100 Jahren. Sa 9–15.30 Uhr. Ⓢ+Ⓤ Warschauer Straße, www.boxhagenerplatz.org.

Friedrichshain → Karte S. 150/151

Von einem Kiez zum nächsten
Tour 11

Der Multikulti-Stadtteil ist das pralle Leben: voll liebenswerten Wahnsinns, aber alles andere als geleckt.

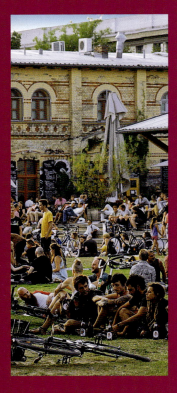

- **Bergmannkiez**, Trödlerlädchen zum Stöbern und Restaurants für jeden Geschmack, S. 162
- **Oranienstraße**, an der umtriebigen Ader ist Tag und Nacht die Hölle los, S. 163
- **Wrangelkiez**, charmante Märkte in der Markthalle Neun, S. 164

Frech und kunterbunt
Kreuzberg

„Und jetzt alle mal die Hand aufs Portemonnaie – wir sind am Kotti." Solche oder ähnliche Sprüche zählen zuweilen zum Repertoire von Reiseleitern, die Besuchergrüppchen durch Kreuzberg dirigieren. Touristen hören sie gerne. Die Klischees von vermummten Krawallheinis, verstrahlten Junkies, radikalen Hausbesetzern und schnorrenden Punks gehören nun mal zu Kreuzberg, einem zu Kalte-Kriegs-Zeiten an die Mauer gedrängten Stadtteil im toten Winkel. Noch 1990 bezeichnete ihn das Reisehandbuch *Anders Reisen* als das „Harlem Berlins".

Doch die wildesten Jahre sind vorbei. Vieles hat sich verändert, manches ist geblieben. Noch immer ist Kreuzberg ein frech-fröhlich-bunter, von den Alt-68ern geprägter Stadtteil. Klein-Anatolien und Klein-Libanon gehören genauso zu Kreuzberg wie Kreative aus dem Rest der Welt und Hartz-IV-Lebenskünstler. Multikulti wird aktiv gelebt und hat seinen großen Höhepunkt beim alljährlichen „Karneval der Kulturen". Von der wild-vernarrten Radikalität früherer Zeiten ist ein politisches Bewusstsein geblieben, ein großes Maul gegenüber der Obrigkeit. Gegen was wird nicht alles demonstriert! Gegen „Faschos und sonstige Idioten" (geht immer), gegen die Fällung von Bäumen am träge dahinfließenden Landwehrkanal (richtig so!) oder gegen steigende Mieten und Gentrifizierung (oberste Priorität!). Trotz alledem kommt das alternativ-angeranzte Kreuzbergflair auch bei der reichschick-schönen Upperclass an. Für sie gibt es mehr und mehr topsanierte Altbauten und stylishe Lofts – so manchem Ur-Kreuzberger geht dabei das Messer in der Tasche auf. Kein Wunder, dass man den Porsche besser in der Tiefgarage versteckt oder in Mitte parkt ...

Die Kreuzberger Kieze – durch die schönsten führt der Spaziergang – sind sehenswert auch ohne große Sehenswürdigkeiten. Eine Vielzahl eigenwilliger kleiner Geschäfte gibt es dort, hervorragende Restaurants und viel Lokalkolorit. Dazu eine geballte Ladung an schrägen Vögeln und Touristen, die sich die Nächte in den unzähligen Bars und Clubs um die Ohren schlagen. Hotspots sind die Gegenden um das Schlesische Tor und die Oranienstraße, das Zentrum des alten Postbezirks *SO 36*, wie dieses Eck noch immer genannt wird („SO" = Süd-Ost). Kinderwagenreicher geht es im ehemaligen *SW 61* südlich des Landwehrkanals zu. Zentren sind dort die Bergmann- und die Graefestraße.

Abseits davon, in unattraktiver Randlage, kann man mit dem → Technischen Museum eines der spannendsten Museen Berlins besuchen.

Tour-Info **Länge** ca. 7,5 km, **Dauer** 3 Std., **Karte** S. 160/161.

Hinweis: Die Gegend um den Checkpoint Charlie, die ebenfalls zu Kreuzberg gehört, wird in einem Extrakapitel (S. 86) behandelt.

Spaziergang

Ausgangspunkt des Spaziergangs ist der **U-Bahnhof Mehringdamm**. Nimmt man den Ausgang „Yorckstraße/Rathaus", gelangt man bei einem kitschburgartigen Komplex ans Tageslicht, der Mitte des 19. Jh. als Kaserne errichtet wurde und heute das Finanzamt Kreuzberg beherbergt – der Stein gewordene Albtraum der Autoren. Der Friedhof auf der anderen Straßenseite ist der **Begräbnisplatz der Jerusalems- und Neuen Kirche**.

Gleich beim Treppenschacht zur U-Bahn steht der Kiosk von **Mustafa's Gemüse Kebap** – die Schlange geduldiger Chicken-Döner-Fans aus aller Herren Länder ist dem weltweiten Reiseführer-Hype um die Dönerbude geschuldet. Doch ganz ehrlich: Es gibt bessere Döner in Kreuzberg, für die man nicht

30 Minuten lang anstehen muss! Legendär und äußerst populär ist z. B. der Imbiss **Curry 36** etwa 40 m weiter (→ Essen & Trinken).

Hinter Hausnummer 38 am Mehringdamm – in dem Gebäude lebte und praktizierte von 1917 bis 1935 der Hautarzt und Dichter Gottfried Benn (Gedenktafel) – überquert man die Yorckstraße und hält dann auf die neogotische Backsteinkirche St. Bonifatius rechter Hand zu. Wenige Schritte hinter der Kirche zieren Atlanten das Portal zu **Riehmers Hofgarten**. Das Areal mit rund 300 Wohnungen in 20 Häusern entstand Ende des 19. Jh. für Offiziere und betuchte Kaufleute. Heute stehen hier zig Wohnungen aus Spekulationsgründen leer, andere werden luxussaniert und für horrende Preise vermietet.

Essen & Trinken
(S. 168–172)
- 3 Zur Henne
- 5 3 Schwestern
- 6 Clánndestino
- 7 Kleine Markthalle
- 9 Long March Canteen
- 14 Lerchen und Eulen
- 16 Max und Moritz
- 22 Burgermeister
- 26 Hasır
- 27 Taka Fischhaus
- 29 Goldies
- 31 Hello Good Pie
- 36 Brlo Brwhouse
- 38 Birgit & Bier
- 39 Freischwimmer
- 42 Doyum Grillhaus
- 44 Club der Visionäre
- 47 Viasko
- 48 Horváth
- 50 Cocolo Ramen/Zola
- 53 Brachvogel
- 57 Il Casolare
- 58 Curry 36
- 59 Kantine im Rathaus Kreuzberg
- 62 Kreuzberger Himmel
- 69 Antonello's Cevicheria
- 72 Seerose
- 75 Austria
- 77 Restaurant Z

Cafés (S. 170/171)
- 4 Bonanza Roastery Café
- 11 Kuchenkaiser
- 12 Prinzessinnengarten
- 32 Café Kotti
- 41 Café Mugrabi
- 73 Chapter One

Shopping (S. 173)
- 2 Exil Wohnmagazin
- 10 Modulor
- 13 Trippen-Outlet
- 37 Peter's Werkstatt
- 49 Hard Wax
- 51 Hallesches Haus
- 61 Kadó Lakritzfachgeschäft
- 63 Knopf Paul
- 64 Schwarze Risse
- 65 Tutus Welt
- 71 Picknweight
- 74 Other Nature
- 76 Zeha

Sonstiges
- 20 Koka 36 (Ticketvorverkauf) (S. 247)
- 40 Intertank (Fußballkneipe) (S. 271)

Nachtleben (S. 257–261)
- 1 Tresor
- 8 Solar
- 15 Ritter Butzke
- 17 Trinkteufel
- 18 Schwarze Traube
- 19 Watergate
- 21 Kirk
- 23 Musik und Frieden
- 24 Würgeengel/Ottorink Weinbar
- 25 Bi Nuu
- 27 Möbel Olfe
- 28 SO 36
- 30 Myśliwska
- 33 Madame Claude
- 34 Fahimi Bar/Paloma Bar/Monarch
- 35 Lido
- 39 Ipse/Burg Schnabel
- 43 Festsaal Kreuzberg
- 45 Wild at Heart
- 46 Madonna
- 52 Rummels Perle
- 54 Ankerklause
- 55 Mandy's
- 56 Gretchen
- 60 Yorckschlösschen
- 67 Rauschgold
- 68 Melitta Sundström
- 70 Die Legende von Paula und Ben
- 74 BarbieBar
- 78 Columbia Theater

200 m

Tour 11: Kreuzberg

162   Tour 11: Kreuzberg

Verlässt man das Areal an der Hagelberger Straße und hält sich links-rechts-links, gelangt man in die Bergmannstraße.

Bergmannkiez

Köfte oder Curry, Batikkleidchen oder Vintage-Pelzmantel? Die **Bergmannstraße** ist das bunte, sehr touristische Zentrum des gleichnamigen Kiezes, mit Imbissen, Cafés, Trödlern und Boutiquen. Am schönsten ist die Straße im Sommer, wenn sich die Trottoirs in eine einzige große Terrasse verwandeln und Straßenmusiker ihre Runden drehen. Ohnehin sind hier wie fast überall in Kreuzberg die Tische immer bestens belegt – als gäbe es nur Feiertage.

Beliebteste Wohnadresse der Gegend ist der **Chamissoplatz** südlich der Bergmannstraße, ein grünes Karree mit Spielplatz, stuckverzierten Häusern, Kopfsteinpflaster und antiken Laternen. Dass der unter Denkmalschutz stehende Bilderbuchplatz (samstags kleiner Ökomarkt) in seinem heutigen Antlitz erscheint, ist „Instandbesetzern" der 1980er zu verdanken, die sich vehement gegen den Abriss der damals heruntergekommenen Altbauten einsetzten.

Vorbei an der **Marheineke-Markthalle** (→ Essen & Trinken) und weitläufigen Friedhofsanlagen (atmosphärisches Café in der ehemaligen Aufbahrungshalle) erreicht man den **Südstern**, den die neogotische **Kirche am Südstern** aus dem späten 19. Jh. dominiert.

Graefekiez

Über die Körte-, Grimm- und die Dieffenbachstraße gelangt man in die Graefestraße, wo ebenfalls nette Läden und Cafés zum Stöbern und auf eine Pause einladen. Die Straße endet am Landwehrkanal, einem 11 km langen Seitenarm der Spree, der Mitte des 19. Jh.

gebaut wurde. Am Maybachufer rechter Hand findet dienstags und freitags ein bunter Türkenmarkt statt (→ Shopping). Wir halten uns jedoch links, wo schöne Gründerzeitbauten die grünen Ufer des Kanals säumen. Sie gehören mit zum Begehrtesten, was Berlin an Wohnraum zu bieten hat.

Wer allerdings zu nahe an der **Admiralbrücke** wohnte, den bissen bis vor Kurzem die Hunde. Die Brücke war plötzlich zu einem bevorzugten allabendlichen Sommertreff geworden. Zum fröhlichen Picheln spielten – teils verstärkerverstärkt – kleine Combos auf, während Leergutsammler wie Geier um die Menge kreisten. Es hagelte Proteste von Anwohnern – wie schnell wechselt man doch die Seiten, wenn die eigenen wilden Jahre vorbei sind. Reisebuchverlage wurden angeschrieben und aufgefordert, die Brücke als Szenetreff in ihren Führern zu streichen. Mittlerweile sorgt die Polizei ab 22 Uhr für die Einhaltung von Ruhe und Ordnung.

SO 36

Über die Admiralbrücke geht es geradewegs auf den „Kotti" zu, wie die Berliner den lauten, unschönen Verkehrsknotenpunkt samt Hochbahn am (längst nicht mehr vorhandenen) **Kottbusser Tor** nennen. Der „Platz der Verdammten" (Spiegel Online) ist wahrlich kein feines Eck, eher ein sozialer Brennpunkt mit vielen armen Teufeln (die Junkies sind harmlos) und zwielichtigen Gestalten (Fr/Sa nachts wird am meisten geklaut), die sich in den Gängen des sog. *Zentrums Kreuzberg* herumtreiben – einem Fanal für die fehlgeleitete Städtebaupolitik der 1970er. Immerhin bieten die tristen Klötze neben billigen Wohnungen auch Platz für nette Kneipen. Pläne, den Komplex abzureißen, stoßen auf Widerstand, denn die Mischung macht's – und was würde auf die Vertreibung der sozial Schwachen folgen?

Über das *Zentrum Kreuzberg* und über noch viel mehr Details aus der Geschichte Kreuzbergs informiert das nahe **Friedrichshain-Kreuzberg Museum** in der Adalbertstr. 95 A (Di–Fr 12–18 Uhr, Sa/So 10–18 Uhr, Eintritt frei, www.fhxb-museum.de).

Die Adalbertstraße führt hinein nach SO 36, jenen Teil Kreuzbergs, der alle Kreuzberg-Klischees vereinigt: SO 36 ist chaotisch-bunt, teils ziemlich türkisch und ziemlich links. Besonders farbenfroh präsentiert sich die **Oranienstraße**. Jede Menge Szeneläden gibt es hier, alternative Buchhandlungen, orientalische Nussshops, einen rund um die Uhr geöffneten Blumenladen und Kneipen über Kneipen. Zwischen den mit Plakaten überklebten Hauseingängen und sgraffitibesprühten Wänden der „O-Straße" liegt auch der Zugang zum originellen → **Werkbundarchiv – Museum der Dinge**.

An der Ecke zum Heinrichplatz fällt linker Hand ein Gebäude (Hnr. 18) ins Auge, dessen apricotfarbene Fassade türkische Verb-Endungen zieren. Die Installation der in İstanbul und Berlin lebenden Künstlerin Ayşe Erkmen steht für einen Dialog der Kulturen.

Hinter dem Gebäude geht es links ab direkt auf den Mariannenplatz zu. Dominiert wird der Platz, eigentlich mehr Park als Platz, von der neoromanischen **Thomaskirche** und dem mächtigen **Haus Bethanien**. Der Backsteinbau mit zwei Türmchen überm Portal wurde Mitte des 19. Jh. als Diakonissen-Krankenhaus errichtet und beherbergt heute als „Kunstquartier Bethanien" neben Ateliers, Ausstellungsräumen und Werkstätten noch immer jene historische Apotheke, in der Theodor Fontane 1848/49 tätig war (nur selten geöffnet, aber stets durch eine Glastür einsehbar). Das ehemalige Schwesternwohnheim nördlich davon ging als **Georg-von-Rauch-Haus** (benannt nach einem von der Polizei erschossenen RAF-

Karneval der Kulturen

Tour 11: Kreuzberg

Das Badeschiff in der Spree

Sympathisanten) in die Berliner Hausbesetzer-Annalen ein, verewigt durch den *Rauch-Haus-Song* der Ton Steine Scherben: „Der Mariannenplatz war blau, so viel Bullen waren da ...". Die Rauchhäusler provozierten aber nicht nur die Westberliner Polizei, sondern auch die DDR-Grenzposten mit Spiegel-Blendattacken und revolutionären Songs aus Megaboxen; die Mauer verlief direkt hinter dem Haus. Noch heute ist das Rauch-Haus ein alternatives Wohnprojekt.

Wrangelkiez

Über die Muskauer Straße und die Wrangelstraße führt der Spaziergang hinein in den Wrangelkiez. Insbesondere Fr/Sa bietet sich ein Schlenker über die **Markthalle Neun** an, wenn dort ein netter Wochenmarkt stattfindet (die festen Stände haben auch Di-Do geöffnet). Donnerstagabends lädt man zudem zum *Streetfood Thursday* (→ S. 16). Für Sven-Regener-Fans hingegen ist der Schlenker an allen Tagen ein Muss. Auf dem Weg passiert man nämlich das rustikale **Weltrestaurant Markthalle** (Eingang Pücklerstr. 34), das Stammlokal des klugscheißenden *Herrn Lehmann*, der hier schon morgens um 11 Uhr seinen Schweinebraten wollte. Mittlerweile macht das Lokal zwar erst um 12 Uhr auf, den legendären Schweinebraten mit Weinsauerkraut gibt's aber noch immer. Zur bunten Kneipen- und Ladenmeile wird die Wrangelstraße, nachdem man die Hochbahn unterquert hat. Horden von Die-Sau-raus-Lassern aus aller Welt suchen sie jede Nacht auf, sehr zum Verdruss der Anwohner. Auch entlang der Falckensteinstraße (nach links einbiegen) und der Schlesischen Straße (nach rechts folgen) lässt es sich nett schlendern.

200 m weiter überquert man den Landwehrkanal und kurz darauf den Flutgraben, die ehemalige Sektorengrenze – der alte Grenzwachturm ist noch erhalten. Auf der Lohmühleninsel dazwischen gibt es originelle Freiluftlokale und die Nachbarn nervende Clubs, teils direkt am Wasser. Wer mag, kann am Ende des Spaziergangs auch baden gehen – das Badeschiff liegt gleich um die Ecke (→ Essen & Trinken/Draußen).

Sehenswertes

Produktkultur des 20. und 21. Jh.

Werkbundarchiv – Museum der Dinge

Zu sehen sind jede Menge Alltagsgegenstände des 20. und 21. Jh., designhistorisch bedeutsame Objekte genauso wie Kitsch und Geschmacksverirrungen aus Ost und West („Guck mal, Tante Luise hatte doch auch so eine Kanne!"). Zudem der Nachbau einer sog. *Frankfurter Küche* aus den 1920er-Jahren, die zum Vorbild für die moderne Einbauküche wurde.

Oranienstr. 25, Ⓤ Kottbusser Tor. Do–Mo 12–19 Uhr. 6 €, erm. 4 €. www.museumder dinge.de.

Sehenswertes abseits des Spaziergangs

Der Berg ruft

Viktoriapark mit Kreuzberg

Mit stolzen 66 m ist der „Berg" im Viktoriapark die höchste natürliche Erhebung im Zentrum Berlins. Drum herum steile Wege, abschüssige Wiesen, ein Biergarten und ein kaskadenartiger Bachlauf, in dem im Sommer fleißig geplanscht wird. Obenauf thront seit 1821 das 20 m hohe, von Schinkel entworfene neogotische *Denkmal zur Erinnerung an die Befreiungskriege gegen Napoleon*. Das Kreuz, das das gusseiserne Denkmal krönt, gab dem Berg seinen Namen. Die Aussicht von dort ist ideal für einen rotweingeschwängerten Sonnenuntergang.

Zugänge von der Kreuzberg-, Methfessel-, Duden- und Katzbachstraße aus, Ⓤ Mehringdamm o. Platz der Luftbrücke.

Gras und Grillerei

Görlitzer Park

Der „Görli" ist ein sehr junger Park. Er entstand erst in den späten 1980ern auf dem Gelände des abgerissenen Görlitzer Bahnhofs, von dem hier und da noch Reste zu erkennen sind. Schön ist das baumarme Gelände nicht wirklich, dafür im Sommer sehr lebendig. Nett sitzt man auf der Bierterrasse des Restaurants Edelweiss ganz im Westen des Parks. Türkische Familien grillen Berge von Hammelkoteletts, Hunde jagen Frisbeescheiben hinterher, anderswo drehen Weinflaschen und Joints ihre Runden. Der Görli ist einer der größten Drogenumschlagplätze der Stadt. Zig Händlergrüppchen aus Westafrika teilen sich das Geschäft.

Zugänge u. a. von der Görlitzer und der Wiener Straße aus, Ⓤ Görlitzer Bahnhof. Achtung: Nachts gilt der Park als No-go-Area!

Für Groß und Klein

Deutsches Technikmuseum

Das Museum ist einfach riesig, planen Sie mehrere Stunden dafür ein. Spektakulär ist nicht nur die Abteilung, die sich der Luft- und Schifffahrt widmet: Dort befinden sich u. a. eine *Ju 52*, ein Rosinenbomber (über der Terrasse), das Flugzeugwrack, mit dem Tierfilmer Michael Grzimek 1959 nach dem Zusammenstoß mit einem Geier (!) über der Serengeti abstürzte, und ein 36 m langer Kaffenkahn, der im 19. Jh. in der Havel sank. Außerdem: der Nachbau des ersten Computers der Welt, den der Berliner Konrad Zuse 1936 zusammenschraubte, 40 Schienenfahrzeuge im Lokschuppen, ein Filmschneideraum aus den 1970ern, eine historische Brauerei, Windmühlen im Park,

Kreuzberg → Karte S. 160/161

eine Autoschau u. v. m. Das dazugehörige *Science Center Spectrum* mit über 150 Experimentierstationen bietet Spaß für Alt und Jung.

Gen Süden schließt an das Museum der *Park am Gleisdreieck* an. Er ist durchzogen von Schienensträngen und gespickt mit alten Prellböcken. Skateboarder lieben ihn, Biertrinker auch, immerhin residiert dort das *Brlo Brwhouse* (→ Essen & Trinken/Draußen).

Trebbiner Str. 9, Ⓤ Gleisdreieck o. Möckernbrücke. Di–Fr 9–17.30 Uhr, Sa/So 10–18 Uhr. 8 €, erm. 4 €. www.sdtb.de.

Das ganz andere Kunsterlebnis
Feuerle Collection

Der hauptsächlich in Asien lebende Kunstsammler Désiré Feuerle zeigt in einem behutsam restaurierten Telekommunikationsbunker aus dem Zweiten Weltkrieg zeitgenössische Kunst (u. a. von Anish Kapoor und Zeng Fanzhi), aber auch historische chinesische Möbel und uralte Khmer-Kunst. Ein Gesamtkunstwerk und Raumerlebnis der besonderen Art. Zutritt erst ab 16 Jahren!

Hallesches Ufer 70, Ⓤ Mendelssohn-Bartholdy-Park. Nur nach Voranmeldung (Buchungssystem auf der Webseite). 18 €, erm. 11 €. www.thefeuerlecollection.org.

Punkig
Ramones Museum

Sheena is a punk rocker! Im einzigen Ramones-Museum der Welt, das der Sammelleidenschaft Florian Haylers entsprungen ist, gibt es so manch Kurioses, was man mit der New Yorker Band in Verbindung bringen kann, u. a. eine originale Jeans von Johnny Ramone. Café-Bar und Shop angegliedert.

Oberbaumstr. 5, Ⓤ Schlesisches Tor. Tägl. 10–22 Uhr. 4,50 €. www.ramonesmuseum.com.

Schinkel-Denkmal auf dem Kreuzberg   In der Wrangelstraße

Berlin im Kasten

Flughafen Tempelhof: Vom Paradeplatz zum Kiter-Eldorado

Radfahrer, Skater und Kite-Boarder bevölkern die alten Landebahnen des zugigen Areals, dazwischen wird gegrillt, im Winter kommen Langläufer. „Tempelhofer Feld" nennt sich heute das rund 500 (!) Fußballfelder große ehemalige Flugfeldareal. Für dessen Umgestaltung hatte man schon viele Pläne, darunter auch einen für einen 60 m hohen Kletterberg mit Alexander von Humboldt obenauf. Die Pläne einer Randbebauung des Areals mit 1700 Wohneinheiten wurden per Volksentscheid abgelehnt, sind aber dennoch nicht vom Tisch: Die *IHK*, der die Meinung des Volkes ziemlich schnuppe ist, fordert die Aufhebung des gesetzlichen Bauverbots; die Initiative „100 % Tempelhofer Feld" hält dagegen (www.thf100.de).

Der Flugbetrieb auf dem Tempelhofer Feld, einst ein Aufmarschplatz der preußischen Potentaten, wurde 1923 aufgenommen – 19 Stunden brauchte man zu jener Zeit von Berlin nach Moskau. Neben einem kleinen „Terminal", nicht mehr als eine Baracke, einem Post- und Zollamt gab es damals auch „eine Hammelherde zur Erhaltung der Grasnarbe" (*Straube-Führer Berlin*, 1925). Das megalomane Flughafengebäude, heute u. a. eine Eventlocation, entstand bis 1940 nach Plänen des Architekten Ernst Sagebiel. Ein würdiges Eingangstor ins Tausendjährige Reich sollte es sein. Doch der Flughafenbau wurde nie vollendet, ursprünglich hätte das Gebäude um ein Drittel größer werden sollen – dabei galt das 1,2 km lange Flughafengebäude mit 9000 Büros und sieben Flugzeughallen zu jener Zeit ohnehin schon als das größte Gebäude der Welt. Das Dach war als Zuschauerterrasse konzipiert, von wo Hunderttausende den Flugschauen beiwohnen sollten.

Während der Berliner Blockade 1948/49 (→ Stadtgeschichte, S. 238) wurde Tempelhof für die sog. *Rosinenbomber* der Westmächte genutzt, die mit rund 400 Flugzeugen und fast 280.000 Flügen ganz Berlin für über ein Jahr mit Kohle, Medikamenten und Lebensmitteln versorgten. Alle drei Minuten landete ein Flugzeug mit jeweils 10 t Fracht. An diese Zeit erinnert am Platz der Luftbrücke vor dem Flughafengebäude ein „Hungerharke" genanntes Denkmal mit drei Betonzacken, die die drei Luftkorridore symbolisieren.

Für den zivilen Flugbetrieb wurde Tempelhof 1951 wiedereröffnet. Im Oktober 2008 hob der letzte Flieger von hier ab. Durch das denkmalgeschützte Gebäude werden spannende Führungen angeboten. In den nächsten Jahren sollen die Hallen und Hangars umgebaut werden, u. a. sind ein Museum und Ausstellungsräume in Planung. Die Dachterrasse mit Weitblick bis zum Teufelsberg im Westen und den Müggelbergen im Osten soll bis etwa 2020 der Öffentlichkeit zugänglich gemacht werden.

Zugänge zum Tempelhofer Feld u. a. vom Columbiadamm (Ⓤ Südstern), vom Tempelhofer Damm (Ⓤ Tempelhof) oder von der Oderstraße (Ⓤ Leinestraße). Geöffnet von Sonnenaufbis -untergang. Start der Führungen ist stets der GAT-Bereich rechts des Haupteingangs zum Terminal (Ⓤ Platz der Luftbrücke), ausgeschildert. Infos dazu unter www.thf-berlin.de.

Praktische Infos

→ Karte S. 160/161

Essen & Trinken

Restaurants

Horváth 48, Weinstube de luxe – ausgezeichnet mit 2 Michelin-Sternen. Küchenchef Sebastian Frank kreiert ziemlich verrückte, individuelle Gerichte mit Anklängen an Österreich und Ungarn. Da gibt es z. B. „Haschee" (Kopfsalat/Rahmsoße) oder „Hendl" (Hühnerfettbiskuit/eingelegte Waldpilze) oder „Gulaschzwiebel" (gegrillter Lauch/Auszug von Gulascharomen). 5 Gänge 100 €, 9 Gänge 140 €. Mi–So 18.30–22 Uhr. Paul-Lincke-Ufer 44A, Ⓤ Kottbusser Tor o. Schönleinstraße, ☎ 61289992, www.restaurant-horvath.de.

Long March Canteen 9, ein Erlebnis, Chinese einmal anders: düsteres, stylishes Ambiente mit langen Holzbänken, ein bisschen Maokitsch und authentischer Küche, die in Appetizer-Portionen auf den Tisch kommt. Glauben Sie uns: Hühnerfüße mit Bohnensoße, Quallencarpaccio und tausendjährige Eier können herrlich schmecken. Unbedingt empfehlenswert sind zudem die unterschiedlich gefüllten *Dumplings*. Zum Fingerablecken. Um satt zu werden, sollte man mind. 40 € einplanen. Reservierung empfohlen. Tägl. 18–24 Uhr. Wrangelstr. 20, Ⓤ Görlitzer Bahnhof, ☎ 0178/8849599, www.longmarchcanteen.com.

Restaurant Z 77, für viele „Bergmann-Kiezer" so etwas wie der Grieche ihres Vertrauens, entsprechend gut besucht. Leckere „neuhellenische Küche" (Eigenwerbung), wir empfehlen die abwechslungsreiche Vorspeisenplatte und die *Calamarakia*, die mit panierten Gummiringen so ganz und gar nichts zu tun haben. Ambiente ganz ohne Kitschsäulen! Hg. 12,50–23 €. Tägl. 17–24 Uhr. Friesenstr. 12, Ⓤ Platz der Luftbrücke, ☎ 6922716, www.restaurant-z.de.

Austria 75, rustikales österreichisches Lokal der gehobeneren Preisklasse. Spezialitäten: das riesige Wiener Schnitzel vom Kalb mit Erdäpfel- und Gurkensalat (20,80 €), das Pressburger Gulasch und der Schweinebraten. Wenn danach noch Platz im Bauch ist, gibt es Kaiserschmarrn und gefüllte Buchteln. Zipferbier. Wechselnde Tagesangebote. Mo 18–24 Uhr, sonst ab 12 Uhr. Bergmannstr. 30, Ⓤ Gneisenaustraße, ☎ 6944440, www.austria-berlin.de.

Antonello's Cevicheria 69, der gute Antonello serviert in seinem bunten, leicht provisorisch wirkenden Restaurant eine spannende Mischung aus sizilianischen Streetfood-Gerichten (*Caponata*, Kichererbsen-Burger, *Arancina*) und verschiedenen lateinamerikanischen *Ceviche*-Varianten – schmeckt toll. Aufgelockert wird die Standardkarte von wöchentlich wechselnden Specials. 7–24,50 €/Portion, von nur einer wird

Volles Haus beim Kreuzberger Myfest

Praktische Infos 169

man nicht satt. Tägl. (außer Mo) 12–23 Uhr. Nostitzstr. 22, Ⓤ Gneisenaustraße, ✆ 81492544, www.cevicheriastreetfood.de.

Hasır **26**, hier soll er erfunden worden sein, der Döner im Brot, der dann als grandioser Re-Import seinen Weg in die Türkei fand. Hochwertiges Lammfleisch, wir lieben Hasır-Döner! Der Spieß dreht sich im rustikal-gemütlichen Stammhaus mit seiner lebendig-umtriebigen Atmosphäre. 2 Türen weiter eine Filiale mit offenem Grill, die ein wenig zu protzig-orientalisch ausfällt. Überall gleich: gute Vorspeisen, leckere Kebabs. Preise im Mittelfeld. Mehrmals in Berlin vertreten. Reservierung abends empfohlen. Tägl. 12–24 Uhr. Adalbertstr. 10, Ⓤ Kottbusser Tor, ✆ 6142373, www.hasir.de.

Cocolo Ramen **50**, nicht nur die Ästhetik dieses japanischen Lokals mit seinem derben Steinboden, den freigelegten Backsteinwänden, den langen Holztischen und dem hübschen Vorgarten macht Laune, auch das Essen selbst. Auf der Karte ein paar Vorspeisen, außerdem nicht mehr als 7 Ramen-Gerichte zu 8,50–10 €. Die superleckeren Nudelsuppen kann man mit Einlagen wie geräuchertem Hühnchen oder Garnelen-Wantans bestellen. Keine Reservierung möglich. Mo–Sa 12–23 Uhr. Paul-Lincke-Ufer 39, Ⓤ Kottbusser Tor o. Schönleinstraße, ✆ 98839073, www.kuchi.de. Zusatztipp: Im Hinterhof serviert das Schnelllokal Zola **50**, affenstarke neapolitanische Holzofenpizza.

3 Schwestern **5**, legeres Café-Restaurant unter tollem Gewölbe im ehemaligen Speisesaal des Bethanien-Krankenhauses (→ Spaziergang). Ambitionierte neudeutsche Küche wie Schnitzel vom Thüringer Duroc-Schwein oder Spinat-Ricotta-Nockerl. Mittagstisch zu 7,50 €, abends Hg. 15–23 €. Toller Kuchen. Schöner Garten. Mo–Fr ab 12 Uhr, sonst ab 11 Uhr. Mariannenplatz 2, Ⓤ Kottbusser Tor, ✆ 600318600, www.3schwestern-berlin.de.

Max und Moritz **16**, hier geht's in die rustikale Richtung. Das 1902 zum 70. Geburtstag von Wilhelm Busch eröffnete Wirtshaus (in dem übrigens in den 1970ern die Alternative Liste gegründet wurde) konnte seine spezielle Atmosphäre bis in die Gegenwart retten. Allerdings auch sehr touristisch. Solide deutsche Küche mit Berliner Spezialitäten wie Eisbein mit Erbspüree oder Hoppel-Poppel (Bauernfrühstück mit Kassler). Dazu sollte man eine Kreuzberger Molle trinken, ein leckeres Bier, das es in den Varianten „natürlich" oder „ungefiltert" gibt. Hg. 13–20 €. Tägl. ab 17 Uhr. Oranienstr. 162,

Ⓤ Moritzplatz, ✆ 69515911, www.maxund moritzberlin.de.

Zur Henne **3**, urig-holzvertäfelte Altberliner Gaststätte, in der man eng an eng sitzt. Kein Reiseführer, der dieses Lokal nicht empfiehlt, entsprechend viele Touristen. Viel mehr als sehr knuspriges Jungmast-Brathähnchen (9,40 €) mit Kraut- oder Kartoffelsalat (3,90 € extra) sowie leckerem Brot gibt es nicht. Gegessen wird mit Finger und Gabel. Fränkischer Edelbrand zur Verdauung. Reservierung empfehlenswert. Tägl. (außer Mo) ab 17 Uhr. Leuschnerdamm 24, Ⓤ Moritzplatz, ✆ 6147730, www.henne-berlin.de. Wer keinen Tisch bekommt, kann auch zur **Kleinen Markthalle** **7** ums Eck am Legiendamm wechseln. Auch hier gute Hähnchen, zudem ein netter Biergarten.

Il Casolare **57**, über die originelle Pizzeria wird viel gelästert, v. a. über das arrogante Personal. Die ewig volle Bude besitzt aber auch eine große Fangemeinde. Laut-fröhliche Atmosphäre und Pizzen wie aus dem Bilderbuch. Absolute Empfehlung: die Buon Gustaio mit Bresaola, Büffelmozzarella und Basilikum (10 €). Wechselnde Tagesgerichte. Große Terrasse zum Landwehrkanal hin. Tägl. 12–24 Uhr. Grimmstr. 30, Ⓤ Kottbusser Tor, ✆ 69506610.

Viasko **47**, veganes Restaurant mit nettem Biergarten. Fleischküche wird gekonnt simuliert, so gibt es würziges Paprika-Soja-Gulasch, Seitansteak oder veganes Gyros mit Zaziki. Hg. 10–15 €. Tägl. (außer Mo) ab 17 Uhr, Sa/So zudem Brunch ab 11 Uhr. Kein Zutritt für Pelzträger mit weniger als 3 Beinen! Erkelenzdamm 49, Ⓤ Kottbusser Tor, ✆ 40751912, www.viasko.de.

Kreuzberger Himmel **62**, in diesem großräumigen, recht kargen Lokal arbeiten ausschließlich syrische Flüchtlinge – hinter dem tollen Konzept steckt die Organisation Be an Angel e. V. Unglaublich gut sind die syrischen Vorspeisen: Babaganoush (Auberginenpüree), Hummus, Sabaneh (Spinat mit Granatapfelkernen) oder Sambusek (Samosas). Hg. 11–16 €. Dazu Wein aus dem Libanon. Sehr freundlich, wenn auch hin und wieder ein klein wenig chaotisch ... Tägl. 17–24 Uhr, Sa/So ab 10 Uhr Frühstück. Yorckstr. 89, Ⓤ Mehringdamm, ✆ 0171/7858939, www.kreuzberger-himmel.de.

Clánndestino **6**, netter, kleiner unprätentiöser Laden, ja sogar fast unhipper Laden mit viel Holz und Kitsch, im hinteren Bereich stapeln sich die Weinkisten. Zum guten Wein isst man hier Tapas wie Estragoncreme, Chorizo mit Kichererbsen, eingelegte Sardinchen oder

170 Tour 11: Kreuzberg

Schweinelende in Portweinsoße. Alles frisch und lecker. Platte für 2–3 Pers. 19,50 € und damit sehr fair kalkuliert. Tägl. (außer So) 17–23.50 Uhr. Waldemarstr. 29, Ⓤ Kottbusser Tor, ✆ 0176/99520844, www.clanndestino.de.

✎ **Seerose** [72], vegetarisches Self-Service-Restaurant unter iranischer Leitung – mediterran-nahöstliche Küche (viele Zutaten aus Bioanbau) und knackige Salate. Man wählt aus der Appetit anregenden Vitrine (gemischter Teller ab 5,90 €) und isst in bewusst altmodisch-gediegen gehaltenem Ambiente. Außenbestuhlung. Mo–Fr 10–24 Uhr, Sa/So 12–23 Uhr. Körtestr. 38, Ⓤ Mehringdamm, ✆ 69815927, www.seerose-berlin.de.

Kantine

Kantine im Rathaus Kreuzberg [59], im 10. Stock und zu weiten Teilen verglast – super Blick zum Potsdamer Platz! Rustikale Küche, die auch an Vegetarier denkt. Hg. 4–6 €, Frühstück. Mo–Fr 7–15 Uhr, Mittagstisch ab 11 Uhr. Yorckstr. 4–11, Ⓤ Mehringdamm, www.kantine-kreuzberg.de.

Schnelle Küche/Snacks

Burgermeister [22], origineller Imbiss in einem ehemaligen Klohäuschen (nicht davon abschrecken lassen!) direkt am U-Bahnhof Schlesisches Tor. Superleckere Burger zu 4,40–7,30 €, für Vegetarier gibt's Sojaburger. Mo–Fr ab 11 Uhr, Sa/So ab 12 Uhr. Oberbaumstr. 8, www.burger-meister.de.

✎ **Curry 36** [58], einer der Currywurst-Hotspots der Stadt, gibt's seit 1981. Leicht erkennbar an der Menschentraube davor. Die Wurst (Biofleisch vom Havelländer Apfelschwein) kostet 1,70 €. Tägl. 9–5 Uhr. Mehringdamm 36, Ⓤ Mehringdamm, www.curry36.de.

Marheineke-Markthalle, die Markthalle im Bergmannkiez bietet viele Leckereien, oft auch in Bioqualität. Empfehlenswert für ein schnelles Mittagessen. Mo–Fr 8–20 Uhr, Sa 8–18 Uhr. Marheinekeplatz, Ⓤ Gneisenaustraße, www.meine-markthalle.de.

✏Tipp **Doyum Grillhaus** [42], verkacheltes türkisches Schnelllokal direkt am Kotti. Hier brummt stets der Bär – zu Recht. Top in Sachen Grillfleisch und Döner (sehr gute Qualität). Probieren Sie den *İskender Kebap* mit Röstbrot, Joghurt und Tomatensoße – besser als in der Türkei. Alkoholfrei. Tägl. 7–24 Uhr. Admiralstr. 36, Ⓤ Kottbusser Tor, www.doyum-restaurant.de.

Taka Fischhaus [27], ebenfalls am Kottbusser Tor, etwas versteckt in einer hässlichen Passage des *Zentrums Kreuzberg*. Kleiner türkischer Fischimbiss mit nur wenigen Tischen (im Sommer mehr, da Außenbestuhlung). Nicht gerade schön, dafür bekommt man aber sensationell gute Fischbrötchen (Sardine, Makrele, Dorade, ab 4 €) oder ganze Portionen (ab 8 €). Kein Alkohol. Fürs gleiche Geld gibt's in den Hipster-locations des Stadtteils ein paar Möhrchen auf dem Teller. Achtung, man wartet ein wenig! Tägl. 11–23 Uhr. Adalbertstr. 97, Ⓤ Kottbusser Tor.

Hello Good Pie [31], in diesem mit wenig Mitteln liebevoll gestylten Lädchen werden leckerste irische Pies gezaubert, jeden Tag anders gefüllt, vegetarisch oder mit Fleisch. Dazu sucht man sich Kartoffelpüree, Salate und Soßen aus. Junges internationales Publikum. Mittagsgericht mit Getränk 9 €. Tägl. (außer So) 11–19 Uhr. Falckensteinstr. 9, Ⓤ Schlesisches Tor, www.hellogoodpie.de.

Goldies [29], Pommesbude de luxe! Die genialen Kartoffelsticks entstammen der Fritteuse von Kajo Hiesl und Vladislav Gachyn, die vorher in Sternelokalen gekocht haben. Die Fritten gibt es klassisch „Rot-Weiß" genauso wie raffiniert aufgepeppt auf sättigenden Tellern: *Odessa* (mit Roter Bete und Meerrettichmajo), *Caponata* (mit geschmorter Aubergine und Büffelmozzarella) oder *Ente Peking* (mit gezupfter Entenkeule). Kleine Portion 2,40 €, Tellergerichte 5–11 €. Tägl. (außer Mo) ab 12.30 Uhr. Oranienstr. 6, Ⓤ Kottbusser Tor, www.goldies-berlin.de.

Cafés/Kneipen

✏Tipp **Café Mugrabi** [41], lichtes Tagescafé unter israelischer Leitung. Man sitzt auf 2 Ebenen, oben auch die Küche, aus der es verführerisch duftet. Idealst für ein ausgiebiges Frühstück oder den Lunch: *Shakshuka*, Hummus, diverse Eiergerichte, alles voller Hingabe auf den Teller gebracht. Vom Special *Mugrabi* waren wir besonders angetan: 2 pochierte Eier, Spinat, milder Weißkäse, Kartoffeln und viel *Sumak* obenauf. Flotte Bedienung, gesprochen wird Englisch. Und ja: alles vegetarisch! Die Gerichte kosten 7–12 €. Sehr populär! Tägl. 10–17 Uhr. Görlitzer Str. 58, Ⓤ Görlitzer Bahnhof o. Schlesisches Tor, ✆ 26585400.

Ankerklause [54] → Nachtleben/Kreuzberg, S. 259.

Café Kotti [32], multikultureller, simpler Szenetreff in der Betonhässlichkeit des *Zentrums Kreuzberg*. Hat mit „Café" eher weniger zu tun.

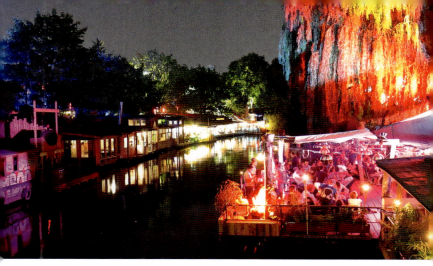

Hippe Sommerlocation: Club der Visionäre

Junges linksgerichtetes Publikum (darunter viele Türken) – Kreuzberg at its best. Mitgenommene Sofas, buntbemalte Decken, gute Musik. Rassisten und Homophobe sind nicht erwünscht. Der Rest wird mit einem hingemalten „Hoş geldiniz" („Wilkommen") herzlich begrüßt. Raucher. Tägl. ab 9 Uhr. Adalbertstr. 96 (1. Stock), Ⓤ Kottbusser Tor, ℡ 0176/24156154.

meinTipp Chapter One **73**, Note 1 mit Stern für dieses Café bzw. diese *Brew Bar*. Wohl nirgendwo anders wird die Kunst des Kaffeeaufbrühens ernster genommen als an diesem kleinen, duftenden, wunderbar ästhetischen Ort – vergessen Sie alles, was Sie bisher mit Filterkaffee in Verbindung gebracht haben … Mo–Sa 9–18 Uhr, So 11–18 Uhr. Mittenwalder Str. 30, Ⓤ Gneisenaustraße, ℡ 25922799, www.chapter-one-coffee.com.

meinTipp Bonanza Roastery Café **4**, nochmals Kaffee und nochmals superb. Ein ganz spezieller Ort. Das coole Café der Berliner Kaffeeröster-Heroes Bonanza befindet sich im versteckten Hof eines Klinkerbau-Ensembles. Ein Treff der digitalen Boheme auch draußen auf der schönen Terrasse. Kaffee natürlich auch zum Mitnehmen. Mo–Fr 9–18 Uhr, Sa ab 10 Uhr. Adalbertstr. 70, Ⓤ Kottbusser Tor, ℡ 0171/5630795, www.bonanzacoffee.de.

Kuchenkaiser **11**, großräumiges Café-Restaurant, eine Institution. Schon 1866 befand sich hier ein Kaffeehaus, das allerdings 1957 pleiteging. Erst 1998 wurden die Räumlichkeiten unter gleichem Namen wieder eröffnet. Die guten Kuchen (rund 30 Sorten!) gibt es immer noch, allerdings nicht mehr aus der hauseigenen Backstube. Außerdem gehaltvolle Gerichte und gutes Frühstück. Gemischtes Publikum. Außenbereich. Tägl. ab 9 Uhr. Oranienplatz 11–13, Ⓤ Moritzplatz oder Kottbusser Tor, ℡ 6140269, www.kuchen-kaiser.de.

Lerchen und Eulen **14**, wo gibt es das sonst noch in Kreuzberg? Ein großes Bier für um die 3 € und dazu noch ein solch nettes Ambiente mit bunten Polsterstühlchen und viel Retrocharme. Rauchen erlaubt. Draußen zudem eine wunderschöne Gehwegterrasse mit vielen Pflanzen. Tägl. ab 15 Uhr, bis der letzte Gast geht. Pücklerstr. 33, Ⓤ Görlitzer Bahnhof, www.lerchenundeulen.de.

Draußen

Brachvogel **53**, nettes Gartenrestaurant am Landwehrkanal – leider verdecken Büsche den Blick auf diesen. Große Salate, Pizzen, Leberkäse, Ofenkartoffeln, Steaks, Hg. 8–18 €. Sonntags Brunch (11,90 €). Nebenan kann man Minigolf spielen. Tägl. ab 9 Uhr. Carl-Hertz-Ufer 34, Ⓤ Prinzenstraße, ℡ 6930432, www.brachvogel-berlin.de.

Brlo Brwhouse **36**, *Brlo* ist das altslawische Wort für Berlin. Hinter dem Zungenbrechernamen steht eine Craftbeer-Brauerei mit Restaurant, ganz stylish in Überseecontainern untergebracht. Davor ein relaxter Biergarten.

Tour 11: Kreuzberg

Stadtidyll ohne Schönheit: Sommerabend am Landwehrkanal

Zig Sorten Bier zu exquisiten Preisen: 5–10 € kostet die Halbe. Unser Tipp: die *Berliner Weiße* probieren, frei von jeglicher Chemie. Dazu gibt's lecker Essen, vieles kommt aus dem Smoker. Tägl. (außer Mo) 17–24 Uhr. Schöneberger Str. 16, Ⓤ Gleisdreieck, ✆ 55577606, www.brlo.de.

Club der Visionäre 44, liegt genau genommen schon in Treptow. Luftig-lustige, leicht gammelige Partyadresse am Flutgraben, einem idyllischen Seitenarm der Spree. Hier chillt ein hippes Volk im Schatten einer Trauerweide auf Holzpontons am Ufer, darunter viele Touristen. Oft überfüllt und obendrein arrogante Türsteher. Kleine DJ-Pauschale. An Draußensitztagen zuweilen rund um die Uhr geöffnet, ansonsten Mo–Fr ab 15 Uhr, Sa/So ab 12 Uhr. Am Flutgraben 1, Ⓤ Schlesisches Tor, www.clubdervisionaere.com.

Freischwimmer 39, gleich gegenüber. Nettes Bar-Restaurant mit langer, schmaler Pontonterrasse auf dem Wasser – super, aber absolut nichts für Leute mit Spinnenphobie. Liegestühle auf Holzplattformen. Essen so lala, Hg. 10–19 €. Auch im Winter geöffnet. So Brunch. Im Sommer Mo–Sa ab 12 Uhr, So ab 10 Uhr. Zum Restaurant gehört auch der Open-Air-Club **Ipse** 39 nebenan. Vor dem Schlesischen Tor 2a, Ⓤ Schlesisches Tor, ✆ 61074309, www.freischwimmer-berlin.com.

Birgit & Bier 38, nahebei. Biergarten und Club (Techno, 80s, 90s). Die kunterbunte, verwinkelt-verwirrende Hüttenwelt ist ein Spielplatz für Erwachsene. Man trinkt auf einem ausrangierten Karussell, ums Eck Autoscooter von anno dazumal. Es gibt eine „Knutschstelle", zudem mehrere Räume zum Tanzen und tschechisches Tankbier. Einfach nur witzig! Biergarten tägl. ab 14 Uhr, Club Fr/Sa ab 23 Uhr. Schleusenufer 3, Ⓤ Schlesisches Tor, ✆ 0175/22668403, www.birgit.berlin.

Badeschiff → Sport, Spaß und Spa, S. 273. Auch wer nicht ins Wasser will, kann in dieser witzigen Pudersand-Strandbar mit DJ-Beschallung ein paar gemütliche Abendstunden verbringen. Junges, flirtfreudiges Multikulti-Publikum, Bratwurst und Steaks. Aber Achtung: teils lange Wartezeiten!

Prinzessinnengarten 12, grüne Kiezoase zwischen Tankstelle und Brandwänden. Der Nachbarschaftsgarten mit zig Beeten und einem Robinienwäldchen beherbergt auch ein nettes Gartencafé. Die soliden Gerichte mit Zutaten von den eigenen Beeten (günstiger Mittagstisch) spült man am besten mit Wurzelsaftschorle hinunter. Schnell hin, denn 2019 läuft der Pachtvertrag aus – Zukunft ungewiss. Im Sommer tägl. 11 bis mind. 18 Uhr. Prinzenstr. 35–38, Ⓤ Moritzplatz, http://prinzessinnengarten.net.

Praktische Infos   173

Shopping

Fashion

Zeha 76, edle Sneakers mit Kultstatus – trug schon die Boheme der 20er-Jahre, trugen aber auch die Olympiamannschaften der DDR, UdSSR und ČSSR. Nach der Pleite 1993 wurde das Design 2002 in Berlin wiederbelebt. Ein Shop u. a. in der Friesenstr. 7 (Mo–Fr 11–19 Uhr, Sa 10–18 Uhr), Ⓤ Gneisenaustraße, www.zeha-berlin.de.

Trippen-Outlet 13, → Trippen-Schuhe, Spandauer Vorstadt/Shopping, S. 84.

Secondhand/Vintage

Picknweight 71, Secondhand-Klamotten-Laden über eine ganze Etage. Vieles nach Farben sortiert, die guten Sachen sind nicht billig, der Plunder wird nach Gewicht bezahlt. Mo–Sa 11–20 Uhr. Bergmannstr. 102 (Hinterhaus), Kreuzberg, Ⓤ Gneisenaustraße o. Mehringdamm, www.picknweight.de.

Peter's Werkstatt 37, hat sich auf den Verkauf und die Reparatur von Retro-Plattenspielern, -TVs, -Boxen und -Radios spezialisiert. Di–Fr 10–18 Uhr. Skalitzer Str. 46 b, Ⓤ Görlitzer Bahnhof, www.peterswerkstatt.de.

Knöpfe

Knopf Paul 63, in diesem herrlich aus der Zeit gefallenen Laden, den es schon seit 1987 an Ort und Stelle gibt, findet jedes Hemd seinen Knopf – schauen Sie mal bei Paul vorbei! Di u. Fr 9–18 Uhr, Mi/Do 14–18 Uhr. Zossener Str. 10, Ⓤ Gneisenaustraße, www.paulknopf.de.

Souvenirs/Geschenke

Tutus Welt 65, die Künstlerin Tutu Frahsa malt Berliner Stadtlandschaften im Keith-Haring-Pop-Art-Stil, zum Glück nicht nur den Fernsehturm, sondern auch skurrile Kreuzberger Details wie den Laden von Paul Knopf (s. o.). In ihrem kleinen Laden, einer Mischung aus Atelier und Shop, gibt es Bilder, witzige Postkarten, bemaltes Porzellan und auf Wunsch auch „Umarmungen und viel Lachen". Sehr faire Preise. Mo–Fr 13–19 Uhr, Sa 10–14 Uhr. Mittenwalderstr. 16, Ⓤ Gneisenaustraße, www.tutus-welt.de.

Hallesches Haus 51, ein luftig-heller General Store („Gemischtwarenladen") im ehemaligen Backstein-Postamt für qualitativ hochwertige, schöne Dinge, die man teils braucht, teils auch nicht. Kulinarische Geschenke, Haushaltswaren, Kosmetik, witziger Wohnmüll. Nebenan eine stilsichere Hipster-Kantine mit günstigen

und gesunden Lunchangeboten. Mo–Fr 10–19 Uhr, Sa 10–16 Uhr. Tempelhofer Ufer 1, Ⓤ Hallesches Tor, www.hallescheshaus.com.

Sexshop

🌿 **Other Nature 74**, Berlin ist einfach endgeil – da passt ein Shop, der ausschließlich veganes Sexspielzeug verkauft: Dildos, Gleitgel, Peitschen aus alten Fahrradschläuchen etc. … Richtet sich an beide Geschlechter. Mo, Mi u. Fr 11–20 Uhr, Di 11–18 Uhr, Sa 11–19 Uhr. Mehringdamm 79, Ⓤ Mehringdamm, www.other-nature.de.

Wohnen

Exil Wohnmagazin 2, coole Möbel und Accessoires in riesiger Auswahl, schön präsentiert in einer sanierten Industriehalle. Di–Fr 11–19 Uhr, Sa bis 18 Uhr. Köpenicker Str. 18–20, Ⓤ Schlesisches Tor, www.exil-wohnmagazin.de.

Buchhandlung

Schwarze Risse 64, Underground-Buchladen mit politischer Belletristik und Sachbüchern zu fast allem, was auf „-ismus" endet: Feminismus, Imperialismus, Kolonialismus, Antifaschismus, Anarchismus. Das Sortiment ist so gut, dass selbst Polizei und Staatsschutz zuweilen vorbeischauen. Mo–Fr 10–19 Uhr, Sa 11–15 Uhr. Gneisenaustr. 2 a, Ⓤ Mehringdamm, www.schwarzerisse.de.

CDs und Schallplatten

Hard Wax 49, eine Legende in Sachen Techno, Electro, House und Dubstep. DJs wie Paul van Dyk schauen hier vorbei. Mo–Sa 12–20 Uhr. Paul-Linke-Ufer 44a (Aufgang 2. Hinterhof), Kreuzberg, Ⓤ Kottbusser Tor, https://hardwax.com.

Süßes

Kadó Lakritzfachgeschäft 61, der Laden für Lakritzfans – rund 500 unterschiedliche Sorten aus etlichen Ländern. Di–Fr 9.30–18 Uhr, Sa 9.30–15.30 Uhr. Graefestr. 20, Kreuzberg, Ⓤ Schönleinstraße, www.kado.de.

Künstlerbedarf

Modulor 10, Megastore für Künstlerbedarf im Aufbau-Haus, wo einst *C. Bechstein* Pianos fabrizierte. Im gleichen Haus, einem Zentrum der Kreativwirtschaft, sitzt auch der *Aufbau Verlag* selbst. Mo–Fr 9–20 Uhr, Sa 10–18 Uhr. Prinzenstr. 85, Ⓤ Moritzplatz, www.modulor.de.

Märkte

Wochenmärkte in der Markthalle Neun, → Spaziergang. www.markthalleneun.de.

Kreuzberg → Karte S. 160/161

Wenig Hype, viel Charme
Tour 12

Ein facettenreicher, regenbogenbunter Stadtteil, der viel Szenegeschrei nicht nötig hat. Hübsche Wohn- und Kneipenstraßen gibt es hier, aber auch eine Schmuddelecke, die die Kunstavantgarde für sich entdeckt hat.

- **Winterfeldtplatz und Umgebung**, populärer Samstagsmarkt, ein paar Lederboys, hübsche Lädchen und nette Cafés, S. 175
- **Schwules Museum**, gut kuratierte Dauerausstellung, S. 175
- **Potsdamer Straße**, zwischen schäbig und schnieke, S. 175

Queeres Berlin, aber nicht nur
Schöneberg

Um den früheren Westberliner Ausgehbezirk ist es etwas ruhiger geworden. Das heißt, nicht ganz: Für die schwullesbische Szene ist die Gegend → **südlich des Nollendorfplatzes** noch immer *der* Place-to-be. Mit dem → **Schwulen Museum** ist der Gayszene gar ein eigener Ausstellungsort gewidmet.

Weiter südwestlich erstreckt sich rund um den Bayerischen Platz das → **Bayerische Viertel**. Zwischen den Kriegen lebten hier viele besser situierte Juden, weswegen das Viertel auch „Jüdische Schweiz" genannt wurde. Am Rande des Bayerischen Viertels erhebt sich das **Schöneberger Rathaus**, ein trutzburgähnlicher Kasten mit 70 m hohem Turm aus dem Jahr 1914. Als die Stadt geteilt war, diente es dem Westberliner Senat als Sitz. Vor dem Rathaus, vor Hunderttausenden von Berlinern, tat John F. Kennedy am 26. Juni 1963 seinen viel zitierten Ausspruch „Ich bin ein Berliner". Drei Tage nach seiner Ermordung wurde der Rathausplatz nach ihm umbenannt.

Den Osten des Stadtteils dominiert die von drei Bahnlinien umschlossene sog. **Rote Insel**, ein traditioneller Arbeiterbezirk und heute eine ruhige Wohngegend. Hier, in der Leberstraße 65 (ehemals Sedanstraße), wurde Marlene Dietrich 1901 geboren. Und nur ein paar Häuser weiter (Hnr. 68) wuchs Hildegard Knef auf. Auf der Roten Insel befindet sich auch der **Gasometer** aus dem frühen 20. Jh., der 1995 außer Betrieb genommen wurde und heute als Eventlocation dient. Bekannt wurde er durch Günther Jauch und seinen sonntäglichen Polittalk. Im Rahmen einer geführten Tour kann der Gasometer bestiegen werden (Infos unter www.euref.de).

Auf der anderen Seite der Bahngleise, in der Hauptstraße 155, wohnte von 1976 bis 1978 David Bowie, gleich daneben

Iggy Pop – hier entstanden Songs wie *Heroes* und *The Passenger*. Nahebei lohnt in der hübschen Crellestraße das winzige wie witzige → **Museum der unerhörten Dinge** für einen Besuch.

Von hier ist es nicht mehr weit zur berühmt-berüchtigten **Potsdamer Straße**, der „Potse". Sie ist bunt, verkehrsreich, laut und lebendig, jedoch alles andere als fein. Allerdings hat der Wandel längstens begonnen. Während die Gegend um den U-Bahnhof Kurfürstenstraße noch vom Straßenstrich geprägt ist, eröffnet nördlich davon gen Potsdamer Platz in rasantem

Tempo Galerie neben Boutique – zwischen Dönerbuden und Ramschläden hat sich hier eine spannende neue Mode- und Kunstmeile entwickelt (→ S. 252). Ums Eck in der Bülowstraße feiert das → **Urban Nation/Museum for Urban Contemporary Art** die Street-Art-Szene.

Sehenswertes

Unter dem Regenbogen
Südlich des Nollendorfplatzes

Zentren des fröhlich-queeren Nachtlebens sind die Motzstraße, die Fuggerstraße und die Maaßenstraße mit ihren vielen Bars und Diskotheken zwischen zart und ledrig. Vielerorts weht die Regenbogenfahne, nicht nur über Clubs, sondern auch über Apotheken und Metzgereien. Die Maaßenstraße mündet in den Winterfeldtplatz, wo samstags der schönste Berliner Wochenmarkt abgehalten wird (→ Shopping). Weiter südlich findet man entlang der Goltzstraße und deren Verlängerung, der Akazienstraße, nette Cafés, Restaurants, Weinhandlungen, Boutiquen, Trödelgeschäfte und Buchläden.

Einzigartig in der Welt
Schwules Museum

Die Dauerausstellung widmet sich der Geschichte, dem Alltag und der Kultur

homosexueller Frauen und Männer, insbesondere ab dem 18. Jh. Zudem interessante Wechselausstellungen, die der Typisierung und Stigmatisierung von Homosexuellen entgegenwirken.

Lützowstr. 73, Ⓤ Kurfürstenstraße. So/Mo/Mi/Fr 14–18 Uhr, Sa bis 19 Uhr, Do bis 20 Uhr. 7,50 €, erm. 4 €. www.schwulesmuseum.de.

Denkzeichen an Laternenpfählen
Bayerisches Viertel

Viele Persönlichkeiten lebten schon hier, Juden wie Nichtjuden, darunter Albert Einstein, Alfred Kerr, Arno Holz und Erich Fromm. An die schrittweise Ausgrenzung der Juden während der Nazizeit erinnern heute, über das ganze Viertel verteilt, Schilder in vandalensicherer Höhe an 80 Laternenpfählen. Darauf Verordnungen und Gesetze aus der NS-Zeit wie: „Juden dürfen keine Bücher mehr kaufen". Oder: „Berliner Badeanstalten und Schwimmbäder dürfen von Juden nicht betreten werden." *Orte des Erinnerns* nennt sich die Installation von Renata Stih und Frieder Schnock.

Kurios
Museum der unerhörten Dinge

Es ist eines der kuriosesten Museen Berlins. Zu den Exponaten zählen ein Bonsai-Hirschfell, ein Stück Eisen aus Tschernobyl, Bernstein aus dem Bernsteinzimmer, der Einschlag eines Gedankenblitzes etc. – lassen Sie sich überraschen.

Crellestr. 5–6 U Kleistpark o. S Julius-Leber-Brücke. Mi–Fr 15–19 Uhr, Eintritt frei. www.museumderunerhoertendinge.de.

Vom öffentlichen Raum ins Museum
Museum for Urban Contemporary Art

Schon die Fassade des Gründerzeitbaus fällt durch haushohe Street Art ins Auge. Drinnen präsentiert man unter dem Motto „Connect. Create. Care." die Sammlung des Berliner Street-Art-Projekts *Urban Nation*. Durch die Auflösung der Geschosse im Gebäude ist es möglich, die teils recht sperrigen Street-Art-Werke in ihrer Originalgröße zu zeigen. Vornehmlich aber sieht man kleinere gerahmte Bilder, auf denen Street-Art-Künstler, darunter einige Big Names, ihre Motive von der Straße auf die Leinwand übertragen haben. Street Art im Museum – ob das geht, muss jeder für sich selbst entscheiden. Tipp: Toilette suchen und finden. Sehr cool!

Heinrich-von-Kleist-Park

Bülowstr. 7, U Bülowstraße. Tägl. (außer Mo) 10–18 Uhr. Eintritt frei. www.urban-nation.com.

Praktische Infos → Karte S. 178/179

Essen & Trinken

Restaurants

Golvet 1, superschick, umwerfender Stadtblick aus wandhohen Fenstern (8. Stock!) und dazu noch ein Michelin-Stern – wenn das kein Restaurant ist, mit dem man beeindrucken kann! Aus der offenen Küche kommen verrückte Dinge mit Einflüssen von verschiedenen Kontinenten, aber unter Verwendung vieler regionaler Produkte. 6 Gänge 118 €. Di–Sa 19–22.45 Uhr. Potsdamer Str. 58, S+U Potsdamer Platz, ☏ 89064222, www.golvet.de.

Brasserie Lumières 6, *One Night in Paris* an der Potse! Das elegante, großräumige Restaurant serviert klassische französische Küche ohne gestelztes Getue. Wir hatten z. B. *Steak Tartare aller retour* (also megakurz angebraten), *Moules Frites* und Ochsenbäckchen. Neben der Standardkarte gibt es auch auf einer Tafel angeschriebene Tagesgerichte. Auf dem Gehweg kann man ausgiebig People watchen. Hg. 15–30 €. Die gute Weinauswahl versteht sich von selbst. Mo u. Mi–Fr 17–24 Uhr, Sa/So 10–24 Uhr. Potsdamer Str. 102, U Kurfürstenstraße, ☏ 52101365, www.brasserielumieres.com.

Ousia 29, unser Lieblingsgrieche in Berlin liegt leider in einer relativ unschönen Ecke Schönebergs, aber dafür kann er nix. Großes,

Praktische Infos 177

stets volles, lautes und fröhliches Lokal, hier brummt der Bär zu Recht! Kellner im Dauerlauf bringen die leckersten Vorspeisen: frittierte Sardellen, gegrillte *Keftedakia*, Tarama, Bohnen in Tomatensoße, dazu bestes Olivenöl. Aufs Hauptgericht (Hg. 16–23 €) kann man verzichten, die Auswahl an *Mezedes* ist immens. Draußen eine große Terrasse. Tägl. (außer Di) ab 17 Uhr. Grunewaldstr. 54, Ⓤ Bayerischer Platz, ✆ 2167957, www.taverna-ousia.de.

Feinberg's 9, kleines, unprätentiöses und sehr freundliches israelisches Lokal mit Backsteinwänden und weißen Lederstühlen. So spannend liest sich die Speisekarte, dass man gar nicht weiß, was man nehmen soll: Hummus ganz klar. Dann *Hamin* (über Nacht gegartes Rindfleisch mit Kichererbsen und Ei). Oder lieber das Rote-Bete-Carpaccio mit Granatapfelsirup? Oder *Shakshuka*? Hg. 9–15 €. Bezahlbare Weine und Biere aus Israel. Tägl. (außer Mo) 12–23 Uhr. Fuggerstr. 35, Ⓤ Wittenbergplatz, ✆ 91553462, www.feinbergs.de.

Renger-Patzsch 31, großräumiges, elegant-rustikales Restaurant mit S/W-Bildern des Landschaftsfotografen Albert Renger-Patzsch. Flammkuchen gibt's immer, außerdem auf der wechselnden Karte feine neudeutsche Küche mit französischen, aber auch alpenländischen Anklängen wie Elsässer Blutwurst mit Kartoffel-Bärlauch-Salat oder Kaspressknödel. Hg. 8 € (Flammkuchen) bis 22 €. Tägl. (außer So) ab 18 Uhr (besser reservieren). Wartburgstr. 54, Ⓤ Eisenacher Straße, ✆ 7842059, www.renger-patzsch.com.

Weinwirtschaft Lochner 24, das eher bodenständige Lokal des freundlichen, um seine Gäste bemühten Ehepaars Lochner ist Weinbar und Restaurant in einem. Zu feinen Weinen (vornehmlich aus Deutschland) gibt es herausragende warme und kalte „Weinbegleiter" in Tapas-Portionen wie Obatzd'n, Salat vom Rauchmatjes, Backhendl oder *Piccata* vom Kabeljau. 7–12 €/Schälchen. Von Lesern sehr gelobt. Tägl. (außer Mo) 16–0.30 Uhr (Küche 17–22 Uhr). Eisenacher Str. 86, Ⓤ Eisenacher Straße, ✆ 23005220, www.lochner-weinwirtschaft.de.

Joseph-Roth-Diele 3, liebenswert-nostalgisch eingerichtetes Lokal ganz im Zeichen des österreichischen Literaten. Nennt sich nicht umsonst „Gast- und Lesestube": Schmökern kann man in Zeitungen, aber auch in Roths Romanen. Neben Schweinebraten oder Käsespätzle (Hg. 7–13 €) gibt es belegte Stullen und dazu Bier in zünftigen Steinkrügen. Besser reservieren. Mo–Fr 10–23 Uhr. Potsdamer Str. 75, Ⓤ Kurfürstenstraße, ✆ 26369884, www.joseph-roth-diele.de.

Atlantik Fischrestaurant 16, nicht vom Namen verwirren lassen – türkischer geht's nicht. Wer im Sommer auf der Terrasse sitzt und sich

Das alte Gasometer

178   Tour 12: Schöneberg

die laute Straße vor der Nase wegdenkt, fühlt sich fast wie unter der Galatabrücke. Den frischen Fisch in allen Varianten kann man sich im angeschlossenen Fischladen selbst aussuchen, dazu gibt's knackigen Salat, geröstetes Brot, Raki oder *Efes*-Bier. Einfaches Ambiente, der Gastraum ist unspektakulär. Hg. 10–16 €. Tägl. 12–24 Uhr. Potsdamer Str. 166, Ⓤ Bülowstraße, ✆ 20051494, www.atlantik-fisch-restaurant.de.

Chay Village 25, es gibt schönere vietnamesische Lokale und es gibt hässlichere. Dieses hier ist auf jeden Fall meist rappelvoll und bietet ausschließlich vegetarische und vegane Speisen an, die zudem noch glutamatfrei zubereitet werden. Sehr lecker, vielfältig und günstig. Mo–Fr 11.30–23 Uhr, Sa ab 15 Uhr, So ab 14 Uhr. Eisenacher Str. 40, Ⓤ Eisenacher Straße, ✆ 89204554, www.chayvillage.de.

Schnelle Küche

Ixthys 18, koreanischer Imbiss mit handgeschriebenen Bibelzitaten an der Wand. Super Fleisch-, Fisch- und vegetarische Gerichte. Als Beilage kann man *Kimchi* bestellen, ein Vitaminpaket, das selbst vor Krebs schützen soll. Essen mit Getränk ab 10 €. Kein Klo! Tägl. (außer So) 12–22 Uhr. Pallasstr. 21, Ⓤ Nollendorfplatz o. Eisenacher Straße, ✆ 81474769.

Maiden, Mother & Crown 8, große, laute Hipsterkantine und u. E. Schönebergs Lunchspot Nr. 1. Nur 2 Gerichte mit arabisch-israelischem Einschlag gibt es pro Tag (7,50–8,50 €), davon ein vegetarisches. Am Tresen mit offener Küche wird bestellt, die kulinarischen Wunder werden wenig später auf Holzbrettern und in tönernen Schmorgefäßen an den Tisch gebracht, z. B. Hackfleischbällchen mit Zimt und Reis auf fruchtiger Tomatensoße, Rote-Bete-Hummus und Rettichsalat. Dazu: Eistee, Wasser oder libanesischer Wein. Punkt. Mo–Fr 12–18 Uhr. Potsdamer Str. 93, Ⓤ Kurfürstenstraße, ✆ 55601417, www.maidenmotherandcrone.de.

Cafés

Oliv Eat 7, Café und Mittagsbistro. Ein Wohnzimmer der Kreativszene rund um die Potsdamer Straße, dazwischen ein paar Touristen, die allesamt sehr freundlich bedient werden. Das Interieur? Heller Clean Chic, stilsicher bis ins letzte Tüpfelchen – selbst die Tür zum Klo versteckt sich hinter viel Minimalismus. Das Essen? Foodpornig und sehr, sehr lecker. So gibt es Eggs Benedict zum Frühstück und mittags Wohlfühlessen in angemessenen Portionen

Trippen: Avantgardeschuhe aus Berlin, hier der Laden an der Potsdamer Straße

– die Hauptgerichte können aber auch schon mal 19 € kosten. Mo–Fr 8.30–18 Uhr, Sa/So ab 10 Uhr. Potsdamer Str. 91, Ⓤ Kurfürstenstraße, ✆ 55233823.

Café Bilderbuch 34, schönes Kaffeehaus mit ruhiger Old-School-Atmosphäre, alten Büchern und Omas Wohnzimmerbüfett. Abends oft kulturelle Veranstaltungen. Frühstück (So Brunch), Snacks, Gerichte zu 10–12 €. Tägl. 9–24 Uhr. Akazienstr. 28, Ⓤ Eisenacher Straße, ✆ 78706057, www.cafe-bilderbuch.de.

Winterfeldt Schokoladen 17, Mischung aus Schokoladenverkauf und Café in den behaglich-nostalgischen Räumlichkeiten einer historischen Apotheke. Frühstück, Kuchen und zig Sorten Trinkschokolade. Mo–Fr 9–20 Uhr, Sa 9–18 Uhr, So 12–19 Uhr. Goltzstr. 23, Ⓤ Nollendorfplatz, ✆ 23623256, www.winterfeldt-schokoladen.de.

meinTipp **Café Einstein 4**, wunderschönes, in einer Stadtvilla untergebrachtes Kaffeehaus im Wiener Stil: altes Parkett, riesige Spiegel, Thonet-Stühle, adrette Kellner. Tolles Frühstücksangebot. Zum angeblich besten Apfelstrudel Berlins trinkt man einen Einspänner oder einen Kleinen Braunen. Zudem gehobene österreichisch-internationale Küche zwischen Tafelspitz und Lammkarree mit Olivenkruste (Hg. 20–34 €). Im Sommer sitzt man im schönen Hof unter Obstbäumen. Übrigens nutzte Quentin Tarantino das Café in seinem Film *Inglourious Basterds* als Kulisse. Tägl. 8–24 Uhr. Kurfürstenstr. 58, Ⓤ Nollendorfplatz, ✆ 2639190, www.cafeeinstein.com.

Double Eye 30, viel mehr als eine Kaffeemaschine und ein paar Stehtische gibt es hier nicht. Neben genialem Espresso (für manche der beste Berlins, 1,30 €) auch andere leckerste Kaffeesorten, und das sehr günstig. Dazu *Pasteis de Nata* (portugiesische Puddingtörtchen) und Croissants – das war's. Die stetige Schlange verwundert nicht. Mo–Fr 9.30–18.30 Uhr, Sa 10–15.30 Uhr. Akazienstr. 22, Ⓤ Eisenacher Straße, ✆ 0179/4566960, www.doubleeye.de.

Café M 19, mehr Bar als Café, ein Klassiker im Kiez seit 1979. Die freundlich-alternative Raucher-Location hat bis heute ihr 80ies-Flair behalten, sowohl die Musik betreffend (schön, mal wieder *Kraftwerk* zu hören!). Hier gingen schon Nick Cave und Blixa Bargeld ein und aus. Publikum zwischen 30 und 60, faire Preise, man kann auch Kleinigkeiten essen. Mo–Do ab 10 Uhr, Fr–So ab 12 Uhr. Goltzstr. 33, Ⓤ Nollendorfplatz, ✆ 2167092, www.cafe-m.de.

Shopping

Fashion

Mimi Berlin 23, in dem nostalgischen Laden kann man textile Antiquitäten aus den Jahren 1850–1950 kaufen oder leihen. Außerdem Maßanfertigung nach historischen Vorlagen. Mo–Fr 12–19 Uhr, Sa 11–16 Uhr. Goltzstr. 5, Ⓤ Eisenacher Straße, www.mimi.berlin.

Andreas Murkudis 5, der stylishe Concept Store von Andreas Murkudis bietet auf rund 1000 m² schöne Dinge für Männer und Frauen. Im Sortiment v. a. lässiger Luxus, auch die kunstvollen Schöpfungen von Andreas' Bruder Kostas sind vertreten. Tägl. (außer So) 10–20 Uhr. Potsdamer Str. 81 E, Ⓤ Kurfürstenstraße, www.andreasmurkudis.com.

Fiona Bennett 5, Fiona Bennett fertigt Hüte und abgefahrenen Kopfschmuck, rund 80 Modelle vom Panama-Hut bis zum Wagenrad fürs

Praktische Infos 181

nächste Pferderennen. Ab 150 € ist man dabei. Bennetts Laden ist von betörender Ästhetik – anschauen! Mo–Sa 10–19 Uhr. Potsdamer Str. 81–83, Ⓤ Kurfürstenstraße, www.fionabennett.de.

Buchhandlungen

Prinz Eisenherz [14], der schwul-lesbische Buchladen besteht bereits seit 1978. Belletristik, Reiseliteratur, Bildbände, Comics und DVDs. Tägl. (außer So) 10–20 Uhr. Motzstr. 23, Ⓤ Nollendorfplatz, www.prinz-eisenherz.com.

Chatwins [20], der Tipp für Globetrotter – hier dreht sich alles ums Reisen. Super Auswahl an Reisehandbüchern und Reiseliteratur jeder Art. Mo–Fr 10–19 Uhr, Sa bis 16 Uhr. Goltzstr. 40, Ⓤ Eisenacher Straße, www.chatwins.de.

CDs und Schallplatten

Dodo Beach [27], cooler Vinyl-only-Laden. Lustig: der Heavy-Metal-Keller, zu dem ein mit Pornobildchen beklebter Treppengang führt. Mo–Sa 11–19 Uhr. Vorbergstr. 8, Ⓤ Eisenacher Straße, www.dodobeach.de.

Süßes

Winterfeldt Schokoladen [17], → Cafés.

Kostüme/Scherzartikel

Deko Behrendt [32], Karnevals- und Mottopartyfans finden hier Perücken, falsche Bärte, Verkleidungen jeglicher Art und Fußballnasen für die nächste WM. Fachkundige Beratung: „Als Affe sehen Sie besser aus!" Mo–Fr 10–19 Uhr, Sa 10–16 Uhr. Hauptstr. 18, Ⓤ Kleistpark, www.dekobehrendt-berlin.de.

Märkte

Märkte am Winterfeldtplatz, samstags (8–16 Uhr) zieht es halb Schöneberg zum Schwätzchen hierher. Sehr bunt (Obst und Gemüse, Käse, orientalische Leckereien, frisch gepresste Säfte, selbst gestrickte Socken u. v. m an rund 250 Ständen), gilt nicht umsonst als schönster Wochenmarkt der Stadt. Kleinausgabe am Mi (8–14 Uhr). Ⓤ Nollendorfplatz, winterfeldt platz.winterfeldt-markt.de.

Türkenmarkt Crellestraße, Mi u. Sa 10–15 Uhr. Sehr authentisch, viel Geschrei („Heute billig, morgen teuer"). Neben Obst und Gemüse auch Gewürze, Eingelegtes u. v. m. Ⓤ Kleistpark (Ausgang Langenscheidtstraße, dann den Kopftüchern hinterher).

Flohmarkt am Schöneberger Rathaus, Sa/So 8–16 Uhr. Von der Coolness anderer Berliner Flohmärkte ist dieser hier weit entfernt. Dafür ehrlich, authentisch und preisgünstig. Man muss aber schon ein wenig stöbern und wühlen. John-F.-Kennedy-Platz 1, Ⓤ Rathaus Schöneberg.

Hut-Designerin Fiona Bennett in ihrem wunderschönen Laden

Undercut und Jutebeutel
Tour 13

Kreativ- und Problemkiez, Multikultihochburg und Biedermannhausen – Neukölln hat ganz unterschiedliche Gesichter. Spannend ist der Norden des Bezirks rund um den Reuterkiez, dem momentan dynamischsten Eck der Stadt.

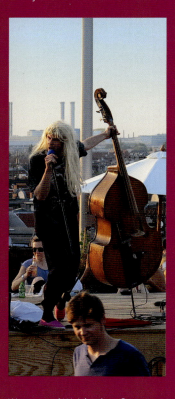

Weser- und Weichselstraße, seien Sie Zaungast beim Tanz der bärtigen Spargeltarzane, S. 182

Ehemalige Kindl-Brauerei, Zentrum für zeitgenössische Kunst, S. 183

Hip und räudig in einem
Neukölln

„Neukölln rockt!" titelte schon das Stadtmagazin *Zitty*. Damit wussten es auch die Letzten: Das junge und wilde Berlin ist nun hier zu suchen. Was mit ein paar rockenden Bars nördlich des Hermannplatzes begann, entwickelte sich zu einem neuen Spot der Kneipen- und Gastroszene abseits des Establishments. Es vergeht kein Monat, in dem nicht neue Bars aufmachen mit Lampen und Sofas vom Trödler, mit Natur-Wein und Handwerksbier. Außerdem entstanden witzige Galerien, verrückte Projekträume und mit dem → **Kindl – Zentrum für zeitgenössische Kunst** eine neue Spielwiese für die Großen unter den Kreativen. Selbst einen eigenen Namen hat man für den an Kreuzberg grenzenden Szenekiez geschaffen: Kreuzkölln. Nicht mehr ganz passend, denn schon längst hat sich der Szenekiez gen Osten und Süden ausgedehnt.

Dass der Norden Neuköllns noch immer zu den Problemvierteln der Stadt gehört, darf bei all der Euphorie nicht vergessen werden. Mit dem großen industriellen Absturz nach der Wende schwand die Arbeitswelt der hier lebenden Migranten – rund 160 Nationen sind versammelt.

Neukölln hat mancherorts eine Arbeitslosenquote von über 20 % und kämpft mit den Stigmata der Kriminalität, der gescheiterten Integration und Gettoisierung. Die Neuköllner Hauptarterien, ob Sonnenallee oder Karl-Marx-Straße, spiegeln auch wahrlich alles andere als Prosperität wider: Arabische Wohnzimmerausstatter gibt es dort, Wettbüros, Sexshops, Matratzendiscounter und Ein-Euro-Shops.

Schon immer war Neukölln, das ehemalige Rixdorf, ein Viertel der einfachen Leute, eine „Arbeiterschlafstube" mit vielen zwielichtigen Tanzlokalen, die stets für einen Skandal gut waren. Um sich vom schlechten Ruf zu befreien, änderte man 1912 einfach den Namen: Aus Rixdorf wurde Neukölln. Dass Rixdorf tatsächlich einmal ein Dorf war, lässt sich am beschaulichen Richardplatz noch bestens nachvollziehen. Nahebei fanden einst protestantische böhmische Glaubensflüchtlinge im 18. Jh. eine neue Heimat – das Eck wurde „Böhmisch-Rixdorf" genannt. Auch die Rixdorfer Höhe, ein Trümmerberg im nahen → Volkspark Hasenheide, erinnert an den alten Namen.

Südlich des S-Bahn-Rings liegen die Neuköllner Stadtteile Britz, Buckow und Rudow. Hier präsentiert sich Neukölln so ganz anders: Reihenhäuser mit Gartenzwergen hinter gestutzten Hecken, Wohnblocks aus den Wirtschaftswunderjahren und dazwischen der → Britzer Garten, der schon unter die zehn schönsten Parks Deutschlands gewählt wurde.

Sehenswertes

Kunst in der alten Brauerei
Kindl – Zentrum für zeitgenössische Kunst

In dem kolossalen Backsteinbau auf dem Kindl-Areal (der Braubetrieb wurde 2005 eingestellt) befindet sich heute ein spektakulärer Kunstraum. Verantwortlich zeichnet das Züricher Sammlerehepaar Burkhard Varnholt und Salome Grisard. Im coolen Industrialambiente werden wechselnde Ausstellungen internationaler Gegenwartskunst von Rang präsentiert.

Am Sudhaus 2, Ⓤ Rathaus Neukölln o. Boddinstraße. Mi–So 12–18 Uhr. 5 €, erm. 3 €. www.kindl-berlin.de.

Etwas schmuddelig, aber schön
Volkspark Hasenheide

Im 50 ha großen, baumbestandenen Park treibt sich ein kunterbuntes Völk-

chen herum: Gassigeher (Hundewiese), Familien (Spielplätze, Tiergehege), Filmfans (tolles Freiluftkino), Budget-Trinker (günstiger Biergarten im 50er-Jahre-Stil), Musiker (die beim Üben zu Hause Stress mit den Nachbarn bekämen), Sonnenanbeter (auch FKK) und viele harmlose Kleindealer („Scht, scht, psst …").

Zugang u. a. von der Straße Hasenheide, Ⓤ Südstern o. Hermannplatz.

Wie geleckt und eintrittspflichtig
Britzer Garten

Das Gegenprogramm zur Hasenheide – ohne Hundekacke und Radfahrer, dafür auch gebührenpflichtig. Der 90 ha große, überaus gepflegte Park entstand für die Bundesgartenschau 1985. Es gibt Aussichtshügel, Biotope, je nach Jahreszeit unterschiedlich bepflanzte Blumenbeete, eine Seenlandschaft, Cafés und herrliche Wiesen mit bereitgestellten Liegestühlen.

Sangerhauser Weg 1, von Ⓢ+Ⓤ Hermannstraße mit Bus M 44 bis Haltestelle Britzer Garten. Tägl. ab 9 Uhr, im Sommer bis 20 Uhr, im Winter bis 16 Uhr. Eintritt je nach Jahreszeit variabel (2–3 €). www.gruen-berlin.de.

Praktische Infos

Essen & Trinken

Restaurants

eins44 14, Fine Dining auf 2 Ebenen in einer ehemaligen Destillerie: historische Kacheln unter Kappendecken, schwere Industriemöbel, alte Werkstattlampen. Terrasse. Die deutsch-französischen Kompositionen tragen minimalistische Namen wie „Schwein Zwiebelgewächse Kamille" oder „Stör Spargel Weizengras" – seien Sie gespannt auf das, was aufgetischt wird. 4 Gänge 59 €, 5 Gänge 69 €. Di–Sa ab 18 Uhr. Elbestr. 28/29 (versteckt im 3. Hinterhof), Ⓤ Rathaus Neukölln, ☎ 62981212, www.eins44.com.

Coda Dessertbar 4, Michelin-Stern seit 2019. In diesem puristischen Bar-Restaurant mit schwarzen Wänden und Beton unter den Füßen gibt es ausschließlich Desserts in völlig durchgeknallten Varianten (darunter auch solche, die NICHT süß sind!) und dazu die genau passenden Drinks. 6-Gänge-Degustationsmenü schlappe 98 €, ein Dessert an der Bar plus Drink 19 €. Di u. Do–Sa ab 19 Uhr. Friedelstr. 47, Ⓤ Hermannplatz, ☎ 91496396, www.coda-berlin.com.

mein.Tipp **Beuster Bar** 13, unser Lieblingslokal in Neukölln. Hier passt einfach alles für einen fröhlich-legeren Abend bei perfektem Essen. Beeindruckende Location mit dunkelgrünen Wandfliesen und wunderschöner Schanktheke. Neudeutsch-französische Bistroküche zum Reinlegen, für das Gebotene (Hg. 15,50–24 €) fair kalkuliert, glücklich machende Portionsgrößen. Da das Lokal auch eine Bar ist, wo man nur auf ein Fassbier oder ein Weinchen an der Theke vorbeischaut, ist es nicht der ruhigste Ort. Reservieren! Tägl. ab 18 Uhr. Weserstr. 32, Ⓤ Hermannplatz, ☎ 41959780, www.beusterbar.com.

Caligari 24, italienische Küche zu bezahlbaren Preisen im angesagten Schillerkiez. Im kargen Shabby-Chic-Ambiente des Bistros gibt es ein

Vernissage in der alten Kindl-Brauerei

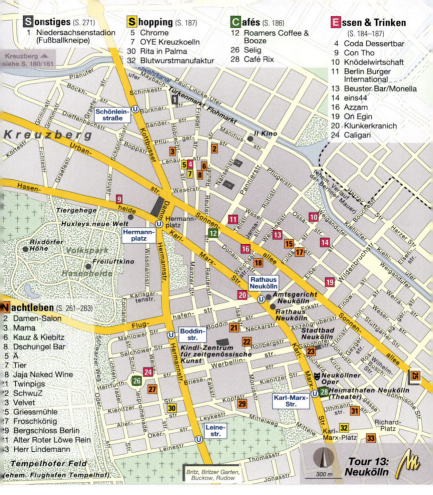

tägl. wechselndes kleines Angebot an extrem leckeren Pastagerichten (z. B. Oliven-Fettuccine mit Doradenfilet oder Pappardelle mit Salsiccia und Auberginen). Auch die Vorspeisen und die Weine können sich sehen lassen. Faire Preise. Tägl. 18–23 Uhr. Kienitzer Str. 110, Ⓤ Leinestraße, ✆ 52649841, www.caligariberlin.de.

On Egin 19, einfaches, für Neuköllner Verhältnisse sogar recht unprätentiöses baskisches Tapaslokal. Jung geführt, jung besucht. Schlichte, aber sehr leckere Tapas wie Oktopus-Ärmchen, *Pimientos*, Ochsenbäckchen in feiner Soße, Hackfleischbällchen oder Tortilla. Dazu solide Weine und einen guten *Sidra*. Preise im Mittelfeld, gute Stimmung, ein paar Tische auf dem Gehweg davor. Tägl. (außer Mo) ab 18 Uhr. Wildenbruchstr. 88, Ⓤ Rathaus Neukölln, ✆ 84113918, www.oneginberlin.de.

Monella 13, Pizza at its best! Der Star dieser karg-engen, kleinen Hipsterhöhle ist ein funkelnder, riesiger Pizzaofen. Heraus kommen schier sensationelle Pizzen neapolitanischen Typs (also mit schönem weichem Teig). Spannende Beläge: Salsiccia und wilder Brokkoli, Vesuv-Tomaten, außergewöhnliche Käsesorten. Pizzen 8–11,50 €. Der Laden brummt zu Recht, weswegen die Tische mehrmals am Abend besetzt werden und man nur max. 90 Min. sitzen darf. Macht nichts, ist eh ungemütlich. Coole Unisex-Toiletten. Tägl. 18–23 Uhr.

Feiern auf dem Parkdeck: Open-Air-Bar Klunkerkranich

Weichselstr. 17, Ⓤ Hermannplatz, ☎ 52645303, www.monella.berlin.

Con Tho **9**, der „Kleine Hase" liegt an der Hasenheide und eigentlich schon in Kreuzberg, was uns jetzt gerade mal egal ist. Veganvegetarischer Vietnamese und mit das Beste, was die asiatischen Köche rund um den Herrmannplatz zaubern! Warme Atmosphäre mit viel Bambus und Grün. Das Essen ist so gut, dass man danach am liebsten grunzen möchte vor wohligem Gefühl, wir hatten z. B. ein aromatisches Curry mit gegrillten Feigen, Süßkartoffel und Räuchertofu. Auch Gerichte zum Teilen und tolle Limonaden. Nette Gartenterrasse. Hg. 7–8,50 € und damit alles andere als teuer. Tägl. ab 12 Uhr. Hasenheide 16, Ⓤ Hermannplatz, ☎ 22456122.

Knödelwirtschaft **10**, die netten Jungs dieses engen, lauten und superbeliebten Zweiraum-Restaurants haben unsere volle Sympathie. Es gibt nur Knödel (z. B. Steinpilz, Löwenzahn, Speck oder Käse), die mit Butter übergossen, mit Parmesan bestreut und mit Salat serviert werden. Dazu ein *Tegernseer Helles* und hinterher einen Schnaps, und die Welt ist in Ordnung. Faire Preise. Mo–Fr ab 18 Uhr, Sa/So ab 16 Uhr. Fuldastr. 33, Ⓤ Rathaus Neukölln, ☎ 96600459, www.knoedelwirtschaft.de.

Schnelle Küche

Berlin Burger International **11**, in diesem punkig-bunten *Hole in the Wall* werden die mit Abstand besten Burger (7–8 €) südlich des Landwehrkanals verkauft – dafür steht man gerne auch mal Schlange. Hochwertige Salat-Toppings, super Fleisch, klasse Soßen, die das Essen allerdings auch zur kleinen Sauerei werden lassen, zumal es kaum Sitzmöglichkeiten gibt. Im Sommer stellt man draußen immerhin ein paar Bierbänke auf. Tägl. ab 12 Uhr. Pannierstr. 5, Ⓤ Hermannplatz, ☎ 0160/4826505, www.berlinburgerinternational.de.

> Hummus in der Sonnenallee: Die einfachen arabischen Imbisslokale in der Sonnenallee sind bekannt für ihre authentische, preisgünstige Küche. Hervorragend schmecken Hummus, *Foul* oder *Tabouleh* z. B. bei Azzam **16** in der Sonnenallee 54.

Cafés

Café Rix **28**, prächtiger Saal, in den es nicht nur die Besucher des Theaters „Heimathafen Neukölln" zieht. Buntes Publikum. Gutes Frühstück (So Brunch), ansprechende Tageskarte und Neuköllner Rollberg-Bier. Tische im Hof unter der Kastanie. Tägl. 10–24 Uhr. Karl-Marx-Str. 141, Ⓤ Karl-Marx-Straße, ☎ 6869020, www.caferix.de.

meinTipp Roamers Coffee & Booze **12**, wohnzimmergroßes, komplett selbst gebasteltes und üppig grünes California-Style-Café mit nur 5 Tischen – immer belegt, wen wundert's? Die Sandwiches, Kuchen, French Toasts und Eiergerichte (*Huevos Rancheros* – hmm!) sind schlicht die Wucht. Reservierungen sind nicht möglich. Tägl. (außer Mo) 10–18 Uhr. Pannierstr. 64, Ⓤ Hermannplatz, www.roamers.cc.

Selig **26**, ein Instagramer-Traum direkt neben der Kirche am Herrfurthplatz. Das ehemalige Gemeindecafé ist heute ein tolles lichtdurchflu-

Praktische Infos 187

tetes Café mit Außenterrasse – wegen der vielen Pflanzen und riesigen Blumensträuße in Glaskübeln ein Hauch Gewächshausambiente. Tolles Frühstück, wechselnde Lunchgerichte und nette Abendkarte (Burger, Bowls, Tacos, Salate, teuerstes Hg. 12 €). Nur ein, dafür ein großes Manko: das Personal! Di–Sa 10–24 Uhr, So bis 20 Uhr. Herrfurthplatz 14, Ⓤ Boddinstraße, ☏ 68050680, www.selig.berlin.

Draußen

Klunkerkranich 20, *die* Sommeradresse Neuköllns. Das ehemalige Parkdeck 6 der *Neukölln Arcaden* ist heute ein begrünter, liebevoll durchgestylter Dachgarten mit spektakulärer Rundumsicht – unbedingt zum Sonnenuntergang kommen! DJs und Konzerte, ab 16 Uhr kleiner Eintritt. Kuschelige, zusammengezimmerte Innenbereiche für die kälteren Monate. Im Sommer bei gutem Wetter (oft Warteschlangen!) tägl. 12–1.30 Uhr, im Winter verkürzt, Jan./Feb. geschl. Karl-Marx-Str. 66 (Aufzug bis Parkdeck 5 nehmen, dann laufen), Ⓤ Rathaus Neukölln, www.klunkerkranich.org.

Shopping

Accessoires

Rita in Palma 30, das Projekt der Modedesignerin Ann-Kathrin Carstensen verbindet integrative Arbeit mit High Fashion. Migrantinnen häkeln für sie kostbare, filigrane Spitzenkragen und Halstücher. Ein Kragen kann schon mal 120 € kosten – bei einer Arbeitszeit von 10 Std. sogar billig. Mo–Fr 10–17 Uhr. Kienitzerstr. 101, Ⓤ Leinestraße, www.rita-in-palma.com.

Blutwurst

Blutwurstmanufaktur 32, Traditionsmetzgerei (seit 1902) mit schickem Namen. Hier dreht sich alles um die namengebende Blutwurst. So gut ist diese nämlich, dass Metzgermeister Marcus Benser 2004 vom französischen Blutwurstritterorden *Confrérie des Chevaliers du Goûte Boudin* zum „Ritter der Blutwurst" geschlagen wurde – ohne Quatsch! Es gibt auch Mittagstisch und eine heiße Theke. Mo–Fr 8–18 Uhr, Sa bis 13 Uhr. Karl-Marx-Platz 9–11, Ⓤ Karl-Marx-Straße, www.blutwurstmanufaktur.de.

Schallplatten

OYE Kreuzkoelln 7, Vinyl, Vinyl, Vinyl, alles richtet sich an Fans der elektronischen Musik. Manchmal legen DJs auf. Mo–Fr 13–20 Uhr, Sa ab 14 Uhr. Friedelstr. 49, Ⓤ Hermannplatz, www.oye-records.com.

Fashion

Chrome 5, stilsicher eingerichteter Edel-Vintage-Laden, der auch Neuware von spannenden Berliner Designern und Designerinnen im Angebot hat. Mo–Fr 13–20 Uhr, Sa 11–19 Uhr. Lenaustr. 10, Ⓤ Schönleinstraße, www.chrome-store.com.

Märkte

Nowkoelln Flowmarkt, von Ende März bis Ende Nov. jeden 2. So am Maybachufer (Höhe Reuterstr., 10–18 Uhr, Termine auf www.nowkoelln.de). Viele Amateure, viele Schnäppchen, viel Schrott, aber angenehme Atmosphäre. Hipsterpublikum. Ⓤ Schönleinstraße.

Wochenmarkt am Maybachufer, etwas weiter westlich am Maybachufer zur Kottbusser Brücke hin. Berlins bekanntester Türkenmarkt, Di u. Fr 11–18.30 Uhr. Obst, Gemüse, Fisch und Geflügel, dazwischen der eine oder andere Stand für Touristen und die junge Neuköllner Szene: Biogemüse und Modeschnickschnack. An gleicher Stelle findet Sa von 11–17 Uhr ein **Stoff- und Designermarkt** statt (www.mv-perske.de). Ⓤ Schönleinstraße.

Seen, Strände, Parks ...
Jwd

Jwd, sprich „jottweedee", meint „janz weit draußen" – spannende Ziele rund um die zentralen Stadtteile.

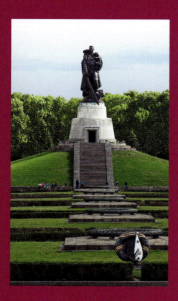

- Treptower Park, S. 188
- Köpenick, S. 191
- Friedrichshagen und Müggelsee, S. 195
- Stasimuseum Lichtenberg, S. 198
- Gedenkstätte Hohenschönhausen, S. 199
- Gärten der Welt Marzahn, S. 200
- Spandau, S. 201
- Dahlem, S. 204
- Grunewald, S. 207
- Wannsee, S. 210

... und hochkarätige Museen
Raus aus der City

„Die Umgebung von Berlin ist ein Sandmeer. Man muss den Teufel im Leib gehabt haben, als man hierher eine Stadt baute" (Stendhal). Und man muss den Teufel im Leib haben, will man auch nur ansatzweise innerhalb eines Jahres alles erkunden, was es an Spannendem rund um Berlin zu sehen gibt. Dieses Kapitel könnte lässig hundert Seiten mehr haben. Denn außer Sand gibt es Schlösser, Seen und Wälder, Gärten und Parklandschaften, Altstädte, Museen und Industriedenkmäler, Wohnsiedlungen, die UNESCO-Welterbe sind, und Plattenbausiedlungen, die es hoffentlich niemals werden. Und vieles, vieles mehr. Im Folgenden eine kleine Auswahl an Zielen, die Kultur- und Naturliebhaber genauso ansprechen wie Architektur- und Geschichtsinteressierte. Alle beschriebenen Ziele sind schnell und unkompliziert vom Zentrum aus zu erreichen.

Treptower Park

Der Park im Südosten Berlins, direkt am S-Bahnring und an der Spree gelegen, ist eine beliebte Sommerlocation: Hier wird jongliert, gejoggt, geschmust, gegrillt oder auch nur ganz faul auf der Wiese gelegen. Nahe der gleichnamigen S-Bahnstation liegt der Treptower Hafen, von wo Ausflugsschiffe nach Köpenick und zum Müggelsee starten. Spaziert man vom Hafen am Ufer entlang, gelangt man zum Biergarten Zenner mit 1500 Plätzen. Von diesem blickt man auf die **Insel Berlin**. Zu DDR-Zeiten nannte man sie „Insel der Jugend" und nochmals früher „Abteiinsel", da darauf ein romantisches Restaurant im Stil einer Klosterruine (1914 abgebrannt) stand. Der Name der

Brücke dorthin, übrigens Deutschlands erste Stahlbetonbrücke (1916), erinnert noch daran. Die Abteibrücke besitzt zwei hübsche Brückentürme. In jenem auf der Insel betreibt *kultur-ALARM e. V.* das Kulturhaus „Insel Berlin" mit Kino, Konzerten und Poetry Slam. Außerdem gibt's einen überaus gemütlichen Biergarten (→ Essen & Trinken) mit Liegestühlen, Strandkörben und Ruderbootverleih.

Spaziert man weiter an der Spree entlang, stößt man nach wenigen Schritten auf ein umzäuntes Areal inmitten des Plänterwalds. Hier befand sich einst der **Spreepark**, ein riesiger Vergnügungspark mit Riesenrad, Achter- und Wildwasserbahn, Karussells, mit Hunderevuen und Stuntshows, Losund Imbissbuden und vielem, vielem mehr. Nach der Wende wurden Millionen investiert, der größte Freizeitpark Deutschlands sollte hier entstehen. Mangels Parkplätzen kamen aber zu wenige Besucher, 2001 musste Insolvenz angemeldet werden. Der Geschäftsführer versuchte daraufhin sein Glück in Peru, 2004 kam er zurück, mit 167 kg Kokain in einem Karussell versteckt (die Vorlage für den Film *Achterbahn* von 2009).

Mittlerweile hat sich die Natur das Areal mit seinem morbiden Charme zu-rückgeholt. Allerdings will die landeseigene *Grün Berlin GmbH* das Gelände künftig wieder als Natur-, Kultur- und Erholungspark mit Leben füllen, bei Redaktionsschluss steckte man aber noch in den Planungen. Immerhin werden bereits Führungen angeboten, Termine erfährt man auf www.gruen-berlin.de.

Südwestlich der Puschkinallee liegt die **Archenhold-Sternwarte** mit dem längsten beweglichen Linsenfernrohr der Welt (21 m) und einer Ausstellung zur Himmelskunde. Ein paar Schritte weiter steht das **Ehrenmal für die gefallenen Soldaten der Roten Armee** mit der Monumentalstatue des *Großen Soldaten*, der mit Kind im Arm und Schwert in der Hand auf einem zerborstenen Hakenkreuz steht. Im Kampf um Berlin ließen allein in den letzten zwei Kriegswochen 22.000 sowjetische Soldaten ihr Leben. 7000 Rotarmisten wurden hier beigesetzt.

Praktische Infos

→ Karte S. 190

Anfahrt/Ausflugsschiffe

Der Treptower Hafen liegt direkt an der Haltestelle Ⓢ Treptower Park. Näher an den Biergärten, an der Sternwarte und dem Spreepark liegt die Haltestelle Ⓢ Plänterwald.

Ausflugsschiffe fahren vom Treptower Park (Abfahrt 10, 11, 13.30 u. 15 Uhr von Mai bis Anfang Okt., lassen Sie sich die Abfahrtszeiten bestätigen!) über Köpenick zum Müggelsee. Dauer bis Friedrichshagen ca.

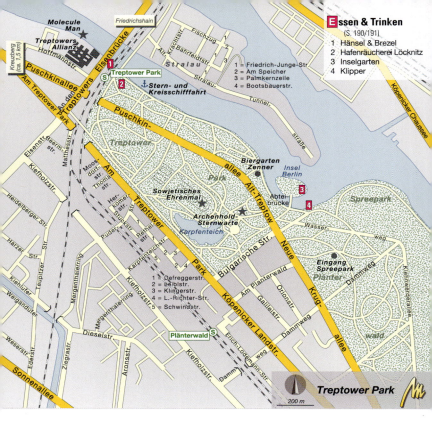

1:45–2 Std., zurück fahren von dort die Schiffe um 11.45, 13, 15.15 u. 16.45 Uhr, einfach 11 €, retour 15,50 €. Von Köpenick zum Müggelsee (Abfahrt 11, 12, 14.30 u. 16 Uhr) und zurück 11 €. Infos unter ✆ 5363600, www.sternundkreis.de.

Öffnungszeiten

Ehrenmal für die gefallenen Soldaten der Roten Armee, frei zugänglich.

Archenhold-Sternwarte, Mi/Do u. Sa/So 14–16.30 Uhr, Fr 15–21 Uhr. Freier Eintritt. Nachttermine zum Sternegucken usw. unter www.planetarium.berlin.

Bootsverleih

Mehrere Anbieter, z. B. **Floß & los** beim Restaurantschiff Klipper (Preise → Friedrichshagen und Müggelsee, S. 197) oder **Kanuliebe** (www.kanuliebe.com) auf der Insel Berlin. 3er-Kanadier 26 €/3 Std., Tretboot 13 €/Std.

Essen & Trinken

Klipper 4, das Restaurant in dem über 100 Jahre alten Zweimaster serviert Köstlichkeiten aus der eigenen Räucherei, zudem einen internationalen kulinarischen Mix, Frühstück und hausgebackene Kuchen. Schöne Terrasse. Hg. ab 14 €. Tägl. 10–1 Uhr. Bulgarische Straße, ✆ 53216490, www.klipper-berlin.de.

Inselgarten 3, der Biergarten auf der Insel Berlin. Zum Pilsner Urquell gibt's von der *Grillbar* Biowürstchen und Nackensteaks, die *Soulkitchen* reicht *Pulled Pork*, Currywurst, Pommes & Co über die Theke. Bei schönem Wetter Mo–Fr ab 12 Uhr, Sa/So ab 10 Uhr. Alt-Treptow 6, ✆ 80961850, www.inselberlin.de.

meinTipp **Hafenräucherei Löcknitz** 2, leckere Fischbrötchen! Der Imbiss mit 2 Räucheröfen liegt direkt am Treptower Hafen (Richtung Brücke). April–Okt. tägl. 10–18 Uhr. ✆ 53697839, www.fischerei-loecknitz.de.

Hänsel & Brezel ❶, coole Mischung aus Biergarten und Sommer-Spreeclub, mit Mehrpersonen-Hängematte direkt überm Fluss, Strandkörben, Sitzlandschaft und guter Mucke zur Geräuschkulisse der Elsenbrücke. Zu frisch gezapftem Pilsner Urquell gibt's Obatzd'n, Brezeln und Weißwürste. Di–Fr ab 16 Uhr, Sa ab 12 Uhr Biergartenbetrieb (wochentags ruhig und angenehm), So wird ab 12 Uhr ausgiebig geravet und montags geschlafen. An den Treptowers 10, ✆ 0157/82038466, www.else.tv.

Köpenick

Ein prächtiges Barockschloss, eine Altstadt mit schmuckem Rathaus und schöne Brunchadressen am Wasser machen Köpenick zu einem beliebten Ausflugsziel. Vor allem an Sommerwochenenden steht die Altstadt Köpenicks hoch im Kurs, es locken Blues- und Jazz-Konzerte, aber auch tolle Restaurantterrassen. Unter der Woche ist dagegen wenig los, die Altstadt wirkt verschlafen, zumal sie nicht das Geschäftszentrum Köpenicks ist.

Die von Klinkerbauten durchsetzte Altstadt befindet sich auf einer Insel am Zusammenfluss der Spree und der Dahme. Sie liegt traumhaft, rundherum von Wasser umgeben, zu viel pittoresken Charme sollte man aber nicht erwarten. Der Verfall, nicht der Krieg, hat Baulücken gerissen. Rund um die **Laurentiuskirche** stehen noch ein paar Fachwerkhäuser, im südlichen **Fischerkietz** (Kietz und Gartenstraße) kann man noch ein paar alte einstöckige Dorfhäuser mit Zunftzeichen entdecken. Und an Köpenicks Rändern – von der Altstadt aus nicht zu sehen – Megaplattenbauten von mehreren Hundert Metern Länge.

Eine Dominante in der Altstadt ist das → **Rathaus**, vor dem man dem legendären Hauptmann von Köpenick ein Denkmal setzte. Ein paar Schritte südlich davon erstreckt sich der beschauliche Schlossplatz. Auf ihm ein gläserner Pavillon mit Braukessel: die **Schloss-**

Mit dem Ausflugsschiff durch Köpenick

platzbrauerei Köpenick, die laut Eigenwerbung kleinste Brauerei Deutschlands. Unter anderem werden hier ein süffiges Helles, ein Dunkles, ein gewöhnungsbedürftiges Kirsch-Chili-Bier, ein Rauchbier und ein Babylonisches Bier gebraut. Für Letzteres, so die Wirtin, entschlüsselte das Vorderasiatische Museum Berlin die Rezeptur aus Keilschrifttexten vom Hofe des Königs Hammurapi aus dem 2. Jt. v. Chr. Das dem Platz seinen Namen gebende → **Schloss** selbst steht südlich davon auf der Schlossinsel.

Sehenswertes

Wo der Hauptmann zur Legende wurde
Rathaus

Das Rathaus im Stil der märkischen Backsteingotik wurde 1905 erbaut, 15 Jahre später wurde das ältere Köpenick dem jüngeren Berlin eingemeindet. Eng in Verbindung gebracht wird das Rathaus mit dem sog. *Hauptmann von Köpenick*, der allerdings gar kein Hauptmann war: Am 16. Oktober 1906 stieg Wilhelm Voigt, Schuster und Zuchthäusler, der schon 27 Jahre Tegel auf dem Buckel hatte, in die Uniform eines Hauptmanns, ließ den Bürgermeister verhaften und konfiszierte die Stadtkasse. Über den Streich lachte die ganze Welt, die Geschichte wurde mehrfach verfilmt und machte Voigt berühmt. Nachdem er seine Haftstrafe abgebüßt hatte, bekam er Engagements in Varietés, selbst in Übersee. Im Rathaus erinnert eine kleine Ausstellung an Voigt. Und von Mai bis September, stets samstags um 11 Uhr, marschiert der Hauptmann mit seiner Garde in historischen Kostümen im Rathausinnenhof auf.

Alt-Köpenick 21, www.tkt-berlin.de.

Elegant: Schloss Köpenick

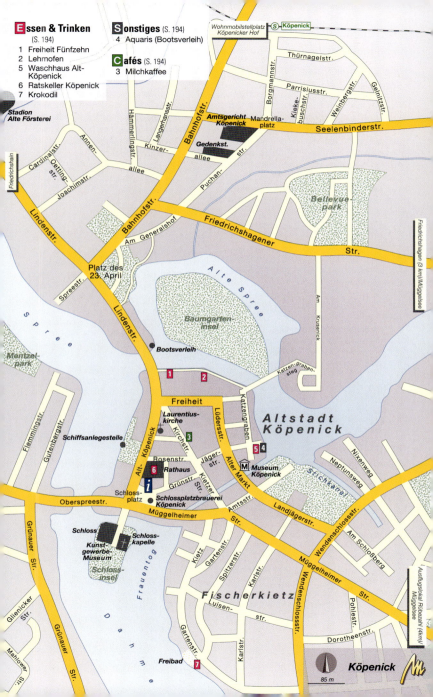

194 Jwd – raus aus der City

Heimat des Kunstgewerbemuseums

Schloss

Der Barockbau für den Kurprinzen Friedrich aus der zweiten Hälfte des 17. Jh. war als dreiflügelige Anlage geplant, wurde jedoch nie vollendet. In den Sälen mit ihren prächtigen Stuckdecken präsentiert heute das *Kunstgewerbemuseum* Werke der Raumkunst aus Renaissance, Barock und Rokoko – sehenswert. An Exponaten gibt es u. a.

großformatige Tapisserien, edle Ledertapeten, ein Kabinett mit barocken Kunstkammerschränken, kostbare Tafelaufsätze, Porzellan, Fayencen und Silber. Gegenüber dem Schloss befinden sich die hübsche *Schlosskapelle* und das *Schlosscafé* mit einer herrlichen Terrasse am Wasser (sonntags Brunch, www. schlosscafe-koepenick.de).

Schlossinsel 1. April–Sept. tägl. (außer Mo) 11–18 Uhr, sonst nur Do–So 11–17 Uhr. 6 €, erm. 3 €. www.smb.museum.

Praktische Infos   → Karte S. 193

Anfahrt/Ausflugsschiffe

Mit der S-Bahn bis Köpenick (Ticket AB ausreichend). Von dort in die Altstadt entweder zu Fuß (Ausgang Bahnhofsstraße nehmen, dann noch 1,5 km, ausgeschildert) oder per Straßenbahn (Nr. 62 o. 68).

Für Ausflugsschiffe (Anlegestelle vorm Rathaus) zum Müggelsee oder zum Treptower Hafen → Treptower Park, S. 189. Infos auch bei der Tourist Information vor Ort.

> Tipp: Kombinieren Sie Ihren Köpenickbesuch mit der An- oder Abreise per Schiff oder einer Boots- oder Fahrradtour zum Müggelsee.

Information

Tourist Information, Am Schlossplatz, Alt-Köpenick 31–33, ☎ 6557550, www.tkt-berlin.de. Mai–Sept. Mo–Fr 9–18.30 Uhr, Sa 10–16 Uhr, im Winter verkürzt.

Baden

→ Essen und Trinken/Krokodil.

Bootsverleih

Mehrere Anbieter, u. a. Aquaris **4** beim Waschhaus (Katzengraben 19, ☎ 67818084, www. aquaris.info). Im Angebot Tret-, Ruder- und Motorboote (führerscheinfrei), zudem Kajaks. Ohne Motor ab 5 €/Std., mit Motor ab 13 €/Std.

Essen & Trinken

Ratskeller Köpenick **6**, rustikaler Gewölbekeller im Rathaus. Auf der Karte Deftiges wie Eis-

bein und Brandenburger Landente (Hg. 11–18,50 €, nur die Steaks sind teurer). Angeschlossen ein Jazzkeller (Veranstaltungsprogramm unter www.ratskeller-koepenick.de). Di–Sa 11.30–23 Uhr, So bis 22 Uhr. Alt-Köpenick 21, ☎ 6555178.

Lehmofen **2**, aus dem Ofen kommen keine italienischen Pizzen, sondern gute anatolische Spezialitäten. Leckere Vorspeisen. Tolle Terrasse, sonntags Brunch. Hg. 11,50–19 €. Tägl. 12–24 Uhr (So ab 10 Uhr). Freiheit 12, ☎ 6557044.

Waschhaus Alt-Köpenick **5**, 648 km von München entfernt, gibt's hier bayerische Klassiker wie Schweinshax'n und gute Brotzeiten. Hg. 12,50–20 €. Ebenfalls nette Terrasse am Wasser, ebenfalls sonntags Brunch. April–Okt. Mi–Fr ab 17 Uhr, Sa/So ab 11 Uhr, im Winter stark verkürzt. Am Katzengraben 19, ☎ 65498319, www.waschhausaltkoepenick.de.

🐾 Milchkaffee **3**, sympathisches Café, in dem fast alles bio ist – vom fantastischen Kuchen über die leckeren Mittagsgerichte bis zum Wein. Auch gutes Frühstück. Di–Sa 9–18 Uhr, So ab 10 Uhr. Kirchstr. 5, ☎ 76763776, www. milchkaffee-köpenick.de.

Freiheit Fünfzehn **1**, gemütliche Location am Wasser, bestehend aus einem netten Sommergarten, der Duke Bar (teure, aber leckere Cocktails), dem Eventschiff Ars Vivendi und einem Veranstaltungssaal. Freiheit 15, ☎ 665887825, www.freiheit15.com.

Krokodil **7**, die tolle Terrasse direkt am Wasser ist noch eine weitere Sonntagsbrunchadresse. Internationale Küche, Hg. 8,50–19 €. Daneben das Flussbad Gartenstraße. Mo–Sa 16–24 Uhr, So 11–23 Uhr. Gartenstr. 46–48, ☎ 65880094, www.der-coepenicker.de

Im Strandbad Müggelsee

Friedrichshagen und Müggelsee

Der Müggelsee ist der größte Berliner See, und die alte Künstlerkolonie Friedrichshagen ein charmantes Städtchen an dessen Ufer. Doch die Idylle am Wasser ist durch Überflüge vom neuen Hauptstadtflughafen bedroht.

Reist man mit dem Ausflugsschiff an (S-Bahn geht schneller), gelangt man, vorbei an Köpenick, nach Friedrichshagen, einem gepflegten, wohlhabenden Städtchen, das genau an jener Stelle liegt, wo der Müggelsee in eine sich wieder windende Spree übergeht. Der Ort wurde Mitte des 18. Jh. für böhmische und schlesische Baumwollspinner gegründet, die hier die Seidenraupenzucht begründen sollten. Das klappte aber nicht so recht, und so verlegte man sich auf die Besenbinderei. Mit dem Anschluss an die Eisenbahn wandelte sich Friedrichshagen Mitte des 19. Jh. in eine Sommerfrische und in einen Villenvorort. Im ausgehenden 19. Jh. bildete sich hier ein Dichter- und Trinkerkreis, dem u. a. Bruno Wille, Gerhart Hauptmann, August Strindberg und Wilhelm Bölsche angehörten. Nach Wilhelm Bölsche ist heute auch die Hauptgeschäftsmeile des Ortes benannt, die vom S-Bahnhof zum **Müggelpark** führt, einer kleinen, schattigen Grünanlage, vor der die Ausflugsschiffe haltmachen. Die Straße säumen schmucke Stadt- und kleine Kolonistenhäuser. Am unteren Ende liegt die aufgegebene Brauerei *Berliner Bürgerbräu* (Braubetrieb 2011 nach Weißensee verlegt). Nahebei findet man nette Terrassenlokale mit Blick aufs Wasser. An Sommerwochenenden ist hier oft kein Platz mehr zu bekommen.

Folgt man dem Müggelseedamm gen Osten, vorbei am **Strandbad Friedrichshagen** (s. u.), erreicht man nach rund 1 km das Wasserwerk Friedrichshagen, ein weitläufiges Areal mit einem Ensemble roter Backsteinbauten im märkisch-neogotischen Stil. Als es 1893 in Betrieb genommen wurde, war es das größte und modernste Wasserwerk Europas. 1979 wurde der Betrieb eingestellt. Bis 2018 befand sich im liebevoll restaurierten Schöpfmaschinenhaus samt altem Originalmaschinenpark das **Museum im Wasserwerk**, das über die Geschichte der Wasserver- und -entsorgung Berlins informierte. Damit soll nun Schluss sein. Die Berliner Wasserbetriebe, denen das Werk gehört, haben künftig anderes mit dem Gebäude vor. Aktuelle Infos erhält man auf den Seiten www.berlinerunterwelten.de und www.bwb.de.

Übrigens liefert der Müggelsee noch heute das Trinkwasser für ein Viertel aller Berliner. Nur – wie lange noch? Mit der Eröffnung des neuen Hauptstadtflughafens sollen bei Ostwind täglich bis zu 122 Maschinen in 600 m Höhe über den Müggelsee donnern – Abgase und abgelassenes Kerosin könnten die Wasserqualität langfristig gefährden.

Der **Müggelsee** ist der größte aller Berliner Seen: 4,4 km lang und 2,6 km breit. Da er keine 8 m tief ist, gleicht er einer Badewanne, die sich im Sommer auf bis zu 28 °C erwärmt. Rund um den See gibt es diverse Einstiegsmöglichkeiten (→ Baden und Kasten „Radtour"). Auf der Südseite des Sees erheben sich die **Müggelberge**, die höchste natürliche Erhebung Berlins (115 m ü. d. M.). Damit man über die Baumwipfel gucken kann, gibt es einen Aussichtsturm, der einen Blick gen Süden auf Dahme und Langen See erlaubt.

Praktische Infos

Anfahrt/Ausflugsschiffe

Mit der **S-Bahn** bis Station Friedrichshagen, ein AB-Ticket ist ausreichend.

Für **Ausflugsschiffe** nach Köpenick und zum Treptower Park → Treptower Park, S. 189.

Müggelsee-Rundfahrten per Schiff werden von Friedrichshagen aus bis zu 7-mal tägl. angeboten. Dauer 1 Std., 7 €. Halt u. a. in Müggelhort und beim Ausflugslokal Rübezahl, eine Strecke 3–7 €. ✆ 5363600, www.sternundkreis.de.

Öffnungszeiten

Müggelturm, tägl. ca. 10–20 Uhr. 4 €, erm. 2 €. www.müggelturm.berlin. Das Selbstbedienungsrestaurant zu Füßen des Turms bietet schöne Terrassen, einen u. E. geschmacklosen Innenraum und ebensolches Essen.

Baden

Strandbad Friedrichshagen, rund 250 m östlich des Schiffsanlegers. Strandkörbe am Sandstrand. Eintritt 5,50 €. Müggelseedamm 216, www.seebad-friedrichshagen.de.

Friedrichshagener Ufer

Friedrichshagen und Müggelsee

Strandbad Müggelsee, bei Rahnsdorf, Tram 61 ab der S-Bahnstation Erkner hält davor. Weitläufiges Areal, ebenfalls mit Sandstrand, außerdem FKK-Bereich und Beachvolleyballfelder. Freier Eintritt, Spende erwünscht. Das marode Bad soll künftig nach und nach saniert werden. Fürstenwalder Damm 838.

Zudem findet man bei einer Radtour rund um den See viele kleine Badestellen (→ Kasten, S. 198).

Bootsverleih

Floß & los, im Strandbad Friedrichshagen. Verleiht Flöße, auf denen man wie ein Trapper durch die umliegenden Gewässer ziehen kann (Fuchsschwanz, Grill und Bierkasten nicht vergessen!). Auf die hölzernen Flöße (führerscheinfrei) mit Sonnendeck und Kajütenaufbau passen je nach Größe des Floßes 5–15 Pers. Für 5 Pers. ab 110 €/Tag. ☎ 0159/01792056, www.flossundlos.de.

Zudem verleiht Spreepoint 5 Boote. 2er-Kajaks oder z. B. Ruderboot für 4 Pers. 30 €/Tag. In Friedrichshagen am Müggelseedamm 70, ☎ 6411291, www.spreepoint.de. Ein weiterer Standort bei der Ausflugsgaststätte Rübezahl.

Radverleih

Fahrrad im Kietz (Bennos Fahrradverleih) 3, in Friedrichshagen. Ladengeschäft Bölschestr. 20, Verleihstation Müggelseedamm 188 (Eingang Scharnweberstraße). 12 €/Tag, E-Bike 25 €/Tag. Tägl. (außer Mo) 10–19 Uhr. ☎ 0172/5295699, www.fahrradimkietz.de.

Essen & Trinken Friedrichshagen

Domaines 4, charmantes, kleines französisches Café-Restaurant nahe dem Fähranleger, jedoch etwas zurückversetzt im Müggelseepark. Netter Außenbereich. Bouillabaisse, Lammkeule oder Kalbsbries an Madeirasoße zu 15,50–28,50 €. Tägl. 12–22 Uhr. Josef-Nawrocki-Str. 22, ☎ 64091879, www.domaines-berlin.de.

Tresoli 2, unprätentiöser Nachbarschaftsitaliener ohne jegliches Chichi. Ausladende Karte mit Fisch-, Fleisch- und Pastagerichten, zudem gute Steinofenpizza. Nette Gehwegterrasse. Hg. 7–21,50 €. Tägl. 11.30–24 Uhr. Bölschestr. 105, ☎ 64329915, www.tresoli-berlin.de.

mein Tipp Dresdner Feinbäckerei & Café 1, seit 1906 gibt es diese Bäckerei in der zentralen Bölschestraße, und seither hat sich am Interieur nur wenig verändert – Nostalgie pur! Der Kuchen ist die reine Wucht, egal ob Kleckskuchen, „Schwarze Witwe" oder „Tante Berta". Im angeschlossenen, ungemein altmodischen Café gibt es auch herzhafte Snacks und Frühstück. Di–Fr 9–18 Uhr, Sa/So 13–18 Uhr. Bölschestr. 89, ☎ 6452454, www.dresdner-feinbaeckerei.de.

Berlin im Kasten

Radtour: Rund um den Müggelsee

Die Tour ist herrlich, ohne Abstecher ca. 15 km lang, aber nur am Wochenende machbar, da dann auch die Fähre verkehrt. Im Sommer Badehose und Picknickkorb nicht vergessen! Den Weg kann man kaum verfehlen: Verlassen Sie **Friedrichshagen** über den Müggelseedamm gen Osten. Halten Sie 600 m hinter dem **Wasserwerk** (aufpassen!) nach einem Forstweg (als Privatweg gekennzeichnet) Ausschau. Dieser führt am See entlang bis zu einem Jugendferiendorf. Dann radelt man – vorbei am **Strandbad Müggelsee** – auf dem Radweg entlang dem Fürstenwalder Damm nach **Rahnsdorf**. Dort geht es weiter parallel zur Hauptstraße (fortan die Fürstenwalder Allee), bis unmittelbar hinter einer Tankstelle die beschilderte Abzweigung „Fischerdorf Rahnsdorf Personenfähre" auftaucht. (Bevor Sie hier nach rechts abzweigen, lohnt noch ein Abstecher: Fahren Sie dazu ca. 750 m geradeaus weiter und biegen dann nach rechts ab in den Rialtoring. So gelangen Sie nach **Neu Venedig**, ein von Kanälen durchzogenes Viertel, wo jedes Haus und jede Gartenlaube sowohl eine Straßenzufahrt als auch eine Bootsanlegestelle hat. Einkehren kann man im Ausflugslokal „Neu Venedig" mit netter Wiesenterrasse am Kanal (ausgeschildert).

Rahnsdorf besitzt einen dörflich wirkenden Ortskern samt Kirche nahe dem Fähranleger. Lassen Sie sich beim Übersetzen vom Rudermann den weiteren Weg zum Südufer des Müggelsees erklären. Ab **Müggelhort** radelt man wieder parallel zum Ufer. Es geht, vorbei an einem Kongresshotel, zum **Ausflugslokal Rübezahl**. Von diesem gelangt man, hält man sich „landeinwärts", vorbei am **Teufelsee** zum Aussichtsturm auf dem **Müggelberg** (ca. 1,5 km, s. o.). Der Turm samt Unterbau wurde jüngst modernisiert und war 2018 noch eine Baustelle. Lässt man den Abstecher außer Acht, geht es vom Ausflugslokal Rübezahl weiter entlang des Ufers bis zum **Spreetunnel**, einer Fußgängerunterführung hinüber nach Friedrichshagen.

Fähren in Rahnsdorf: Für die BVG-Fähre F 24 von der Kruggasse zu den Spreewiesen sind 12 Ruderschläge nötig. Mai bis Ende Sept. Sa/So u. feiertags 11–19 Uhr (falls die Fähre am anderen Ufer ist: Winkewinke).

Stasimuseum Lichtenberg

Wer nicht für die SED war, war gegen sie. Und nahezu jeder, der nicht für die DDR war, geriet ins Visier der Staatssicherheit, dem Geheimdienst der SED, dem „Schild und Schwert der Partei". 91.000 hauptamtliche Mitarbeiter und ca. 189.000 inoffizielle (IM) hatte die Staatssicherheit. Das Ministerium für Staatssicherheit (MfS) lag in Lichtenberg. Es erstreckte sich über ein 22 ha großes Areal zwischen Frankfurter Allee und Zoschke-Stadion und war hermetisch von der Außenwelt abgeriegelt. 8000 Angestellte wurden hier von Erich Mielke (1993 wegen Mordes verurteilt) kommandiert und hinterließen einen Aktenbestand von 111 km Länge.

Im sog. Haus 1, dem Kern des Komplexes, kann man nicht nur die weitgehend im Originalzustand erhaltenen Arbeitsräume Mielkes durchlaufen, sondern auch einen so spannenden wie erschreckenden Überblick über die Machenschaften und Methoden der Stasi gewinnen.

Ruschestr. 103, Ⓤ Magdalenenstraße. Mo–Fr 10–18 Uhr, Sa/So 11–18 Uhr. 6 €, erm. 4,50 €. www.stasimuseum.de.

So spannend wie erschütternd: Gedenkstätte Hohenschönhausen

Gedenkstätte Hohenschönhausen

Das Ministerium für Staatssicherheit (MfS) unterhielt 17 Untersuchungsgefängnisse in der DDR. Das bedeutendste befand sich in Hohenschönhausen und war aus einem sowjetischen Internierungslager hervorgegangen. Bis zum Fall der Mauer war dieser Ort ein weißer Fleck auf allen Karten der DDR, ein Sperrbezirk und absolut geheim. In getarnten Fahrzeugen verschwanden hier Oppositionelle (darunter viele Prominente) und Personen, die Fluchtversuche geplant oder unternommen hatten. Aber auch DDR-Kritiker aus dem Westen, die vom MfS entführt wurden, kamen nach Hohenschönhausen. Die Häftlinge wussten nicht, wo sie waren, wurden streng isoliert (längste bekannte Einzelhaft in der DDR zehneinhalb Jahre) und schikaniert, oft monatelang verhört. Man vermutet, dass in Hohenschönhausen einem Gefangenen acht MfS-Leute gegenüberstanden. Wie viele Tausend Menschen im Laufe der Jahre hier einsaßen, ist weitestgehend unbekannt. Wie die Stasi hier arbeitete, ebenfalls. Alles, was man weiß, beruht auf den Angaben ehemaliger Insassen. Die Wärter wie auch das Vernehmungspersonal von einst – manche von ihnen wohnen nur ein paar Straßen weiter – weigern sich, an der Aufklärung mitzuarbeiten.

Durch die Haftanstalt führen neben Historikern auch ehemalige Häftlinge. Deren Touren (ca. 1:30 Std.) gehören mit zum Schockierendsten, aber auch zum Spannendsten, was man in Berlin über die DDR erfahren kann. Davor oder danach lohnt ein Besuch der multimedialen Dauerausstellung mit weiteren hochinteressanten Details zum Gefängnis, die in ihrer Fülle fast erschlagend ist.

Genslerstr. 66, von Ⓢ+Ⓤ Alexanderplatz mit Tram 6 bis Genslerstraße oder mit Tram 5 bis Freienwalder Straße. Führungen März–Okt. tägl. 10–16 Uhr zu jeder vollen Std., Nov.–Feb. Sa/So ebenfalls 10–16 Uhr zu jeder vollen Std., Mo–Fr jedoch nur um 11, 13 u. 15 Uhr. Keine Besichtigung der Haftanstalt ohne Führung. 6 €, erm. 3 €. Die Dauerausstellung auf dem Gelände ist tägl. von 9–18 Uhr geöffnet, Eintritt frei. www.stiftung-hsh.de.

Berlin im Kasten
Berliner Siedlungen der Moderne – UNESCO-Welterbe seit 2008

Zwischen 1913 und 1934 entstanden in Berlin sechs Siedlungen, die zum Vorbild für den sozialen Wohnungsbau im 20. Jh. wurden. Die Siedlungen sollten eine Antwort auf die Wohnungsnot jener Zeit nach dem Ersten Weltkrieg sein und waren damals nach sozialen und hygienischen Gesichtspunkten geradezu revolutionär. Moderne, bezahlbare Wohnungen mit Küche, Bad und Balkon, in Häusern ohne Hinterhof und Seitenflügel, dafür von Licht und Luft durchflutet, zeichnen die **Tuschkastensiedlung Falkenberg** (Altglienicke, Ⓢ Grünau), die **Hufeisensiedlung Britz** (Neukölln, Ⓤ Parchimer Allee), die **Siedlung Schillerpark** (Wedding, Ⓤ Rehberge) und die **Wohnstadt Carl Legien** (Prenzlauer Berg, Ⓢ+Ⓤ Schönhauser Allee) aus, deren Entwürfe federführend Bruno Taut leitete. Für die **Weiße Stadt** (Reinickendorf, Ⓤ Residenzstraße) zeichneten Otto Salvisberg, Bruno Ahrends und Wilhelm Büning verantwortlich. An der **Siemensstadt** (Spandau, Ⓤ Halemweg) beteiligten sich mehrere Architekten, u. a. Hans Scharoun und Walter Gropius. So wegweisend die Siedlungen für das 20. Jh. waren, so oft wurden sie später auch kopiert. Für den Architekturlaien von heute sind sie keine besondere Attraktion mehr.

Gärten der Welt Marzahn

Die Gärten der Welt liegen in Marzahn, einem Stadtteil, der einst für seine Plattenbautristesse berüchtigt war. Heute sind viele der Modularbauten saniert.

Die Parklandschaft umfasst zig Themengärten, darunter den „Chinesischen Garten des wiedergewonnenen Mondes" (größter chinesischer Garten Europas), einen italienischen Renaissancegarten, einen englischen *Cottage-Garden*, einen japanischen Garten, der von einem Zen-Priester entworfen wurde, einen orientalischen Garten mit Wasserspielen, einen koreanischen Garten mit Totempfählen, einen balinesischen Garten mit Familientempel usw., außerdem auch ein Irrgarten-Labyrinth. Daneben steht auf dem Kienberg der *Marzahner Ausguck*, der wie ein Baumwipfelpfad aussieht. Vom U-Bahnhof Klienberg führt eine Seilbahn hinauf zum Ausguck und auf der anderen Seite hinab zu den Gärten.

Frühling in den Gärten der Welt

Mehrere Eingänge. Am einfachsten von Ⓤ Kienberg mit der Seilbahn zu erreichen. Tägl. von 9 Uhr morgens bis zum Einbruch der Dunkelheit geöffnet. Ticket inkl. Seilbahnfahrt April–Okt. 9,90 €, erm. 3 €, im Winter 6,90 €, erm. 2 €. Keine Hunde erlaubt! www.gruen-berlin.de.

Spandauer Zitadelle

Spandau

Kombiniert mit einer Rückfahrt per Ausflugsschiff oder einer Weiterfahrt gen Wannsee oder Potsdam, ist Spandau mit seiner Altstadt und der Zitadelle immer einen Zwischenstopp wert.

Wenn der Spandauer sagt, er geht in die Stadt, geht er in die Spandauer Altstadt und nicht nach Berlin – die Zitadellenstadt am Zusammenfluss von Havel und Spree ist sich selbst genug und braucht kein Berlin. Man hat ein ausgeprägtes Wir-Gefühl (untermauert durch ein Abonnement auf die Wasserballmeisterschaft, bereits 35. Titel) und im Vergleich zu Berlin auch die längere Stadthistorie. Dass der westlichste Berliner Bezirk gleichzeitig mit vielen sozialen Problemen (Überschuldung, Arbeitslosigkeit, niedriges Bildungsniveau) konfrontiert ist, tut dem keinen Abbruch. Man hat ja die **Altstadt**, von fließendem Wasser und Verkehr umgeben. Gerne wird sie als die schönste Berlins gepriesen. Das mag stimmen; Vergleichen mit wirklich pittoresken Altstadtensembles anderer deutscher Städte hält sie jedoch nicht stand. Hier ist man stolz auf ein wenig Fachwerk und ein gotisches Haus, anderswo stehen solche Häuser in Reihe. Das war einst auch in Spandau so, doch im Zweiten Weltkrieg war der Stadtteil als Zentrum der Rüstungsindustrie ein bevorzugtes Ziel der Bomber. Heute erinnert Spandau trotz liebevollen Wiederaufbaus eher an eine typisch westdeutsche Mittelstadt – mit *Karstadt* und *C & A* in der Fußgängerzone und einem *Woolworth* am Hauptplatz, hier „Markt" genannt. Die Altstadt ist weitestgehend verkehrsberuhigt, das macht sie im Sommer, wenn die Wirte im Freien eintischen, reizvoll. Mittwochs und samstags findet ein Markt statt.

Kommt man am U-Bahnhof **Spandauer Rathaus** ans Tageslicht, so steht man schon vor dem mächtigen Amtsgebäude mit seiner über 100 m breiten Front. Es wurde zwischen 1911 und 1913 errichtet, als Spandau noch eine eigenständige Stadt war (bis 1920). Schräg gegenüber liegt der gläserne Spandauer

Bahnhof, wie der Berliner Hauptbahnhof von *Gerkan, Marg und Partner* entworfen. Spaziert man in die entgegengesetzte Richtung, gelangt man zum bereits angesprochenen Markt und zur **St.-Nikolaikirche**, eine Hallenkirche aus dem 14. Jh. Nördlich der Straße Am Juliusturm (links der Falkenseer Platz – fast nirgendwo in Berlin kracht's öfter) erstreckt sich der sog. **Kolk**, das charmanteste Eck der Altstadt. Rechts davon thront auf einer Insel in der Havel die → **Zitadelle**, die mit Abstand größte Sehenswürdigkeit Spandaus.

Sehenswertes

Renaissancefestung

Zitadelle

Die Spandauer Zitadelle, eine der besterhaltenen Renaissancefestungen Deutschlands, ging aus einer slawischen Burganlage hervor. Mal war sie Grenzfeste, mal Sitz der brandenburgischen Markgrafen und Kurfürsten. Zum Schutz der Residenzstadt Berlin wurde sie zwischen 1560 und 1594 zu ihrer heutigen Form als Quadrat mit vier spitzwinkligen Bastionen an den Ecken um- und ausgebaut. Nur einmal war die Festung umkämpft, das war 1813. Die Preußen verteidigten sie jedoch nicht, ganz im Gegenteil: Sie belagerten das von Napoleons Truppen besetzte Spandau. Heute beherbergt die Festung u. a. Ateliers, Werkstätten und Kunsträume, das **Stadtgeschichtliche Museum Spandau** (im Zeughaus), eine **Ausstellung zur Geschichte der Zitadelle** (im Kommandantenhaus), eine **Kanonenausstellung** (in der Exerzierhalle), die Ausstellung **Enthüllt. Berlin und seine Denkmäler**, darunter der 3,5 t schwere Leninkopf, der wie so manch anderes Denkmal einst das Stadtbild prägte und dann entfernt wurde (im Proviantmagazin), ein **Puppentheater** (Programm auf www.

theater-zitadelle.de) und den **Fledermauskeller**, ein Schaugehege mit rund 200 Tieren. Dieses wird vom Berliner Artenschutzteam geleitet, das im Sommer auch Führungen durch die Kasematten anbietet, die bis zu 10.000 Fledermäusen als Winterquartier dienen. Zudem kann man den **Juliusturm** besteigen, das älteste profane Bauwerk Berlins (13. Jh.), 146 Stufen sind es hinauf. Im Sommer ist der Hof der Zitadelle Schauplatz des *Citadel Music Festivals* (→ Veranstaltungen, S. 254) und vieler größerer Open-Air-Konzerte.

Gerne wird die Zitadelle mit dem einstigen Spandauer Kriegsverbrechergefängnis der Alliierten verwechselt, in dem sieben NS-Größen einsaßen. Dieses lag an der Wilhelmstraße und wurde nach dem Tod von Rudolf Heß, des letzten Insassen, abgerissen. Der Toilettenspruch „Rudolf Hess, all alone, dancing the Spandau Ballet" in einem Berliner Club soll eine britische Popband zur Umbenennung ihres Namens angeregt haben…

Am Juliusturm 64. Zitadelle, tägl. 10–17 Uhr. 4,50 €, erm. 2,50 € (Ticket gilt für alle Ausstellungen). Fledermauskeller, tägl. 12–17 Uhr. Fledermausführungen meist Fr/Sa, Anmeldung unter www.bat-ev.de erforderlich. Zitadellenführungen Sa/So um 11 Uhr. 3 €. www.zitadelle-spandau.de.

Praktische Infos

Anfahrt/Ausflugsschiffe

Stationen der Ⓤ 7 nahe der Zitadelle, in der Altstadt und am Rathaus (Ticket AB ist ausreichend, Dauer ab Ⓤ Mehringdamm ca.

35 Min.). Vom Hauptbahnhof fahren zudem die Ⓢ 3 und Ⓢ 75 nach Spandau (nicht viel schneller) und die RB 4 u. 14 (ca. 15 Min.) und diverse ICEs (superschnell).

In den Sommermonaten bieten sich Rückfahrten in die City per Schiff an, entweder Mi u. Fr/Sa um 19 Uhr mit der MS Heiterkeit der Reederei Lüdicke (www.reederei-luedicke.de, 1:30 Std., 16 €) oder Mi um 16.30 Uhr mit der Reederei Stern und Kreis Schifffahrt GmbH (www.sternundkreis.de). Abfahrt am Lindenufer/Altstadt. Alle Angaben Stand 2018.

Von dort sind im Sommer mit den gleichen Reedereien auch viele weitere Touren möglich: 7-Seen-Fahrten (Großer und Kleiner Wannsee, Stölpchen- und Griebnitzsee, Babelsberg, Potsdam und zurück – vorbei an der Pfaueninsel – nach Spandau), 10-Seen-Fahrten, Schlösserrundfahrten Caputh, Werder retour, Tagesausflüge nach Brandenburg usw. Genaue Zeiten und Preise auf den jeweiligen Webseiten.

Information

Tourist Information, im gotischen Haus. Darüber eine Ausstellung zum Thema „Bauen und Wohnen" des Stadtgeschichtlichen Museums. Mo–Sa 10–18 Uhr. Breite Str. 32, ☎ 3339388, www.partner-fuer-spandau.de.

Essen & Trinken

Brauhaus in Spandau **1**, in einem roten Backsteingebäude mit Schlot (1880 übrigens als Garnisons-Waschanstalt errichtet). Braukesselambiente, draußen ein gemütlicher Biergarten. Überschaubare Karte. Spezialität ist der Spandauer Lümmel (Fleischwurstring mit Kartoffel-Gurkensalat), dazu passt das süffige untergärige Vollbier des Hauses. Hg. 10–15 €, günstiger Mittagstisch. Tägl. 10–24 Uhr. Neuendorfer Str. 1, ☎ 3539070, www.brauhaus-spandau.de.

Fisch Frank **3**, das einfache Restaurant mit offener Küche und leichtem Imbissambiente serviert seinem traditionsbewussten Publikum traditionelle und auch sehr gute Fischgerichte wie Backfisch mit Kartoffelsalat, Fischsuppe oder Labskaus. Spezialitäten: Nordseekrabben und – man lese und staune – Krebse aus dem Tiergarten (6 Stück mit hausgemachter Majo und Salat für 9,90 €), sonst Hg. 8,50–15 €. Hinterher bietet sich ein „Möwenschiss" an (Eierlikör im Schokobecher). Tägl. (außer So) 11–20 Uhr. Charlottenstr. 7, ☎ 33939261.

Konditorei Fester **2**, falls Sie der Oma Spandau zeigen, landen Sie hiermit einen Volltreffer. Tolle Kuchen und Torten (auch für Diabetiker), Pralinen und hausgemachte Marmelade zum Mitnehmen. Auch ein paar Tische im Freien am Hauptplatz. Mo–Sa 8–18 Uhr, So ab 11 Uhr. Markt 4, ☎ 3335872, www.konditorei-fester.de.

Dahlem

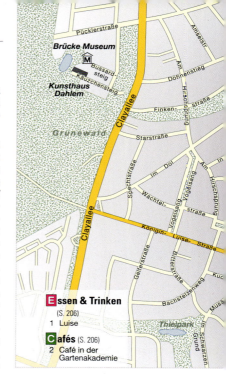

Drei in einem: Dahlem präsentiert sich als feudale Wohngegend, Univiertel samt Forschungsstätte und Museumsstandort.

Ruhig, grün und gepflegt ist Dahlem im Südwesten Berlins, ein Stadtteil mit Kurortcharakter – hier ist die Welt noch in Ordnung. Ein Dorf ist Dahlem jedoch längst nicht mehr, wie der U-Bahnhof „Dahlem-Dorf" mit seinem reetgedeckten Fachwerkgebäude vielleicht suggeriert. Nur der historische Dorfanger samt Wirtshaus und die **Domäne Dahlem**, ein uraltes Rittergut und beliebtes Ausflugsziel für Familien (→ S. 275), sind geblieben. Heute gehört Dahlem v. a. VIPs aus Politik und Wirtschaft, die in noblen Villen ohne Namen am Klingelschild residieren, außerdem Diplomaten und den rund 31.500 Studenten der Freien Universität. Die Freie Universität wurde 1948 als Gegenpol zur Berliner Universität (ab 1949 Humboldt-Universität) gegründet, nachdem dort die kommunistische Einflussnahme auf Bildung und Forschung immer größer geworden war. Die Universitätsgebäude liegen weitverstreut, man lehrt, forscht und lernt in teils schönen, alten Villen oder in innovativen Neubauten.

Ausflugsgäste gibt es auch, schließlich hat Dahlem auch ein paar Sehenswürdigkeiten zu bieten: Das → **Museum Europäischer Kulturen** im Univiertel macht immer wieder mit spannenden temporären Ausstellungen auf sich aufmerksam. Keinen Kilometer von diesem entfernt breitet sich der wunderschöne → **Botanische Garten** aus. Und inmitten einer Villensiedlung nahe dem Grunewald schließlich gibt es Kunst des Expressionismus und der Nachkriegsmoderne im → **Brücke Museum** und im → **Kunsthaus Dahlem** zu bestaunen.

Sehenswertes

Grüner wird's nicht!
Botanischer Garten

Die zwischen 1897 und 1910 angelegte Pflanzenschatzkammer der Freien Universität Berlin ist einer der bedeutendsten und größten botanischen Gärten überhaupt. Auf einer Fläche so groß wie die Vatikanstaat werden 22.000 verschiedene Pflanzenarten aus aller Welt kultiviert. Verlieren kann man

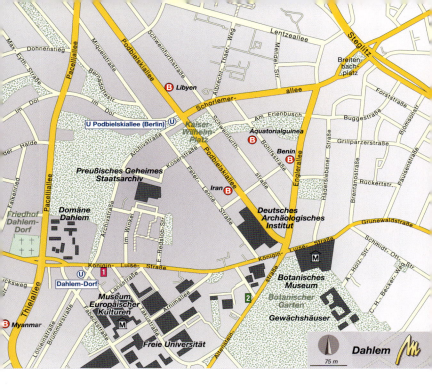

sich in den Schaugewächshäusern (6000 m² Fläche), wo ganze Tropenlandschaften nachgebaut wurden. Außerdem gibt es ein 14 ha großes Arboretum, einen Duft- und Tastgarten, einen Sumpf- und Wassergarten, einen japanischen Pavillon und vieles, vieles mehr. Im angeschlossenen **Botanischen Museum** kann man der Entwicklungsgeschichte der Pflanzen auf den Grund gehen. Der Garten dient übrigens auch als Eventlocation und Theaterbühne: Toll, wenn in den Tropenhäusern *Das Dschungelbuch* inszeniert wird.

Zugang zum Museum und zum Garten vom Königin-Luise-Platz/Königin-Luise-Str. 6–8, zudem im Süden von der Straße Unter den Eichen (Ⓢ Botanischer Garten oder Ⓤ Rathaus Steglitz). **Botanischer Garten**, tägl. 9–20 Uhr, Gewächshäuser bis 19 Uhr. **Museum**, tägl. 9–18 Uhr. Kombiticket Garten und Museum 6 €, erm. die Hälfte. www.bgbm.de.

Leben in Europa vom 18. Jh. bis heute
Museum Europäischer Kulturen

Die ständige Ausstellung trägt den Titel „Kulturkontakte. Leben in Europa". Sie zeigt u. a., wie Reisen, Handel und Migrationsbewegungen den europäischen Raum in den letzten Jahrhunderten prägten und veränderten. Leider werden nur rund zwei Prozent der 275.000 Objekte des Museums präsentiert. Die Highlights: eine 700 kg schwere, venezianische Prachtgondel mit üppigem Reliefschnitzwerk, ein wunderschön bemalter Eselskarren aus Sizilien und ein mechanischer „Weihnachtsberg" aus dem Erzgebirge mit über 300 Figuren.

Arnimallee 25, Ⓤ Dahlem-Dorf. Di–Fr 10–17 Uhr, Sa/So 11–18 Uhr. 8 €, erm. die Hälfte. www.smb.museum.

Im Botanischen Garten

Die Moderne vor und nach den Kriegen

Brücke Museum und Kunsthaus Dahlem

Das Brücke Museum präsentiert wechselnde Ausstellungen mit Werken der 1905 in Dresden gegründeten expressionistischen Künstlergruppe *Brücke*, der u. a. Emil Nolde (1867–1956) und Max Pechstein (1881–1955) angehörten. Nur durch einen Garten vom Brücke Museum getrennt, befindet sich heute im einstigen Staatsatelier des Nazi-Bildhauers Arno Breker (1900–1991) das Kunsthaus Dahlem – von außen eine düstere Trutzburg, von innen fast irritierend luftig und modern. Gezeigt wird Kunst der Nachkriegsmoderne zwischen 1945 und 1961 (vornehmlich Plastiken).

Bussardsteig 9 (Brücke Museum) bzw. Käuzchensteig 8 (Kunsthaus Dahlem). Von Ⓤ Fehrbelliner Platz mit Bus 115 bis Haltestelle Firkenstraße oder von Ⓤ Dahlem-Dorf mit Bus X 83 bis Haltestelle Königin-Luise-Str./Clayallee (von dort noch ca. 800 m Fußweg). Beide Museen haben tägl. (außer Di) von 11–17 Uhr geöffnet. Kombiticket für beide Museen 8 €, erm. 5 €. www.bruecke-museum.de bzw. www.kunsthaus-dahlem.de.

Praktische Infos → Karte S. 204/205

Essen & Trinken

Luise ❶, großräumiges Kneipen-Restaurant in einer schönen Gründerzeitvilla, mit dabei ein Biergarten unter alten Bäumen. Anständige internationale Küche zwischen Steinofenpizza, Fisch und Fleisch. Viele Studenten, die hier donnerstags Rabatt bekommen. Hg. 6,90–20,50 €, So Brunch für 17,90 €. Tägl. 10–1 Uhr. Königin-Luise-Str. 40–42, Ⓤ Dahlem-Dorf, ✆ 8418880, www.luise-dahlem.de.

Café in der Gartenakademie ❷, in der „Königlichen Gartenakademie", einer Gärtnerlehranstalt aus dem 19. Jh., heute ein gehobenes Gartenbaucenter. Schöne Atmosphäre im Glashaus, außerdem ein idyllischer Garten. Leichte Küche zu ca. 12–15 €, guter Kuchen. Di–Sa 10–18.30 Uhr, So bis 16 Uhr, im Winter verkürzt. Altensteinstr. 15 a, Ⓤ Dahlem-Dorf, ✆ 832209029, www.dascafeindergartenakademie.de.

Grunewald

Unter „Grunewald" versteht man nicht nur das bekannteste Forstareal Berlins, sondern auch das gleichnamige Villenviertel, das es sich zwischen Wald und Kurfürstendamm bequem macht – die Beletage Berlins ist dort zu Hause. Durch den weitläufigen 3000 ha großen Forst selbst spaziert, joggt und radelt an schönen Wochenenden gefühlt halb Berlin – zum Schrecken der heimischen Wildschweinfamilien. Allzu viel Einsamkeit sollte man daher nicht erwarten.

Aufgrund der großen Entfernungen wählt man für die Erkundung des Grunewalds am besten das Fahrrad. Ein möglicher Ausgangspunkt ist der **S-Bahnhof Grunewald**, ein Ort mit schrecklicher Geschichte. Während des Dritten Reiches wurden hier über 50.000 Juden in Güterwaggons gepfercht und in den Tod geschickt. Daran erinnern zwei Mahnmale, eines auf Gleis 17, das andere neben dem Bahnhof (Ausgang Fontanestraße nehmen und nach Verlassen des Bahnhofs links halten): Eine 18 m lange Betonwand zeigt die Negativabdrücke menschlicher Körper und symbolisiert damit den Deportationszug.

Vom S-Bahnhof Grunewald führen diverse Wege zum 120 m hohen **Teufelsberg**, einem Trümmerberg. Unter Kriegsschutt begraben, liegen hier auch die Rohbauruinen der von den Nazis geplanten Wehrtechnischen Fakultät. Obenauf bastelten sich die Amerikaner im Kalten Krieg eine Abhör- und Störstation mit riesigen weißen Antennenkuppeln. Die bizarre Anlage ist heute im Verfall begriffen, Street-Art-Künstler toben sich hier aus. Bevor man sich aber dorthin aufmacht, sollte man unbedingt die Webseite (s. u.) checken, um zu erfahren, was gerade möglich ist und was nicht. Wegen Einsturzgefahr war es z. B. zuletzt nicht mehr möglich, die Aussichtsplattform mit der Kuppel zu betreten.

Im Winter jagt man (sofern Schnee liegt …) mit dem Schlitten die Hänge des Teufelsbergs hinab, selbst Ski wird gefahren. Auf dem Drachenberg nahebei lässt man Drachen steigen und kann der herrlichen Weitblick in alle Richtungen und bis zum Fernsehturm genießen.

Der **Teufelssee** südlich des Bergs hat eher etwas von einem Tümpel, was die Berliner jedoch nicht hindert, im Sommer in Scharen hineinzuhüpfen und an seinen Ufern splitternackt dem ausgiebigen Sonnenbraten zu frönen. Ebenfalls zum Baden locken die im Süden des Forsts gelegenen Seen **Krumme**

In der Fischerhütte am Schlachtensee

Lanke und **Schlachtensee**, der auch eifrig zum Angeln genutzt wird. Der **Grunewaldsee** ist hingegen der Badesee für Hunde! Er kann zudem mit einer Sehenswürdigkeit punkten – dem idyllisch gelegenen **Jagdschloss Grunewald** aus dem 16. Jh. Das Schlösschen gilt als einer der wenigen erhaltenen, wenn auch später barockisierten Renaissancebauten der Stadt. Im Inneren kann man u. a. rund 30 Werke von Lucas Cranach dem Älteren und dem Jüngeren bewundern.

Die Havel, die im Süden in den Wannsee übergeht, markiert das westliche Ende des Grunewalds. Die buchtenreiche Havellandschaft lässt sich vom 86 m hohen **Grunewaldturm** an der Havelchaussee überblicken (204 Stufen!). Der Turm im Stil der märkischen Backsteingotik entstand Ende des 19. Jh., ihm zu Füßen ein gemütliches Ausflugsrestaurant mit Biergarten.

Nördlich davon träumt der verwunschene, mitten im Wald gelegene **Friedhof Grunewald-Forst** vor sich hin. Prominentestes Grab ist das von Christa Päffgen (1938–1988), besser bekannt als Nico. Die Ikone des Underground ruht in einem unscheinbaren, von Fans jedoch liebevoll dekorierten Grab.

Praktische Infos

Anfahrt/Radverleih

Ausgangspunkt für die Erkundung des nördlichen Grunewalds ist der S-Bahnhof Grunewald (neben dem Bahnhof verleiht das Restaurant Scheune Räder für 12 €/Tag, ✆ 8924903, www.scheune-restaurant.de), für den Süden der S-Bahnhof Schlachtensee o. Ⓤ Krumme Lanke, vom Zentrum in rund 30 Min. zu erreichen. Für die Wegbeschreibungen zu den Sehenswürdigkeiten und Restaurants s. u.

Öffnungszeiten

Teufelsberg, Ⓢ Grunewald, von dort zu Fuß oder per Rad weiter. Im Sommer Mi–So von 12–20 Uhr, im Herbst bis 19 Uhr, im Winter bis 18 Uhr. Eintritt (ohne Führung) 5 €. Führungen (15 €) Fr um 14 Uhr, Sa/So um 13 Uhr, So zudem um 15 Uhr. Start der Touren am Haupttor, Teufelsseechaussee 10, www.teufelsberg-berlin.de.

Jagdschloss Grunewald, von Ⓤ Dahlem-Dorf mit Bus X 83 bis Haltestelle Königin-Luise-Straße/Clayallee, dann weiter zu Fuß. Jan./Feb. geschl. April–Okt. tägl. (außer Mo) 10–17.30 Uhr, Nov./Dez. u. März nur Sa/So 10–16 Uhr. 6 €, erm. 5 €. www.spsg.de.

Grunewaldturm, von Ⓢ Heerstraße mit Bus 218 bis Haltestelle Grunewaldturm. Tägl. 10 Uhr bis Restaurantschließung. 4 €. www.restaurant-grunewaldturm.de.

Friedhof Grunewald-Forst, von Ⓢ Heerstraße mit Bus 218 bis Haltestelle Havelweg, dann zu Fuß weiter (mit unscheinbaren Holzschildern ausgeschildert). Im Sommer 7–20 Uhr, im Winter 8–16 Uhr.

Baden

Badestellen (keine offiziellen Freibäder) gibt es rund um die **Krumme Lanke** (die eher etwas von einem ruhigen Fluss denn von einem See hat, Ⓤ Krumme Lanke) und den **Schlachtensee**, der einer der saubersten Berliner Badeseen ist. An bzw. nahe seinen Ufern pompöse Villen und ein tolles Ausflugsrestaurant (Ⓤ Krumme Lanke o. Ⓢ Schlachtensee).

Essen & Trinken

Locanda 12 Apostoli **2**, im Forsthaus Paulsborn, einer schönen Neorenaissancevilla ganz im Süden des Grunewaldsees. Da zurückversetzt, leider kein Seeblick von der wunderbaren Sommerterrasse. Italienische Küche (Pizza, Pasta & Co), aber auch Wiener Schnitzel, Hg. 9–36 €. Nebenan ein einfacherer Biergarten mit Selbstbedienung (Bratwurst, Hotdog und Burger). Kein Problem, wenn Sie hier einen über den Durst getrunken haben: Es werden auch Zimmer vermietet. Tägl. ab 10 Uhr. Hüttenweg 90, Anfahrt → Baden/Grunewaldsee, ✆ 8181910, www.locanda-12apostoli.de.

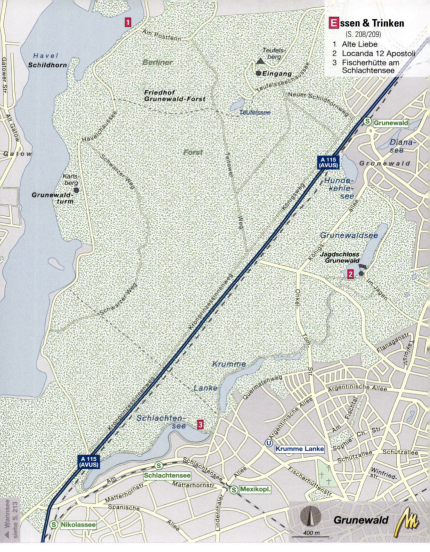

Mein Tipp Fischerhütte am Schlachtensee 3, in idyllischer Lage direkt am Wasser. Gediegenes Weinrestaurant in der Fischerhütte (gehobenere Preisklasse). Draußen schöne Terrassenlandschaft mit Selbstbedienungs-Kiosk (billiger). Überall gute Küche und viele freche Vögel, die diese von den Tellern stibitzen wollen. Tägl. ab 10 Uhr. Fischerhüttenstr. 136, Ⓤ Krumme Lanke, ☏ 80498310, www.fischerhuette-berlin.de.

Alte Liebe 1, Restaurantschiff am Havelufer. Eher rustikale Speisekarte (Bauernfrühstück, Berliner Sülze, diverse Fischgerichte, Hg. 13–25 €), große Portionen. Innen etwas bieder. Wenn aber die Sonne scheint, sitzt man schön auf der Holzstegterrasse. April–Okt. tägl. ab 12 Uhr. Havelchaussee 107, von Ⓢ Heerstraße mit Bus 218 bis Haltestelle Postfenn, ☏ 3048258, www.alte-liebe-berlin.de.

Wannsee

„Pack' die Badehose ein und dein kleines Schwesterlein, und dann nischt wie raus nach Wannsee." Das Ausflugsziel lockt aber auch Kunst- und Kulturfreunde an.

Der Gassenhauer des Kinderstars Conny Froboess machte die „Badewanne Berlins" 1951 deutschlandweit berühmt. Das Strandbad Wannsee ist eine Institution mit über 100-jähriger Tradition. In den Anfangsjahren aber war das „Baden mit dreieckiger Unterhose nicht gestattet!" – so stand's auf den Verbotsschildern. Unter „Wannsee" versteht man übrigens nicht nur den See als solchen, sondern auch den gleichnamigen Ortsteil des Bezirks Steglitz-Zehlendorf, eine von einer See-Fluss-Kanal-Landschaft eingerahmte Insel.

Die Umgebung ist wie geschaffen für Radtouren vorbei an idyllischen Biergärten, Ruder- und Yachtclubs sowie prächtigen Villen. In einer davon, der → **Liebermann-Villa**, erweist man einem der Wegbereiter der modernen Malerei in Deutschland die Reverenz. Eine andere, heute die Gedenkstätte → **Haus der Wannsee-Konferenz**, behandelt hingegen eines der schwärzesten Kapitel der deutschen Geschichte.

Als Teil der Potsdamer Parklandschaft stehen die → **Pfaueninsel** sowie → **Park und Schloss Glienicke** seit 1990 als herausragende Zeugnisse der preußischen Kultur auf der UNESCO-Welterbeliste. In der Nachbarschaft des Schlosses Glienicke führt die **Glienicker Brücke** hinüber nach Potsdam. In Zeiten des Kalten Krieges war sie eine tote Brücke, die eher trennte, als verband. Als Schauplatz für den einen oder anderen Agentenaustausch zwischen den verfeindeten Mächten erlangte sie Berühmtheit.

Sehenswertes

Impressionismus am Wannseeufer
Liebermann-Villa

Die schmucke Villa am Wannseeufer ließ sich Max Liebermann, einer der Hauptvertreter des deutschen Impressionismus, 1909 von dem Architekten Paul Otto Baumgarten errichten. Bis zu seinem Tod verbrachte Liebermann hier in Gesellschaft der Berliner High Society seine Sommer. Im Garten entstanden rund 200 Gemälde, einige davon sind im ersten Stock der Villa, heute ein Museum, ausgestellt. Das Erdgeschoss widmet sich der wechselvollen Geschichte der Villa nach Liebermanns Tod. Angeschlossen ist ein Café mit herrlicher Terrasse.

Colomierstr. 3, von Ⓢ Wannsee mit Bus 114 bis Haltestelle Liebermann-Villa. April–Sept. tägl.

(außer Di) 10–18 Uhr, sonst tägl. (außer Di) 11–17 Uhr. 8 €, erm. 5 €. www.liebermann-villa.de.

Erschütternde Gedenkstätte
Haus der Wannsee-Konferenz

Am 20. Januar 1942 fand hier, in der *Villa Marlier*, unter Vorsitz des SS-Obergruppenführers Reinhard Heydrich die Konferenz über die „Endlösung der Judenfrage" statt. Die Villa dient heute als Gedenkstätte. In 15 Räumen, darunter dem eigentlichen Konferenzsaal, werden Besucher in die Geschehnisse detailgenau eingeführt, auch geschichtliche Hintergründe des Antisemitismus werden thematisiert. So informativ wie erschütternd.

Am Großen Wannsee 56–58, von Ⓢ Wannsee mit Bus 114 bis Haltestelle Haus der Wannsee-Konferenz. Tägl. 10–18 Uhr. Eintritt frei. www.ghwk.de.

Mit dem Tretboot über den Wannsee

Märcheninsel mit Schlösschen
Pfaueninsel

Das märchenhafte 68 ha große Eiland in der Havel ist ein Gesamtkunstwerk. An der Südwestspitze der Insel steht ein weißes **Holzschlösschen** im Stil eines verfallenen römischen Landhauses – Friedrich Wilhelm II. ließ es 1794 erbauen. Für die Innenausstattung – sie ist im Originalzustand erhalten – war seine Mätresse Wilhelmine von Lichtenau zuständig. Das runde Bambushüttenzimmer spiegelt das Faible jener Zeit für die gerade entdeckte Südsee wider (leider ist das gesamte Schlösschen wegen Restaurierungsarbeiten bis voraussichtlich 2024 der Öffentlichkeit nicht zugänglich). Als Ausdruck der königlichen Sehnsucht nach dem einfachen Landleben ließ Friedrich Wilhelm II. auf der Nordseite der Insel zudem eine als gotische Ruine konzipierte **Meierei** errichten.

An der wild-romantischen Inselszenerie fand auch Nachfolger Friedrich Wilhelm III. Gefallen. Er beauftragte den Gartenbaumeister Peter Joseph Lenné mit der Anlegung eines **Rosengartens** (mit heute noch rund 1000 Stöcken) und einer Menagerie. Darin tummelten sich über 800 Tiere, darunter vier Kängurus, drei Bären und selbst ein Löwe. Nach dem Tod Friedrich Wilhelms III. fand sich niemand mehr, der die Pracht auf der Pfaueninsel förderte.

Heute leben noch rund 30 Pfauen und rund 30 Menschen auf dem Eiland – Letztere sind die einzigen, die motorisiert unterwegs sein dürfen. Otto Normaltourist hingegen darf nicht einmal ein Rad auf die Insel mitnehmen. Auch Ballspielen und Rauchen ist verboten. Dafür darf und soll man ausgiebig spazieren, vorbei an Blumengärten, Brunnen, uralten Eichen und stolzen Pfauen.

Von Ⓢ Wannsee mit Bus 218 bis Haltestelle Pfaueninsel, von dort weiter mit der Fähre (Mai–Aug. tägl. 9–20 Uhr, April u. Sept. bis 19 Uhr, März u. Okt. bis 18 Uhr, sonst 10–16 Uhr, 4 €/Pers., erm. 3 €). **Meierei**, April–Okt. Sa/So 10–17.30 Uhr, sonst geschl. 3 €, erm. 2 €. www.spsg.de.

Sacrower Heilandskirche

Sommersitz des Preußenprinzen
Park und Schloss Glienicke

Das vormalige Gut im Westen der Wannseeinsel wurde 1824 von Prinz Carl von Preußen als Sommersitz erworben und danach von Karl Friedrich Schinkel zu einer Landvilla im italienischen Stil umgebaut. Heute führt man dort in die fürstliche Wohnkultur der ersten Hälfte des 19. Jh. ein, zudem gibt es ein kleines Museum, das über die preußischen Hofgärtner informiert. Leider ist von der Originaleinrichtung so gut wie nichts erhalten geblieben.

Für die wunderschöne 100 ha große Park- und Gartenlandschaft drum herum zeichnete wieder einmal Peter Joseph Lenné verantwortlich. Das Areal ist durchsetzt mit zahlreichen kleineren Gebäuden wie dem sog. **Casino**, einem klassizistischen Gästehaus am Havelufer, romantisierenden Bauten wie der sog. **Teufelsbrücke**, Brunnenanlagen und vielen lauschigen Plätzchen. Immer wieder trifft man auf Aussichtspunkte, die einen schönen Blick freigeben – so auf die **Sacrower Heilandskirche** auf der anderen Seite der Havel. Sie stand bis 1989 im Niemandsland inmitten der deutsch-deutschen Grenze. 1989 fand in dem schwer mitgenommenen Gotteshaus der erste Gottesdienst nach knapp drei Jahrzehnten statt.

Königsstr. 36, von Ⓢ Wannsee mit Bus 316 bis Haltestelle Schloss Glienicke. **Park**, tagsüber stets zugänglich. **Schloss**, April–Okt. tägl. (außer Mo) 10–17.30 Uhr, Jan./Feb. geschl., sonst Sa/So bis 16 Uhr. 6 €, erm. 5 €. Nur mit Führung (45 Min.). www.spsg.de.

Die Schlösserrundfahrt führt unter anderem an der Pfaueninsel vorbei

Praktische Infos → Karte S. 213

Anfahrt/Ausflugsschiffe

Bis Ⓢ Wannsee vom Hauptbahnhof ca. 25 Min. Von Ⓢ Wannsee fahren Busse zu den Sehenswürdigkeiten (siehe dort).

Von April–Sept. bietet die **Stern und Kreisschifffahrt GmbH** (Anlegestelle ca. 250 m von Ⓢ Wannsee entfernt, ausgeschildert) diverse Fahrten an, z. B. die „7-Seen-Rundfahrt" vorbei an prächtigen Villen (2 Std., 12,50 €) oder die „Weltkulturerbefahrt" nach Potsdam (3 Std., 15 €). ☎ 5363600, www.sternundkreis.de.

Baden

Strandbad Wannsee, 1907 als Familienbad eröffnet. Weitläufige terrassierte Anlage. Netter, oft recht voller und lauter, über 1 km langer Strandbereich mit Strandkörben und Pudersand aus Travemünde an der Ostsee. Es geht sehr flach ins Wasser. FKK-Bereich. 5,50 €, erm. 3,50 €. Wannseebadweg 25. Am besten fährt man bis Ⓢ Nikolassee und läuft von dort (ca. 10 Min.). Der Bus 312, der direkt zum Bad fährt, verkehrt nur in den Berliner Sommerferien. www.berlinerbaeder.de.

Zudem mehrere **Badestellen** zwischen Haus der Wannsee-Konferenz und Pfaueninsel.

Bootsverleih

Wassersportcenter Berlin, gleich neben dem Wannseebad, vorm Haupteingang zum Bad den Waldweg links am Zaun entlang nehmen. Tret-, Paddel- und Segelboote (Tretboot für 4 Pers. 12 €/Std.). Wannseebadweg 25, ☎ 0171/2172887, www.wassersportcenter-berlin.de.

Radverleih

2018 gab es am S-Bahnhof Wannsee keine Vermietung mehr. Für Radverleiher im Zentrum Berlins → S. 287. Nächste Radvermietung ist **Pedales** 5 direkt im S-Bahnhof Griebnitzsee. Räder ab 12 €/Tag. Ostern–Okt. tägl. 9–18.30 Uhr, im Winter verkürzt. ☎ 0331/7480057, www.potsdam-per-pedales.de.

Essen & Trinken

Remise 3, von *Lutter & Wegner* betriebenes, gediegenes Restaurant mit Sommerterrasse in der Remise des Schlosses Glienicke (→Sehenswertes). Gehobene deutsche Küche wie Wiener Schnitzel mit lauwarmem Kartoffel-Radieschen-Salat oder (zur Saison) Havelzander mit Pfifferlingrisotto, Hg. 20–24 €. Tägl. (außer Mo) 12–22 Uhr. Königstr. 36, Bus 316 ab Ⓢ Wannsee

Wannsee 215

Berlin im Kasten
Radtour: Vom Großen Wannsee zum Griebnitzsee

Tolle, abwechslungsreiche Tour (Länge ca. 14 km), die zu vielen Zwischenstopps einlädt. Der Weg ist kaum zu verfehlen. Vom **S-Bahnhof Wannsee** (Ausgang Schiffsanlegestelle) sind die **Liebermann-Villa** und das **Haus der Wannsee-Konferenz** bereits ausgeschildert – schöne Villengegend. Direkt hinter dem Haus der Wannsee-Konferenz biegt man rechts zum Wasser hin ab und findet dort, neben der Statue des sog. Flensburger Löwen, den Einstieg zum idyllischen Uferweg, der, mal als Waldweg und mal asphaltiert, bis zur Glienicker Brücke führt. Dabei passiert man die Fähranlegestelle zur **Pfaueninsel** (samt Wirtshaus zur Pfaueninsel), das **Wirtshaus Moorlake**, den **Park des Schlosses Glienicke** und die **Sacrower Heilandskirche** (auf der anderen Uferseite). Bei der **Glienicker Brücke** (rechts geht es nach Potsdam) hält man sich links und folgt nun stets der Beschilderung zum S-Bahnhof Griebnitzsee bzw. „Mauerradweg". Dabei durchfährt man das beschauliche Dorf **Klein-Glienicke** mit seinen schönen Schweizerhäusern aus dem 19. Jh. Klein-Glienicke war bis 1989 übrigens eine Ost-Enklave in Westberlin, eine „Sonder-Sicherheitszone", rundherum von der Mauer umgeben und nur durch eine Kanalbrücke mit Potsdam und damit der DDR verbunden. Vorbei an herrlichen Villen am Ufer des **Griebnitzsees** gelangt man schließlich zum gleichnamigen S-Bahnhof (Achtung: Für die Rückfahrt nach Berlin ist von hier ein Anschlussfahrschein nötig, falls Sie nur einen Fahrschein für den Tarifbereich AB besitzen!).

bis Haltestelle Schloss Glienicke, ℡ 030/ 8054000, www.schloss-glienicke.de.

Garage du Pont **4**, bereits in Potsdam, aber nur einen Katzensprung von der Glienicker Brücke entfernt. → S. 226.

Wirtshaus zur Pfaueninsel **1**, sympathisches, rustikal-jugendliches Restaurant mit farbenfroh estrichenen Wänden und rot-weiß karierten Tischdecken. Biergarten ohne nennenswerte Aussicht, etwas weiter ein Imbiss samt Terrasse in Wassernähe. Bodenständige Küche mit Pfiff: Brezelfrühstück, Hirschgulasch, Wiener Schnitzel mit Steinpilzsoße und Serviettenknödeln, Hg. 12–25 €. Mai–Okt. tägl. (außer Mo) ab 10 Uhr, im Winter nur Mi–So. Pfaueninselchaussee 100, Bus 218 ab Ⓢ Wannsee bis Endstation, ℡ 030/8052225, www.pfaueninsel.de.

Blockhaus Nikolskoe **2**, König Friedrich Wilhelm III. ließ das urige Holzhaus hoch über dem Wannsee im Jahr 1819 in nur 6 Wochen für seine Tochter Charlotte und deren Gatten, den Zaren Nikolaus, errichten. Heute genießt man von der Traumterrasse einen tollen Havelblick. Satt machende Küche: Rouladen, Eisbein, Schnitzel und ein paar vegetarische Gerichte. Hg. 14,50–20 €. In der Nachbarschaft steht die St.-Peter-und-Paul-Kirche, ebenfalls im russischen Stil. Bei gutem Wetter tägl. 11–19 Uhr. Nikolskoer Weg 15, Bus 218 ab Ⓢ Wannsee bis Endstation, dann noch 700 m Fußweg den Berg hinauf, ℡ 8052914, www.blockhaus-nikolskoe.de.

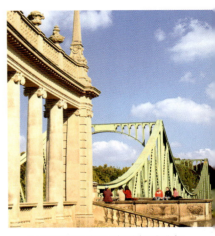

Geschichtsträchtig: Glienicker Brücke

Ausflug nach Potsdam

Mit ihren vielen Schlössern, allen voran Sanssouci, ist die Landeshauptstadt Brandenburgs eigentlich eine eigene Reise wert. Kurz reinschnuppern in Preußens Glanz und Gloria geht aber auch: Vom Berliner Hauptbahnhof ist man mit der S-Bahn in einer halben Stunde dort.

- **Schloss und Park Sanssouci**, nicht umsonst UNESCO-Welterbe, S. 222
- **Alexandrowka und Holländisches Viertel**, das Erbe von Russen und Holländern, S. 221
- **Filmpark Babelsberg**, Spaß für Groß und Klein, S. 224

Berlins kleine Schwester

Potsdam mit seinen rund 176.000 Einwohnern boomt. Im Gegensatz zu vielen anderen ostdeutschen Städten herrscht hier Zuzug und nicht Abwanderung. Und was zuzieht, hat Bildung und/oder Geld, arbeitet bei Film und Fernsehen im nahen Babelsberg, an der Universität Potsdam, am Fraunhofer- oder Max-Planck-Institut. Oder genießt einfach nur seine Ruhe. Es ist schick, in den Villen am Griebnitzsee und am Heiligen See zu wohnen. Jauch und Joop machten den Anfang, andere Promis folgten.

> **Hinweis:** In diesem kurzen Ausflugskapitel sind nicht alle Sehenswürdigkeiten Potsdams beschrieben. Auch das, was im Folgenden gerafft aufgeführt ist, kann an einem einzigen Tag nicht besichtigt werden. Viele Schlösser und Museen haben montags geschlossen, andere wiederum dienstags. Kleinere Sehenswürdigkeiten öffnen nur samstags und sonntags. Am Wochenende muss man vor den größeren Sehenswürdigkeiten mit längeren Warteschlangen rechnen. Am besten startet man also mittwochs, donnerstags oder freitags so früh wie möglich. Für eine Fahrt nach Potsdam benötigen Sie ein Ticket des Tarifbereichs ABC.

Potsdam ist eine Stadt im Wandel. Das merkt man schon auf den ersten Metern vom Hauptbahnhof ins Zentrum – Abriss und Wiederaufbau bestimmen das Bild, oder anders gesagt: immer wieder Baustellen. Jüngst wiederaufgebaut wurden das Stadtschloss am Alten Markt und das Palais Barberini (→ Sehenswertes). Hinter der Nikolaikirche wurde 2018 die Fachhochschule aus DDR-Zeiten abgerissen. Die Neubebauung des Areals soll historischen Stadtstrukturen folgen. Etwas weiter, an der Breiten Straße, hat man damit begonnen, den 88 m hohen Turm der einst barocken Garnisonkirche (1968 gesprengt) wiederaufzubauen. 2021 soll man mit einem Lift nach oben fahren können. In Potsdams Zentrum hat die Vergangenheit Zukunft.

Das Viertel zwischen Brandenburger Tor und Bassinplatz geht schon jetzt in die Richtung einer charmanten Museumsstadt mit Geschäften, die den Wohlfühlfaktor betonen: gesund essen, genussvoll trinken, stilvoll shoppen. In den gepflegten, sauberen Straßen kommt einem Berlin plötzlich weit weg vor: Hier führt keiner sein Bierchen spazieren, Spätkaufs gibt es sowieso nicht. Für was auch: Am Abend werden die Bürgersteige früh hochgeklappt.

Potsdam hat aber nicht nur Stil und Schick, sondern auch trostlose Plattenbausiedlungen wie z. B. Drewitz im Südosten. Deren Einwohner sind im Zentrum kaum unterwegs, Hartz IV grenzt aus.

Geschichtlicher Abriss

Die Inkarnation des Preußentums in Potsdam begann unter Friedrich Wilhelm, dem Großen Kurfürsten, der Mitte des 17. Jh. das damalige Fischerdorf mit einer Burganlage zur Residenz neben Berlin ausbauen ließ, ganz nach dem Motto: „Das ganze Eyland muss ein Paradies werden …". In die Tat setzten dies insbesondere die nachfolgenden Friedrichs und Wilhelms um, v. a. Friedrich der Große (mit dem Architekten Georg Wenzeslaus von Knobelsdorff) und – noch vor seiner Krönung zum Kronprinzen – Friedrich Wilhelm IV., der u. a. den Architekten Karl Friedrich Schinkel und den Gartenbaumeister Peter Joseph Lenné engagierte.

Verheerend für die Kulturlandschaft war der Zweite Weltkrieg – auch deswegen, weil die Nazis alles einschmelzen ließen, was zur Waffenherstellung taugte, selbst gusseiserne Fensterumrahmungen. Und auch die Zeit des Sozialismus hinterließ Narben – zu DDR-

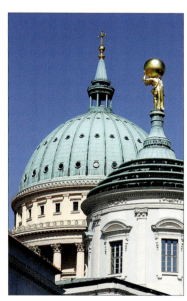

Nikolaikirche und Altes Rathaus

Zeiten tat man nicht viel für den Erhalt des kulturellen Erbes.

1990 erklärte die UNESCO die Schlösser und Parks von Sanssouci und Babelsberg sowie den Neuen Garten mit Marmorpalais und Schloss Cecilienhof zum Welterbe. In den Jahren 1992 und 1999 wurde das Welterbegebiet um 14 Denkmalbereiche erweitert, darunter u. a. die Russische Kolonie Alexandrowka und der Pfingstberg mit dem Belvedere. Seitdem fließen Millionen in die Renovierung und Wiederinstandsetzung.

Sehenswertes

Highlights in der Altstadt

Im Zentrum

Am **Alten Markt** steht das 2010–2013 mit ein paar wenigen Originalfragmenten wieder aufgebaute **Stadtschloss**. Es wurde im Krieg zerstört, seine Ruinen wurden 1959/60 gesprengt und abgetragen. Heute beherbergt das Schloss den Landtag. Daneben erhebt sich die mächtige Kuppel der **Nikolaikirche**, zwischen 1830 und 1850 nach Plänen von Schinkel erbaut und nach dem Krieg wiedererrichtet. Der Bau rechts davon, mit dem vergoldeten Atlas auf dem Dach, der die Weltkugel stemmt, ist das **Alte Rathaus**, in dem heute das **Potsdam Museum** sitzt. Dieses versteht sich als Forum für Kunst (temporäre Ausstellungen) und Stadtgeschichte (permanente Ausstellung). Das nächste große Gebäude rechter Hand ist das **Palais Barberini**. Das hier untergebrachte Museum zeigt drei Ausstellungen im Jahr und greift dabei auf die Kunstsammlung des Unternehmers und Mäzens Hasso Plattner zurück. Schwerpunktmäßig werden Werke des Impressionismus präsentiert, aber auch alte Meister und Werke des 21. Jh. Auf der anderen Seite des Schlosses belegt das **Filmmuseum Potsdam**, das mit der Hochschule für Film und Fernsehen

Hübsch gemacht: Alter Markt

Sehenswertes 221

Auch Potsdam hat sein Brandenburger Tor

zusammenarbeitet, den ehemaligen königlichen Marstall. Luftlinie keine 100 m weiter dient der ehemalige Kutschstall als **Haus der Brandenburgisch-Preußischen Geschichte (HBPG)**. Nach einer Ausstellung zum 200. Geburtstag Fontanes will das Haus ab 2020 eine neue Dauerausstellung zur brandenburgisch-preußischen Geschichte zeigen.

Die lebendige **Friedrich-Ebert-Straße** führt durch das Zentrum vorbei am **Holländischen Viertel** und durch das playmobilartige **Nauener Tor** zur **Kolonie Alexandrowka**. Das **Holländische Viertel** – vier Karrees mit Bauten im typisch holländischen Stil – ließ Friedrich Wilhelm I. in der ersten Hälfte des 18. Jh. anlegen. Holländische Handwerker sollten damit nach Potsdam gelockt werden, um die sumpfige Landschaft trockenzulegen. Die 1826 fertiggestellte **Kolonie Alexandrowka**, die aus 14 weit im Grünen verstreuten Blockhausimitaten mit Schnitzverzierungen an Giebeln, Fenstern und Balkonen besteht, entstand für die Mitglieder eines russischen Chors, der beim 1. Garderegiment singend mitmarschieren musste.

Eine weitere bedeutende Straße im Zentrum ist die **Brandenburger Straße**, die als Fußgängerzone durch die schmuckaufgeräumte Altstadt gen Westen zum Brandenburger Tor (eine bescheidene Ausgabe der Berliner Version) führt. In entgegengesetzter Richtung, am Kulturstandort Schiffbauergasse, wo das **Hans-Otto-Theater** mit seiner aufgefächerten Dachkonstruktion zum Tiefen See hin liegt, befindet sich zudem das **museum FLUXUS+**, das der Fluxusbewegung um Wolf Vostell die Reverenz erweist.

Potsdam Museum, Am Alten Markt 9. Di/Mi und Fr 10–17 Uhr, Do bis 19 Uhr, Sa/So bis 18 Uhr. 5 €, unter 18 J. frei. www.potsdam-museum.de. **Museum Barberini**, Humboldtstr. 5–6. Tägl. (außer Di) 11–19 Uhr. 14 €, unter 18 J. frei. www.museum-barberini.com. **Filmmuseum Potsdam**, Breite Str. 1 A. Tägl. (außer Mo) 10–18 Uhr. 5 €, erm. 4 €. www.filmmuseum-potsdam.de. **HBPG**, Am Neuen Markt 9. Di–Do 10–17 Uhr, Fr–So bis 18 Uhr. www.hbpg.de. **museum FLUXUS+**, Schiffbauergasse 4 f. Mi–So 13–18 Uhr. 7,50 €, erm. 3–6 €. www.fluxus-plus.de.

Ausflug nach Potsdam → Karte S. 218/219

Das preußische Versailles

Park Sanssouci

Das Ensemble der Gartenanlagen und Schlösser im Park Sanssouci, das gerne als „preußisches Versailles" bezeichnet wird, spiegelt die Vorlieben für bestimmte Kunstrichtungen und die Koketterie am preußischen Hofe des 18. und 19. Jh. wider. Am besten kommt man in den Genuss der Pracht, wenn man vom **Obelisken** (an der Schopenhauerstraße) der knapp 2 km langen Hauptallee zum Neuen Palais folgt und auf dem Weg dorthin den einen oder anderen Abstecher zu den zahlreichen Architekturschöpfungen unternimmt. Gleich linker Hand erhebt sich die **Friedenskirche** im Stil romanischer Sakralbauten. Sie besitzt ein Mosaik in der Apsis, das aus Byzanz stammen könnte, jedoch im 13. Jh. einer venezianischen Kirche gestiftet und von Kronprinz Friedrich Wilhelm IV. 1834 ersteigert wurde. Rechter Hand folgt die **Bildergalerie** aus der Mitte des 18. Jh., in deren mit Golddekor ausgestattetem prunkvollem Saal Werke der Hochrenaissance und des Barock gezeigt werden, darunter Gemälde von Anton van Dyck, Caravaggio, Carlo Maratta und Peter Paul Rubens.

Anschließend passiert man das über Weinbergterrassen thronende, leuchtend gelb gestrichene **Schloss Sanssouci** („Ohne Sorge"), 1745–47 als Sommerresidenz für Friedrich II. im Stil eines französischen Lustschlosses errichtet. Die vom Marmorsaal in der zentralen Rotunde abgehenden Zimmer bewohnte gen Osten der König. Gen Westen brachte man Gäste unter, darunter längere Zeit Voltaire. Die Ausstattung der Räume im friderizianischen Rokoko ist üppig, das Audienzimmer etwas zu klein geraten. Friedrich II., der im Schloss verstarb, liegt neben dem Schloss begraben. Über ihm die Skulptur einer nackten Frau – im wahren Le-

ben sollen ihm, wie Spötter sagen, solche Freuden verwehrt geblieben sein.

Linker Hand wird Schloss Sanssouci von den **Neuen Kammern** flankiert, dem architektonischen Pendant zur Bildergalerie. Die Kammern wurden als Orangerie erbaut, dann zu Gästeapartments umgewandelt. Ein Schmuckstück ist der sog. Jaspissaal, zudem entführen allerorts Bildnisse in die antike Mythologie.

Etwas weiter erhebt sich rechter Hand der Hauptallee das **Orangerieschloss,** das sich in der Gestalt an italienische Renaissancevillen anlehnt, aber größer ist. Friedrich Wilhelm IV. wollte dort einziehen, doch er verstarb, ehe der 300 m lange Bau 1864 vollendet werden konnte. Im Mittelbau befindet sich zwischen den Pflanzenhallen der imposante Raffaelsaal, den man im Rahmen einer Führung besichtigen kann. Er birgt über 50 Kopien von Gemälden Raffaels aus dem 19. Jh., darunter die *Sixtinische Madonna.*

Das **Neue Palais** (1763–69) ist mit 200 Zimmern und Kabinetten, mehreren Festsälen und einem Theater das größte und pompöseste Schloss im Park. Von der Hauptallee kommend, bildet es rückseitig mit den zwei sog. Communs, die durch eine Säulenhalle miteinander verbunden sind, ein einheitliches Ensemble. Die Communs beherbergten die Wirtschaftsräume des Schlosses, heute gehören sie zur Universität Potsdam. Das Neue Palais selbst zeigt die Prahlsucht Friedrichs II. und stellt guten Geschmack auf die Probe: 250.000 Muscheln zieren z. B. den Grottensaal. Von den acht Wohnungen für Gäste und Familienangehörige besitzt jene Friedrichs des Großen die kostbarste Ausstattung. Der letzte deutsche Kaiser, der hier wohnte, war Wilhelm II. (bis 1918). Wegen Restaurierungsarbeiten kann es passieren, dass bei Ihrem Besuch Trakte des Schlosses nicht zugänglich sind.

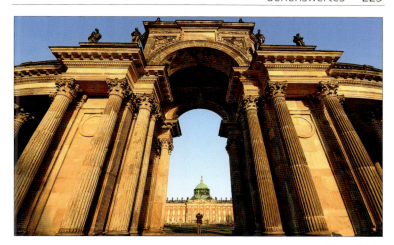

Neues Palais

Weitere Sehenswürdigkeiten im Park Sanssouci sind eine wiederaufgebaute **Mühle**, der Ruinenberg mit dem **Normannischen Turm** (dient der Wasserversorgung der Fontänen), ein goldverzierter chinoiser Pavillon, der **Chinesisches Haus** genannt wird, der tempelartige Aussichtspavillon **Belvedere** auf dem Klausberg, die **Römischen Bäder**, die einem pompejischen Bad nachempfunden sind, und **Schloss Charlottenhof**, das im Stil einer kleinen klassizistischen Landvilla gehalten ist. Für dessen Interieur und Exterieur zeichnete Schinkel verantwortlich.

Park Sanssouci, geöffnet tägl. von 8 Uhr bis zum Einbruch der Dunkelheit. Freiwilliger (!) Parkeintritt 2 €. **Friedenskirche**, Mai bis Ende Sept. Mo–Sa 10–18 Uhr, So ab 12 Uhr, Okt. u. Mitte März bis Ende April Mo–Sa 11–17 Uhr, So ab 12 Uhr, im Winter nur Sa 11–16 Uhr u. So 12.30–16 Uhr. Eintritt frei. **Schloss Sanssouci**, April–Okt. tägl. (außer Mo) 10–17.30 Uhr, den Rest des Jahres bis 16.30 Uhr. 12 €, erm. 8 €. **Neues Palais**, April–Okt. Mi–Mo 10–17.30 Uhr, sonst bis 16.30 Uhr. 8 €, erm. 6 €.

Orangerieschloss (6 €, erm. 5 €), **Bildergalerie** (6 €, erm. 5 €), **Neue Kammern** (6 €, erm. 5 €), Schloss Charlottenhof (6 €, erm. 5 €), Römische Bäder (5 €, erm. 4 €) und Chinesisches Haus (4 €, erm. 23 €) sind nur Mai–Okt. tägl. (außer Mo) 10–17.30 Uhr zugänglich, der Normannische Turm und das **Belvedere** waren zuletzt nur zu Sonderveranstaltungen zugänglich.

> **Tipp:** Mit dem Tagesticket „sanssouci plus" (19 €, erm. 14 €, für Familien 49 €) können Sie fast alle hier beschriebenen Schlösser Potsdams besichtigen, Ausnahme ist das Belvedere auf dem Pfingstberg (s. u.). Mehr Infos unter www.spsg.de.

Zwischen Jungfernsee und Heiligem See

Neuer Garten

Der 15 ha große Neue Garten zwischen Heiligem See und Jungfernsee wurde im späten 18. Jh. unter Friedrich Wilhelm II. als Landschaftsgarten angelegt. Anders als bei den streng symmetrischen barocken Gartenanlagen sollte hier die Illusion ursprünglicher Natur erweckt werden. Bis zum Mauerfall verlief am Ufer des Jungfernsees im Norden des Parks der „antiimperialistische Schutzwall". Im Neuen Garten steht das 1917 für Kronprinz Wilhelm und seine Cecilie fertiggestellte **Schloss Cecilienhof**, der letzte Schlossbau der Hohenzollern in Potsdam. Das Backstein-Fachwerk-Palais im englischen Landhausstil besitzt 176 Räume und Säle, die sich um fünf Höfe gruppieren. Im Sommer 1945 fand im Schloss Cecilienhof die *Potsdamer Konferenz* statt, bei der Truman, Stalin und Churchill über das weitere Vorgehen im besetzten Deutschland beratschlagten. Der Konferenzsaal und die Arbeitszimmer der Delegationen können besichtigt werden. Eine separate Tour führt durch die Privaträume des Kronprinzenpaares im Obergeschoss – Wilhelm und Cecilie lebten noch bis Anfang 1945 in Schloss Cecilienhof.

Weiter südlich pflegte Friedrich Wilhelm II. im frühklassizistischen **Marmorpalais** (1787–1791) in herrlichster Lage am Ufer des Heiligen Sees seine Sommer zu verbringen. Viel Marmor wurde im Palast verbaut, daher der Name. Im Erdgeschoss befinden sich die reich ausgeschmückten Wohnräume des Königs, das Obergeschoss war Partygesellschaften vorbehalten. Highlight ist dort das orientalische Zeltzimmer, wunderbar kitschig ausgestattet mit Straußenfedern und leopardenfellgemusterten Stoffen – so stellte man sich im ausgehenden 18. Jh. das Morgenland vor.

Einen grandiosen Ausblick über die Potsdamer Kulturlandschaft genießt man vom **Belvedere** auf dem Pfingstberg. Die Doppelturmanlage mit Säulengängen und Wasserbecken entstand Mitte des 19. Jh. nach dem Vorbild eines italienischen Renaissanceschlosses.

Schloss Cecilienhof, April–Okt. tägl. (außer Mo) 10–17.30 Uhr, sonst bis 16.30 Uhr. 8 €, erm. 6 €. Wohnung des Kronprinzenpaares (nur mit Führung um 10, 12, 14 u. 16 Uhr) 6 € extra, erm. 5 €. Vom Zentrum (Bassinplatz) mit Bus 603 bis Haltestelle Schloss Cecilienhof. **Marmorpalais**, rund 700 m südlich des Schlosses. Mai–Okt. tägl. (außer Mo) 10–17.30 Uhr, Nov.–April nur Sa/So bis 16 Uhr. 6 €, erm. 5 €. **Belvedere auf dem Pfingstberg**, April–Okt. tägl. 10–18 Uhr, März u. Nov. nur Sa/So 10–16 Uhr. 4,50 €, erm. 3,50 €. Vom Zentrum (Hauptbahnhof o. Alter Markt) mit

Bus 638 o. 639 bis Haltestelle Am Pfingstberg. Mehr Infos unter www.spsg.de.

Park und Filmstudios

Babelsberg

Park Babelsberg, die dritte große Potsdamer Gartenanlage, entstand in der Mitte des 19. Jh. u. a. nach Plänen von Peter Joseph Lenné. Malerische Aussichtsplätze und romantische, meist neogotische Bauten verleihen dem Park etwas Märchenhaftes. Das auf einem Hügel thronende **Schloss Babelsberg** wurde zwischen 1833 und 1849 als Sommerresidenz für den späteren Kaiser Wilhelm I. und seine Gattin Augusta im Stil der englischen Tudorgotik errichtet: Türme, Zinnen und Erker satt. Auch die Räumlichkeiten – Highlight ist der achteckige Festsaal – sind neogotisch eingerichtet. Die schönste Aussicht über die herrliche Landschaft, den Tiefen See und die Glienicker Lake genießt man vom **Flatowturm** (1853–56), der dem Eschenheimer Torturm von Frankfurt/Main nachempfunden ist.

Ein Touristenhotspot ganz anderer Art ist der **Filmpark Babelsberg** auf dem Gelände der Filmstudios Babelsberg (ehemals *UFA* bzw. *DEFA*). Der Erlebnispark bietet Spaß und Action: So kann man u. a. eine interaktive Making-of-Show des 3-D-Kinofilms *Die drei Musketiere* erleben, durch ein Westernstädtchen spazieren, gefährlichen Stunts beiwohnen und mit Glück beim Außendreh von *Gute Zeiten, Schlechte Zeiten* oder bei Live-TV-Shows hautnah dabei sein.

Schloss Babelsberg, wegen Restaurierungsarbeiten voraussichtlich noch mehrere Jahre geschl., Infos dazu unter www.spsg.de. **Flatowturm**, Mai–Okt. nur Sa/So 10–17.30 Uhr. 4 €, erm. 3 €. www.spsg.de. Von Potsdam Hbf. mit Bus 694 bis Schloss Babelsberg. **Filmpark Babelsberg**, April–Okt. tägl. 10–18 Uhr, aber immer wieder Schließtage (Zeiten auf www.filmpark-babelsberg.de). 22 €, erm. 18 €, Fam. 65 €. Von Potsdam Hbf. mit Bus 690 bis Haltestelle Filmpark.

Babelsberger Park und Babelsberger Schloss

Architekturikone

Einsteinturm

Im *WissenschaftsPark Albert Einstein* südlich des Potsdamer Zentrums steht der Einsteinturm, eine Architekturikone des 20. Jh. Das exzentrischschwungvolle Bauwerk von Erich Mendelsohn (1924 fertiggestellt), dessen Formensprache dem Expressionismus zugeordnet wird, dient bis heute als Sonnenobservatorium.

Telegrafenberg 1, vom Hbf. Potsdam mit Bus 691 bis Haltestelle Telegrafenberg (nur Mo–Fr), zu Fuß ca. 20 Min. Von außen kann der Turm jederzeit besichtigt werden (einfach beim Pförtner melden). Termine und Anmeldung für Führungen unter ℡ 0331/291741, www.urania-potsdam.de.

Praktische Infos → Karte S. 218/219

Information

Tourist Information, im Hauptbahnhof. Mo–Sa 9.30–18 Uhr. ℡ 0331/27558899, www.potsdamtourismus.de.

Radverleih

Pedales, am Hauptbahnhof, Ausgang Babelsberger Straße wählen, dann gleich linker Hand. Rad ab 12 €/Tag, E-Bike 25 €. Mo–Fr 7–19 Uhr, Sa/So 9.30–19 Uhr, im Winter So geschl. ℡ 0331/88719917, www.potsdam-per-pedales.de.

Schiffsrundfahrten

Vom Schiffsanleger an der Langen Brücke werden Schlösserrundfahrten (März bis Ende Nov., 1:30 Std., 16 €), Havelseenrundfahrten (April–Okt., 2:45 Std., 18 €) und andere Touren angeboten. Infos z. B. unter ℡ 2759210, www.schifffahrt-in-potsdam.de.

Achtung: In den Parks Sanssouci, Neuer Garten und Babelsberg gibt es nur wenige Wege, auf denen das Mitführen (d. h. das Fahren und Schieben!) eines Rades erlaubt ist. Die Pläne an den Parkeingängen informieren über die Radwege.

Essen & Trinken

Zentrum

Maison Charlotte 8, im Holländischen Viertel. Charmantes Restaurant im Stil eines französischen Landgasthofs, hübscher Garten. Hier kann man sich so richtig verwöhnen lassen – mit frischen Austern, bretonischer Fischsuppe oder Kalbsfilet unter Waldmeisterkruste. Zudem leckere Flammkuchen aus dem Steinbackofen. Günstige Mittagsgerichte, Hg. sonst 8,50–28,50 €. Tägl. 12–23 Uhr. Mittelstr. 20, ℡ 0331/2805450, www.maison-charlotte.de.

226   Ausflug nach Potsdam

Zanotto 14, feine italienische Küche aus dem Veneto. Nur kleine Karte mit ein paar Vorspeisen wie Oktopus-Salat oder *Vitello Tonnato*, außerdem 3–4 Pastagerichte, einmal Fisch, einmal Entrecôte, das war's. Im kuschelig-ländlichen Bistrostil eingerichtet, jedoch sitzt man eng an eng. Nette Gehwegterrasse. Hg. 15.50–24.50 €. Di Ruhetag. Dortustr. 53, ✆ 0331/23547406, www.zanottopotsdam.de.

Pfeffer & Salz 9, noch mal Italien. Extrem populäre, gehobene Steinofenpizzeria mitten in der Fußgängerzone. Außen große Terrasse, innen 2 Räume, ein charmanter Schlauch mit rot-weiß gedeckten Tischen und Pizzaofen; nebenan ein eher persönlichkeitsarmer Raum, dem man noch anmerkt, dass hier früher eine Eisdiele untergebracht war. Tolle Pizza, ansonsten Antipasti, *Primi* und *Secondi*, alles frisch, lecker und in guter Qualität. Hg. 13–30 €. Tägl. 11–23 €. Brandenburger Str. 47, ✆ 0331/2002777, www.pfefferundsalz-potsdam.de.

Teestube in der Alexandrowka 3, uriges russisches Lokal im ehemaligen Aufseherhaus in der Alexandrowka, toller Garten. Hier kommen Gerichte wie Riga-Sprotten, *Pelmeni*, *Schtschi* (Sauerkrautsuppe) oder Kosakentopf auf den Tisch. Trotz vieler Touristen keine Falle, Hg. 9–14 €. Tägl. (außer Mo) ab 11.30 Uhr, je nach Jahreszeit sperrt man zwischen 18 und 22 Uhr zu. Alexandrowka Haus 1, ✆ 0331/2006478, www.alexandrowka-haus1.de.

Chi Keng 13, panasiatisches Restaurant mit offener Küche, cool-nüchtern mit langen Tischen und Bänken eingerichtet. Im Sommer sitzt man schön am Platz davor. Serviert werden klasse Sushi und Sashimi, aber auch verfeinerte Traditionsgerichte der vietnamesischen Küche. Hg. 15–24 €. Tägl. ab 12 Uhr. Keine Reservierung möglich. Luisenplatz 3, www.chikeng.de.

Babelsberger Küche 11, einfach und preiswert, hier gehen die Handwerker essen. Hg. um die 5 €. Mo–Fr 7–15 Uhr. Gutenbergstr. 100, ✆ 0331/2013556, www.babelsberger kueche.de.

Kaffeerösterei Junick 12, selbst gerösteter Kaffee und hausgemachter Kuchen. Zudem gutes Frühstück und spannend belegte Bagels. Mo–Sa 9–18 Uhr, So ab 10 Uhr. Lindenstr. 57, ✆ 0331/2011789, www.meinekaffeeroesterei.de.

Café Heider 7, charmantes Kaffeehaus und Restaurant mit Terrasse am Nauener Tor. Das selbst ernannte „Wohnzimmer der Stadt" besteht seit 1878. Frühstück, lecker Wiener Schnitzel, Hg. 10–21,50 €. Tägl. Ab 9 Uhr.

Friedrich-Ebert-Str. 29, ✆ 0331/2705596, www.cafeheider.de.

Park Sanssouci

Restaurant & Café Drachenhaus 5, in einer chinesischen Pagode, deren Dach 16 Drachen zieren. 1770 als Wohnstätte des königlichen Winzers errichtet. Innen eher bieder, draußen aber nett mit mehreren Terrassen. Gehobenere deutsche Küche (Berliner Kalbsleber 16,90 €), außerdem Gambas in Megaportionen (das Pfund 40 €). April–Okt. tägl. 11–19 Uhr, sonst Di–So 12–18 Uhr. Maulbeerallee 4a, ✆ 0331/5053808, www.drachenhaus.de.

meinTipp **Krongut Bornstedt 4**, das ehemalige Mustergut der Hohenzollern beherbergt heute kleine Manufakturen, Galerien, ein Zinnfigurenmuseum, eine „Hofbäckerei" mit tollem Kuchen, einen Biergarten, Shops und v. a. das rustikale Brauhaus Krongut, das unter weißgetünchtem Backsteingewölbe den *Bornstedter Büffel* braut und dazu Deftiges wie Sauerfleisch oder Eisbein serviert (Hg. 14–21,50 €). Auf dem Gut lebt und arbeitet übrigens Wolfgang Joop – er ist es also wirklich. Ribbeckstr. 6/7, ✆ 0331/5506548, www.krongut-bornstedt.de.

Neuer Garten und Umgebung

meinTipp **Garage du Pont 2**, originelles französisches Café-Restaurant (mit kleinem angeschlossenem Oldtimermuseum), das es sich auf dem Gelände einer Tankstelle aus den 1930ern gemütlich gemacht hat. Hübsche Terrasse zwischen Kübelpalmen und nostalgischen Zapfsäulen, drinnen auch sehr nett. Mittags gibt es leichte Lunchgerichte, abends *Steak-Frites*, Fischeintopf aus der Normandie oder Flammkuchen zu 10–26,50 €. Dazu: Wein von Günther Jauch, der in der Nachbarschaft wohnt! Tägl. 12–23 Uhr. Berliner Str. 88 (nahe der Glienicker Brücke), ✆ 0331/87093272, www.garagedupont.de.

Meierei 1, die burgähnliche Meierei aus dem Jahr 1790 lag zur Zeit des Eisernen Vorhangs als Brandruine unzugänglich innerhalb des Mauerstreifens. Heute ist sie eine der schönstgelegenen Ausflugsgaststätten der Stadt mit Terrasse am Ufer des Jungfernsees. Die Terrasse unterteilt sich in einen einfachen Biergarten (Bulette & Co) sowie einen À-la-carte-Bereich (Haxe & Co, Hg. 9–15 €). Super hausgebrautes Bier. Aber Achtung: Busgruppenabstieg! Im Sommer Di–Fr 12–22 Uhr, Sa/So ab 11 Uhr, im Winter Di–Sa 12–22 Uhr, So bis 20 Uhr. Im Neuen Garten 10, ✆ 0331/7043211, www.meierei-potsdam.de.

Einsteinturm

Fotostopp vor der East Side Gallery

Nachlesen & Nachschlagen

Stadtgeschichte	S. 230
Kunst und Kultur	S. 244
Veranstaltungen	S. 253
Nachtleben	S. 256
Sport, Spaß und Spa	S. 269
Berlin mit Kindern	S. 275
Berlin (fast) umsonst	S. 279
Ankommen in Berlin	S. 281
Rumkommen in Berlin	S. 283
Übernachten	S. 288
Berlin von A bis Z	S. 298
Was bringt der Bär auf die Waage?	S. 304

Kompakt	Museen	S. 307
Kompakt	Restaurants	S. 310
Kompakt	Shopping-Adressen	S. 315

Immerfort werden, niemals sein

Stadtgeschichte

Berlin ist ein vergleichsweise junges Ding und hat es doch faustdick hinter den Ohren. Die letzten zwei Jahrhunderte hatten es in sich: Aufstieg unter den Preußen mit all ihren Friedrichs und Wilhelms, Weltstadt und Kulturmetropole in den Goldenen Zwanzigerjahren, Stadt des Grauens unter den Nazis, Zerstörung und Neuaufbau, geteiltes, aber längst nicht halbes Leid, Mauerfall und Wieder-Hauptstadt-Werden. Die Stadt kennt Aufstieg und Fall wie keine andere Metropole. Berlin ist die Stadt der Brüche zwischen Einst und Jetzt, noch heute voller Narben und Brachen. Jede Ecke atmet Geschichte.

Berlin-Cölln – eine Spätgeburt

Während in Europa schon Weltreiche auf- und untergegangen waren, andernorts schon Kathedralen dem Himmel entgegenstrebten, war Berlin noch ein vergessener, von Sand und Wäldern umgebener Flecken. Die Stadt erwuchs im 13. und 14. Jh. aus zwei Siedlungen: Da war Cölln (1237 erstmals urkundlich erwähnt) auf der Spreeinsel, wo Fischer und Schiffer lebten und die Dominikaner ein Kloster gegründet hatten. Und da war am Ufer gegenüber – dort, wo heute das Nikolaiviertel liegt – die Kaufmannssiedlung Berlin (1244 erstmals erwähnt). Beide Siedlungen verband der Mühlendamm, der bereits Ende des 12. Jh. als Spreeübergang angelegt worden war.

1432 schlossen sich Berlin und Cölln zu einer Doppelstadt zusammen. Bald darauf ließen die Hohenzollern die Burg *Zwing Cölln* errichten. 1486 machte Johann Cicero von Brandenburg Berlin-Cölln zur Residenzstadt der brandenburgischen Kurfürsten. Mehr als vier Jahrhunderte lang sollten nun die Hohenzollern Stadt und Land prägen.

Um 1500 zählte Berlin-Cölln rund 12.000 Einwohner, die meisten Häuser waren aus Holz, mit Schweinekoben, Hühnerstall und Misthaufen davor – von Glanz und Glamour keine Spur. Das änderte sich Mitte des 16. Jh. ein wenig, als Kurfürst Joachim II. Hektor

Stadtgeschichte   231

die abweisende Burg abtragen und durch ein repräsentatives Renaissance-schloss ersetzen ließ. Noch vor dem Dreißigjährigen Krieg gewährte Kurfürst Johann Sigismund der Religionsfreiheit. Er ging als großer Trinker in die Geschichte ein, verdoppelte aber auch die Größe des Kurfürstentums, das nun von den Niederlanden bis Polen reichte und erstmals in der europäischen Politik Beachtung fand. Der Dreißigjährige Krieg (1618–1648) bedeutete für Berlin-Cölln Niedergang und Neuanfang: Ein Drittel der Häuser wurde zerstört oder verfiel, die Einwohnerzahl sank auf rund 6000.

Nach dem Krieg wurde Berlin-Cölln in Form eines Sterns mit 13 Bastionen ausgebaut. Um Handwerk und Handel zu fördern, forcierte Friedrich Wilhelm, der Große Kurfürst, den Zuzug von Glaubensflüchtlingen. Rund um die Stadt siedelten nun österreicherische Juden, französische Hugenotten und Protestanten aus dem sächsisch-thüringisch-anhaltischen Raum, aus der Pfalz und der Schweiz. 1709, als die umliegenden Vororte mit dem Zentrum zu Berlin vereinigt wurden, zählte die Stadt rund 55.000 Einwohner.

Ein König für Berlin

Mit der Krönung des Kurfürsten Friedrich III. 1701 zum König Friedrich I. wurde Berlin königliche Residenzstadt. Als Kurfürst und König ahmte Friedrich die Hofkultur des Sonnenkönigs Ludwig XIV. nach. Er förderte die Künste und Wissenschaften, ließ für seine Frau Schloss Charlottenburg (→ S. 124) errichten, für sich durch Andreas Schlüter das städtische Schloss um- und die Stadt selbst zu einer prächtigen barocken Residenzstadt ausbauen.

Sein Nachfolger Friedrich Wilhelm I., der 1713 den Thron bestieg, verabscheute all den Prunk und Pomp. Er lenkte sein Augenmerk aufs Militär, machte Berlin zur Garnisonsstadt und

ging als Soldatenkönig in die Geschichte ein. Er leistete sich auch ein Regiment, und zwar das der sog. „langen Kerle" – Soldaten von über 6 Fuß Größe (ca. 1,90 m), darunter viele Iren und Schweden. Unter Friedrich Wilhelm I. wurde aber auch die Schulpflicht eingeführt, zudem kamen böhmische Glaubensflüchtlinge nach Berlin.

Der Alte Fritz

Friedrich II., auch „Friedrich der Große" und später „Der Alte Fritz" genannt (Regierungszeit 1740–1786), hegte hingegen wieder ein ausgeprägtes Interesse an Kunst und Wissenschaften. Er korrespondierte mit Voltaire, komponierte und musizierte auf der Querflöte, fertigte u. a. den Entwurf zu seinem Sommersitz Sanssouci (Potsdam) an, ließ die Straße Unter den Linden zum Prachtboulevard ausbauen, das Opernhaus, die St.-Hedwigs-Kathedrale und die Alte Bibliothek errichten, schaffte die Folter ab, führte die Kartoffel ein, war bekannt für seine Tafelrunden, aß – wann immer möglich – Kirschen, raubte nebenbei Schlesien und bestätigte seine Toleranz gegenüber religiösen Minderheiten mit dem bekannten Ausspruch: „Jeder soll nach seiner Façon selig werden", was den Zuzug weiterhin förderte. Unter Friedrich II. entwickelte sich Berlin zu einem Zentrum der Aufklärung, deren führende Köpfe Gotthold Ephraim Lessing, Friedrich Nicolai und Moses Mendelssohn waren. Am Ende der Regierungszeit Friedrichs II. hatte Berlin bereits rund 147.000 Einwohner.

Von den Ideen der Aufklärung und der Religionsfreiheit war sein Nachfolger und Neffe Friedrich Wilhelm II. nicht sonderlich angetan – er liebte die Musik und die Frauen. Seine Regierungszeit steht für Günstlingswirtschaft, Korruption und Sittenlosigkeit. In seine Ära fällt aber auch der Beginn der Industrialisierung Berlins.

Rauchende Schlote

Bereits 1795 war die erste Dampfmaschine aufgestellt worden, keine zehn Jahre später wurde die *Königliche Eisengießerei* gegründet, die die erste Dampflokomotive Deutschlands bauen sollte. 1806–1808 besetzte Napoleon Berlin. Friedrich Wilhelm III., der 1797 den Thron bestiegen hatte, war geflohen, „Unser Dämel ist in Memel" sangen die Straßenkinder. 1810 nahm die Universität (die heutige Humboldt-Universität) den Lehrbetrieb auf, schon bald zog sie bedeutende Wissenschaftler an. Im gleichen Jahr trat Karl Friedrich Schinkel seinen Dienst an der Bauakademie an. Er wurde nach den Befreiungskriegen „Hofarchitekt" Friedrich Wilhelms III. und führte den Klassizismus in Deutschland zu seinem Höhepunkt. Für Friedrich Wilhelm III. erbaute Schinkel u. a. die Neue Wache, das Schauspielhaus am Gendarmenmarkt und das heute „Altes Museum" genannte Museum auf der Museumsinsel.

1822 schrieb Heinrich Heine: „Wirklich, ich kenne keinen imposanteren Anblick, als (...) nach den Linden hinaufzusehen". 1826 brannten dort die ersten Gaslaternen – noch heute gibt es rund 34.000 in der Stadt. 1837 eröffnete August Borsig vor dem Oranienburger Tor seine *Eisengießerei und Maschinenbauanstalt*. „Feuerland" wurde jenes Eck daraufhin genannt, wegen des Scheins der Schmiedefeuer über dem Nachthimmel. Drum herum entstanden weitere Manufakturen, sie alle sorgten für neue Zuwanderung. Als Friedrich Wilhelm III. 1840 starb, zählte Berlin bereits 330.000 Einwohner. 1844 wurde der Zoo angelegt, zwei Jahre später fuhren die ersten Omnibusse, damals noch von Pferden gezogen, nach festem Fahrplan. 1847 begründete Werner von Siemens mit der *Telegraphenbau-Anstalt* die Berliner Elektroindustrie.

Märzrevolution

Doch Wohlstand – und daran sollte sich in den nächsten Jahrzehnten nichts ändern – brachte all der Fortschritt nur wenigen. 1847 nahmen 40 % der Berliner die Armenfürsorge in Anspruch. Hungerlöhne und der Drang, sich von den feudalen Fesseln zu befreien, führten zur Märzrevolution

Sockelbereich der Siegessäule

Stadtgeschichte   233

1848. Doch noch im November desselben Jahres verschaffte sich König Friedrich Wilhelm IV. (Regierungszeit 1840–1858) durch das preußische Militär wieder Respekt. Er war ein Träumer und Romantiker, der lieber Architekt als König geworden wäre. Seine Entwürfe für diverse Repräsentationsbauten in Berlin und Potsdam ließ er v. a. von Friedrich August Stüler, einem Schüler Schinkels, umsetzen.

Kaiserliches Berlin

Industrialisierung und Bevölkerungszuzug prägten auch die zweite Hälfte des 19. Jh. Fast täglich entstanden neue Unternehmen und Industriebetriebe wie beispielsweise 1864 *Schering*. Die Zuwanderer kamen v. a. aus Schlesien und Osteuropa. 1871, in dem Jahr, als König Wilhelm I. – ein Soldat durch und durch – Deutscher Kaiser, Berlin zur Hauptstadt des Kaiserreichs und Bismarck Reichskanzler wurde, zählte man bereits 826.000 Einwohner. Zehn Jahre später erschien das erste Telefonbuch der Stadt (187 Einträge) und fuhr die erste Straßenbahn der Welt durch Berlin, damals „Elektrische" genannt. 1883 wurde die *DEG* gegründet, aus der die *AEG* hervorging, fünf Jahre später mit dem *BFC Germania* der erste Fußballclub Deutschlands – er besteht noch heute. Rund um die Stadt, in Moabit, Wedding, im heutigen Kreuzberg und Neukölln, sprossen Mietskasernen empor, meist fünfstöckig, auf vier Seiten von Straßen umgeben und zusammengesetzt aus Waben von Hinterhäusern und Remisen. In diesen Mietskasernen lebten mehr schlecht als recht, vom feuchten Keller aufwärts, Hunderte von Familien. Private Küchen oder Toiletten gab es zu jener Zeit nicht. Zahlreiche Familien hausten in nur einem einzigen Zimmer, viele Arbeiter hatten nicht mal ein eigenes Bett – je nach Schicht wechselten sich diese sog. „Schlafgänger" auf den Matratzen

ab. Von Heinrich Zille stammt der dazu passende Satz: „Mit einer Wohnung kann man einen Menschen erschlagen."

Der letzte Hohenzoller

1888 bestieg Wilhelm II. als letzter Hohenzoller den Thron, den er bis zu seiner Abdankung 1918 innehatte. 1891, in jenem Jahr, in welchem dem Berliner Maschinenfabrikanten und Luftfahrtpionier Otto Lilienthal der erste sichere Gleitflug der Geschichte gelang, zählte man bereits über 1,5 Mio. Einwohner – aber nicht einmal ein Zehntel davon hatte andere Sorgen als den täglichen Überlebenskampf. 1892 wurde in Berlin das erste Automobil zugelassen, 1894 das neue Reichstagsgebäude für das Parlament der Kaiserzeit eingeweiht – für Wilhelm II. „der Gipfel der Geschmacklosigkeit." 1902 fuhr die erste Untergrundbahn. 1910 gab es schon über 30 große Theater, 1912 zählte man mehr als 2 Mio. Einwohner. Mit ungeahnter Schnelligkeit war Berlin zu einer Weltstadt geworden, außerdem Wissenschafts- und Kulturmetropole, die mit Nobelpreisen geadelt wurde. Max Planck holte Albert Einstein an die Preußische Akademie der Wissenschaften, Fritz Haber lehrte an der Universität. Die Cafés wurden Treffpunkte der Berliner Boheme – Richard Strauss, Oskar Kokoschka, Frank Wedekind, Alfred Kerr, Max Liebermann, Else Lasker-Schüler u. v. m. trieben sich dort herum.

Novemberrevolution

Die Jahre des Ersten Weltkriegs führten zu Versorgungsengpässen, v. a. zum Kriegsende hin wurde die Not der Arbeiter immer drückender. Gegen Ausbeutung, Krieg und Monarchie kämpfte die *Spartakusgruppe* (1916 gegründet), die Keimzelle der KPD. Ihre Symbolfiguren Karl Liebknecht und Rosa Luxemburg wurden kurz nach Kriegsende

Nachlesen & Nachschlagen

von Freikorpssoldaten ermordet, ihre Leichen in den Landwehrkanal geworfen. Die Unterzeichnung der Freisprüche für die für die Morde verantwortlichen Offiziere durch einen Sozialdemokraten verschärfte den Bruch zwischen Sozialdemokraten und Kommunisten.

Noch vor Kriegsende kam es zu Massenstreiks und mit der Novemberrevolution zur Abdankung des Kaisers. Die Straßenschlachten und Aufstände dauerten aber auch nach dem Krieg noch an. Im Februar 1919 trat die neue Nationalversammlung daher nicht im Reichstag, sondern abseits der Tumulte in Weimar zusammen. Und in all den Wirren der Zeit gaben die Dadaisten Geräuschkonzerte und ließen Schreib- und Nähmaschine um die Wette laufen.

Die Goldenen Zwanziger

1920 stieg Berlin durch die Eingemeindung der umliegenden Städte wie Charlottenburg, Wilmersdorf oder Neukölln mit 3,8 Mio. Einwohnern zur drittgrößten Stadt der Welt auf. Berlin war nun *der* „place to be", eine ewige Party – aber nur für jene, die es sich leisten konnten. Für die Masse folgte ein Jahrzehnt des Elends und der Verzweiflung. Der Ausweg daraus war, wenn auch nur für ein paar Stunden, die Pinte: „Sauf, sauf, Brüderlein, sauf! Lasse die Sorgen zu Haus. Sauf, sauf, Brüderlein, sauf. Meide den Kummer und meide den Schmerz. Dann ist das Leben ein Scherz." Für das Gros der Berliner Bevölkerung waren die 20er-Jahre weit weniger golden als der Mythos glauben machen will. Als die Demokratie verspielt war, lebte jeder vierte männliche Bewohner von Sozialhilfe.

Die 20er-Jahre stehen u. a. für Autorennen auf der *AVUS* (1921 eröffnet), für Sechstagerennen und Boxkämpfe im Sportpalast (1910 an der Pallasstraße in Schöneberg eröffnet, heute nicht mehr existent), für die Geburtsstunde

des deutschen Rundfunks (1923) und für die Hyperinflation im selben Jahr: Noch im Januar hatte ein Brot 4300 Papiermark gekostet, im Oktober waren es 480 Millionen. Die Entwertung des Geldes kurbelte den Sextourismus an, ohnehin entwickelte sich Berlin zur freizügigsten Stadt des Kontinents. Die teuersten Mädels warteten am Ku'damm auf Kundschaft, Kokain gab es an jeder Straßenecke. Auch war Berlin bekannt für seine Homosexuellenlokale – oft getarnt als Lotterie- oder Sparvereine, denn die Razzien des *Polizeidezernats für sexuelle Verwirrungen* waren gefürchtet. Mit dem *Celly de Rheydt Ballet* trat in Berlin Deutschlands erste Nackttanztruppe auf. „Was interessiert das Publikum? Hunger, Elend, Not von Millionen? Dass Tausende im Zuchthaus verrecken – interessiert das das Publikum? I wo, der nackte Hintern der Anita Berber, der interessiert das Publikum" (Maurus Pacher in *Sehn Sie, das war Berlin*). Anita Berber war *das* Sexsymbol der 20er-Jahre, auf der Bühne wie im Kino.

Fritz Lang, Ernst Lubitsch und Friedrich Wilhelm Murnau machten Berlin zu einer führenden Filmstadt. Bereits 1917 war die *Universum Film AG (UFA)* gegründet worden. Zehn Jahre später kam mit Walter Ruttmanns Film *Berlin – die Sinfonie der Großstadt* ein nie wieder erreichter Metropolenklassiker heraus. Und mit *Der blaue Engel* (1930) hatte Marlene Dietrich ihren Durchbruch.

Berlin war in den 20er-Jahren aber nicht nur Filmmetropole und Spielwiese funktionalistischer Architekten wie Walter Gropius, Mies van der Rohe oder Erich Mendelsohn, sondern auch *das* Zentrum für Kunst und Literatur. Verbunden mit dem Berlin dieser Zeit sind Namen wie Gottfried Benn, George Grosz, Billy Wilder, Otto Dix, Alfred Döblin, Bertolt Brecht, Kurt Tucholsky, Joseph Roth, Gustaf Gründgens u. v. m.

In der Gedenkstätte für die Opfer der Kriege und Gewaltherrschaft

Unterm Hakenkreuz

Anfang der 1930er verglich Erich Kästner Berlin mit „einem Irrenhaus. Im Osten residiert das Verbrechen, im Zentrum die Gaunerei, im Norden das Elend, im Westen die Unzucht, und in allen Himmelsrichtungen wohnt der Untergang." Ab Januar 1933 war mit der Machtübernahme der Nazis der Untergang nicht mehr aufzuhalten. Dies war möglich geworden, weil sich die linken Parteien nicht verbünden konnten. Deutschlandweit hatte bei den Reichstagswahlen zwei Monate zuvor nur einer von drei Wählern für die NSDAP gestimmt, in Berlin einer von vier. Berlin, die Stadt der Freiheit und Toleranz, gab es fortan nicht mehr. Der für die Nazis willkommene Reichstagsbrand in der Nacht vom 27. auf den 28. Februar 1933 (einige Quellen gehen davon aus, dass er von Göring und Goebbels selbst organisiert wurde) brachte den Ausnahmezustand, der Bürgerrechte außer Kraft setzte, wodurch Hitler bequem seine Gegner aus dem Weg räumen konnte. Im Juli 1933 wurden alle Parteien außer der NSDAP verboten. Die antisemitische Hetze begann, durch die Flucht vieler Künstler und Wissenschaftler wurde der geistige Niedergang Berlins eingeläutet. Tausende linker Aktivisten wurden verfolgt, in den Gestapo-Kellern der Prinz-Albrecht-Straße (heute Niederkirchner Straße) gefoltert und in Konzentrationslager deportiert. Lediglich zu den Olympischen Spielen 1936 lebte Berlin noch einmal auf. Die Polizeistunde wurde aufgehoben, Straßenmusik und Jazz wurden wieder erlaubt, sämtliche antisemitischen Plakate wurden entfernt. Speziell beauftragte Malkolonnen sorgten dafür, dass die durch den Widerstand angebrachten nazifeindlichen Parolen in U-Bahnhöfen und auf Häuserwänden wieder verschwanden – die Besucher aus aller Welt sollten die Illusion eines vorbildlichen und heilen Deutschlands erleben, ohne Judenverfolgung und ohne Unterdrückung.

Zwei Jahre später brannten in der Reichspogromnacht die Synagogen. Von den rund 172.000 Berliner Juden, die vor der Machtergreifung der Nazis in Berlin lebten, konnten bis 1941 rund 90.000 ins Ausland emigrieren. Rund 1400 überlebten die Schreckensherrschaft im Untergrund, ca. 60.000 wurden Opfer des Holocaust. Nur 2000 ka-

Nachlesen & Nachschlagen

men nach dem Krieg aus den Konzentrationslagern zurück nach Berlin.

Bomben auf Berlin

Als am 1. September 1939 der Angriff auf Polen erfolgte, herrschte in Berlin keine Kriegsbegeisterung, auch wenn dies Goebbels' Propagandaministerium glauben machen wollte. Vielmehr herrschte Angst. Die Sorgen waren berechtigt – zwei Tage später erklärten Frankreich und England Deutschland den Krieg. Schon im März 1940 wurden in Berlin Kellerwände zwischen den Häuserblocks durchbrochen, um im Falle eines Treffers bei einem Luftangriff Fluchtwege zu schaffen. Es wurden Grünflächen vorgetäuscht, indem man Tarnnetze über ganze Straßenzüge spannte, um die Orientierung der feindlichen Piloten zu erschweren. Zudem wurden rund um Berlin fünf Attrappenstädte gebaut, die nächtens beleuchtet wurden, während Berlin im Dunkeln lag. Bei den ersten Luftangriffen der *Royal Air Force* warfen die Bomber noch Flugblätter ab, die dünn,

---

Berlin im Kasten
Größenwahn Germania

„Berlin wird als Welthauptstadt nur mit dem alten Ägypten, Babylon oder Rom vergleichbar sein! Was ist London, was ist Paris dagegen!" Noch im März 1942 ließ sich Hitler zu derartiger Euphorie hinreißen. Die Bomben auf Berlin störten ihn nicht, sie besorgten und erleichterten das, was er ohnehin vorhatte: die Zerstörung und den Abriss ganzer Stadtteile. Hitler hasste das alte Berlin, nur ein Viertel der Einwohner hatte ihn gewählt. Ein neues Berlin sollte entstehen, monumental und gigantisch, alles Bisherige in den Schatten stellend, für die Ewigkeit geschaffen. Ganz nach dem Motto: Klein ist der Einzelne, groß Germania. Und keiner verstand es besser, Architektur als machtpolitische Geste zu missbrauchen und umzusetzen, als Hitlers Generalbauinspektor Albert Speer. Die Pläne für die neue Welthauptstadt Germania sahen u. a. eine *via triumphalis* für die siegreichen deutschen Truppen vor, die als Ost-West-Achse zwischen Alexanderplatz und Olympiagelände verlaufen sollte. Darüber hinaus war eine 120 m breite Nord-Süd-Achse geplant, die einen neuen Nordbahnhof in Moabit mit einem neuen Südbahnhof in Tempelhof verbinden sollte. Vor dem Südbahnhof sollte ein Triumphbogen entstehen, 170 m breit und 117 m hoch (das entspricht der neunfachen Größe des Pariser Arc de Triomphe!). Allein für die Schaffung der Achsen hätten Hunderttausende Berliner umgesiedelt werden müssen. Am Schnittpunkt beider Achsen (neben dem Reichstag) sollte die *Große Halle*, eine Ruhmeshalle, errichtet werden, das größte Bauwerk der Welt: 20 Fußballfelder einnehmend, mit einer Kuppel, deren Durchmesser 250 m und deren Höhe 290 m betragen hätte (die Kugel des Fernsehturms befindet sich vergleichsweise auf rund 200 m Höhe). 180.000 Menschen sollten darin Hitler zujubeln können – infolge des sich bildenden Kondenswassers vermutlich aber unter Regenschirmen. Neben der Großen Halle, dort, wo heute das Bundeskanzleramt steht, sollte Speer für Hitler einen neuen „Führerpalast" bauen – mit einem 900 m² großen Arbeitszimmer. Der sandige Untergrund Berlins aber war ein Risiko für die Standfestigkeit der Monumentalbauten, die in ihrem Erscheinungsbild allesamt an die Antike angelehnt sein sollten. Um das Setzungsverhalten des Bodens zu testen, wurde daher an der Stelle, wo der Triumphbogen entstehen sollte, ein Schwerbelastungskörper errichtet. Der Stahlbetonzylinder, 14 m hoch, 21 m im Durchmesser und 12.500 t schwer, steht noch heute leicht geneigt an der Ecke General-Pape-Straße/Loewenhardtdamm.

Stadtgeschichte 237

geschmeidig und deswegen auch sehr begehrt waren: Vieles war streng rationiert, selbst das Klopapier, das so braun und steif war wie die Partei.

1942 lebten 4.478.102 Menschen in Berlin, eine Zahl, die nie wieder erreicht wurde. Darunter befanden sich zu Anfang des Jahres noch 40.000 Juden, die v. a. in der Rüstungsindustrie arbeiten mussten und von den Lebensmittelrationierungen am härtesten betroffen waren. Auf der Wannsee-Konferenz (→ S. 210), wo die Endlösung der Judenfrage beraten wurde, kam man überein, sie durch Zwangsarbeiter aus den besetzten Gebieten zu ersetzen.

Mehr Informationen zu den Verbrechen der Nazis im Dokumentationszentrum „Topographie des Terrors" und im Deutschen Historischen Museum, zum Schicksal der europäischen und Berliner Juden im Jüdischen Museum und im Ort der Information des Holocaust-Denkmals und zum Widerstand in Berlin in der Gedenkstätte Deutscher Widerstand.

Als im Frühjahr 1943 die Luftangriffe der Briten (nachts) und Amerikaner (tagsüber) erheblich zunahmen, wurden die Lücken und Trümmerfelder in der Stadt immer größer. Ab Herbst heulten die Sirenen teils rund um die Uhr, während die Berliner hungernd und verängstigt in ihren Kellern saßen. Allein die Luftangriffe im November 1943 machten fast eine halbe Million Menschen obdachlos. Die Kaiser-Wilhelm-Gedächtniskirche, das Schloss, das Zeughaus, die Universität, die St.-Hedwigs-Kathedrale und die Staatsbibliothek wurden in nur einer einzigen Nacht zerstört. Als die Bomber von Luftmarschall Arthur Harris die Tiere im Zoo erwischten, tauchten diese nur wenig später auf den Speiseplänen auf. Der Hunger hatte infolge der stetigen Kürzungen der Lebensmittelrationen schon solche Ausmaße angenommen, dass es zu tödlich endenden Streitigkeiten um Lebensmittelmarken kam.

Der größte Luftangriff auf die Stadt ereignete sich am 15. Februar 1944: 891 Flugzeuge waren von England aus gestartet, innerhalb von 22 Minuten fielen 2643 t Bomben auf Berlin. Noch schlimmer als die Berliner litten die Zwangsarbeiter unter den Luftangriffen, denn sie durften nicht einmal die Schutzbunker oder Keller aufsuchen. Der Galgenhumor gipfelte in Sätzen wie: „Die Lage ist ernst, aber nicht hoffnungslos. Wirklich ernst wird sie erst, wenn man mit der U-Bahn an die Ostfront fahren kann."

Ein Jahr später war die Stadt von den Russen umschlossen. Kinder wurden auf Fahrrädern, mit Panzerfäusten bewaffnet, an die Front geschickt. Zum Abschied sagte man: „Bleib übrig." Von den Laternenpfählen baumelten Leichen, von den Nazis wegen angeblich versuchter Desertion, Feigheit oder Defätismus aufgeknüpft. Hitler, der mittlerweile unter Amphetamin stehende Wackeldackel, dachte nicht an Kapitulation. Seine Politik der verbrannten Erde sollte auch für die Hauptstadt gelten: „Wenn der Krieg verloren geht, wird auch das Volk verloren sein." Denn „was nach dem Kampf übrig bleibt, sind ohnehin nur die Minderwertigen, denn die Guten sind gefallen."

Ende in Trümmern

Am 30. April 1945 nahm sich Hitler das Leben, am 1. Mai wehte die russische Fahne auf dem Reichstag, obgleich in den Kellern des Gebäudes noch gekämpft wurde. Am 2. Mai 1945 um sechs Uhr morgens war der Nazispuk vorbei: Die Wehrmacht kapitulierte. „Frau, komm!" wurde nun zur meistgefürchteten Aufforderung. Über 90.000 vergewaltigte Berliner Mädchen und Frauen suchten in den kommenden Monaten Kliniken auf, Tausende begingen Selbstmord, wie viele über ihr Schicksal schwiegen, weiß man nicht.

Berlin war nichts anderes mehr „als ein Schutthaufen bei Potsdam" (Bertolt Brecht). Rund 440.000 Bomben waren über Berlin niedergegangen. Experten schätzen, dass noch heute 3000 Blindgänger (750 t) unentdeckt im Stadtgebiet lauern. Ein Sechstel der Trümmermassen ganz Deutschlands vereinigte die Stadt auf sich. Zum Abtransport des Trümmerschutts wurden durch die ganze Stadt Schienen verlegt, rund 60.000 Trümmerfrauen waren im Einsatz. 610.000 Berliner Wohnungen waren zerstört, zudem Kunst- und Kulturschätze von unermesslichem Wert. Bis heute arbeiten die Staatlichen Museen zu Berlin daran, ihre Verluste zu dokumentieren: Acht Kataloge wurden bislang herausgebracht, 30 sind geplant.

Nach dem Zweiten Weltkrieg: Berlin in Trümmern

Rosinenbomber

In Dahlem wurde nach dem Krieg der Sitz der Alliierten Kommandantur eingerichtet, die fortan die gemeinsame Verwaltung der in vier Sektoren aufgeteilten Stadt regeln sollte. Eine der größten Herausforderungen war die Versorgung der hungernden und frierenden Berliner. Der russische Sektor umfasste acht Berliner Bezirke (1,1 Mio. Einwohner). Die Amerikaner, Franzosen und Engländer verwalteten insgesamt zwölf Bezirke (1,7 Mio. Einw.), das spätere Westberlin. Der nach dem Krieg wieder entflammte Ost-West-Konflikt entlud sich auch in Berlin. Wie keine andere Stadt wurde Berlin zum Symbol des aufziehenden Kalten Krieges. Von Juni 1948 bis Mai 1949 blockierten die Sowjets die Zufahrtswege von den amerikanischen, französischen und englischen Besatzungszonen im Westen Deutschlands durch die sowjetische Besatzungszone nach Berlin. Die Berlin-Blockade beantworteten die Amerikaner, Franzosen und Engländer mit einer Luftbrücke, um ihre Sektoren mit Lebensmitteln (darunter die berühmten Care-Pakete), Kohle und Medikamenten versorgen zu können (→ Kasten S. 167). Als sich General Lucius D. Clay am 15. Mai 1949 verabschiedete, standen für den „Vater der Berliner Luftbrücke" eine halbe Million Berliner am Straßenrand Spalier und winkten zum Dank. Mit der Blockade endete die gemeinsame Verwaltung, und es begann die Teilung der Stadt.

Aufstand im Osten

Am 23. Mai 1949 wurde die BRD gegründet, für Berlin blieb der alliierte Sonderstatus bis zur deutschen Wiedervereinigung erhalten. Am 7. Oktober folgte die Gründung der DDR, deren Hauptstadt Ost-Berlin wurde. Noch zu jener Zeit, vier Jahre nach Kriegsende, war in Ost- und West-Berlin die Enttrümmerung der Stadt im Gange. Im Rahmen des Wiederaufbaus kam es am 17. Juni 1953 in der DDR zu zahlreichen Aufständen, deren Zentrum Berlin war. Die DDR-Regierung hatte es u. a. bis dato nicht geschafft, die Versorgungslage zu verbessern, Lebensmittelmarken waren noch immer an der Tagesordnung. Im Westen Deutschlands dagegen hatten schon längst die Wirtschaftswunderjahre eingesetzt – das Volk im Osten war verbittert. Und als das SED-Regime die Arbeitsnormen erhöhte, was einer Lohnkürzung gleichkam, begannen die Arbeiter an der Stalinallee (→ S. 152), dem Prestigeprojekt der SED, zu streiken: „Ulbricht, Pieck und Grotewohl, dass euch drei der Teufel hol." Aus dem Streik und Protest wurde ein Volksaufstand, den die SED mit sowjetischen Panzern blutig niederschlagen ließ. Die Abwanderung in den Folgejahren war eine „Abstimmung mit den Füßen" für den Westen und gegen die DDR, die erst der Mauerbau (→ Kasten S. 240) stoppen konnte.

Frontstadt des Kalten Krieges

Mit dem Mauerbau wurde West-Berlin zu einer Insel, zur östlichsten Stadt des Westens und zur westlichsten Stadt des Ostens. Von heute auf morgen fehlten West-Berlin 56.000 Berufspendler, zudem setzte eine Abwanderung aus der ohnehin nicht mehr attraktiven „Frontstadt des Kalten Krieges" ein. Trotz aller Bemühungen gegen diese Entwicklung reduzierte sich die Bevölkerung im Westteil der Stadt bis Ende der 1970er-Jahre um über 300.000 Einwohner. Aber auch Konzerne verlegten ihren Sitz nach Westdeutschland.

Um West-Berlin am Leben zu erhalten und um Arbeitskräfte nach Berlin zu holen, wurde auf das Nettogehalt die sog. „Zitterprämie" geschlagen. Unternehmen erhielten satte Investitionszulagen und Steuervergünstigungen. Jede zweite Mark, die die Stadt ausgab, wurde aus Bonn zugeschossen. Es kamen viele Schwaben, und es kamen viele Türken, Letztere hielten Kreuzberg am Leben.

Aufstand im Westen

Auch der Ostteil der Stadt wurde künstlich aufgepäppelt zu Lasten der Entwicklung in anderen Landesteilen der DDR. Aber im Gegensatz zum Westteil der Stadt blieb es im Osten Ende der 60er ruhig. Die SED feierte Erfolge wie „Die Dauerleistungskuh Bojarin wurde geboren" und hatte die Stasi, um oppositionelles Gedankengut zu unterdrücken. Im Westteil der Stadt hingegen brodelte es, Studenten waren auf der Straße. Sie wandten sich gegen den Vietnamkrieg, gegen gesellschaftliche Zwänge, verkrustete Strukturen und die vorherrschenden Moralvorstellungen: „Wer zweimal mit derselben pennt, gehört schon zum Establishment." Polizei und *BILD* heizten die Stimmung auf. Der Student Benno Ohnesorg wurde im Juni 1967 bei einer Anti-Schah-Demonstration erschossen (Gedenkrelief vor der Deutschen Oper), der Studenten- und APO-Führer Rudi Dutschke im April 1968 niedergeschossen. Es entstanden Kommunen mit antibürgerlichem Lebensstil wie die *Wielandkommune* oder die *Kommune 1*, und es entstanden Untergrundbewegungen wie der *Zentralrat der umherschweifenden Haschrebellen* – ein sozialer Umbruch kündigte sich an.

Eine neue Ostpolitik, die auch die Berliner Mauer durchlässiger machen sollte, führte Willy Brandt als Bundeskanzler (1969–1974, von 1957–1966 Regierender Bürgermeister von West-Berlin) herbei. 1971, in jenem Jahr, in dem Brandt den Friedensnobelpreis erhielt, konnte man erstmals wieder „nach drüben" telefonieren. Darüber hinaus erleichterten

Am Brandenburger Tor kurz nach dem Mauerbau

Berlin im Kasten
Die Mauer, die vom Himmel fiel

Noch kurz vor dem Mauerbau hatte DDR-Staatsoberhaupt Walter Ulbricht verkündet: „Niemand hat die Absicht, eine Mauer zu errichten." Und dann war sie auf einmal da. Teilte Stadt, Straßen und Familien, ganze 28 Jahre, zwei Monate und 28 Tage lang. Der Ring um West-Berlin betrug 155 km, 106 km davon bestanden aus einer Stahlbetonmauer.

Mit der Abriegelung West-Berlins am 13. August 1961 hatte die DDR die Notbremse gezogen, um die Abwanderung aufzuhalten. 2,7 Mio. Bürger hatten seit der Gründung des Arbeiter- und Bauernstaates die DDR verlassen, viele über Berlin, da die Zonengrenze zur BRD bereits in den 1950ern zur Festung ausgebaut worden war. Nach 28 Monaten nahezu völliger Trennung kam es im Dezember 1963 zum ersten Passagierscheinabkommen, das West-Berlinern Tagesbesuche bis zum 5. Januar 1964 ermöglichte. Erst mit Inkrafttreten des Viermächteabkommens 1972 konnten die West-Berliner wieder regelmäßig ihre Verwandten im Osten besuchen, wofür sie einen Einreiseantrag stellen (westdeutsche Staatsbürger bekamen ein Visum direkt an der Grenze) und 25 DM 1:1 umtauschen mussten.

Für Ostdeutsche aber, die nach West-Berlin wollten, ging i. d. R. nichts. Lediglich Senioren durften reisen – allen anderen blieb nur die Flucht: Über 5000 Menschen konnten zwischen 1961 und 1989 die Berliner Mauer über- bzw. unterwinden, die meisten in den Anfangsjahren, als die Sperranlagen noch nicht so ausgereift waren. Der „antifaschistische Schutzwall", meist aus vorderer und hinterer Sperrmauer bestehend, wurde stetig verbessert. Das zuletzt verwendete Mauersegment war der L-förmige Typ, 3,60 m hoch und 2,6 t schwer, den man selbst mit einem Panzer nicht mehr durchbrechen konnte. Für die Grenzsicherung beschäftigte das Ministerium für Staatssicherheit 12.000 Mitarbeiter. 2500 Grenzsoldaten waren rund um die Uhr im Einsatz – nicht nur zur Mauersicherung, sondern auch zur gegenseitigen Bewachung, denn in Berlin traten mehr als 500 Grenzsoldaten selbst die Flucht an.

Wie viele Menschen ihren Fluchtversuch mit dem Leben bezahlten, steht bis heute nicht fest, 140 Fälle sind mittlerweile an der Berliner Mauer dokumentiert. Viele Flüchtlinge wurden erschossen, die Mörder ausgezeichnet. Aber nicht nur bei dramatischen Fluchtversuchen kamen Menschen um. In der Spree ertranken fünf West-Berliner Kinder, die beim Spielen ins Wasser gefallen waren, die DDR-Grenzsoldaten schauten zu. Die westlichen Rettungstrupps mussten das ebenfalls tun – die Spree gehörte zum Osten, und der Weg ins Wasser wäre Selbstmord gewesen.

33.000 DDR-Bürger – Regimegegner wie auch Personen, die bei Fluchtversuchen an der innerdeutschen Grenze gefasst worden waren – kaufte die BRD aus den Stasi-Gefängnissen frei. Auf Republikflucht standen Freiheitsstrafen von bis zu acht Jahren. Anfangs bezahlte der Westen den Menschenhandel mit Eisenbahnwaggons, Düngemitteln und Maislieferungen, dann wurden 40.000 DM pro Person fällig, in den 80er-Jahren waren es 100.000 DM. Etwa 3,5 Milliarden Mark überwies der Westen an Honecker & Co, für die DDR dringend benötigte Devisen. Auch für die Transitstrecken nach Westdeutschland bezahlte die Bundesregierung Milliarden. Diese Zahlungen und auch die Abwanderung Oppositioneller – freiwillig wie genötigt – verlängerten die Existenz des SED-Regimes.

Honeckers Orakelspruch im Januar 1989 „Die Mauer wird in 50 und auch in 100 Jahren noch bestehen bleiben" entpuppte sich wie Ulbrichts Mauerleugnung von 1961 als falsch. Am 9. November 1989 fiel die Mauer. Und bald darauf war sie verschwunden, mit Bulldozern abtransportiert, in Einzelteilen an Museen verscherbelt, von Mauerspechten zerstückelt. Im September 1990 kam es dabei zum allerletzten Maueropfer: Ein Schüler wurde beim Mauerpicken von einem umkippenden Mauerstück erschlagen.

An die Mauer und ihre Opfer erinnern heute u. a. die **Gedenkstätte Berliner Mauer** (→ S. 80) und das **Mauermuseum am Checkpoint Charlie** (→ S. 91). Mauerteile sind u. a. an der **East Side Gallery** (→ S. 153), am **Platz des 9. November** (→ S. 140) und am **Potsdamer Platz** (→ S. 24) erhalten. Die **Bundeszentrale für politische Bildung** hat zudem eine spannende Mauer-App herausgebracht. Der Verlauf der Mauer ist mancherorts durch Pflastersteine im Straßenbelag gekennzeichnet. Zum Berliner Mauerweg → S. 287.

Am ehemaligen Grenzstreifen

neue Transitabkommen den Verkehr in die Bundesrepublik.

Kahlschlagsanierungen veränderten Mitte der 1970er die Zentren im Osten wie im Westen Berlins. Um der Wohnungsnot Herr zu werden, wurde auch an den Stadträndern fleißig gebaut, im Osten entstanden riesige Plattenbausiedlungen. So errichtete man beispielsweise in Marzahn ab 1976 62.000 Wohnungen, in Hellersdorf wurde ab 1980 Wohnraum für 90.000 Bürger geschaffen. Auch im Westen baute man Satellitenstädte wie die Gropiusstadt mit 18.500 Wohnungen (1962–1975) oder das Märkische Viertel mit 17.000 Wohnungen (1963–1974).

Legal, illegal, scheißegal

Gleichzeitig standen hüben wie drüben zahlreiche Wohnungen leer. Im Westen waren es Ende der 1970er knapp 10.000, im Osten hatte man aufgrund der vielen Karteileichen keinen wirklichen Überblick über die Wohnungssituation. Der Leerstand beruhte v. a. auf den geplanten Flächensanierungsmaßnahmen: Ganze Straßenzüge sollten abgerissen und neu bebaut werden. Doch das setzte voraus, dass erst einmal alle Häuser leer standen. Aber noch bevor der letzte Mieter draußen war, zogen in die unbewohnten Häuser in der Nachbarschaft schon wieder die ersten Hausbesetzer ein. Eines der Zentren der Hausbesetzerszene im Westteil wurde Anfang der 1980er Kreuzberg – Räumungen gingen oft mit regelrechten Straßenschlachten einher. Wo nicht geräumt wurde, wurden aus den Hausbesetzern „Instandbesetzer", die später Miet- oder Kaufverträge erhielten und denen Berlin heute einige der schönsten Straßenzüge zu verdanken hat. Auch in Ost-Berlin wurden Häuser besetzt. Dort aber betrachtete das Regime Hausbesetzer nicht als Problem. Bei dem herrschenden Wohnungsmangel war man eher froh, wenn sich Studenten selbst um eine Unterkunft kümmerten. Auch Angela, die spätere Kanzlerin, wählte die Hausbesetzung als Notlösung, weil die Behörden nicht in der Lage waren, ihr eine Wohnung zuzuweisen.

Die Mauer verlieh dem Westteil nicht nur etwas Bedrohliches, sondern auch etwas Kuscheliges. Das freie West-Berliner Leben ganz nach dem Motto „Tu-Nix, Geht-Nix, Macht-Nix" wurde zum Mythos. Wer dem Wehrdienst im Westen entfliehen wollte, verlegte seinen Wohnsitz hierher. Hier war die Sponti-Bewegung aktiv, die aus der 68er-Bewegung hervorgegangen war. Deren großer „Tunix"-Kongress (1978 an der TU) gilt als die Geburtsstunde der *Grünen*, der *taz* und des Berliner *Christopher Street Day*. Berlin, zumindest der Westteil, war wieder eine spannende Stadt geworden, die nicht mehr nur als Stadt des Kalten Krieges wahrgenommen wurde. Am neuen Image hatten auch David Bowie und Iggy Pop mitgewirkt, die in der zweiten Hälfte der 1970er nach Schöneberg gezogen waren – der genialen Krautmusik, der legendären Hansa-Studios und des Drogenentzugs wegen. Letzteres dürfte verdammt schwer gewesen sein in der damaligen „Hauptstadt der Fixer" *(Die Zeit)*. West-Berlin stand Anfang der 1980er für Punk, Rock und die Neue Deutsche Welle. Auch Nick Cave war von der damaligen Stimmung angetan und kam. In den Clubs spielten die Einstürzenden Neubauten, Ideal und Nina Hagen. Und Udo Lindenberg rockte mit seinem Panikorchester gar den Palast der Republik (1983).

Wir wollen raus!

Auch im Ostteil der Stadt gab es eine lebendige Subkultur- und Undergroundszene: Die Blueser- bzw. Kundenszene, deren Anhänger den Hippies nacheiferten, später Punks und Popper. Künstler, die sich mit dem System arrangieren konnten (und das konnten viele), hatten leichtes Spiel und durften auch in den Westen reisen. Wer aber das Regime kritisierte, erhielt Publikations- bzw. Auftrittsverbot oder wurde ins Exil gezwungen. In die entgegengesetzte Richtung hatte es in den 1970er-Jahren tatsächlich auch einen US-Musiker nach Ostberlin verschlagen: Dean Reed, den „Roten Elvis", dessen Lebensgeschichte schon Tom Hanks verfilmen wollte. Als bekennender Sozialist war er gekommen, als Zweifler 1986 in einem See bei Berlin ertrunken.

Ende der 1980er war in der DDR die öffentliche Kritik am System, an der Mangelwirtschaft, am Wahlbetrug und an der politischen Bevormundung nicht mehr zu unterdrücken. Damaliger Tenor: „Wir wollen raus!" Trotz aller repressiven Gegenmaßnahmen wurden mit Verweis auf die KSZE-Verträge immer mehr Ausreiseanträge gestellt, 1987 über 100.000. Im selben Jahr rief Ronald Reagan in seiner berühmten Rede vor dem Brandenburger Tor: „Mr. Gorbachev, open this gate. Mr. Gorbachev, tear down this wall!" Vor Gorbatschows Forderungen nach Glasnost und Perestroika verschloss die SED-Führung die Augen, die DDR-Bürgerrechtler aber griffen sie auf. Das *Neue Forum* mobilisierte die Massen: Am 4. November 1989 demonstrierten 500.000 Menschen auf dem Alexanderplatz. Die SED-Führung hielt dem Druck nicht mehr stand, am 9. November 1989 gab Politbüro-Mitglied Günter Schabowski bekannt: „Privatreisen nach dem Ausland können ohne Anliegen von Voraussetzungen (...) beantragt werden, Genehmigungen werden kurzfristig erteilt." Nur wenige Stunden später waren die Grenzbeamten dem Andrang nicht mehr gewachsen. Am folgenden Tag titelte die *BZ*: „Die Mauer ist weg! Berlin ist wieder Berlin!" Und Willy Brandt sagte vor dem nun offenen Brandenburger Tor: „Nun muss zusammenwachsen, was zusammengehört."

Das galt der Gesellschaft genauso wie ihren Institutionen, aber auch der städtischen Infrastruktur wie beispielsweise der Kanalisation oder der U-Bahn.

Neue alte Hauptstadt

Mit dem sog. „Zwei-plus-Vier-Vertrag", der am 12. September 1990 in Moskau unterzeichnet wurde, erlosch der Vier-Mächte-Status Berlins und wurde die Einheit Deutschlands völkerrechtlich geregelt. Die Wiedervereinigung erfolgte am 3. Oktober 1990, Berlin war fortan wieder die Hauptstadt Deutschlands. Im Juni 1991 beschloss der Deutsche Bundestag, Regierung und Parlament nach Berlin zu verlegen. Die Berlinprognosen jener Zeit waren rosig. Fachleute prophezeiten der Stadt eine rasante Entwicklung, eine Zukunft als dominierendes Kultur- und Wirtschaftszentrum mit sechs Mio. Einwohnern im Jahr 2010. Aber es kam anders. Kaum ein großes Unternehmen verlegte seinen Sitz zurück in die neue alte Hauptstadt. In der Industrie gingen in den ersten 20 Jahren nach der Wende rund 184.000 Arbeitsplätze verloren. Erst seit 2005 steigt die Einwohnerzahl wieder kontinuierlich an, seit 2010 herrscht auch ein stabiles Wirtschaftswachstum.

Eine Stadt, die niemals ist

Berlin ist „verdammt, immerfort zu werden und niemals zu sein". Das Zitat von Karl Scheffler ist über 100 Jahre alt und noch immer aktuell. Seit der Wiedervereinigung hat sich Berlin neu erfunden, die Stadt pulsiert und zieht an. Mit dem Strukturwandel geht in vielen Vierteln aber auch die Angst vor Gentrifizierung einher – die Angst, durch Aufwertung eines Viertels nicht mehr dazugehören zu können oder zu wollen.

Mehr zur jüngsten Geschichte in den einzelnen Stadtteilkapiteln.

Originelle Bühne

Kunst und Kultur

Bühnenzauber

Dahin oder dorthin? Viel Spaß beim Streiten! Egal ob Musical, Kabarett, Oper, modernes Schauspiel oder Tanztheater – die Bandbreite ist riesig und reicht von Kirill Petrenko mit den Berliner Philharmonikern bis zum *Grindchor*, dem Original Oberkreuzberger Nasenflötenorchester. Es gibt allein rund 40 größere Bühnen, außerdem unzählige kleinere mit freien Produktionen. Einen guten Programmüberblick bieten die Seiten www.tg-berlin.de, www.berlin.de und www.berlin-buehnen.de. Viele Häuser präsentieren einen genreübergreifenden Spielplan, die Auflistung hier erfolgt nach deren Schwerpunkt. Spielpause herrscht auf vielen Bühnen von Anfang/Mitte Juli bis Mitte/Ende August.

Theater

Deutsches Theater → Karte S. 28/29. Ein rot-weiß-goldener Traum aus dem späten 19. Jh. Nette „Box-Bar" für den Drink vorm Stück. Neben etablierten Regisseuren kommen hier auch die Stars von morgen zum Zuge. Auf dem Spielplan Klassiker genauso wie Stücke zeitgenössischer Autoren. Schumannstr. 13 a, Mitte, Ⓤ Oranienburger Tor, ☏ 28441221, www.deutschestheater.de.

Berliner Ensemble → Karte S. 28/29. 1928 wurde hier Brechts *Dreigroschenoper* uraufgeführt. Nach der Rückkehr Bertolt Brechts aus dem Exil (1949) gründete sich um ihn herum das Berliner Ensemble, dem das Theater am Schiffbauerdamm 1954 übergeben wurde. Der von außen eher schlichte Theaterbau (1892 erbaut) besitzt eine üppigst-ornamentale neobarocke Innenausschmückung. Bis vor Kurzem überwog hier klassisch-aufklärerisches Theater, mit dem neuen Intendanten Oliver Reese (seit 2017) kommen auch mehr Gegenwartsautoren auf den Spielplan. Bertolt-Brecht-Platz 1, Mitte, Ⓢ+Ⓤ Friedrichstraße, ☏ 28408155, www.berliner-ensemble.de.

Sophiensaele → Karte S. 72/73. Einer der wichtigsten deutschen Produktionsorte für freies Theater und Tanz. Tolles Ambiente im 1905 erbauten Handwerkervereinshaus. Oft genreübergreifende Produktionen, führend in der Off-Szene. Sophienstr. 18, Mitte, Ⓤ Weinmeisterstraße, ☏ 2835266, www.sophiensaele.de.

Volksbühne → Karte S. 72/73. Das den Rosa-Luxemburg-Platz beherrschende Gebäude wur-

Kunst und Kultur   245

de 1913–1915 als Volkstheater errichtet und im Zweiten Weltkrieg zerstört. Der Wiederaufbau erfolgte in einfacherer Form, seitdem ist auch das Innere weniger prunkvoll. Bis Sommer 2017 tobte sich hier „Stückezertrümmerer" Frank Castorf mit experimentellen und politischen Stücken aus. Bis 2020 fungiert Klaus Dörr (zuletzt Künstlerischer Direktor am Schauspiel Stuttgart) als Interimsintendant. Die zukünftige Ausrichtung des Hauses stand bei Redaktionsschluss noch in den Sternen. Rosa-Luxemburg-Platz 2, Mitte, Ⓤ Rosa-Luxemburg-Platz, ✆ 24065777, www.volksbuehne-berlin.de.

Mein Tipp **Maxim Gorki Theater** → Karte S. 28/29. Das recht kleine Theater mit dem klassizistischen Giebel entstand 1824–1827 als Sing-Akademie nach Entwürfen Schinkels. Es sah u. a. schon Franz Liszt und Felix Mendelssohn Bartholdy. Nach dem Zweiten Weltkrieg wurde das Innere einfach, aber charmant restauriert. Seit 2013 rockt Intendantin Shermin Langhoff das Theater mit lebendigen, realitätsnahen und oft sehr politischen Stücken. „Das aufregendste Theater der Republik", jubelt das Feuilleton. Wir meinen: unbedingt hingehen! Am Festungsgraben 2, Mitte, Ⓢ+Ⓤ Friedrichstraße, ✆ 20221115, www.gorki.de.

Ballhaus Naunynstraße → Karte S. 160/161. Das Theater ist ein Kristallisationspunkt der migrantischen und postmigrantischen Kulturszene. Schönes Ambiente im alten Ballsaal, keine Bühne, gespielt wird direkt auf dem ehemaligen Tanzparkett. Naunynstr. 27, Kreuzberg, Ⓤ Kottbusser Tor, ✆ 75453725, www.ballhaus naunynstrasse.de.

Schaubühne → Karte S. 110/111. Experimentelles, kritisches Autoren- und Repertoiretheater, außerdem zeitgenössische Interpretationen klassischer Theaterstücke. Das architektonisch interessante Gebäude entstand als Kino in den 1920er-Jahren nach einem Entwurf von Erich Mendelsohn und erinnert heute im Foyer an eine Mischung aus Flughafenterminal und Hallenbad (Schließfächer statt Garderobe). Kurfürstendamm 153, City West, Ⓤ Adenauerplatz, ✆ 890023, www.schaubuehne.de.

Hebbel am Ufer → Karte S. 160/161. Das Kreuzberger Kombinat aus 3 nahe beieinanderliegenden Häusern präsentiert das wildeste Theater der Stadt, schräg und experimentell. Kein eigenes Ensemble, oft spannende internationale Gastspiele. **HAU 1** (Stresemannstr. 29) ist ein tolles 1907/1908 errichtetes Jugendstiltheater mit der wohl originellsten Theaterbar Berlins (man achte auf den ausgestopften Fuchs in der Schanktheke). **HAU 2** (Hallesches Ufer 32) und **HAU 3** (Tempelhofer Ufer 10) sind deutlich kleiner und besitzen eher simples Kinosaalambiente. Vor oder nach dem Stück geht man ins WAU (neben dem HAU 2), ein jugendliches Restaurant mit mediterraner Küche und so etwas wie die Kantine des HAU. Kreuzberg, Ⓤ Hallesches Tor, ✆ 25900427, www.hebbel-am-ufer.de.

Renaissance-Theater → Karte S. 110/111. Garantiert ein intimes Theatererlebnis in herrlichem Art-déco-Ambiente – tolle Intarsienarbeiten, die Motive aus der *Commedia dell'arte* zeigen (1927). Intendant Horst-H. Filohn bringt geistreiche, auch elegant-amüsante, dabei der Gegenwart durchaus kritisch gegenüberstehende Stücke auf die Bühne. Knesebeckstr. 100, City West, Ⓤ Ernst-Reuter-Platz, ✆ 3124202, www.renaissance-theater.de.

Schlossparktheater Steglitz, künstlerischer Leiter dieses kleinen neoklassizistischen Theaters ist Dieter Hallervorden, der viel Geld in die Sanierung des einst heruntergekommenen Hauses steckte und „kein Bildungs-, kein Boulevardtheater, kein Schenkelklopftheater, sondern Stücke zum Schmunzeln" zeigt. Oft mit prominenter Besetzung. Schloßstr. 48, Steglitz, Ⓢ+Ⓤ Rathaus Steglitz, ✆ 7895667100, www.schlosspark-theater.de.

Heimathafen Neukölln → Karte S. 185. Bezeichnet sich selbst als „Neuberliner Volkstheater" und präsentiert junges Theater für Neuköllner und mit Neuköllnern. Buntes Programm im schönen historischen Ballsaal: Multikulti, Sozialgrotesken, aber auch Tanz, Konzerte und Laienproduktionen. Karl-Marx-Str. 141, Neukölln, Ⓤ Karl-Marx-Straße, ✆ 56821340, www.heimathafen-neukoelln.de.

Theaterdiscounter → Karte S. 28/29. Hier tobt sich die freie Szene aus, und zwar im ziemlich schrägen Ambiente eines Hauses, das aussieht wie kurz vorm Abriss – die nächsten Jahre scheinen jedoch gesichert. Von der Bar bis zur Kulisse: alles ziemlich simpel. Platz hat's für rund 45 Theaterfreunde. Repertoire von Klassik bis Trash. Klosterstr. 44, Mitte, Ⓤ Klosterstraße, ✆ 28093062, www.theaterdiscounter.de.

Theater unterm Dach → Karte S. 134/135. Kleines Theater (max. 80 Plätze) im Verwaltungsgebäude eines ehemaligen Gaswerks. Frei produzierte, oft spannende Stücke noch junger Regisseure. Danziger Str. 101, Prenzlauer Berg, Tram M 4 ab Ⓢ+Ⓤ Alexanderplatz bis Haltestelle Greifswalder Straße/Danziger Straße, ✆ 902953817, www.theateruntermdach-berlin.de.

Berliner Kriminaltheater → Karte S. 150/151. Auf dem Programm des Theaters im ehemaligen Umspannwerk Ost steht ausschließlich – wie der Name schon sagt – Kriminaltheater, unterhaltsam, aber teils auch etwas klamaukig-boulevardesk. Viele Reisegruppen im Rentenalter. Palisadenstr. 48, Friedrichshain, Ⓤ Weberwiese, ✆ 47997488, www.kriminaltheater.de.

Schaubude → Karte S. 134/135. Das kleine Theater ist *die* Berliner Adresse für Puppen-, Figuren- und Objekttheater. Macht Kindern und Erwachsenen Spaß. Greifswalder Str. 81–84, Prenzlauer Berg, Ⓢ Greifswalder Straße, ✆ 4234314, www.schaubude-berlin.de.

GRIPS-Theater → Karte S. 100/101. Kinder- und Jugendtheater, das aber durchaus auch Stücke für Erwachsene im Programm hat. Schon fast legendär ist das U-Bahn-Musical *Linie 1*, das 1986 uraufgeführt wurde und bis heute läuft. Altonaer Str. 22, Tiergarten, Ⓤ Hansaplatz, ✆ 39747477, www.grips-theater.de.

Dock 11 35 → Karte S. 134/135. Tanztheater mit spannendem Programm in der Halle eines historischen Fabrikkomplexes. Kastanienallee 79, Prenzlauer Berg, Ⓤ Eberswalder Straße oder Rosenthaler Platz, ✆ 35120312, www.dock11-berlin.de.

Oper/Operette/Ballett

Staatsoper Unter den Linden → Karte S. 28/29. Heimat des Staatsopernchors und der Staatskapelle. Mit Daniel Barenboim als Generalmusikdirektor reicht das Programm von der Barockoper über die zentralen Werke der klassischen, romantischen und modernen Opernliteratur bis zu Uraufführungen von Werken zeitgenössischer Komponisten. Unter den Linden 7, Mitte, Ⓤ Französische Straße o. Hausvogteiplatz, ✆ 203540, www.staatsoper-berlin.de.

Komische Oper → Karte S. 28/29. Nicht von der schmucklos-klotzigen Fassade verwirren lassen! Die einstige neobarocke Fassade des Hauses wurde im Zweiten Weltkrieg fast vollständig zerstört, erhalten blieben aber das Treppenhaus und der wunderbar puttige Zuschauerraum. Auf dem Spielplan überwiegend Singspiele, Musikdramen und Opern von Mozart über Wagner bis Lehár. Behrenstr. 55–57, Mitte, Ⓤ Französische Straße, ✆ 47997400, www.komische-oper-berlin.de.

Deutsche Oper Berlin → Karte S. 110/111. Das Haus aus den Jahren 1956–61 wirkt von außen ziemlich nüchtern, dem karg-eleganten Inneren mit 1900 Plätzen kann man aber einen besonderen Reiz nicht absprechen. Tolle Akustik. Auf dem Spielplan dominieren Opern von Verdi, Rossini, Bizet und Wagner – meist überaus schön, aber nicht allzu mutig inszeniert. Bismarckstr. 35, City West, Ⓤ Deutsche Oper, ✆ 34384343, www.deutscheoperberlin.de.

> **Staatsballett Berlin**: Es präsentiert über 100 Vorstellungen im Jahr, und zwar auf den Bühnen der Staatsoper, der Deutschen Oper und der Komischen Oper. Auf dem Spielplan stehen sowohl klassische als auch zeitgenössische Produktionen. Die Intendanten: der schwedische Balletttänzer Johannes Öhman und die Choreografin Sasha Waltz. Was wo auf dem Programm steht, erfahren Sie unter www.staatsballett-berlin.de.

Neuköllner Oper → Karte S. 185. Berlins innovativstes und kreativstes Musiktheater gilt als charmanteste Off-Bühne der Stadt. Neben Opern auch populäre Inszenierungen. Karl-Marx-Str. 131–133, Neukölln, Ⓤ Karl-Marx-Straße, ✆ 68890777, www.neukoellneroper.de.

Von innen eine Augenweide: Komische Oper

Kunst und Kultur 247

Kabarett, Kleinkunst, Comedy

Die Stachelschweine → Karte S. 110/111. Politische Satire seit 1949, heute im UG des Europa-Centers. Sehr aktualitätsbezogen, viele Kalauer und derber Humor. Auf den besseren Plätzen darf man Getränke an kleinen Tischen zu sich nehmen, auf den schlechteren schmuggelt man das Bier einfach an den Platz ... Tauentzienstr. 9–12, City West, Ⓤ Kurfürstendamm, ☏ 2614795, www.die stachelschweine.de.

Distel → Karte S. 110/111. 1953 auf Beschluss des Ostberliner Magistrats gegründet, sollte die Distel den sozialistischen Aufbau mit Humor begleiten. Später jedoch richteten sich ihre Stacheln oft gegen das eigene Regime. Zensoren griffen ein, manchmal wurden sogar Premieren gekippt. Die Veranstaltungen waren immer restlos ausverkauft. Als privates Theater verkauft man heute immer noch spritzig-stacheligen Humor. Saal mit 420 Plätzen in Nachbarschaft des Admiralspalasts. Friedrichstr. 101, Mitte, Ⓢ+Ⓤ Friedrichstraße, ☏ 2044704, www.distel-berlin.de.

Wühlmäuse → Karte S. 126/127. Neben satirisch-politischem Kabarett auch Comedy und prominente Gastkünstler. Stolz ist man darauf, bis heute ohne Subventionen auszukommen. Dieter Hallervorden ist für den Spielplan zuständig. Pommernallee 2–4, Charlottenburg, Ⓤ Theodor-Heuss-Platz, ☏ 30673011, www.wuehlmaeuse.de.

Bar jeder Vernunft → Karte S. 110/111. Ein wunderbarer Ort für Kleinkunst, Kabarett und Varieté. In dem auf dem Dach einer Garage (!) aufgestellten Spiegel-Jugendstil-Zelt aus den 20er-Jahren kann man u. a. İdil Baydar, Meret Becker oder Desirée Nick begegnen. Dazu gibt's Essen. Nicht billig, aber ein sehr schönes Erlebnis. Eine weitere Spielstätte ist das **Tipi am Kanzleramt** (Große Querallee, Tiergarten, Ⓤ Bundestag). Schaperstr. 24, City West, Ⓤ Spichernstraße, ☏ 8831582, www.bar-jeder-vernunft.de.

Musicals

Theater des Westens → Karte S. 110/111. In dem 1894 eröffneten, innen sehr plüschigen Haus (→ City West/Spaziergang, S. 115) widmete man sich schon immer der leichten Muse. Früher gab es Operetten, heute gibt's Musicals. Kantstr. 12, City West, Ⓢ+Ⓤ Zoologischer Garten, ☏ 01805/4444 (14 Cent/Min.), www.stage-entertainment.de.

Stage Theater am Potsdamer Platz → Karte S. 28/29. Von Renzo Piano erbautes Musicaltheater für die ganz großen Kracher (wie die Blue Man Group). 1800 Sitzplätze. Wird zur Berlinale zum Berlinale-Filmpalast. Marlene-Dietrich-Platz 1, Ⓢ+Ⓤ Potsdamer Platz, ☏ 01805/4444 (14 Cent/Min.), www.stage-entertainment.de.

Varieté und Revue

Admiralspalast → Karte S. 28/29. Neben Varieté und Revuen auch Comedy und Konzerte. Zuletzt ziemlich dürftiges Programm. Friedrichstr. 101, Mitte, Ⓢ+Ⓤ Friedrichstraße, ☏ 01805/2001 (0,14 €/Min.), www.mehr.de.

Bar jeder Vernunft → Kabarett, Kleinkunst, Comedy.

Friedrichstadt-Palast → Karte S. 28/29. Als Kulturpalast für Bagdad entworfen, als „Honeckers Vergnügungsbude" erbaut, heute Showpalast mit Revuetheater vom Feinsten. 1895 Plätze vor der größten Bühne der Welt (mit Haupt-, Seiten-, Hinter- und Vorbühne, Eisfläche und Wasserbecken). Friedrichstr. 107, Mitte, Ⓢ+Ⓤ Friedrichstraße, ☏ 23262323, www.palast.berlin.

Chamäleon **51** → Karte S. 72/73. Theater, Akrobatik, Tanz und zeitgenössische Zirkuskunst, die auch jüngere Leute anspricht – und das alles im herrlichen Ambiente eines ehemaligen Jugendstil-Ballsaals. Rosenthaler Str. 40/41 (Hackesche Höfe), Mitte, Ⓢ Hackescher Markt, ☏ 4000590, www.chamaeleonberlin.de.

Ticketvorverkauf

Bieten u. a. die **Berlin Tourist Infos** (→ S. 299), **Hekticket** (→ S. 279; u. a. Hardenbergstr. 29 d, City West, Ⓢ+Ⓤ Zoologischer Garten, www.hekticket.de) und **Koka 36** (**20** → Karte S. 160/161, Oranienstr. 29, Kreuzberg, Ⓤ Kottbusser Tor, www.koka36.de). **Onlinetickets** u. a. auf www.eventim.de.

Klassische Musik

Konzerthaus → Karte S. 28/29. Hier erlebte Webers *Freischütz* seine legendäre Uraufführung, hier dirigierte Wagner seinen *Fliegenden Holländer*. Das Konzerthaus (4 Säle, grandios die Akustik im Großen Saal mit der prachtvollen Jehmlich-Orgel) ist heute Heimat des Konzerthausorchesters Berlin. Außerdem regelmäßig Gastspiele. Für Architektur und Anfahrt → S. 42. ☏ 203092101, www.konzerthaus.de.

248 Nachlesen & Nachschlagen

Hochschule für Musik Hanns Eisler Berlin → Karte S. 28/29. Klassische Konzerte und spannende Musiktheaterinszenierungen der Stars von morgen. Als Bühnen dienen v. a. der Krönungskutschensaal, der Galakutschensaal und die Marstall-Bühne im Neuen Marstall (Schlossplatz 7, Mitte, Ⓤ Hausvogteiplatz) sowie der Kammermusiksaal und der Studiosaal am Gendarmenmarkt (Charlottenstr. 5, Mitte, Ⓤ Stadtmitte). Eintritt teils frei, teils 8 €, selten mehr als 20 €. ✆ 203092101, www.hfm-berlin.de.

Pierre-Boulez-Saal → Karte S. 28/29. Der Kammermusiksaal der sog. *Barenboim-Said Akademie* im alten Magazin der Staatsoper. Der Saal ist in zweierlei Hinsicht bemerkenswert. Zum einen ist er das geistige Zentrum des *West-Eastern Divan Orchestra*, das sich aus jungen jüdischen und arabischen Studenten zusammensetzt, die in der Akademie ausgebildet werden – ein Friedensprojekt im Zeichen der Musik also. Zum anderen stammt der Saal von Stararchitekt Frank O. Gehry. Der von zwei Ellipsen geprägte, luftig-leichte Konzertsaal lässt das Gefühl von Schwerelosigkeit aufkommen. Es gibt ca. 100 Konzerte pro Saison, sehr günstig sind die Akademiekonzerte, die i. d. R. nachmittags stattfinden. Französische Str. 33d, Mitte, Ⓤ Hausvogteiplatz, ✆ 47997411, www.boulezsaal.de.

Französischer Dom → Karte S. 28/29. Regelmäßig Konzerte in der Französischen Friedrichstadtkirche (→ S. 42). ✆ 8928146, www.franzoesische-kirche.de.

Philharmonie → Sehenswertes, S. 105, und Berlin (fast) umsonst, S. 279.

Berliner Dom → Karte S. 53. Hier finden regelmäßig Orgelkonzerte statt (→ S. 52). Gleiches gilt für die St.-Marienkirche (→ S. 66) und die Nikolaikirche (→ S. 65).

 **Classic Lounge im Watergate**, ca. 1-mal im Monat treffen sich im spektakulär an der Spree gelegenen Club Watergate (→ Nachtleben, S. 260), wo sonst die Bässe bis zum Morgen wummern, junge Klassikfans zur Kulturradio-Classic-Lounge. Ungezwungene Clubatmosphäre, gutes Programm, und das alles zu günstigen Preisen (ab 5 €). Weitere Infos unter www.water-gate.de.

Diverses

Radialsystem V → Karte S. 150/151. „Hier kauft man sich offenbar Eintrittskarten, ohne zu wissen, was läuft" *(FAZ)*. Das architektonisch überaus spannende Gebäude – ein ehemaliges Pumpwerk an der Spree – bietet in mehreren Hallen und Studios Experimentelles jeglicher Couleur: zeitgenössischen Tanz, klassische Musik, Lesungen usw. Die angeschlossene Café-Bar mit genialer Spreeterrasse hat unregelmäßig geöffnet, in jedem Fall aber an den Veranstaltungsabenden. Holzmarktstr. 33, Friedrichshain, Ⓢ Ostbahnhof, ✆ 28878850, www.radialsystem.de.

Roter Salon und Grüner Salon [25] → Karte S. 72/73. Die beiden Salons in der Volksbühne (→ Theater) bieten ein abwechslungsreiches kulturelles Programm: DJ-Abende, Lesungen, Partys, Liveacts u. v. m. Der Rote Salon, ein schöner Spiegelsaal in plüschi-

Schräge Vögel vögeln gern

Kunst und Kultur 249

gem Rot, ist dabei reizvoller als der Grüne Salon. ☎ 24065777, www.volksbuehne-berlin.de.

Admiralspalast → Varieté und Revue.

Huxleys Neue Welt → Karte S. 185. Konzertlocation, oft Top Acts. Tolles Ambiente im sog. Großen Saal, einst Teil des ab 1880 entstandenen Vergnügungsareals Neue Welt, über das schon Döblin in *Berlin Alexanderplatz* berichtet. Hasenheide 107–113, Neukölln, ☎ 7809 9810, www.huxleysneuewelt.com.

Urania → Karte S. 110/111. Populärer Veranstaltungsort mit einem einmaligen Bildungs- und Kulturprogramm auf der Bühne, im Kino, im Ausstellungs- oder Vortragssaal. An der Urania 17, Schöneberg, Ⓤ Wittenbergplatz, ☎ 218 9091, www.urania.de.

Max-Schmeling-Halle → Karte S. 134/135. Großveranstaltungen jeglicher Art, → S. 271.

Mercedes-Benz Arena → Karte S. 150/151. Ebenfalls Großveranstaltungen jeglicher Art, → S. 271. Daneben die neue **Verti Music Hall** für 4350 Besucher, überwiegend Konzerte.

Tempodrom → Karte S. 89. Das zeltartige Gebäude (→ S. 94) mit 2 Arenen (eine für 3800 Zuschauer und eine für 400) bietet ein kunterbuntes Programm: Ballett, Oper und Musicals, aber auch Paul Kalkbrenner oder Boy. Möckernstr. 10, Kreuzberg, Ⓢ Anhalter Bahnhof, ☎ 01805/ 554111 (0,20 €/Anruf), www.tempodrom.de.

Velodrom → Karte S. 134/135. Der abgefahrene futuristische Bau des französischen Stararchitekten Dominique Perrault entstand anlässlich der Berliner Bewerbung um die Olympischen Spiele 2000. Gesamtkapazität: 12.000 Zuschauer. Neben Radrennen auch Großveranstaltungen jeder Art. Paul-Heyse-Str. 26, Prenzlauer Berg, Ⓢ Landsberger Allee, ☎ 44304-5, www.velodrom.de.

Freiluftbühnen

Waldbühne, von den Nazis als Teil des Reichssportfeldes errichtet, bietet die mitten im Grünen gelegene Bühne heute Platz für rund 22.000 Zuschauer. Großveranstaltungen jeglicher Art. Glockenturmstr. 1, Westend, Ⓢ Pichelsberg, ☎ 01806570070, www.waldbuehne-berlin.de.

Parkbühne Wuhlheide, die Bühne, einem Amphitheater ähnlich, liegt im gleichnamigen Volkspark und ist nach der Waldbühne die zweitgrößte Open-Air-Location der Stadt (17.000 Zuschauerplätze in Sitz- und Stehbereichen). Ⓢ Wuhlheide, www.wuhlheide.de.

Zitadelle Spandau → Karte S. 203. Die Spandauer Festung ist ein atmosphärischer Ort für Open-Air-Konzerte (→ S. 202).

Lichtspiel

Wo was läuft, erfahren Sie u. a. auf www.berlinien.de, www.kino.de oder www.zitty.de. Im Folgenden eine kleine Auswahl an Kinos, wie Sie sie vielleicht von zu Hause nicht kennen. Wissenswertes zur Berlinale finden Sie auf S. 253.

Kinos

Zoo Palast → Karte S. 110/111. Ein wiederbelebter Klassiker aus dem Jahr 1957. Nostalgisch-elegantes Ambiente in 7 Sälen, nagelneue Technik, schöner Lobbybereich, extrem bequeme Sessel mit viel Platz. Hier wird Kino zum Erlebnis. Hardenbergstr. 29A, Ⓤ Kurfürstendamm, www.zoopalast-berlin.de.

Astor Film Lounge 35 → Karte S. 110/111. *Die* Adresse für das stilvoll-gehobene Kinoerlebnis. Denkmalgeschützter Kinosaal, neueste Technik. Für den Eintrittspreis ab 15 € kann man sein Auto parken lassen und bekommt an der plüschigen Bar einen kostenlosen Aperitif. Während des Vorprogramms wird auf Wunsch Fingerfood an den Platz geliefert. Komfortable, verstellbare Ledersessel (auch Paarsessel ohne Lehne dazwischen), viel Beinfreiheit. Kurfürstendamm 225, City West, Ⓤ Kurfürstendamm, www.astor-filmlounge.de.

Babylon Mitte → Karte S. 72/73. Das 1929 erstmals bespielte Kino besitzt im großen Saal die deutschlandweit einzige am Originalstandort erhaltene Kinoorgel – sie kommt bei den beeindruckenden Stummfilmreihen zum Einsatz. Sehr gutes Programm, außerdem auch Lesungen und Konzerte. Austragungsort der Berlinale. Rosa-Luxemburg-Str. 30, Mitte, Ⓤ Rosa-Luxemburg-Platz, www.babylonberlin.de.

International → Karte S. 150/151. Architektonisch herausragendes Großraumkino (600 Plätze) aus DDR-Zeiten. Erichs Sitzplatz war: Reihe 8, Platz 15. Wellenförmige Decken, blaue Sitze, holzvertäfelte Wände. Schöne, verglaste Bar mit Protzleuchtern. Karl-Marx-Allee 33, Friedrichshain, Ⓤ Schillingstraße, www.yorck.de.

Delphi-Filmpalast 16 → Karte S. 110/111. Bilderbuchkino ganz in Rot, 1949 aus dem kriegsbeschädigten Delphi-Tanzpalast hervorgegangen. Großes Café angegliedert. Kantstr. 12 A, City West, Ⓢ＋Ⓤ Zoologischer Garten, www.delphi-filmpalast.de.

Xenon → Karte S. 178/179. Unprätentiöses, kleines Kino, das den Fokus auf schwul-lesbische Filme legt. Gute Auswahl an Nischenfilmen. Kolonnenstr. 5/6, Schöneberg, Ⓤ Kleistpark oder Ⓢ Julius-Leber-Brücke, www.xenon-kino.de.

Zeughauskino → Karte S. 28/29. Hier kommen u. a. Klassiker, Raritäten und Stummfilme mit Pianobegleitung auf die Leinwand. Im Deutschen Historischen Museum (→ S. 41), www.dhm.de.

Il Kino → Karte S. 185. Kleines Programmkino (52 Plätze), das Filme zeigt, die in den großen Kinos nicht zu sehen sind. Alle Filme laufen im Original (OmU oder OmeU, mit engl. Untertiteln). Mit nettem Café. Nansenstr. 22, Neukölln, Ⓤ Hermannplatz, www.ilkino.de.

Arsenal → Karte S. 28/29. Das Institut für Film- und Videokunst zeigt Innovatives, Retrospektiven, Experimentelles u. v. m. Eine der spannendsten Filmbühnen der Stadt. Potsdamer Str. 2 (Sony Center), Ⓢ＋Ⓤ Potsdamer Platz, www.arsenal-berlin.de.

CineStar Imax → Karte S. 28/29. Imax-Kino im Sony Center. Potsdamer Str. 4, Ⓢ＋Ⓤ Potsdamer Platz, www.cinestar.de.

Freiluftkinos

Freiluftkino Volkspark Hasenheide → Karte S. 185. Tolles, von vielen Bäumen umgebenes Freiluftkino – man fühlt sich fast wie im Wald. Neukölln, Ⓤ Südstern, www.freiluftkino-hasenheide.de.

Freiluftkino im Volkspark Friedrichshain → Karte S. 134/135. Ebenfalls sehr schön im Park gelegen. Von Ⓢ＋Ⓤ Alexanderplatz mit Tram M 5 bis Haltestelle Platz der Vereinten Nationen, www.freiluftkino-berlin.de.

Sommerkino Kulturforum → Karte S. 100/101. Freiluftkino mit Großstadtinszenierung direkt am Kulturforum. Gemütliches Strandstuhlambiente. Matthäikirchplatz, Ⓢ＋Ⓤ Potsdamer Platz. www.yorck.de.

Kunstszene

Geschätzte 3000 Vernissagen stehen pro Jahr in den Hunderten von **Galerien**, nichtkommerziellen Showrooms und Off-Spaces an. Die boomende Berliner Galerienszene zählt mittlerweile zu den bedeutendsten weltweit. Der stetige Zuzug einflussreicher Sammlungen sorgt zudem dafür, dass sich auch das obere Preissegment zunehmend etabliert. Noch aber besorgen zwei Drittel des Umsatzes Kunden von außerhalb, die sich in Berlin nach Newcomern umsehen. Junge Künstler aus aller Welt arbeiten in Berlin, denn hier sind die Lebenshaltungskosten noch (aber wie lange noch …?) verhältnismäßig niedrig und Ateliers nicht nur am Stadtrand zu bekommen. Aber auch viele bekannte Künstler wie Olafur Eliasson, Daniel Richter, John Bock oder Isa Genzken nennen Berlin ihre (neue bzw. zweite) Heimat. Der Senat gibt die Zahl der bildenden Künstler mit über 5000 an.

Einen guten Ausstellungskalender bietet www.berliner-galerien.de, einen spannenden Einblick in die Berliner Kunstszene eine *GoArt!*-Führung (→ Stadtführungen, S. 303). Weitere interessante Internetseiten zur Kunstszene sind www.indexberlin.de, www.galerien-berlin-mitte.de, www.art-in-berlin.de und www.museumsportal-berlin.de.

Im Folgenden ein kleiner Überblick über die angesagten Galerienviertel und sonstige ausgewählte Orte zum Kunstgucken – ohne Anspruch auf Vollständigkeit. Alle wichtigen Kunstmuseen finden Sie im Reiseteil.

Mitte

Noch ist die Spandauer Vorstadt *das* Galerien-Mekka Berlins, doch steigende Mieten veranlassen mehr und mehr Kunsthäuser, sich nach neuen Orten umzusehen. Galerien-Hotspots sind dort die **Linienstraße** und die **Auguststraße**, führende Kunstzentren und -sammlungen das **KW Institute for Contemporary Art** (→ S. 77), die **Sammlung Hoffmann** (→ S. 75), der **me Collectors Room** (→ S. 78), die **Galerie Eigen + Art** (→ S. 78) und die **Galerie Neugerriemschneider** (→ S. 77).

Weitere spannende Adressen in Mitte sind die **Sammlung Boros** (→ S. 46) und die **Galerie Sprüth Magers** (→ S. 76).

Berlin im Kasten
XOOOOX, Nomad, EMESS – Street Art in Berlin

Street Art (auch „Urban Art") hat in Berlin Tradition. Welche andere Stadt bot auch schon eine kilometerlange Mauer als Megamalblock zum Üben und Experimentieren? Heute steht Berlin für eine der dynamischsten Street-Art-Szenen Europas. Nicht nur wegen der ansässigen Künstler, sondern auch, weil die Stadt noch immer genügend Flächen für Kunst im öffentlichen Raum parat hält: hier riesige Häuserwände an klaffenden Baulücken, dort stillgelegte Fabriken mitten im Stadtgebiet. Street Art provoziert Augen und Sinne und macht aus Straßen und Vierteln Galerien. Dabei geht es nicht um lieblos gesprühte Graffitis, die man gemeinhin als Schmiererei abtun kann. Street Art ist eine künstlerische Ausdrucksform, die ganz unterschiedlich daherkommen kann: als *Stencils* (Schablonengraffiti), *Paste-ups* (plakatierte Streetart), *Stickerart* (Aufkleber) oder durch direkten Farbauftrag per Pinsel oder Spraydose. Großflächige Arbeiten, die ganze Wandflächen einnehmen (meist die seitlichen Brandschutzwände), nennt man *Murals*. Manche Kunstwerke entstehen legal, die meisten illegal, weshalb viele Künstler unter Pseudonymen arbeiten wie XOOOOX (Berlin), EL Bocho (Berlin), Nomad (Berlin), Blu (Bologna), just (Berlin), EMESS (Berlin), Alias (Berlin), DOLK (Norwegen) oder Tower (Berlin). Auch Banksy (angeblich aus Bristol), dessen Werke schon sechsstellige Summen erzielten und von Mauerspechten zuweilen wieder abgeklopft werden, war schon in Berlin unterwegs. Über Street Art in Berlin informieren u. a. www.theclubmap.com, www.artelocal.eu, fk.1just.de und reclaimyourcity.net. Im Jaron Verlag erschien der Bildband „Street Art in Berlin" mit Fotos von Kai Jakob, der schon mehrere Auflagen hinter sich hat. Und in Schöneberg lädt das „Museum for Urban Contemporary Art" zu einer Street-Art-Show ein (→ S. 176).

Tiergarten

Erst in den letzten Jahren entdeckte der Kunstmarkt die bunte, in Teilen aber auch noch recht schäbige **Potsdamer Straße** an der Grenze zwischen Tiergarten und Schöneberg (→ Karte S. 178/179). Seitdem entstehen dort im und rund um das ehemalige **Gebäude des Tagesspiegels** (= Mercator-Höfe, Potsdamer Str. 77/78, Ⓤ Kurfürstenstraße) in atemberaubendem Tempo neue Galerien. Mittlerweile sind es rund 30 an der Zahl, darunter viele namhafte Adressen. Einen Blick lohnen u. a.: **Galerie Loock** (Potsdamer Str. 63, www.loock.info; immer wieder mit spannenden Expositionen japanischer Künstler), **Galerie Esther Schipper** (Potsdamer Str. 81e, www.estherschipper.com; oft kühle Konzeptkunst) und die **Galerie Helga Maria Klosterfelde** (Potsdamer Str. 97, www.helgamariakloster felde.de), die in einem ehemaligen Schreibwarenladen (Originaleinrichtung!) untergebracht ist.

Kreuzberg

Auch über Kreuzberg verteilen sich viele Galerien. Ein Hotspot hier ist das **Berlin Gallery District** genannte Gebiet zwischen Leipziger Straße und Halleschem Ufer. Kunst unterschiedlichster Art und oft politisch motiviert bietet dort das **Galerienhaus** (www.galerienhaus.com, Lindenstr. 34/35, Ⓤ Kochstraße), ein recht nobles Ausstellungshaus mit Marmorhallen und Mosaiken. Spannendes zeigt auch das nahe **Galerienhaus Rudi-Dutschke-Straße 26**, Heimat von rund 10 Galerien und Sternekoch Tim Raue (→ S. 96). Im außergewöhnlichen Ambiente einer brutalistischen Kirche aus den 1960ern präsentiert die **König Galerie** medienübergreifende Kunst sowohl aufstrebender als auch etablierter Künstler (www.koeniggalerie.com, Alexandrinenstr. 118, Ⓤ Prinzenstraße). Eine weitere spannende Adresse ist die **Feuerle Collection** (www.thefeuerlecollection.org, → S. 166).

City West

Im alten Westen ist die **Fasanenstraße** eine Galeriemeile, hier hat das **Auktionshaus Grisebach** seinen Sitz (präsentiert in Hnr. 25 hochkarätige Auktionsobjekte und in Hnr. 27 sehenswerte Ausstellungen, www.grisebach.com, → S. 252). Immer einen Besuch wert ist dort auch die **Galerie Kornfeld** (Hnr. 26, arbeitet mit vielen jungen Künstlern zusammen, www.galeriekornfeld.com), zu der auch der Projektraum **68project** gehört (Hnr. 68, www.68projects.com). Des Weiteren sind zu nennen: **Arndt Art Agency** (Hnr. 28, www.arndtartagency.com; Schwerpunkt China und Südostasien), der **Kunsthandel Wolfgang Werner** (Hnr. 72, viele große Namen im Repertoire, www.kunsthandel-werner.de) und die **Galerie Buchholz** (Hnr. 30, ein Global Player mit Hauptsitz in Köln, www.galeriebuchholz.de). Abseits der Fasanenstraße ist die **Galerie Contemporary Fine Arts (CFA)** erwähnenswert, die Künstler wie Georg Baselitz oder Daniel Richter auf ihrer Liste hat (Grolmanstr. 32/33, www.cfa-berlin.de). Außerdem: **C/O Berlin**, die Topadresse für zeitgenössische Fotografie (www.co-berlin.org, → S. 117).

Keine Trockenhaube, sondern eine Installation!

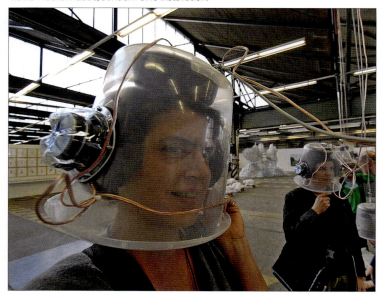

Christopher Street Day

Veranstaltungen

Ob Hipstercup (mit Hornbrillenweitwurf und Skinny-Jeans-Tauziehen, www.hipstercup.com) oder der traditionelle Kellnerlauf (mit Bier auf dem Tablett ums Kranzler Eck, www.kellnerderby.de) – irgendwas Durchgeknalltes findet immer statt. Im Folgenden nur eine kleine Auswahl an größeren Events; Festivals, die mehrere Monate andauern, sind eingerückt aufgeführt. Mega-Veranstaltungen wie Grüne Woche, Berlinale, ITB, IFA oder das Festival of Lights gehen i. d. R. mit verkaufsoffenen Sonntagen einher. Mehr Veranstaltungstipps in den Stadtmagazinen, aber auch unter www.kulturprojekte-berlin.de oder www.gaesteliste030.de.

Januar

Berliner Sechstagerennen – ein Klassiker (gibt es mit Unterbrechung seit 1909). Im Velodrom (→ S. 249), Tickets ab 20 €. www.sixday.com.

Fashion Week Berlin – dazu gehören u. a. die Modemessen *Premium Group*, *Berliner Modesalon*, *Green Showroom* und *Panorama*. Messeveranstaltungen, Präsentationen und Catwalks finden an den unterschiedlichsten Orten statt. Viele Events sind Privatpersonen jedoch nicht zugänglich. Insgesamt sind rund 3000 Brands, Labels und Designer am Start. Von den rund 200.000 Besuchern sind die Hälfte Einkäufer und Journalisten aus dem In- und Ausland. Auch im Juli. www.fashion-week-berlin.com.

Internationale Grüne Woche – weltgrößte Messe für Ernährung, Landwirtschaft und Gartenbau. In der zweiten Januarhälfte auf dem Messegelände am Funkturm. www.gruenewoche.de.

Lange Nacht der Museen – Kombiticket 18 € (inkl. Shuttlebusse). Auch im August. Genaues Datum unter www.lange-nacht-der-museen.de.

Februar

Berlinale International Film Festival – das alljährliche Filmfestival lockt rund 16.000 Filmschaffende und 4000 Journalisten aus aller Welt an. Filme laufen in verschiedenen Kinos der Stadt, frierende Stars auf rotem Teppich sieht man vorm Berlinale-Palast (→ S. 38). www.berlinale.de.

März

Internationale Tourismusbörse Berlin (ITB) – die Welt zu Gast in Berlin, über 11.000 Aussteller. Auf dem Messegelände am Funkturm. Am Wochenende freier Publikumsverkehr. www.itb-berlin.de.

MaerzMusik – internationales Festival zeitgenössischer Musik an verschiedenen Orten in der Stadt, viele Erstaufführungen. www.berlinerfestspiele.de.

April

Ab jetzt und bis Ende Juni isst man **Beelitzer Spargel** bis zum Abwinken. Die Tradition des Spargelanbaus verschwand in Beelitz (rund 60 km südwestlich von Berlin) übrigens mit dem Mauerbau und wurde erst 1991 wiederbelebt.

Berliner Festtage – ein Opern- und Konzertreigen, der stets um die Osterzeit stattfindet. Maestro Daniel Barenboim, Chefdirigent der Staatskapelle, ruft hochkarätige internationale Künstler – und sie kommen. In der Staatsoper Unter den Linden und in der Philharmonie. www.staatsoper-berlin.de.

Halbmarathon – manchmal auch schon Ende März. Infos und Anmeldung unter www.scc-events.com.

Gallery Weekend – Ende April/Anfang Mai treffen sich Künstler, Sammler, Kritiker und Kuratoren zu einer Vielzahl an Vernissagen. www.gallery-weekend-berlin.de.

Mai

1. Mai – ein friedliches Gegenprogramm zu den Auftritten der Anarchoproleten und Antisemiten bietet das bunte Myfest in der Oranienstraße (→ Kreuzberg) mit Konzerten und internationaler Küche aus den Töpfen der Anwohner. Zudem gig weitere Veranstaltungen in der Stadt, u. a. in der Kulturbrauerei und am Mauerpark in Prenzlauer Berg, Kundgebungen am Brandenburger Tor usw.

Baumblütenfest in Werder – ziemlich prolliges Remmidemmi mit Riesenrad, Karussells, Buden, mehreren Bühnen und einer halben Million Besucher (nicht allen bekommt der süße Obstwein). Nach Werder fährt der Regionalexpress 1 u. a. vom Hauptbahnhof (Tarifzone ABC). Anfang Mai. www.werder-havel.de.

Theatertreffen – über 500 Inszenierungen in 17 Tagen auf diversen Bühnen der Stadt. www.berlinerfestspiele.de.

DFB-Pokalfinale – hurra, hurra, wir fahren nach Berlin! Im Olympiastadion gewinnt Bayern München.

Lange Nacht des Buches – Lesungen, Buchpräsentationen und künstlerische Darbietungen an rund 50 Orten rund um die Oranienstraße (→ Kreuzberg). www.lange-buchnacht.de.

Velothon – das Berlin-Radrennen für jedermann. 2 Distanzen (60 u. 120 km) stehen zur Auswahl. Anmeldung unter www.velothon-berlin.de.

Citadel Music Festival: Konzerte von Mai bis August in der Spandauer Zitadelle (→ S. 249). www.citadel-music-festival.de.

Juni

Fête de la Musique – ein Mega-umsonst-und-draußen-Event. Über 700 Bands und DJs auf über 80 Bühnen. Jedes Jahr zum kalendarischen Sommeranfang am 21. Juni. www.fetedelamusique.de.

Karneval der Kulturen – Straßenfest mit 4 Bühnen in Kreuzberg, Musik und Leckereien aus aller Welt (Ⓤ Hallesches Tor). Höhepunkt ist der große bunte Umzug am Sonntag (Start Hermannplatz, Ⓤ Hermannplatz), rund 4000 Teilnehmer aus 80 Nationen machen mit. Stets Pfingsten. www.karneval-berlin.de.

Kietzer Sommer – traditionelles Volksfest in Köpenick mit historischem Festumzug, mehreren Bühnen, Feuerwerk und Marktreiben. Meist Mitte Juni. www.kietzersommer.de.

Lange Nacht der Wissenschaften – rund 70 Wissenschaftseinrichtungen nehmen daran teil, öffnen ihre Pforten oder veranstalten ein interessantes Programm an ausgefallenen Orten. www.langenachtderwissenschaften.de.

48 Stunden Neukölln – 2 Tage der offenen Tür in zig Galerien, Ateliers, Kultureinrichtungen usw. Das spannendste Wochenende im Jahr, um Neukölln kennenzulernen. Bevor man startet, stellt man sich am besten auf www.48-stunden-neukoelln.de sein persönliches Programm zusammen.

Bergmannstraßenfest, im gleichnamigen Kiez in Kreuzberg. Musik auf 5 Bühnen. Meist Ende Juni. www.kiez-und-kultur.de.

Juli

Classic Open Air – 5-tägiger Klassik-Reigen auf dem Gendarmenmarkt. www.classicopenair.de.

Christopher Street Day (CSD) – die Parade startet am Kurfürstendamm und endet an der Straße des 17. Juni vor dem Brandenburger Tor. Im Vorfeld das Berlin Pride Festivals. Manchmal auch im Juni, Datum auf www.csd-berlin.de.

Fashion Week Berlin → Januar. Diesmal werden die Kollektionen für die kalten Tage präsentiert.

Veranstaltungen 255

Lesbisch-schwules Stadtfest – Europas größtes Stadtfest dieser Art (rund 350.000 Besucher). Rund um den Nollendorfplatz in Schöneberg. www.stadtfest.berlin.

August

Internationales Berliner Bierfestival – über 300 Brauereien aus über 80 Ländern machen die Karl-Marx-Allee zur Biermeile. www.bierfestival-berlin.de.

Pop Kultur – aus der *Berlin Music Week* hervorgegangen. Konzerte und Veranstaltungen an verschiedenen Orten. www.pop-kultur.berlin.

Lange Nacht der Museen – genaues Datum unter www.lange-nacht-der-museen.de.

> **Critical Mass**: Bei Rot über die Ampel – die Fahrraddemo durch Berlin! Einfach Rad mieten und mitradeln, macht verdammt viel Spaß. Start stets am letzten Freitag im Monat um 20 Uhr am Heinrichplatz. www.critical-mass-berlin.de.

September

Berlin Art Week (www.berlinartweek.de) – 5 Tage lang Intensivprogramm rund um die Kunst mit hochkarätigen Ausstellungen, Vernissagen und Sonderveranstaltungen. Außerdem die **Art Berlin** im Flughafen Tempelhof, wo junge internationale Künstler in Einzelausstellungen zum Zuge kommen (www.artberlinfair.fair.com).

Berlin Marathon – Infos und Anmeldung unter www.berlin-marathon.de.

IFA – die Internationale Funkausstellung ist die weltweit größte Messe für Consumer Electronics (1200 Aussteller). Messegelände am Funkturm. www.ifa-berlin.de.

Internationales Literaturfestival Berlin – die Lesungen fanden zuletzt vornehmlich im Haus der Berliner Festspiele in der City West statt. www.literaturfestival.com.

Oktober

Pyronale – Feuerwerks-World-Championat mit Pyrotechnikern aus verschiedenen Ländern. In manchen Jahren auf dem Flugfeld Tempelhof, in manchen auf dem Maifeld am Olympiastadion. www.pyronale.de.

Festival of Lights – beim 12-tägigen Lichterfestival werden große Berliner Bauwerke farbig illuminiert – am schönsten zu fotografieren in der Blauen Stunde. www.festival-of-lights.de.

November

JazzFest Berlin – 4 Tage im Zeichen des Jazz. Megaprogramm. Hauptveranstaltungsort ist das Haus der Festspiele in Wilmersdorf. www.berlinerfestspiele.de.

Dezember

Weihnachtsmärkte – zu den schönsten zählen der in der Altstadt von **Spandau**, der am **Gendarmenmarkt** (stilvoll, kostet aber auch Eintritt) und jener vor der Kulisse des **Charlottenburger Schlosses**. Aus der Reihe fällt der nichtkommerzielle Rixdorfer Weihnachtsmarkt am **Richardplatz** in Neukölln, der jedoch nur an 3 Tagen im Dezember stattfindet (am Wochenende nach dem 1. Advent).

Silvester – die größte Party geht am Brandenburger Tor über die Bühne. Klasse Ausblicke auf die Feuerwerkslandschaft hat man vom 66 m hohen Kreuzberg. Toll, aber voll!

48 Stunden Neukölln: Installation auf dem Parkdeck

Das Ä: Neukölln

Nachtleben

Das Berliner Nightlife ist cool, freizügig und v. a. bezahlbar, in der einen oder anderen kleineren Location wird gar kein Eintritt oder nur eine kleine DJ-Pauschale verlangt. Im Folgenden unsere Auswahl an Adressen – da dürfte für jeden etwas dabei sein. Es gibt jedoch noch viel, viel mehr. Die Dynamik ist enorm, jeden Monat eröffnen neue Locations, genauso viele schließen aber auch.

Mitte

Picheln

Weingalerie Nö! 20 → Karte S. 28/29. Eine Oase in der sterilen Ecke um die Friedrichstraße. 2 urgemütliche, kleine Galerieräume mit viel Plunder zwischen Jugendstillampen und Kuckucksuhr. Sorgfältig ausgewählte Weine zu zivilen Preisen, darunter auch sehr edle Tröpfchen. Dazu gibt es alles, was gut zu Wein passt: Oliven, Käse- und Vorspeisenplatten, Flammkuchen, warme Blutwurst auf Baguette u. v. m. Mo–Fr 12–1 Uhr. Glinkastr. 23, Ⓤ Französische Straße, ✆ 2010871, www.cafe-noe.de.

Neue Odessa Bar 12 → Karte S. 72/73. Plüschig-coole Bar mit Kerzenlicht und riesigen Blumensträußen. Sound zwischen 80s und Electrolounge. Abgefahrene Gemeinschaftstoilette! Ab 21 Uhr wird es rappelvoll, später kontrolliert ein Türsteher den Zulauf. Gute Drinks, aber nicht ganz billig. Rauchen erlaubt. Tägl. ab 19 Uhr. Torstr. 89, Ⓤ Rosenthaler Platz, ✆ 0171/8398991, www.neueodessabar.de.

Bar 3 32 → Karte S. 72/73. Ideal für das Glas Kölsch nach der Volksbühne. Hat Stil, obwohl sehr simpel: halbrunder Raum mit weiß getünchten Wänden, Sitzmöglichkeiten auf den tiefen Fensterbrettern, runde Theke in der Mitte. Viele Künstler und Kreative. Raucher. Di–Sa ab 21 Uhr. Weydinger Str. 20, Ⓤ Rosa-Luxemburg-Platz, ✆ 97005106.

Anna Koschke 46 → Karte S. 72/73. Charmante Kneipe mit einem Tick hin zur Altberliner Kaffeestube: Spiegel, Ölgemälde, Wanduhren, Kerzenlicht. Zum Allgäuer *Büble Bier* oder Berliner Pilsner gibt's Käseplatte oder Bulette. Raucher. Tägl. ab 17 Uhr. Krausnickstr. 11, Ⓢ Hackescher Markt oder Ⓤ Weinmeisterstraße, ✆ 2835538, www.anna-koschke.de.

Mein Haus am See 10 → Karte S. 72/73. Schrammelig-cooler Laden, Café, Bar und Club in einem. Rund um die Uhr geöffnet, jedoch nicht am See, sondern am Rosenthaler Platz. Brunnenstr. 197/198, Ⓤ Rosenthaler Platz, ✆ 27590873, www.mein-haus-am-see.club.

Nachtleben 257

Hackendahl 42, → Karte S. 72/73. Schöne, entspannte Kneipe, die in krassem Gegensatz zur Sterilität der Friedrichstraße steht. Eyecatcher sind ein historischer Kachelofen und ein Apothekerschrank aus den 1920ern mit rund 300 Schnäpsen. Auch die Biersorten können sich sehen lassen, dazu gibt's Buletten und Stullen. Mo–Fr ab 16 Uhr, Sa/So ab 18 Uhr. Friedrichstr. 128, ⓤ Oranienburger Tor, ☏ 68001718, www.hackendahl-berlin.de.

Keyser Soze → S. 84.

Eschschloraque Rümschrümp → S. 84.

Cocktails schlürfen

La Banca Bar 14 → Karte S. 28/29. Klassisch-gediegene, gemütliche Bar des noblen Hotel de Rome. Im Sommer wechselt man besser nach oben auf die Dachterrasse und genießt bei einem Aperol Spritz oder einem Burger Royal den schönen Blick auf den Bebelplatz. Kleingeld taugt hier nur als Trinkgeld! Tägl. 10.30–1 Uhr. Behrenstr. 37, ⓤ Französische Straße, ☏ 4606090, www.roccofortehotels.com.

Reingold 19 → Karte S. 72/73. Hinter einer Metalltür warten ein endloser Tresen und Kellner mit Fliege und Schiebermütze – die 20er-Jahre lassen grüßen. An der Wand ein eindrucksvolles Bild von Klaus und Erika Mann. Im Hinterhof eine nette Terrasse. Di–Sa ab 20 Uhr. Novalisstr. 11, ⓢ Nordbahnhof oder ⓤ Oranienburger Tor, ☏ 28387676, www.cms.reingold.de.

Newton Bar 21 → Karte S. 28/29. Klassische gehobene Bar am Gendarmenmarkt mit Tresen aus Edelholz und schweren roten Ledersesseln. Die *Big Nudes* an der Wand hat Starfotograf Helmut Newton noch zu Lebzeiten selbst zur Verfügung gestellt. Businesspublikum zwischen 30 und 65 (viele der jüngeren Gäste haben irgendwie Ähnlichkeit mit Prinz William ...). Geraucht wird nur oben. Tägl. ab 11 Uhr. Charlottenstr. 57, ⓤ Französische Straße o. Hausvogteiplatz, ☏ 20295421, www.newton-bar.de.

Clubs

Weekend 1 → Karte S. 61. Auch hier macht man elitär – harte Tür! Dennoch in der Szene als Touristenbunker verschrien (aber alles halb so schlimm). Tolle Location im 12. Stock des sog. „Hauses des Reisens". 3 Stockwerke darüber geht die Party weiter, außerdem gibt's eine Dachterrasse für den unvergesslichen Sonnenaufgang. Hochkarätige DJs, House, Deephouse und Techno. Fr/Sa ab 23 Uhr (manchmal auch Di/Mi). Um die 10 € Eintritt, manchmal etwas mehr, manchmal auch etwas weniger. Alexanderstr. 7, ⓢ+ⓤ Alexanderplatz, ☏ 0152/24293140, www.houseofweekend.berlin.

Zosch 38 → Karte S. 72/73. In einem unsanierten, efeubewachsenen Haus. Oben rustikale Kneipe mit toller weißer Schanktheke, schönen Fliesen und kleiner Auswahl an Gerichten. Im Bühnenkeller gibt es Jazz und Comedy – oft eng, verraucht und schweißtreibend! Viele Touristen. Tägl. ab 16 Uhr. Tucholskystr. 30, ⓤ Oranienburger Tor, ☏ 2807664, www.zosch-berlin.de.

Schokoladen 8 → Karte S. 72/73. Witziger, leicht schrammeliger Laden, den es schon seit Ewigkeiten gibt (und der immer wieder vor dem Aus steht). Regelmäßig Partys, Konzerte (vorwiegend Punk, Folk, Independent und Ska) und Lesungen. Tägl. ab 19 Uhr. Ackerstr. 159, ⓤ Rosenthaler Platz, ☏ 2826527, www.schokoladen-mitte.de.

Kaffee Burger 18 → Karte S. 72/73. Im schön konservierten Ostalgie-Ambiente des ehemaligen Kaffeehauses gibt es neben Livemusik und DJ-Partys (Pop, Electroswing, aber auch Techno) auch hin und wieder Comedy. Tägl. ab 21 Uhr. Torstr. 60, ⓤ Rosa-Luxemburg-Platz, ☏ 28046495, www.kaffeeburger.de.

Clärchens Ballhaus 34 → Karte S. 72/73. *Der* Tipp für Freunde des Paartanzes – und das seit 1913. Im herrlich altmodischen Tanzbistro (Lamettadekor!) im EG oder im tollen Spiegelsaal wird ein Programm zwischen Walzer, Salsa und Tango geboten. Zum Ringelpiez mit Anfassen gibt's Bulette oder Pizza – auch draußen im supergemütlichen Hofgarten (ab 11 Uhr geöffnet). So 15–19 Uhr Tanztee. Auguststr. 24, ⓤ Weinmeisterstraße oder Rosenthaler Platz, ☏ 2829295, www.ballhaus.de.

Tresor 1 → Karte S. 160/161. Die Technolegende, deren Namen DJs wie Sven Väth, Paul van Dyk und Tanith in alle Welt trugen, es gibt seit 1991, nun im alten Heizkraftwerk Mitte. Der legendäre Keller des alten Tresors (→ S. 88) wurde fast komplett wieder aufgebaut – abgefahren. Mo, Mi und Fr/Sa ab 23.59 Uhr. Köpenicker Str. 70, ⓤ Heinrich-Heine-Straße, www.tresorberlin.de.

Jazz

b-flat 54 → Karte S. 72/73. Der Kellerclub ist eine Institution. Ausgesuchter Jazz, gerne auch mal experimentell und modern, gerne auch mal internationale Überraschungen und Worldmusic. Konzertbeginn tägl. gegen 21 Uhr. Dierckenstr. 40, Ⓢ+Ⓤ Alexanderplatz, ✆ 2833 123, www.b-flat-berlin.de.

Zosch, → Livemusik.

> Viele Tipps in Sachen Jazz auch auf der Seite www.jazzinitiative-berlin.de.

Kreuzberg → Karte S. 160/161

Picheln

Möbel Olfe 27, immervolle, rauchgeschwängerte „Trinkhalle" (Eigenbezeichnung) im Betonkonglomerat des *Kreuzberger Zentrums*. Ein Klassiker seit 1983, bei Homos und Heteros gleichermaßen beliebt. Cool-kitschige Einrichtung, nette Musik, polnisches Bier. Tägl. (außer Mo) ab 18 Uhr. Reichenberger Str. 177, Ⓤ Kottbusser Tor, ✆ 23274690, www.moebel-olfe.de.

Myśliwska 30, die „Jägerstube" ist seit 1990 eine Kultbar, als die Gegend um das Schlesische Tor noch keinesfalls angesagt war. Simples, minimalrestauriertes Ambiente. Viel Indiesound, manchmal auch live. Besser unter der Woche kommen – Fr/Sa wird jungen Easyjettern leichter Partysound serviert. Übelst verqualmt! Tägl. ab 19 Uhr. Schlesische Str. 35, Ⓤ Schlesisches Tor, ✆ 6114860.

Würgeengel 24, Kreuzberger Institution. Die stilvolle Raucherbar mit einem Tick Abgeranztheit ist benannt nach dem gleichnamigen Film von Luis Buñuel (1962), in dem eine Partygesellschaft von einer geheimen Kraft am Verlassen der Feier gehindert wird ... Tägl. ab 19 Uhr. Dresdner Str. 122, Ⓤ Kottbusser Tor, ✆ 6155560, www.wuergeengel.de.

Ottorink Weinbar 24, um die wichtigste Frage gleich vorweg zu beantworten: Otto Rink war der Großvater des Betreibers! Sehr nett, im Angebot v. a. Wein aus der Pfalz und von der Mosel, zudem kleines Speiseangebot. Tägl. ab 18 Uhr. Dresdner Str. 124, Ⓤ Kottbusser Tor, ✆ 27026450, www.ottorink.de.

Trinkteufel 17, das selbst ernannte „Tor zur Hölle". Manchmal junges punkiges Publikum, manchmal älteres punkiges Publikum, manchmal ganz altes punkiges Publikum. Und einmal schon Peter O'Doherty mittendrin. Er wäre fast rausgeflogen (das will hier schon was heißen) und demolierte im Anschluss ein Auto vor der Tür ... Mo–Do 13–4 Uhr, Fr/Sa durchgehend. Naunynstr. 60, Ⓤ Kottbusser Tor, ✆ 6147128, www.trinkteufel.de.

Kirk 21, schöne Bar, leicht angestaubt und völlig verraucht, was man Stuck und Decken ansieht. An der Wand prangt der Slogan „Fuck Yoga". Gute Drinks, Augustiner vom Fass und gemischtes Publikum, das so laut schwätzt,

Clärchens Ballhaus: schwofen bis zum Abwinken

Nachtleben 259

dass die Musik (Blues und Jazz) manchmal kaum mehr zu hören ist. Im Winter mit Kaminfeuer. Tägl. (außer So) ab 19 Uhr. Skalitzer Str. 75, Ⓤ Schlesisches Tor, ✆ 0176/21885145, www.kirkbar-berlin.de.

Ankerklause 54, *der* Treff direkt am Landwehrkanal – die Balkonplätze sind begehrt. Publikum jeden Alters, Jukebox mit lustiger Auswahl, kleine Gerichte. Im vorderen Bereich darf geraucht werden. Übrigens soll hier schon Quentin Tarantino mit einer Berliner Burlesque-Queen gekuschelt haben. Mo ab 16 Uhr, sonst ab 10 Uhr. Am 1. Do im Monat wird die Bar zum Club. Kottbusser Damm 104, Ⓤ Schönleinstraße, ✆ 6935649, www.ankerklause.de.

Madonna 46, gemütliches Kreuzberger Urgestein. Unter einem originellen Deckengemälde und der namengebenden Madonna versammelt sich ein buntes Völkchen, hört rockig-folkige Musik, raucht und trinkt fleißig Bier oder Whiskey – über 250 Sorten sind im Angebot. Tägl. ab 15 Uhr. Wiener Str. 22, Ⓤ Görlitzer Bahnhof, ✆ 6116943.

Yorckschlösschen → Jazz.

Club der Visionäre → S. 172.

Cocktails schlürfen

Die Legende von Paula und Ben 70, kleine, spärlich dekorierte Bar mit golden bemalten Decken und Kronleuchter. Adrette Barkeeper, riesige Auswahl an guten Cocktails, auch die Weine können sich sehen lassen. Tapas. Musik in Richtung Jazz/Bossa Nova. Im Sommer Bestuhlung auf dem Gehweg. Raucher. Tägl. ab 18 Uhr. Gneisenaustr. 58, Ⓤ Südstern, ✆ 28034400, www.paulaundben.de.

Schwarze Traube 18, in der kleinen, schönschummrigen Retro-Bar gibt es ein täglich wechselndes Angebot an hervorragend gemixten Drinks. „Chef-Alchemist" Atalay Aktaş wurde schon zum besten Barkeeper Deutschlands gekürt. Tägl. ab 19 Uhr. Wrangelstr. 24, Ⓤ Görlitzer Bahnhof oder Schlesisches Tor, ✆ 23135569.

Fahimi Bar 34, eine der „gediegeneren" Locations rund ums Kottbusser Tor, im OG eines heruntergekommenen Häuserblocks, tolle Panoramafenster zur Hochbahn hin. Klar-nüchterne Einrichtung, im Mittelpunkt steht die schön illuminierte Bartheke. Hierher kann man, wenn's sein muss, auch mal mit den Eltern gehen ... Raucher. Di–Sa ab 20 Uhr. Skalitzer Str. 133 (unauffälliger Eingang), Ⓤ Kottbusser Tor, ✆ 61656003, www.fahimibar.de.

Mandy's 55, legere Cocktailbar in Mandy's alter Bierstube (die rustikalen Tische und holzverkleideten Wände erinnern noch daran), mit Chesterfield-Ledersofas und Kerzenlicht. Auch nett: die **Rummels Perle 52** in der gleichen Straße (Hnr. 47), wo man allerdings eher Bier trinkt. Mi–Sa ab 20 Uhr. Reichenberger Str. 61, Ⓤ Görlitzer Bahnhof.

Solar 8, zum Cuba Libre gibt's hier, im 17. Stock, einen traumhaften Blick über Berlin (was sich nachts einfach besser macht als tagsüber). Auf den loungigen Sitzlandschaften vor den bodentiefen Panoramafenstern ein Publikum zwischen 25 und 60. Eine Etage darunter das Restaurant. Raucherseparee. Wer zu spät kommt, kann Pech haben – oft voll. Gepflegtlegeres Outfit wird erwartet. Tägl. ab 18 Uhr. Stresemannstr. 76 (etwas zurückversetzt, nach dem gläsernen Aufzug am Gebäude Ausschau halten), Ⓢ Anhalter Bahnhof, ✆ 0163/7652700, www.solarberlin.com.

Clubs

Musik und Frieden 23, dieser Club legt sich nicht auf ein Genre fest. Indie, Hip-Hop, Metal – konzertmäßig ist alles Mögliche möglich, hinzu kommen diverse lustige Partys. Im OG die *Baumhausbar* mit tollen Spreeblicken. Falckensteinstr. 48, Ⓤ Schlesisches Tor, ✆ 23919994, www.musikundfrieden.de.

Birgit & Bier `38`, → S. 172. Biergarten und Club. Nebenan die **Burg Schnabel** `39`, an besagtem Schnabel schnell zu erkennen. Simple Barackensiedlung mit schrecklichen Toiletten. Macht nichts: Line-up vom Feinsten (Elektro, manchmal Hip-Hop), Gleiches gilt für die kleine Open-Air-Tanzfläche. Platz hat's für ca. 400 Partypeople. Schleusenufer 3, Ⓤ Schlesisches Tor, ☎ 0174/3767687.

Wild at Heart `45`, der schummrige, überdekorierte Laden (Totenköpfe, Elvis-Plakate, Lichterketten in Löwenkopfform) ist seit 1995 *die* Adresse für lustige kleine Punkrockkonzerte (mehrmals wöchentl.). Hinterher bearbeiten DJs die Turntables. Auch älteres Publikum. Tägl. ab 20 Uhr, Konzerte i. d. R. Do–Sa. Wiener Str. 20, Ⓤ Görlitzer Bahnhof, ☎ 61074701, www.wildatheartberlin.de.

Gretchen `56`, Club und Konzertlocation, die – von außen mag man es nicht glauben – im Inneren etwas von einer dreischiffigen Basilika hat. Breites Spektrum an Veranstaltungen, alle Stilrichtungen kommen zum Zuge. Obentrautstr. 19–21, Ⓤ Hallesches Tor o. Mehringdamm, ☎ 25922702, www.gretchen-club.de.

Lido `35`, das ehemalige Kino im 50er-Jahre-Design fasst ca. 600 Zuschauer und zählt zu den besten Konzertbühnen der Stadt. Außerdem immer wieder spaßige Partys (z. B. Balkan-Partys). Cuvrystr. 7, Ⓤ Schlesisches Tor, ☎ 69566840, www.lido-berlin.de.

Festsaal Kreuzberg `43`, der ursprüngliche Festsaal an der Skalitzer Straße fiel 2013 einem Brand zum Opfer. Am Flutgraben (eigentlich schon auf Treptower Boden) hat man nun eine neue Heimat gefunden. Gute Konzerte und lustige Partys, zudem ein witziger Biergarten. Am Flutgraben 2, Ⓤ Schlesisches Tor, ☎ 47056087, www.festsaal-kreuzberg.de.

SO 36 `28`, den Klassiker der alternativen Subkultur, hervorgegangen aus der Punk- und Besetzerszene, gibt es mit Unterbrechung seit 1978. Buntes Programm: Technonächte, Schlagerpartys, schwul-lesbische Events, Nachtflohmarkt, gute Konzerte usw. Oranienstr. 190, Ⓤ Kottbusser Tor, ☎ 61401306, www.so36.de.

Columbia Theater `78`, ehemaliges Alliierten-Kino. Immer wieder nett, wenn die richtige Band spielt (www.columbia-theater.de). Größere Namen treten in der **Columbiahalle** nebenan auf (www.columbiahalle.berlin). Columbiadamm 9–11 bzw. 13–21, Ⓤ Platz der Luftbrücke.

Bi Nuu `25`, hier steigt die Party mitten im U-Bahnhof! Unter schönem Gewölbe wird mehrmals wöchentl. ein buntes, alternatives Programm zwischen Live-Auftritten (Punk, Hardcore, Rock'n'Roll etc.) und DJ-Partys geboten. Ⓤ Schlesisches Tor, ☎ 61654455, www. binuu.de.

Madame Claude `33`, schrabbelig-charmanter Kellerclub. Kopf in den Nacken: Hier hängt das Interieur verkehrt herum von der Decke, vom Waschbecken über die Nachttischlampe bis zum Beistelltischchen. Barbetrieb tägl. ab 19 Uhr, Konzerte (alles Mögliche von Folk über Rock und Elektro bis hin zu experimentellen Klängen) beginnen i. d. R. gegen 21.30 Uhr. Junges internationales Publikum. Lübbener Str. 19, Ⓤ Schlesisches Tor, ☎ 84110859, www. madameclaude.de.

Monarch `34`, simple DJ-Bar am Kottbusser Tor – durch die Fensterfronten Blick auf die Hochbahn. Von *Lonely Planet* gehypt und deswegen stets voll bis überfüllt mit jungen Easyjettern. Gute DJs, gut verraucht, kleiner Eintritt, günstig. Richtig los geht's erst gegen 2 Uhr. Nicht einfach zu finden: Rechts neben der Dönerbude Mısır Çarşısı geht es durch die Stahltür (die Treppe *links* der Dönerbude führt zur **Paloma Bar** `34`, ähnliche Location, nur mehr Elektronisches vom Plattenteller). Di–Sa ab 22 Uhr. Skalitzer Str. 134, Ⓤ Kottbusser Tor, ☎ 61656003, www.kottimonarch.de.

MeinTipp **Watergate** `19`, es gibt wohl kaum einen schöneren Platz, um in Berlin den Morgen (oder Mittag?) entgegenzufeiern. Der minimalistisch eingerichtete Club mit Terrasse über der Spree bietet einen sensationellen Blick auf Fluss und Oberbaumbrücke. Musik: Elektronisches zwischen Drum'n'Bass, Techhouse und Deephouse, am DJ-Pult zuweilen auch Big Names. Nicht billig und strenge Türpolitik! Falckensteinstr. 49, Ⓤ Schlesisches Tor, ☎ 61280394, www.water-gate.de.

Ritter Butzke `15`, guter Elektroclub, super Sound, auch Konzerte. Je nach Veranstaltung sind bis zu 3 Floors offen, außerdem ein Open-Air-Bereich. Sehr coole Einrichtung im Retrostil, auch die fast in den Club integrierten Toiletten (!) haben was. Junges studentisches Publikum. Fr/Sa ab 24 Uhr. Ritterstr. 26, Ⓤ Moritzplatz, www.ritterbutzke.com.

Club der Visionäre `44`, → S. 172.

Jazz

Yorckschlösschen `60`, schöne, große Kneipe, eine Kreuzberger Institution mit viel Patina. Buntes Kiezpublikum, auch ältere

Nachtleben 261

Semester. 4- bis 5-mal pro Woche Konzerte zwischen Jazz, Soul, Blues und Funk (Musikzuschlag 4–8 €). Man kann auch deftig essen, und das zu sehr fairen Preisen. Hübscher Sommergarten. Mo–Sa 17–3 Uhr, So ab 11 Uhr (Jazzbrunch). Yorckstr. 15, Ⓤ Mehringdamm, ℰ 2158070, www.yorckschloesschen.de.

Schwul-lesbisch

Melitta Sundström 68, charmanter, schwullesbischer Klassiker im Kiez, ein bisschen 80er-Jahre-Flair. Raucher- und Nichtraucherbereich. Außenbestuhlung. Benannt wurde der Laden nach der legendären Berliner Tunte Melitta Sundström (gest. 1993). Tägl. ab 19.30 Uhr. Mehringdamm 61, Ⓤ Mehringdamm, www.melitta-sundstroem.de.

Möbel Olfe → Picheln.

Rauschgold 67, witzige kleine Bar mit Plastikpalme. Publikum jeden Alters und jeder Couleur. Oft schräge Events. Zu trinken gibt's u. a. Pilsner Urquell. Heterofreundlich. Raucher. Tägl. ab 20 Uhr. Mehringdamm 62, Ⓤ Mehringdamm, ℰ 92274178, www.rauschgold.berlin.

> **Auf zur Gayhane!** 1-mal im Monat findet die türkische Schwulen-, Lesben- und Transen-Party des Clubs **SO 36** (→ Kreuzberg/ Clubs) statt, ein unglaublicher Spaß, auch für Heteros. Beginn um 23 Uhr, beste Stimmung bis in den frühen Morgen (Termine auf www.so36.de).

BarbieBar 74, niedlich-kitschige Bar, mit Barbie und Ken dekoriert. Nachmittags gibt's Kuchen, abends Cocktails und tschechisches *Staropramen* vom Fass. Heterofreundlich. Raucher. Mo–Do ab 16 Uhr, Fr/Sa ab 18 Uhr, So geschl. Mehringdamm 77, Ⓤ Mehringdamm, ℰ 69568610, www.barbiebar.de.

Neukölln   → Karte S. 185

Picheln

Bergschloss Berlin 29, Mikrobrauerei. Neben einem kleinen Kernsortiment (Pale Ale, Lager und Irish Stout) gibt es immer wieder unorthodoxe Kreationen, die sich nicht ums Reinheitsgebot scheren ... Unbedingt probieren: die Berliner Weiße – ohne Schuss und ohne Zucker! Getrunken wird all das im ehemaligen Verkaufsraum einer Schmalzfabrik. Do–Sa 19–1 Uhr. Kopfstr. 59, Ⓤ Karl-Marx-Straße, ℰ 64435906, www.berlinerberg.com.

Kauz & Kiebitz 6, auch hier, in diesem an traditionelle Gaststätten angelehnten Lokal mit schwerem Retrotouch (Resopaltische & Co), stehen *Craft Beers* (v. a. kleiner Brauereien) im Mittelpunkt. Preislich fair kalkuliert. Dazu spannendes Pubfood. Geraucht werden darf nur in etwas trostlosen Raucherraum. Di–Sa ab 18 Uhr. Reuterstr. 47, Ⓤ Hermannplatz, ℰ 62727561, www.kauzundkiebitz.de.

Twinpigs 21, schöne, großräumige Bar, in der mal nicht geraucht werden darf. Karg, aber nicht ungemütlich, internationales Publikum, offen für jeden. Nette Musik und faire Preise. Aus dem Fass läuft u. a. Neuköllner Rollberg-Bier. Tägl. (außer Mo) ab 18 Uhr. Boddinstr. 57 A, Ⓤ Rathaus Neukölln.

Dschungel Bar 8, der Name ist Programm. Hier sitzt man tatsächlich mitten im Wald: Waldtapeten, recycelte Bäume und Zweige satt und oben ein Deckenspiegel, der alles noch mal verzerrt. Klaustrophobisch darf man hier nicht veranlagt sein! Das gut gelaunte Hipsterpublikum trinkt Passauer Bier, gute Cocktails und qualmt dazu, was geht – selbst für uns als Raucher grenzwertig. Tägl. ab 18 Uhr. Friedelstr. 12, Ⓤ Hermannplatz.

Jaja Naked Wine 18, das deutschfranzösische Betreiberpärchen kredenzt in dieser schnuckeligen, fröhlich-lauten Wein- und Essbar rund 150 Weinsorten (vornehmlich Naturwein und Orange Wine, also Weißwein, der wie Rotwein hergestellt wird). Dazu gibt's kleine, köstliche Tellerchen zum Teilen – wie *Wilde Pilze mit geheiltem Eigelb* (!), *Tintenfisch mit Nduja-Wurst* (?) oder *Burrata mit Kürbis*. Die Preise? Finden zugezogene New Yorker prima, alteingesessene Newköllner eher nicht. Mo Ruhetag, sonst ab 19 Uhr. Weichselstr. 7, Ⓤ Rathaus Neukölln, ℰ 52666911, www.jaja berlin.com.

Mama 3, nette Kneipe mit kahlen Wänden, ein bisschen Ziertapete und Retromobiliar. Eine Besonderheit ist das leckere *Svijany*-Bier aus Tschechien. Manko: im Winter teils saukalt. Raucher. Tägl. ab 19 Uhr. Hobrechtstr. 61, Ⓤ Schönleinstraße, ℰ 0157/71944916.

Damen-Salon 2, erst Fischladen, dann Damenfriseur, heute eine schöne Bar mit viel Patina, tollen Wandfliesen, dem tschechischen *Krušovice*-Bier vom Fass und einer netten Gehwegterrasse für den Sommer. Rauchen erlaubt. Tägl. ab 19 Uhr. Reuterstr. 39, Ⓤ Schönleinstraße, www.damensalon-bar.com.

Froschkönig 27, schön-schummrige, unprätentiöse Raucherbar mit spannendem Kultur-

Neukölln – keine Woche ohne neue Bar

programm zwischen Stummfilm und Pianoabend. Gemischtes Publikum, super-freundliche Leutchen hinter der Theke und leckeres Rollberg-Bier aus Neukölln. Tägl. ab 18 Uhr. Weisestr. 17, Ⓤ Boddinstraße, ✆ 53792283, www.froschkoenig-berlin.de.

Ä 15, große, etablierte „Programmwirtschaft" mit DJ-Pult, Omas Stehlampen, Nebenraum für kleinere Konzerte und ausgebautem Keller für Veranstaltungen. Meist knallvoll, davor eine Rauchertraube. Tegernseer Bier aus der Flasche. Tägl. ab 17 Uhr. Weserstr. 40, Ⓤ Rathaus Neukölln, ✆ 30648751, www.ae-neukoelln.de.

Alter Roter Löwe Rein 31, einst ein Pub namens „Old Red Lion Inn", heute ein weiträumiges, rustikales Schmuckstück von einer Kneipe, mit Fischgrätenparkett, langen Tischen, Trophäen an der Wand, einer Schanktheke zum Verlieben und gut gezapftem Bier – Wirtshaus mal anders. Raucher. Hin und wieder Konzerte und andere Events. Tägl. (außer Mo) ab 16 Uhr. Richardstr. 31, Ⓤ Karl-Marx-Straße, ✆ 0151/20688670.

Cocktails schlürfen

Tier 17, das namengebende Tier dieser relaxten Cocktailbar – schon fast ein Klassiker im Kiez – ist Blofelds Perserkatze aus *James Bond* (Endlosschleife auf einem Schwarz-Weiß-Fernseher). Sehr gute Drinks, Preise in Ordnung, Stimmung super. Breite Fensterfronten, gemütliche Sofas, Musik zwischen Jazz und Latin. Tägl. ab 19 Uhr. Weserstr. 42, Ⓤ Rathaus Neukölln, www.tier.bar.

Velvet 23, samtige Polstersessel, Vorhänge in Grün, knarrende Holzböden, goldene Wände – schön-düsterer Ort für einen gepflegten Cocktail. Und zwar einen brutal-regionalen! Sie werden nicht glauben, was hier alles im eigenen Labor zentrifugiert wird und dann in die Gläser kommt ... Raucher- und Nichtraucherbereich. Mi–So ab 20 Uhr. Ganghoferstr. 1, Ⓤ Rathaus Neukölln, ✆ 0163/4605031, www.velvet-bar-berlin.de.

Herr Lindemann 33, 2017 am kuscheligen Richardplatz in Rixdorf eröffnet. Eine Augenweide von einer Cocktailbar, wunderschön warm-hyggelig und gleichzeitig außerordentlich stilvoll in Grau- und Grüntönen samt Blumen und Pflanzen eingerichtet. Draußen eine nette Gartenterrasse. In lässiger Atmosphäre bekommt man hier Cocktails, die in Teilen aus Heilkräutern (!) bestehen. Im „Ziegenpeter" steckt z. B. das aphrodisierende Ziegenkraut. Na denn Prost! Mo–Do 17–2 Uhr, Fr bis 4 Uhr, Sa/So 14–4 Uhr. Richardplatz 16, Ⓤ Karl-Marx-Straße.

Club

Griessmühle 25, liebenswert-cooles Schrabbelhütten-Konglomerat auf dem Gelände einer ehemaligen Nudelfabrik, mit zig skurrilen Outdoor-Sitzmöglichkeiten und Ausblick auf Indus-

Nachtleben 263

trie am Teltowkanal. Fr/Sa feiern hier Mittzwanziger ab 22 Uhr entspannte Raves, ansonsten gibt es auf dem Areal auch Theater, Nachtflohmärkte usw., schauen Sie ins Programm. Sonnenallee 221, Ⓢ+Ⓤ Sonnenallee, www.griessmuehle.de.

Schwul-lesbisch

SchwuZ 22, das „Schwule Zentrum" ist schwul-lesbische Plattform und Club in einem. Mi und Fr/Sa lustige Partys, zudem auch andere Veranstaltungen in einer ehemaligen Lagerhalle der Kindl-Brauerei. 3 Tanzflächen, 1500 m² zum Abfeiern. Sympathisches Publikum. Rollbergstr. 26, Ⓤ Boddinstraße, ✆ 57702270, www.schwuz.de.

Friedrichshain → Karte S. 150/151

Picheln

Briefmarken Weine 2, eine der wenigen gediegeneren Oasen Friedrichshains. Im denkmalgeschützten, liebevoll erhaltenen Briefmarken-Laden aus DDR-Zeiten gibt es zu exquisitem Wein (zu exquisiten Preisen!) auch Kleinigkeiten zu essen. Reservieren Sie! Mo–Sa 19–24 Uhr. Karl-Marx-Allee 99, Ⓤ Weberwiese, ✆ 42025292, www.briefmarkenweine.de.

Hops & Barley 25, nette, kleine Mikrobrauerei in einer ehem. Fleischerei. Zur Auswahl stehen Pils, Weizen, Dunkles und immer ein „Spezial-Bier", außerdem hausgemachter Cider. 2 Räume, in einem darf geraucht werden. Hier treffen sich auch Borussia-Fans zum Fußballgucken. Mo–Fr ab 17 Uhr, Sa/So ab 15 Uhr. Wühlischstr. 22/23, Ⓢ+Ⓤ Warschauer Straße, ✆ 29367534, www.hopsandbarley-berlin.de.

Fitcher's Vogel 17, laut-fröhliche Bierschwemme der Neuzeit. Prominente Lage an der Warschauer Straße, aber recht unauffälliger Eingang. Trotzdem viele junge Touristen mit großen „Wow, that's Berlin"-Augen. Mehr shabby als chic, genau genommen so shabby, dass man schon aufpassen muss, dass der Stuhl unterm Po nicht zusammenbricht. Altmöbel, Butzenscheiben, *Rollberg*-Bier, sehr günstig. Raucher. Tägl. 18–3 Uhr. Warschauer Str. 26, Ⓢ+Ⓤ Warschauer Straße, www.fitchersvogel.com.

Victoria Stadler 34, die unprätentiöse Kneipe wird geführt von einem *lieben* bayerischen Altpunk, der das Bier seiner Heimat zapft: *Schönramer* aus dem Voralpenland, so genial, dass es schon den *Gold Award* beim World Beer Cup gewann. Viele Stammgäste, man fühlt sich aufgehoben, im Sommer sitzt man auch draußen recht nett auf Bierbänken. Raucher- und Nichtraucherbereich. Tägl. (außer Mo) 17–24 Uhr. Neue Bahnhofstr. 7B, Ⓢ Ostkreuz.

> ### Sundowner auf der Modersohnbrücke!
>
> Die direkt im Osten an das RAW-Gelände anschließende Brücke ist ein prima Ort zum Vorglühen unterm Plüschhimmel. Man sitzt hier direkt über den Gleisen, sieht Züge ein- und ausfahren und hat einen weiten Blick bis zum Fernsehturm. Industrieromantik pur! Sein Bierchen bringt man sich selbst mit.

Hier glüht man vor: Sonnenuntergang auf der Modersohnbrücke

Süß war gestern `29`, chillige DJ-Bar mit Retro-Mobiliar, guter elektronischer Musik und viel jungem Volk, das heftig raucht! Kicker und Flipper. Tägl. (außer So) ab 20 Uhr. Wühlischstr. 43, Ⓢ+Ⓤ Warschauer Straße, ☎ 0176/24412940.

Die Tagung `22`, lustige Kneipe mit gemischtem Kiezpublikum und süffigem tschechischem Bier. Das Besondere: Der Laden ist komplett mit DDR-Reminiszenzen dekoriert: Marx, Lenin – alle da. Rauchen erlaubt. Tägl. ab 19 Uhr. Wühlischstr. 29, Ⓢ+Ⓤ Warschauer Straße, ☎ 2928756.

Cocktails schlürfen

Goldfisch `9`, eine der schickeren Locations in Friedrichshain: gut gemischte Drinks vor schön illuminierten Backsteinwänden. Meist sehr gute Stimmung. Tägl. ab 19 Uhr. Grünberger Str. 67, Ⓤ Samariterstraße oder Frankfurter Tor, ☎ 97002070.

Feuermelder `21`, punkige Eckkneipe am „Boxi". Vor lauter Totenköpfen könnte man meinen, es wäre der St.-Pauli-Fanclub ... Kicker, Flipper und Billard. Ab 21 Uhr wird geraucht. Tägl. ab 15 Uhr. Krossener Str. 24, Ⓢ+Ⓤ Warschauer Straße oder Ⓤ Samariterstraße, ☎ 2911937.

Clubs

Kater Blau `10`, Motto: „Nachts sind alle Katzen blau." Feine Elektrosounds und viele schräge Vögel. Gnade Ihnen jedoch vor den Türstehern, die jeden Langweiler sofort erkennen und i. d. R. nur die Verpeiltesten einlassen. Der zusammengezimmerte Club (Fr–So geöffnet, manchmal auch tagelange Partymarathons) direkt an der Spree inmitten des urbanen Kreativdorfs Holzmarkt (→ S. 157). Holzmarktstr. 25, Ⓢ Ostbahnhof, www.katerblau.de.

Astra Kulturhaus `30`, schöner Club für Liveacts (Pop, Rock, Indie und Elektro) und Partys. Hat zur Akustikverbesserung Wandpaneele aus dem ehem. Rundfunkhaus der DDR verbaut, was man am guten Ton im Hause hört. Revaler Str. 99, Ⓢ+Ⓤ Warschauer Straße, ☎ 20056767, www.astra-berlin.de.

Berghain `8`, viel besungener Technoladen in einem düsteren ehem. Heizkraftwerk (das nie in Betrieb gegangen ist). Wird immer wieder unter die besten Clubs der Welt gewählt. Top DJ-Line-up, Sexspielplätze, viel schwules Publikum und noch viel mehr Touristen. Berliner kommen eher am Sonntagvormittag oder -mittag hierher, wenn in der angeschlossenen Panorama Bar noch gute Partys am Laufen sind. Nebenan der nette Biergarten Bierhof Rüdersdorf zum Vorglühen oder zum Verstrahlte-Freaks-Beobachten (So ab 10 Uhr, sonst ab 16 Uhr). Lange Warteschlange und strenge Türpolitik. Dresscode: schwarz. Club Fr/Sa ab 24 Uhr. Am Wriezener Bahnhof, Ⓢ Ostbahnhof, ☎ 29360210, www.berghain.de.

Cassiopeia `33`, simpler, spärlich dekorierter Club auf dem RAW-Gelände. Auch hier kunterbuntes Programm, live oder vom Plattenteller. Stets Di *Super Tuesday* mit Hits der 80er bis heute, stets Mi *Bass Club* mit Reggae und Jungle. Cooler Biergarten. Meist Di–Sa ab 23 Uhr. Revaler Str. 99, Ⓢ+Ⓤ Warschauer Straße, ☎ 47385949, www.cassiopeia-berlin.de.

Monster Ronson's Ichiban Karaoke `36`, origineller Karaoke-Laden, in dem man auch private Kabinen mieten kann. Wechselndes spaßiges Programm, das immer wieder für Überraschungen sorgt. Viel junges Publikum, eher Schluckspechte als Goldkehlchen. Tägl. ab 19 Uhr. Warschauer Str. 34, Ⓢ+Ⓤ Warschauer Straße, ☎ 89751327, www.karaokemonster.de.

Salon zur wilden Renate `41`, hier feiert die Technoszene auf den unterschiedlichen Etagen eines heruntergekommenen ehem. Mietshauses, und zwar laut, bunt und schrill, i. d. R. dauern die Partys ein ganzes Wochenende lang. Mit netter Bar und „Lustgarten zum Abaftern". Immer Fr/Sa ab Mitternacht, zuweilen gute Donnerstagsveranstaltungen. Die Türsteher sind nicht ohne, schräges Outfit erwünscht, zu viel Alk im Blut dagegen nicht. Alt-Stralau 70, Ⓢ Ostkreuz oder Treptower Park, ☎ 25041426, www.renate.cc.

Schwul-lesbisch

Berghain → Clubs.

Zum schmutzigen Hobby `31`, kultige Bar in einem alten Feuerwehrhäuschen auf dem RAW-Gelände. Schrill, kitschig und einfach lustig – je später der Abend, desto witziger wird's. Oft schräge Events, Außenbereich für den Sommer. Tägl. ab 18.30 Uhr. Revaler Str. 99, Ⓢ+Ⓤ Warschauer Straße, ☎ 36468446.

Himmelreich `19`, gestandene Bar-Oase mit 2 behaglich-trödeligen Räumen mit Wohnzimmertouch. Raucher- und Nichtraucherbereich. Mo–Sa ab 18 Uhr, So ab 16 Uhr. Simon-Dach-Str. 36, Ⓢ+Ⓤ Warschauer Straße, ☎ 29369292, www.himmelreich-berlin.de.

Die Busche `38`, schwul, lesbisch, transig oder hetero – die Diskothek ist für alle offen.

Nachtleben 265

Zu den aktuellen Charts, dem Sound der 80er- und 90er-Jahre oder alten Schlagern wird ausgiebigst gefeiert. Fr/Sa ab 22 Uhr. Warschauer Platz 18, Ⓢ+Ⓤ Warschauer Straße, ℡ 2960800, www.diebusche.de.

Prenzlauer Berg → Karte S. 134/135

Picheln

Sorsi e Morsi 42, simpel-nette italienische Weinbar mit einem (auch mal baggerfreudigen) Publikum, wie es prenz'lbergiger nicht sein kann: um die 40, gebildet, stylish. Weine und Antipasti (man bekommt stets einen kleinen Teller spendiert) von guter Qualität. Mo–Sa ab 18 Uhr. Marienburger Str. 10, Ⓤ Senefelderplatz, ℡ 44038216, www.sorsiemorsi.de.

Zu mir oder zu dir 18, coole DJ-Bar mit viel studentischem Publikum. Die namengebende Frage wird auf den Polsterlandschaften öfters gestellt. Rauchen erlaubt. Tägl. ab 20 Uhr. Lychener Str. 15, Ⓤ Eberswalder Straße, ℡ 0176/24412940, www.zumiroderzudir.com.

Kultur- und Schankwirtschaft Baiz 36, lebendige, übelst verrauchte Anarchokneipe. *Ton Steine Scherben* oder *Nina Hagen* aus den Boxen. Hier gibt es das wohl billigste Bier im Viertel (die Flasche ab 2,20 €!). Tägl. ab 16 Uhr „bis Barmensch am Ende". Schönhauser Allee 26/A, Ⓤ Senefelderplatz, www.baiz.info.

Hausbar 39, kleine, rote, schummrige Raucherbar – eine Oase so mitten im Tourikiez. Golden bemalter Stuck, Deckengemälde und ein sympathischer Bartender, der sich gerne über die Theke beugt und mit dem einen oder anderen Stammgast quatscht. Eine Nachbarschaftsbar, wie sie sein soll. Cocktails, Bier und Wein zu noch fairen Preisen. Dazu gibt's Salzstangen und Musik – allerdings so dezent, dass man sich gut unterhalten kann. Eher älteres als zu junges Publikum. Tägl. 18–2 Uhr. Rykestr. 54, Ⓤ Senefelderplatz, ℡ 44047606.

Monterey Bar 24, wer hierherkommt, mag gutes Handwerkerbier, Stone Rock oder Heavy Metal. Diese Mischung macht die Bar, die mit Altmöbeln und schummrigem Licht recht gemütlich daherkommt. Nur hinten wird geraucht. Viele Biersorten kommen aus Deutschland, speziell aus Franken, wo es für uns ohnehin das beste Bier gibt – hier nur leider nicht zu fränkischen Preisen … Noch mehr *Craft Beer*, in diesem Fall aus Bella Italia, gibt es ums Eck in der Bar **Birra** 26 in der Prenzlauer Allee 198. Tägl. 17–2 Uhr. Danziger Str. 61, Ⓤ Eberswalder Straße, ℡ 0175/3670536, www.montereybar.com.

8mm Bar 51, schummrige, schwarz gestrichene Raucherkneipe, in der sich Indie-Fans und Musiker treffen, manchmal spielen auch Bands unplugged. Auf der kleinen Leinwand laufen kultige Filme. Hier kann man den Abend bestens starten oder ausklingen lassen. Tägl. ab 20 Uhr. Schönhauser Allee 177 B, Ⓤ Senefelderplatz, www.8mmbar.de.

In der linken Kneipe Baiz an der Schönhauser Allee herrschen klare Worte

Krüger **17**, größere kerzenlichtige Raucherkneipe im Retrostil – etwas überdekoriert mit Hang zum Trash. Unbedingt besuchenswert sind die Toiletten! Gemischtes Publikum, viele Biere, viele Cocktails. Gehwegterrasse. Tägl. ab 18 Uhr. Lychener Str. 26, Ⓤ Eberswalder Straße, ✆ 747591126, www.krueger-in-berlin.de.

Wohnzimmer → S. 144.

Haliflor → S. 144.

Cocktails schlürfen

Becketts Kopf **8**, im Stil einer Absinthbar aus den 20er-Jahren. Rote Ledersessel, fantastische Drinks in alten Gläsern (11–15 €), gut ausgewählte Musik. Einlass nur, wenn Sitzplätze frei sind – wer auf Nummer sicher gehen will, reserviert besser. Raucher- und Nichtraucherbereich. Tägl. ab 20 Uhr. Pappelallee 64 (Erkennungsmerkmal ist die grüne Lampe), Ⓢ+Ⓤ Schönhauser Allee, ✆ 44035880, www.becketts-kopf.de.

Perle Bar **32**, dezente, hübsche Cocktailbar, in der kreative und qualitativ hochwertige Drinks gemixt werden. Dabei wird auch auf Allergien, Abneigungen und Vorlieben Rücksicht genommen. Raucher. Gehwegterrasse. Gemischtes Publikum zwischen hetero und gay. Cocktails 10–12 €. Di–Sa ab 19 Uhr. Sredzkistr. 64, Ⓤ Eberswalder Straße, ✆ 49853450, www.bar-perle.de.

Clubs

KulturBrauerei, auf dem weitläufigen Areal gibt es verschiedene Clubs und Konzertlocations wie das **Kesselhaus** (Disco, Theater, Pop- und Rockkonzerte, www.kesselhaus.net), den Club **frannz** (Konzerte, Lesungen, Tanzpartys, Sommergarten, www.frannz.com) und den Club **Soda** (Latino, Chartsmusik, Terrasse, www.soda-berlin.de). Schönhauser Allee 36, Ⓤ Eberswalder Straße, www.kulturbrauerei.de.

Ausland **10**, Souterrainladen mit interessantem Programm zwischen Improvisation, neuer Musik und Performances. Auch für Jazzfans ist stets etwas dabei. Juli/Aug. Sommerpause. Lychener Str. 60, Ⓤ Eberswalder Straße, ✆ 4477008, www.ausland-berlin.de.

Duncker **4**, Klassiker in einem ehem. Pferdestall. Hier tanzte man schon zu DDR-Zeiten. Viel Gothic, Indie, New Wave und Alternative. Jeden Do „gnadenlos kostenlos" mit Band. Hinterhofgarten für die Raucher. Dunckerstr. 64, Ⓢ+Ⓤ Schönhauser Allee, ✆ 4459509, www.dunckerclub.de.

City West   → Karte S. 110/111

Picheln

Schwein **39**, edle, fast ein wenig elitäre Bar in Grautönen, in der man zu herausragendem Wein sternewürdige kleine und größere regional-saisonale Schweinereien isst (die Portionen 23–32 €). Ein Ort für Genussmenschen, die nicht geizig sein dürfen. Mo–Sa ab 18 Uhr. Mommsenstr. 63, Ⓢ Savignyplatz, ✆ 24356282, www.schwein.online.

Zwiebelfisch → S. 123.

Schwarzes Café → S. 122.

Diener Tattersall → S. 120.

Monkey Bar → S. 121.

One Lounge → S. 121.

Wirtshaus Wuppke → S. 123.

Cocktails schlürfen

Grace Bar **33**, edel-dekadente Bar des Hotels Zoo. Gedämpftes Licht, grüne Samtsessel, man kommt sich fast vor wie in einer Filmkulisse. Im Sommer geht es hinauf auf die Rooftop Bar, die kleine, schicke Dachterrasse. Publikum: neben dem einen oder anderen Promi viele Wichtigtuer. Türpolitik mittelstreng (letztlich aber kommt nahezu jeder rein, der halbwegs angemessen gekleidet ist), hohe Preise. Tägl. ab 20 Uhr. Kurfürstendamm 25, U-Bahn, ✆ 884370, www.hotelzoo.de.

Galander **21**, bewusst nostalgisch gehaltene Raucherbar, Leder und Brauntöne. Lockere Atmosphäre mit viel Stammpublikum aus dem Kiez. Die Karte ist hier ein Tablet (kein Tablett!), das von Gast zu Gast gereicht wird. Die Barkeeperinnen shaken so ambitioniert, dass den Autoren schon der Mixer um die Ohren flog … Tägl. 18–2 Uhr. Stuttgarter Platz 15, Ⓢ Charlottenburg oder Ⓤ Willmersdorfer Straße, ✆ 36465363, www.galander-berlin.de.

Rum Trader **48**, seit 1976 gibt es diese gepflegte Bar, die damit als älteste Cocktailbar Berlins gilt. Im selbst ernannten „Institut für fortgeschrittenes Trinken" haben nicht mehr als 20 Leute Platz. Di–Fr 20–1 Uhr, Sa 21–2 Uhr. Fasanenstr. 40, ✆ 8811428, Ⓤ Spichernstraße.

Gainsbourg **27**, oben rumpelt die S-Bahn im Minutentakt, unten trinkt sich ein Publikum zwischen 25 und 60 hinter Backsteinwänden gemütlich durch die Nacht. Ein Klassiker im

Nachtleben 267

Sommerparty am Badeschiff

Kiez rund um den Savignyplatz. Hin und wieder Livemusik. Rauchen erlaubt. Tägl. ab 17 Uhr. Jeanne-Mammen-Bogen 576/577, Ⓢ Savignyplatz, ℅ 3137464.

Jazz

Quasimodo 16, einer der ältesten Jazzclubs Berlins (seit 1975). Super Akustik. Die Konzerte beginnen gegen 22 Uhr. Neben Jazz viel Funk, Soul und Blues. Kantstr. 12 A (unterm Delphi-Filmpalast), Ⓢ+Ⓤ Zoologischer Garten, ℅ 31804560, www.quasimodo.de.

A-Trane 10, auch schon fast eine Legende in Sachen Jazz (Schwerpunkt Modern Jazz), gibt's immerhin seit 1992. Tägl. ab 20 Uhr, Konzertbeginn 21 Uhr, die internationale Szene ist genauso vertreten wie die lokale. Publikum jeden Alters. Bleibtreustr. 1, Ⓢ Savignyplatz, ℅ 3132550, www.a-trane.de.

Schöneberg und Tiergarten → Karte S. 178/179

Picheln
Café M 19 → S. 180.

Möve im Felsenkeller 33, schlauchförmiges Berliner Kneipen-Unikat mit wunderschöner Einrichtung aus den 1920ern. Gutes Bier und dazu Knacker mit selbst gemachtem Kartoffelsalat, auf Musik verzichtet man bewusst. Viel Stammpublikum zwischen 30 und 60, oft sehr voll – der Katzentisch zwischen den beiden Toiletten ist aber meistens noch frei. Mo–Sa ab 16 Uhr. Akazienstr. 2, Ⓤ Eisenacher Straße, ℅ 7813447.

Kumpelnest 3000 2, Augen auf und durch! Heftige Abstürze sind garantiert in dieser ehemaligen Rotlichtbar, deren Interieur weitgehend beibehalten wurde. Kitsch ist hier Prinzip: die Wände sind mit Auslegware verklebt, Discokugeln, Lametta. Lauter Discosound zwischen gestern und heute. Je später der Abend, desto bizarrer das Publikum – am Wochenende geht die Party meist bis in den Vormittag. Rauchen erlaubt. Tägl. ab 19 Uhr. Lützowstr. 23, Ⓤ Kurfürstenstraße, ℅ 2616918, www.kumpelnest3000.com.

Rote Beete Bar 22, unprätentiöse, gewachsene Kiezbar, in der der eine oder andere Hipster neben der einen oder anderen grauhaarigen Szeneeminenz sein Pilsner Urquell trinkt. Ein bisschen Trödel, ein paar Malereien an der Wand, gute Musik aus allen Zeiten und sehr freundliches Personal. Tägl. ab 17 Uhr. Gleditschstr. 71, Ⓤ Eisenacher Straße oder Kleistpark, ℅ 23635011, www.rotebeete.com.

Leydicke 21, seit 1877 wird dieses Schöneberger Kneipenoriginal von derselben Familie geführt. Berlins Favorit für die UNESCO-Welttrinkstätteliste! Komplett verräucherte Stuckdecke (die angeblich noch nie gestrichen wurde), bildhübsches Büfett und viel Krimskrams aus den letzten Jahrzehnten. Die diversen Liköre und Fruchtweine werden bis heute im Keller destilliert. Hin und wieder spaßige Konzerte (Jazz, Rock'n'Roll, Country), bei denen die Gäste zwischen 30 und 70 so richtig ausrasten. Auf der Suche nach dem speziellen Berlin kommen zuweilen auch Busgruppen vorbei. Rauchen erlaubt. Tägl. 18–1 Uhr. Mansteinstr. 4, S+U Yorckstraße, ✆ 2162973, www.leydicke.com.

Cocktails schlürfen

Zoulou Bar 26, kleine, liebenswerte Cocktailbar. Schon seit über 25 Jahren beliebt, auch die Einrichtung hat sich seitdem wenig verändert. Adrette Barkeeper mit schwarzem Hemd und roter Krawatte, Publikum jeden Alters, ein paar Stammtrinker am Tresen. Cocktails, die es in sich haben! Rauchen erlaubt. Tägl. ab 20 Uhr. Hauptstr. 4, U Kleistpark, ✆ 0171/4978834, www.zouloubar.com.

Lebensstern 4, stilvolle Cocktailbar im OG einer herrlichen Villa – traumhafte Terrasse für laue Sommernächte. Mega-Spirituosenkarte, allein über 600 Flaschen Rum stehen zur Auswahl. Zuvorkommender Service. Rauchen erlaubt. Mo–Sa 19–2 Uhr. Kurfürstenstr. 58, U Nollendorfplatz, ✆ 26391922, www.lebensstern.de.

Green Door 15, klassisch-legere Cocktailbar für kultivierte Trinker. Wenn es zu voll im Schlauch wird, bleibt die grüne Metalltür mit Bullauge geschlossen – da kann man noch so lange klingeln. Perfekte Drinks. Rauchen erlaubt. Tägl. ab 18 Uhr. Winterfeldtstr. 50, U Nollendorfplatz, ✆ 2152515, www.greendoor.de.

Victoria Bar 6, in dieser schrabbeligen Gegend mit dem Straßenstrich ums Eck eine Anlaufadresse mit Stil und Geschmack. Klasse Beratung, klasse Drinks, dazu dezenter Jazz. Viele (auch ältere) Stammkunden. Kleine Gerichte. Zur Happy Hour von 18.30–21.30 Uhr kosten alle Cocktails 8,50 €. Geraucht wird ab 22 Uhr. Tägl. ab 18.30 Uhr. Potsdamer Str. 102, U Kurfürstenstraße, ✆ 25759977, www.victoriabar.de.

Schwul-lesbisch

Heile Welt 11, nette, gepflegte Cocktailbar mit ebensolchem Publikum unterschiedlichen Alters. Schwule, Lesben und Heteros im bunten Mix. Leichter Plüschtouch (Kunstfell statt Tapete). Discomusik. Zu späterer Stunde meist sehr voll. Raucher- und Nichtraucherbereich. Tägl. 20–2 Uhr, Fr/Sa bis 3 Uhr. Motzstr. 5, U Nollendorfplatz, ✆ 21917507.

Café Berio 13, Gay-Café-Bar auf 2 Etagen (oben etwas stickig). Frühstück und gute Kuchen, man kann auch richtig essen. Discomusik. Draußen große Gehwegterrasse für's ausgiebige Peoplewatching. Heterofreundlich. Rund um die Uhr geöffnet! Maaßenstr. 7, U Nollendorfplatz, ✆ 2161946, www.cafeberio.de

Hafen 12, flirten, feiern, Drinks und gute Musik – darum geht's im Hafen, einer lustig gestylten Gaybar mit stets guter Stimmung, v. a. zu den regelmäßig stattfindenden Tanzpartys. Zukunft leider ungewiss. Tägl. ab 20 Uhr. Motzstr. 19, U Nollendorfplatz, ✆ 2114118, www.hafen-berlin.de.

Prinzknecht 10, beliebte Lederkneipe für Bier- und Tanzdurstige. Locals und Besucher bunt gemischt. Witzige Partys. Auch wenn man sich „Männerkneipe" nennt: Frauen dürfen rein. Tägl. ab 15 Uhr. Fuggerstr. 33, U Wittenbergplatz, ✆ 23627444, www.prinzknecht.de.

Neues Ufer 28, in den spätern 70er-Jahren, als das Café noch „Anderes Ufer" hieß und die erste offen schwul-lesbische Bar der Stadt war, gingen hier David Bowie und Iggy Pop ein und aus. Heute ist das gemütliche Rauchercafé, in dem es auch guten Kuchen gibt, eine Art Bowie-Schrein, der natürlich auch so einige Touristen anlockt. Tägl. ab 14 Uhr. Hauptstr. 157, U Kleistpark, ✆ 78957900.

Zu mir oder zu dir?
Bar in Prenzlauer Berg

Mit dem Air Service in den Himmel über Berlin

Sport, Spaß und Spa

Es muss nicht immer Sightseeing sein. Mit bleibenden Eindrücken fährt auch der nach Hause, der vom Berliner Himmel auf die Stadt geblickt, die Füße im Wannseesand vergraben oder aufs falsche Pferd gesetzt hat. Im Folgenden ein paar Tipps zum Schwitzen, Zuschauen oder Müßiggehen.

Ausblicke

In den Himmel über Berlin

Rundflüge mit dem Helikopter (ab 109 €/Pers. vom Flughafen Schönefeld) bietet **Air Service Berlin**. Nähere Infos unter ✆ 53215321, www.air-service-berlin.de. Weitere Rundfluganbieter sind u. a. **LTS Flugdienste** (www.classic-antonov.de) und die **Deutsche Lufthansa Berlin Stiftung** (www.dlbs.de).

Weltballon, in den Himmel über Berlin (max. Höhe 150 m) gelangt man in diesem Fall mit einem heliumgefüllten, am Boden verankerten Fesselballon, der ebenfalls von Air Service Berlin (s. o.) betrieben wird. Er trägt das *WELT*-Zeitungslogo, daher der Name, darunter hängt keine Gondel, sondern ein ringförmiger Umgang (auch für Rollstuhlfahrer geeignet). Ganzjähriger Betrieb, sofern keine starken Winde wehen (Windhotline ✆ 53215321). April–Sept. tägl. 10–22 Uhr, Okt.–März 11–18 Uhr, Start alle 15 Min. Kostenpunkt 25 €, erm. 20 €. Abflugstelle Wilhelmstr./Ecke Zimmerstr., Ⓤ Kochstraße (→ Karte S. 89), www.air-service-berlin.de.

Die besten Aussichtspunkte

Fernsehturm am Alexanderplatz → S. 66.

Aussichtsterrasse des Hotels Park Inn → S. 59.

Siegessäule → S. 102.

Panoramapunkt Potsdamer Platz → S. 38.

Funkturm → S. 129.

Glockenturm am Olympiagelände → S. 130.

Monkey Bar → S. 121.

One Lounge → S. 121.

Solar → S. 259.

Club Weekend → S. 257.

Golvet → S. 176.

Cafeteria Skyline der TU → S. 123.

Kreuzberg → S. 165.

Kantine im Rathaus Kreuzberg → S. 170.

Base Flying

Dabei fliegt man, gesichert durch eine Abseilwinde, vom Hochhausdach des Hotels Park Inn am Alexanderplatz, bis zu 90 km/h werden dabei erreicht. Den Thrill gibt's ab 69,90 €. Nur Fr–So, Infos im Park Inn, unter ✆ 089/70809010 und auf www.base-flying.de.

Bootsverleih

Aufs Wasser – zum Treten, Flößen oder Rudern. Bootsverleiher finden Sie u. a. hier:

Tiergarten → Café am Neuen See, S. 107.
Treptower Park → S. 190.
Köpenick → S. 194.
Friedrichshagen → S. 197.
Wannsee → S. 214.

Casino

Die **Spielbank Berlin** unterhält am Potsdamer Platz das größte Casino Deutschlands (Achtung, Umzug in die City West geplant). Im UG stehen mehrere Hundert Slotmaschinen (Auszahlungsquote 92–97,5 %). Das Pokerherz schlägt im EG: täglich Turniere, Beginn um 19.05 Uhr (Tickets bekommt man ab 18.05 Uhr). Im 2. OG, dem sog. *Casino Royale*, frönt man den klassischen Spielen Roulette und Black Jack. Gepflegte Kleidung ist erwünscht, auch wenn sich nicht jeder daran hält. Tägl. bis mindestens 3 Uhr. Marlene-Dietrich-Platz 1, Ⓢ+Ⓤ Potsdamer Platz, → Karte S. 28/29, www.spielbank-berlin.de.

Eislaufen

In bitterkalten Wintern kann man über die gefrorenen Seen und Kanäle gleiten, so über den **Neuen See** im Tiergarten (→ S. 107) oder über den **Landwehrkanal**. Ansonsten stehen künstliche Eisbahnen zur Verfügung, u. a. die kostenlosen Mini-Anlagen am Potsdamer Platz (nur Dez.) und am Alexanderplatz (rund um den Neptunbrunnen, nur Dez.). Cool zudem: die Eisbahn auf der Terrasse des **Bikini-Hauses** (→ S. 123, Dez.–Feb.) in der City West. Des

Olympiastadion: volles Haus beim Hertha-Spiel

Sport, Spaß und Spa   271

Weiteren möglich in diversen Eisstadien wie im **Horst-Dohm-Eisstadion** mit einem 400-m-Ring. Okt.–Feb., Fritz-Wildung-Str. 9, Ⓢ Hohenzollerndamm, www.eissport-service.de.

Golf

Im Stadtgebiet liegen die Plätze des **Golf Clubs Gatow** (18 u. 6 Loch, Sparnecker Weg 100, ☎ 3650006, www.golfclubgatow.de), des **Golf Resorts Berlin Pankow** (18 u. 9 Loch, Blankenburger Pflasterweg 40, ☎ 50019490, www.golf-pankow.de) und des **Golf- und Landclubs Berlin Wannsee** (18 u. 9 Loch, Golfweg 22, ☎ 8067060, www.wannsee.de). Tipp: Lassen Sie sich für 10 € vom **Golfverband Berlin-Brandenburg** (Spandauer Damm 21, 14059 Berlin, ☎ 8236609, www.gvbb.de) die Hauptstadt-Golf-Karte zuschicken. Damit erhalten Sie auf vielen Plätzen Sonderkonditionen.

Hochseilgarten/Klettern

MountMitte → Karte S. 72/73. Weltweit der erste Hochseilgarten aus Stahl! 16 m hoch, 2000 m², 3 Etagen, 6 Parcours und 90 Kletterelemente. Mit Strandbar. 21 €, erm. 18 €. Bei gutem Wetter ab 14 Uhr, Sa/So ab 10 Uhr. Caroline-Michaelis-Str. 8, Mitte, Ⓢ Nordbahnhof, ☎ 555778922, www.beachberlin.de.

Der Kegel → Karte S. 150/151. Der alte Bunker in Form eines mittelalterlichen Rundturms ist mit 18,70 m der höchste Kletterturm Berlins. Wer sich einmal ins Gipfelbuch eintragen will, bezahlt 7 €. Equipmentverleih. Daneben eine Boulderhalle und ein freakiger Biergarten. Ganzjährig. Revaler Str. 99 (RAW-Gelände), Friedrichshain, Ⓢ+Ⓤ Warschauer Straße, www.derkegel.de.

In die Arena – wer spielt wo

Fußball

Hertha BSC, Olympiastadion (74.250 Plätze), → S. 130. Ⓢ+Ⓤ Olympiastadion, www.herthabsc.de.

Union Berlin, An der alten Försterei (18.400 Plätze). An der Wuhlheide 263, Ⓢ Köpenick, www.fc-union-berlin.de.

Handball

Füchse Berlin, Max-Schmeling-Halle (9000 Plätze), → Karte S. 249. Am Falkplatz, Ⓢ+Ⓤ Schönhauser Allee, www.fuechse-berlin.de.

Eishockey

EHC Eisbären, Mercedes-Benz Arena (bis zu 14.200 Zuschauer), → Karte S. 150/151. Mühlenstr. 12–30, Ⓢ Ostbahnhof oder Ⓢ+Ⓤ Warschauer Straße, www.eisbaeren.de.

Basketball

ALBA Berlin, Mercedes-Benz Arena (→ Eishockey), www.albaberlin.de.

> ### Bundesliga – wer guckt wo?
>
> Zur Südtribüne der **BVB-Fans** wird der „Intertank" **40**, → Karte S. 160/161, Manteuffelstr. 47, Ⓤ Görlitzer Bahnhof. Die **Mia-sin-Mia-Fraktion** trifft sich in der „Bretterbude" **3**, → Karte S. 150/151, Niederbarnimstr. 9, Ⓤ Frankfurter Tor, die **Badenser** (www.spree-bobbele.com) zieht's in die Gaststätte „Tante Käthe", Bernauer Str. 63, Ⓤ Bernauer Straße, die **Fohlen** (www.spreeborussen86.de) ins „Alles GuT" **6**, → Karte S. 126/127, Horstweg 7, Ⓤ Sophie-Charlotte-Platz, die **Canstatter Kurve** (www.ckb08.de) ins Vereinsheim „Rössle", Braunschweiger Str. 51, Ⓢ Neukölln, die **Clubberer** (www.clubberer04.de) ins „Max und Marek", Neue Hochstr. 24, Ⓤ Reinickendorfer Straße. Die Hauptstadtvertretung der **Königsblauen** (www.koenigsblau-berlin.de) ist der „Berliner Hof", Hildegardstr. 14, Ⓤ Bundesplatz o. Blissestraße. Das **Rote Berlin** (www.dasroteberlin.de) pilgert ins „Niedersachsenstadion" **1**, → Karte S. 185, Hobrechtstr. 14, Ⓤ Schönleinstraße, die **Werder**-Fans zum „Alois S." **14**, → Karte S. 134/135, Senefelderstr. 18, Ⓤ Schönhauser Allee. Der **Volkspark-Ersatz** (www.hsv-fanszeneberlin.de) ist die Kneipe „Hally Gally 2.0" **43**, → Karte S. 134/135, Prenzlauer Allee 32, Ⓤ Senefelderplatz. Die Stammbar von **BruchwegSehnsucht** (https://bruchwegsehnsucht.com) ist die Café-Bar „MP III" **7**, → Karte S. 150/151, Grünberger Str. 28, Ⓤ Frankfurter Tor. Für die Eintracht-Fans gibt's Äppelwoi in der „Glühlampe" **39**, → Karte S. 150/151, Lehmbruckstr. 1, Ⓢ+Ⓤ Warschauer Straße. Die **F 95 Havelpralinen** (www.havelpralinen.de) geben auf ihrer Webseite bekannt, wo sie schauen. **Hertha** läuft natürlich in jeder Eckpinte. **Wolfs-** und **Augsburger, Leverkusener**, **Hoffenheimer** und **Leipziger** müssen den Wirt bestechen, damit er ihre Spiele zeigt.

Plantschen wie ein König im Stadtbad Neukölln

Ins Wasser

Über 60 Frei- und Hallenbäder werden von den Berliner Bäderbetrieben (www.berlinerbaeder.de) unterhalten, gemanagt oder verpachtet. Von den im Folgenden aufgelisteten Bädern gehören nur das Badeschiff und das Stadtbad Oderberger Straße nicht dazu. Unter der einheitlichen Rufnummer ℘ 22190011 erfahren Sie die Öffnungszeiten – vor dem Besuch eines Hallenbades unbedingt anrufen, um nicht wegen Schulklassen oder Vereinsschwimmen vor verschlossener Tür zu stehen. Egal ob Hallen- oder Freibäder – mit wenigen Ausnahmen kostet der Eintritt 5,50 €, erm. 3,50 €. Hier eine kleine Auswahl besonderer Bäder:

Drinnen

Alte Halle des Stadtbads Charlottenburg → Karte S. 110/111. Eines der schönsten Bäder Berlins, neoromanische Züge und Jugendstilelemente. 1898 als Volksbad eröffnet. Bis zur Restaurierung 2007–2009 gab es noch Wannenbäder (bis in die 1990er-Jahre gingen viele Berliner zum Duschen in Badeanstalten). In der Alten Halle gibt es ein 25-m-Becken, 29 °C warm, außerdem mehrere Saunen. Krumme Str. 9, Ⓤ Deutsche Oper oder Bismarckstraße.

Stadtbad Neukölln → Karte S. 185. Ebenfalls ein herrliches altes Bad mit Säulen, Rundbögen und Wasser speienden Walrossen. 2 Hallen mit je einem 25-m- und einem 19-m-Becken. Darüber hinaus Sauna, römisches und griechisches Dampfbad, Caldarium, Sanarium, Massage. Als das Bad 1914 eröffnet wurde, war es eines der größten und modernsten Bäder Europas und für bis zu 10.000 Besucher tägl. ausgelegt. Ganghofer Str. 3, Ⓤ Neukölln.

Stadtbad Mitte → Karte S. 72/73. Bad im Stil des Funktionalismus (1930 eröffnet), tolle lichtdurchflutete Dachkonstruktion. Kunst gibt es hier auch: Den Sichtschutz der Fenster im Dampfbad bildet der Zyklus *Vier Jahreszeiten* des Brücke-Künstlers Max Pechstein. Gartenstr. 5, Ⓢ Nordbahnhof.

Stadtbad Oderberger Straße → Karte S. 134/135. Denkmalgeschütztes Bad aus dem Jahr 1902 im Neorenaissancestil, wiedererweckt durch das gleichnamige Hotel, das sich ebenfalls im Gebäude befindet (→ S. 295). 20-m-Schwimmbecken. Da das Bad häufig auch als Eventlocation genutzt wird, sollte man vorher die Zeiten auf www.hotel-oderberger.berlin

Sport, Spaß und Spa   273

checken. 2 Std. 6 €, mit Sauna 15 €. Oderberger Str. 57, Prenzlauer Berg, Ⓤ Eberswalder Straße.

Seen und Freibäder

Prinzenbad → Karte S. 160/161. Eigentlich „Sommerbad Kreuzberg". Oft überfüllt, laut und voller Arschbombenfreaks am Beckenrand. Bekannt durch Film *(Prinzessinnenbad)* und Literatur (*Herr Lehmann* geht wegen Katrin baden). Dabei gar nichts Besonderes: nur zwei 50-m-Becken und eine große Liegewiese. Messer (!) und Shisha-Rauchen (!) verboten. Prinzenstr. 113–119, Kreuzberg, Ⓤ Prinzenstraße.

Badeschiff → Karte S. 160/161. Hier badet man in der Spree, ohne Kontakt mit ihr zu haben. Der schwimmende Pool (32 x 9 m) versteckt sich im Winter unter einem weißen futuristischen Raupendach, dann gibt es auch 2 Saunen mit Spreeblick. Im Sommer ist der Pool offen, davor eine coole Strandbar mit DJ-Beschallung und viel jungem, flirtfreudigem Publikum (→ S. 172). www.arena.berlin. Eichenstr. 4, Treptow, Ⓤ Schlesisches Tor.

Strandbad Plötzensee, Sandstrand, Liegewiesen, Kinderspielplätze, FKK-Bereich, Strandkörbe, Strandliegen, Seilzirkus, Imbisse. Achtung – bis zur Schließung des Flughafens Tegel donnern hier immer wieder Flugzeuge über die Badelustigen hinweg! Nordufer 26, Wedding, von Ⓤ Seestraße mit Tram 50 oder M 13 bis Haltestelle Virchow-Klinikum, dann für wenige Min. in Fahrtrichtung weiter, dann ausgeschildert.

Strandbad am Weißen See, am fast runden Weißen See mit Fontäne in der Mitte. Mehr Strandbar (gemütlich zum Sonnenuntergang mit einem Cocktail im Liegestuhl) als Strandbad. Abends des Öfteren Veranstaltungen und Partys, zuweilen wird gegrillt. Nebenan Tretbootverleih. Berliner Allee 155, Weißensee, von Ⓢ+Ⓤ Alexanderplatz mit Tram M 4 bis Haltestelle Berliner Allee/Indira-Gandhi-Straße.

Freibad Orankesee, idyllisches, traditionsreiches Strandbad am gleichnamigen See in Hohenschönhausen. Breiter Sandstrand samt Strandkörben, Liegewiesen und einer 52 m langen Rutsche in den See. Gertrudstr. 7, Hohenschönhausen, von Ⓢ+Ⓤ Alexanderplatz mit Tram M 4 bis Haltestelle Buschallee/Hansastraße.

Strandbad Friedrichshagen → S. 196.

Strandbad Müggelsee → S. 197.

Strandbad Wannsee → S. 214.

Schlachtensee/Krumme Lanke → S. 208.

Kart-Bahn → Berlin mit Kindern, S. 278

Picknick und BBQ

Nette zentrale Plätzchen für ein Picknick findet man an den Ufern des **Landwehrkanals** (v. a. beim Urbanhafen in Kreuzberg) und der **Spree** (am Spreebogen zwischen Hauptbahnhof und Haus der Kulturen der Welt), auf dem **Kreuzberg** (mit Aussicht, → S. 165), im **Schlosspark Charlottenburg** (→ S. 125), in der **Hasenheide** (viel Dope unterwegs, → S. 183) und auf der **Wiese vorm Bundestag** (nur Touristen, → S. 45). Parks mit offiziellen Grillplätzen sind:

Monbijoupark, nahe der Oranienburger Straße, → S. 71.

Schlesischer Busch, am Flutgraben nahe der Puschkinallee in Treptow, → Karte S. 190.

Volkspark Friedrichshain, beim Kleinen Bunkerberg, → S. 154.

Mauerpark, → S. 145.

Görlitzer Park, 2 ausgewiesene Flächen, → S. 156.

Tempelhofer Feld, neben der Landebahn nahe dem Terminal, → S. 167.

> **Hinweis**: Kaufen Sie Ihre Würstchen erst, wenn Sie sich auf www.berlin.de vergewissert haben, dass das Grillen am geplanten Ort noch erlaubt ist (mancherorts ist ein Grillverbot in der Diskussion). Grillen Sie nur an dafür ausgewiesenen Stellen und verwenden Sie auf Wiesen nur Grills, die einen Mindestabstand von 20 cm zum Boden haben (die meisten Einweggrills weisen diesen Abstand nicht auf!).

Pferderennen

Hoppegarten, die Galopprennbahn vor den Toren der Stadt zählt zu den schönsten Deutschlands. Rundherum alte Gebäude in klassischer Klinkerbauweise. In den Lounges auf der Tribüne die feinere Gesellschaft Berlins. Auf der Wiese davor picknicken junge Familien. Rennen von April–Okt., Termine unter www.hoppegarten.com. Wettmindesteinsatz 1 €. Goetheallee 1, Ⓢ Hoppegartenmark (Fahrzeit vom Zentrum etwa 30 Min., Tarifbereich C).

Mariendorf, die modernste Trabrennbahn Deutschlands feierte 2013 ihr 100-jähriges Bestehen. Trabrennen finden das ganze Jahr über statt, Infos unter www.berlintrab.de. Wettmindesteinsatz 1 €. Mariendorfer Damm 222, von Ⓤ Alt-Mariendorf mit Bus M 76 o. 179 bis Haltestelle Trabrennbahn.

Skateboarden

Skateparks gibt's in diversen Parks wie z. B. im Park am Gleisdreieck. Etwas Besonderes ist die **Skatehalle auf dem RAW-Gelände** in Friedrichshain mit einer 19 m breiten Indoor-Halfpipe. Zudem Skatercafé und Sommerbar. Tagesticket 6 €. Revaler Str. 99, Ⓢ+Ⓤ Warschauer Straße, www.skatehalle-berlin.de.

TV – live dabei

In Berlin unterhalten die öffentlich-rechtlichen und viele private Sender Hauptstadtstudios im oder nahe dem Regierungsviertel. Der Medienstandort Adlershof und die Studios in Babelsberg (→ S. 224) machen Berlin zu einem wichtigen Zentrum der Filmindustrie, rund 300 Filme werden jährlich in Berlin gedreht, rund 35.000 Personen sind in der Berliner Film- und TV-Branche tätig. Bei folgenden TV-Sendungen können Sie u. a. live dabei sein:

ZDF-Morgenmagazin, **Maybrit Illner**, **aspekte**, ZDF-Hauptstadtstudio (→ S. 31). Tickets über ticketservice.zdf.de.

Anne Will, Studio Berlin, Am Studio 20 b, Ⓢ Adlershof. Tickets über www.tvtickets.de.

Hart aber fair, Studio Berlin (Studio C), Am Studio 20 b, Ⓢ Adlershof. Tickets über karten.hart-aber-fair@wdr.de.

Nuhr im Ersten, Radialsystem V, Holzmarktstraße 33, Ⓢ Ostbahnhof. Zuweilen wird die Sendung aber auch an anderen Orten aufgezeichnet. Tickets über www.rbb-ticketservice.de.

Das literarische Quartett, Berliner Ensemble, Bertolt-Brecht-Platz 1, Ⓢ+Ⓤ Friedrichstraße, Tickets über www.ticketservice.zdf.de.

Wellness und Spa

Liquidrom 8 → Karte S. 89. Urbane Badekultur in minimalistischer Architektur. Diverse Saunen, Aufgüsse und Massagen. Grandios am Abend, wenn man schwerelos mit seiner Badenudel im Salzwasser schwebt, in den Kuppelsaal Mondlicht fällt und Walgesänge, klassische oder elektronische Musik das entspannte Ohr betören. So–Do 9–24 Uhr, Fr/Sa bis 1 Uhr. 19,50 €/2 Std. Möckernstr. 10 (Tempodrom), Kreuzberg, Ⓤ Möckernbrücke, www.liquidrom-berlin.de.

Vabali Premium Spa 1 → Karte S. 100/101. Saunalandschaft auf 20.000 m² – eine der größten Deutschlands. Schmeckt nach Urlaub! Die im Fritz-Schloß-Park gelegene Anlage ist im Stil eines balinesischen Dorfs konzipiert. 11 Saunen, Innen- und Außenpool, diverse Anwendungen. Tägl. 9–24 Uhr. Ab 21,50 €/2Std. Seydlitzstr. 6, Tiergarten, Ⓢ+Ⓤ Hauptbahnhof, www.vabali.de.

Guerlain Spa 20 → Karte S. 110/111. Der Beauty-Verwöhn-Wahnsinn im Waldorf Astoria. Satte Preise. Tägl. 8–21 Uhr. Hardenbergstr. 28, Ⓢ+Ⓤ Zoologischer Garten, www.waldorfastoriaberlin.com.

Spa-Bereiche der Luxusklasse bieten zudem die Hotels **Grand Hyatt** und **Adlon Kempinski** (→ S. 290 bzw. S. 27).

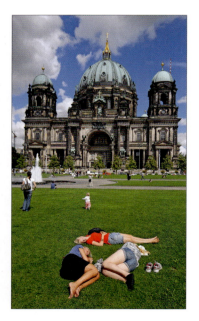

Willkommen bei Knut und Bobby im Naturkundemuseum

Berlin mit Kindern

Eine Liste aller Abenteuerspielplätze und diverse Anregungen für Unternehmungen mit Kindern finden Sie auf www.ytti.de. Auch geben die Stadtmagazine Sonderausgaben für Familien heraus, die eine Vielzahl an Tipps bereithalten. Wann Kinderführungen und Ausstellungsgespräche in den Staatlichen Museen zu Berlin stattfinden, erfahren Sie unter www.smb.museum. Hier unsere Empfehlungen:

Stadtführungen

Stattreisen: Im Angebot sind spannende Führungen (z. B. „Vor der Mauer – hinter der Mauer") und Stadtrallyes (z. B. auf der Museumsinsel) für Kinder zwischen 8 und 12 Jahren. Das Ganze dauert jeweils eineinhalb bis zwei Stunden und kostet nicht die Welt: 5 € pro Kind und 8 € für begleitende Erwachsene.

Treffpunkte und weitere Infos unter www.stattreisenberlin.de.

Berlin mit Kindern: Hier ist der Spaß deutlich teurer (30 €/Kind, 15 €/Erwachsene), allerdings ist man ca. drei Stunden und damit um einiges länger on tour als bei Stattreisen. Außerdem hat der Anbieter auch Führungen ausschließlich für Kinder im Programm, d. h., Sie haben frei und können für ein paar Stunden tun und lassen, was Sie wollen. So ein komplett kinderfreier Nachmittag hat allerdings seinen Preis: Drei Stunden kosten 160 €.

Weitere Infos unter ☏ 33029870 und www.berlin-mit-kindern.de.

Outdoor

Domäne Dahlem: Das uralte Rittergut wird heute als (Freilicht-)Museum genutzt – mit Kühen, Pferden, Weiden, Äckern, Streuobstwiesen, alten Handwerksbetrieben (Schmiede, Töpferei etc.), mit Treckerfahren, Tierefüttern und, und, und. Im Museum im alten Herrenhaus gibt's einen historischen Kaufmannsladen, und das CULINARIUM im sanierten Pferdestall aus dem 19. Jh. präsentiert unter dem Titel „Vom Acker bis zum Teller" eine Ausstellung zur Kulturgeschichte der Ernährung. Die Erklärungen sind „zweisprachig": für Erwachsene und speziell für Kinder.

Wer kleinere Kinder hat, schickt sie ins Dachgeschoss des CULINARIUMS mit vielen Mitmach-Stationen zum Rumtüfteln. Das Gelände ist täglich von 8–19 Uhr (Mai–Sept. bis 21 Uhr) frei zugänglich, für Erwachsene wird aber um eine Spende von 2 € gebeten. Wer ins Museum will (Mo/Di geschlossen), zahlt als Erwachsener 5 €, Kinder und Jugendliche bis 18 Jahre haben freien Eintritt.

Königin-Luise-Str. 49. Ⓤ Dahlem-Dorf. www.domaene-dahlem.de

Floßfahrt auf dem Müggelsee: Klar, schwimmen und plantschen kann man im Müggelsee auch, z. B. im Strandbad Friedrichshagen (→ S. 196). Wer es ein bisschen spektakulärer haben will, mietet ein Floß und schippert damit über den See und die umliegenden Gewässer (u. a. Dämmeritzsee, Gosener Kanal, Langensee). Die Flöße sind motorbetrieben und ähneln schwimmenden Holzhäuschen. Das kleinste ist das Tipi-Floß für fünf Personen, wer die Großfamilie dabeihat, kann bis zum Zwölferfloß aufstocken. Ganz billig ist das nicht (ab 110 €/Tag), aber dafür hat man auch wirklich viel Zeit.

Mit der S-Bahn bis Station Friedrichshagen, ein AB-Ticket ist ausreichend. → Friedrichshagen und Müggelsee, S. 195.

Kinderfreibad im Monbijou-Park: Gegenüber der Museumsinsel, wo einst ein schmuckes Schloss und dann lange Jahre eine nicht mehr so schmucke kriegszerstörte Schlossruine stand, erstreckt sich heute ein kleiner Park. Darin liegt ein Schwimmbad. Das ist nicht allzu groß, aber es ist ja auch für kleine Gäste zum Spielen und Toben gedacht. Geöffnet ist es von Mitte Juni bis Anfang September täglich von 11–19 Uhr. Kinder ab 5 Jahre 3,50 € (jüngere haben freien Eintritt), Erwachsene 5,50 €.

Oranienburger Str. 78, Ⓢ Oranienburger Straße oder Hackescher Markt. www.berlinerbaeder.de. → Karte S. 72/72.

Zoo: Der Berliner Zoo ist der älteste Deutschlands. Nicht nur für Kinder nett

Spontanes Affentheater

Berlin mit Kindern 277

ist das Flusspferdhaus, denn dort kann man durch große Panoramascheiben sehen, was die Tiere so alles unter Wasser treiben. Speziell für kleine Kinder ist der Streichelzoo, ältere beteiligen sich an einer Zoo-Rallye, auf der allerlei Fragen zu allerlei Tieren beantwortet werden müssen (Rallye-Bögen zum Download unter www.zoo-berlin.de, dann „Besuch planen" und weiter „Tipps für Kinder"). Wem der Zoo allein nicht reicht, kann anschließend noch einen Blick ins Aquarium werfen. Das liegt auf dem Zoogelände, kann aber auch separat besucht werden (siehe unter „Indoor"). Einzeltickets für Kinder von 4–15 Jahren kosten 8 €, Erwachsene zahlen 15,50 €, das Familienticket kostet 41 €, Kombitickets mit dem Aquarium sind für 10,50 € (Kinder), 21 € (Erw.) bzw. 51 € (Familien) zu haben. Der Zoo hat täglich ab 9 Uhr geöffnet und schließt je nach Jahreszeit zwischen 16.30 und 18.30 Uhr.

Hardenbergplatz 8, Ⓢ+Ⓤ Zoologischer Garten. www.zoo-berlin.de. → Tour 7, S. 118.

Botanischer Garten: Besonders gut hat man's hier am ersten Sonntag im Monat, dann steht jeweils um 14 Uhr eine Kinderführung auf dem Programm (Voranmeldung unter ✆ 3444157 erbeten, in den Sommerferien finden Kinderführungen auch zu anderen Terminen statt). Große Augen bekommen Kinder im Tropenhaus mit Palmen, Lianen und Riesenbambus. Kleiner werden sie dann wieder im angeschlossenen Botanischen Museum, das doch eher ein Erwachsenenprogramm bietet.

Zugang vom Königin-Luise-Platz/Königin-Luise-Str. 6–8, zudem im Süden von der Straße Unter den Eichen (Ⓢ Botanischer Garten oder Ⓤ Rathaus Steglitz). → Dahlem, S. 204.

Fez Berlin: Riesiges Kinder- und Familienzentrum im Waldpark Wuhlheide im Bezirk Treptow-Köpenick. Hier wird es keinem langweilig: Schwimmhalle, eigener Badesee, Spielplätze, Theater, Mu-

seum und zig Veranstaltungen. Je nach Ferien- oder Schulzeit unterschiedliche Öffnungszeiten. www.fez-berlin.de.

Straße zum FEZ 2, von Ⓢ Wuhlheide ca. 15 Min. Fußweg.

Indoor

Aquarium Berlin: Fische (natürlich auch Haie!), Reptilien, Amphibien, Insekten und was sonst noch kreucht und fleucht sind die Helden im Aquarium, das sich auf dem Gelände des Berliner Zoos befindet. Eines der Highlights ist die Krokodilhalle mit der mittigen Holzbrücke, von der aus man den Tieren beim Rumkriechen und Rumliegen mit beruhigendem Sicherheitsabstand zuschauen kann. Das besondere Event für Kinder sind die Abendführungen mit Taschenlampe, die von Mitte Oktober bis März zweimal im Monat jeweils ab 18 Uhr angeboten werden (genaue Termine im Internet). Die Tickets fürs Aquarium kosten 8 € (Kinder bis 15 J.), 15,50 € (Erw.) und 41 € (Familien). Kombitickets mit dem Zoo → „Outdoor".

Budapester Str. 32, Ⓢ+Ⓤ Zoologischer Garten. www.aquarium-berlin.de. → Tour 7, S. 118.

Labyrinth Kindermuseum: Lustige temporäre und interaktive Ausstellungen nach dem Motto: Schaut mal über den Tellerrand! Gemacht ist das Ganze für Kinder zwischen 3 und 11 Jahren, untergebracht ist das Labyrinth in einer alten Zündholzmaschinenfabrik. Stark variierende Öffnungszeiten je nach Saison, Infos auf der Webseite. Kinder ab 2 Jahren und Erwachsene 6,50 €, das Familienticket kostet 19 €. Hausschuhe oder Stoppersocken nicht vergessen!

Osloer Str. 12, Ⓤ Osloer Straße o. Pankstraße, www.labyrinth-kindermuseum.de.

Legoland Discovery Centre: Was kann man nicht alles mit Legosteinen nachbauen, wenn man nur genug davon hat! Außerdem: Space-Mission, 4-D-Kino, Drachenbahnfahrt u. v. m. Shop

278 Nachlesen & Nachschlagen

angegliedert. Tägl. 10–19 Uhr. 19,50 €
(Online-Tickets billiger).

Potsdamer Str. 4 (Sony Center), Ⓢ+Ⓤ Potsdamer Platz, www.legolanddiscoverycentre.de.
→ Karte S. 28/29.

MACHmit!!: Das Museum in einer ehemaligen Kirche bietet interessante Wechselausstellungen, die die Kleinen zum Ausprobieren, Entdecken und Erforschen animieren. Darüber hinaus ein Spiegelkabinett, eine Druckerei, ein historischer Seifenladen usw. Tägl. (außer Mo) 10–18 Uhr. Ab 3 Jahren 7 €, Familienticket 25 €.

Senefelderstr. 5, Ⓤ Eberswalder Straße, www.machmitmuseum.de. → Karte S. 134/135.

Technikmuseum: Ein Klassiker für Familien mit Kindern. Es gibt jede Menge voluminöse Exponate (z. B. Flugzeuge und Dampfloks), die schon ohne jede Erklärung offene Münder hervorrufen. Wer doch lieber den erklärenden Fachmann dabeihat, kommt sonntags um 11 oder 14 Uhr, dann werden kostenlose Familienführungen veranstaltet, die auch auf die Bedürfnisse der Kinder zugeschnitten sind. Für Kinder zwischen 8 und 14 Jahren gibt's zudem eine spezielle Audioguide-Tour. Selbst mit Technik experimentieren können Kinder und Erwachsene im angeschlossenen *Science Center Spektrum*. Geöffnet ist das Museum Di–Fr 9–17.30 Uhr und Sa/So 10–18 Uhr. Kinder 4 €, Erw. 8 €.

Trebbiner Str. 9, Ⓤ Gleisdreieck o. Möckernbrücke. www.sdtb.de. → Tour 11, S. 165.

Naturkundemuseum: Natürlich gibt's Saurier, ausgestellt sind sie (oder das, was von ihnen übrig blieb …) im zentralen Lichthof des Museums, darunter *Brachiosaurus brancai*, das größte je rekonstruierte Dinosaurierskelett. Diverse kindgerechte Veranstaltungen und jeden ersten Sonntag im Monat Kinderführungen zu wechselnden Themen. Dafür sollten die Kinder zwischen acht und zwölf Jahre alt sein. Geöffnet ist

Di–Fr 9.30–18 Uhr und Sa/So 10–18 Uhr. Kinder 5 €, Erw. 8 €.

Invalidenstr. 43, Ⓤ Naturkundemuseum. www.naturkundemuseum-berlin.de. → Tour 4, S. 79.

Mobikart Fun Racing: Auf der 430 m langen Indoorkartbahn drehte schon David Coulthard seine Runden. 4-PS-Karts für Kinder ab 1,30 m Größe. Di–Fr 13–20 Uhr, Sa/So 10–20 Uhr. Ab 10 €/10 Min.

Plauener Str. 161, Ⓢ Gehrenseestraße, www.mobi-kart.de.

Essen, Trinken, Spielen

Restaurant Charlottchen: Restaurant mit Spielzimmer und Theater, die Kindervorstellungen kosten 6 € pro Person (Programm unter www.restaurant-charlottchen.de). Im Restaurant wird vorwiegend deutsche Küche zu Preisen von 6,50–12,50 € angeboten, für die Kleinen gibt's u. a. Chicken Nuggets und Milchreis. Am Wochenende und an Feiertagen kann man zwischen 10 und 13 Uhr zum Familienfrühstück kommen (für Kinder von 4–12 Jahren 6 €, Erwachsene zahlen 12 €). Der Betreiber *Mosaik* fördert Menschen mit Behinderungen.

Di–Fr ab 17 Uhr, Sa/So ab 10 Uhr. Droysenstr. 1, Ⓤ Wilmersdorfer Straße oder Ⓤ Adenauerplatz, ☎ 3244717. **37** → Karte S. 110/111.

Kindercafé Kiezkind: Der Glaspavillon mitten auf dem Helmholtzplatz ist Treffpunkt der schicken Kinderwagen. Nebenan ein kleiner Abenteuerspielplatz. Drum herum auch immer wieder Kinderflohmarkt, Termine auf www.mein-kiezkind.de. Mo–Fr 12–18 Uhr, Sa/So ab 10 Uhr.

Ⓤ Eberswalder Straße, ☎ 40057850. **15** → Karte S. 134/135.

Zum Schluss kurz erwähnt
Filmpark Babelsberg, → S. 224.

Imax-Kino, → S. 250.

Schaubude, Puppentheater, → S. 246.

Theater Zitadelle, in Spandau, → S. 202.

Berlin (fast) umsonst

Ankommen

Am billigsten und bequemsten reisen Sie an oder ab, wenn Sie die zweite Tageshälfte am Freitag und Sonntag außer Acht lassen. Wie Sie am schnellsten und billigsten nach Berlin kommen, erfahren Sie u. a. auf www.goeuro.de und www.qixxit.com/de.

Rumkommen

Für die verschiedenen Tickets, Tarife und Tarifbereiche der Berliner Verkehrsbetriebe → S. 283. Familien mit Kindern ist die **Berlin WelcomeCard** für den Tarifbereich ABC zu empfehlen (s. u.). Für Familien und Paare, die z. B. für vier Tage von Fr–Mo nach Berlin kommen, ist auch die Anschaffung einer **Sieben-Tage-Umweltkarte** eine Überlegung wert, da man die Karte abends/nachts und Sa/So zusammen nutzen kann.

Das beste Kombiticket ist die **Berlin WelcomeCard** (www.berlin-welcomecard.de): Dieses Ticket erlaubt freie Fahrt in den gewählten Tarifbereichen, zudem erhalten Sie Rabatte (25–50 %) bei rund 200 Partnern (u. a. bei diversen Museen, Läden, Restaurants, Bars, Stadtführungen, Theatern und Schlössern). Das AB-Ticket ist nur für eine Person gültig, das ABC-Ticket erlaubt die Mitnahme von bis zu 3 Kindern (nicht jedoch das ABC-Ticket inkl. Museumsinsel). Die WelcomeCard gibt es für 48 o. 72 Std., zudem für 4, 5 o. 6 Tage, inkl. der Museumsinsel nur als 72-Std.-Ticket. Preisbeispiel: **48-Std.-Ticket** für den Tarifbereich AB 19,90 €, für ABC 22,90 €. **72-Std.-Ticket**: AB 28,90 €, ABC 30,90 €. **72-Std.-Ticket inkl. Museumsinsel** (freier Eintritt in alle Häuser der Museumsinsel, gilt jedoch nicht für Sonderausstellungen): AB 45 €, ABC 47 €. **5-Tage-Ticket**: AB 36,90 €, ABC 41,90 € (Stand Okt. 2018). Wo Sie die Tickets bekommen, → S. 284.

Unterkommen

Die Übernachtungspreise halten sich im europäischen Vergleich im Rahmen, sofern Sie nicht zu den großen Messen anreisen, → Veranstaltungen, S. 253.

Veranstaltungen

Auf kostenlose Events macht u. a. **www.gratis-in-berlin.de** aufmerksam. Ermäßigte Tickets für diverse Theater- und Konzertveranstaltungen (z. T. zum halben Preis) bietet **www.hekticket.de** (→ S. 247) tägl. ab 14 Uhr.

meinTipp Lunchkonzerte in der Philharmonie! Jeden Di um 13 Uhr finden von Sept. bis Juni im Foyer der Philharmonie kostenlose Lunchkonzerte statt. Mehr zur Philharmonie und zum Kammermusiksaal → S. 105.

Für weitere preiswerte Konzerte → Kultur ab S. 247.

Kantine statt Nobellokal

Viele Berliner Kantinen sind auch externen Gästen zugänglich und bieten ein meist exzellentes Preis-Leistungs-Verhältnis. Adressen finden Sie bei den Essenstipps der jeweiligen Stadtteile.

Leider keine Kantinen-Preise: Markthalle Neun in Kreuzberg

Ins Museum

Wer sein Sightseeing-Programm vorab ein wenig durchdenkt, kann viel Geld sparen. **Die besten Museen und Sehenswürdigkeiten für umme** setzen sich meist mit der Geschichte Deutschlands auseinander: Neue Wache, Deutscher Dom, Tränenpalast, Gedenkstätte Berliner Mauer, Knoblauchhaus, Topographie des Terrors, Gedenkstätte deutscher Widerstand, Museum in der Kulturbrauerei und das Haus der Wannseekonferenz. Ganz nebenbei: Auch viele Kunstgalerien kosten keinen Eintritt.

Ins Museum unter 18

Für Jugendliche ist der Besuch der Staatlichen Museen zu Berlin kostenlos.

Ins Museum über 18

Der **Museumspass Berlin** ist ein 3-Tage-Ticket und gilt für den Besuch aller Dauerausstellungen der Staatlichen Museen zu Berlin (dazu gehören u. a. alle Museen der Museumsinsel, aber noch viele mehr, man erkennt sie an der Webseite www.smb.museum) und diverser privater Museen. 29 €, erm. 14,50 € für Freiwilligendienstleistende, Studenten, Arbeitslose, Schwerbehinderte usw., nicht jedoch für Rentner. Erhältlich an den Kassen aller teilnehmenden Museen, zudem bereits vor der Reise über www.smb.museum buchbar. Für Bereichskarten der Staatlichen Museen zu Berlin → Kulturforum, S. 98, und Museumsinsel, S. 50.

Tax-Free-Shopping

Schweizer Staatsbürger und andere Reisende aus Nicht-EU-Ländern, die in Geschäften mit einem Tax-Free-Symbol am Schaufenster einkaufen, können an den Ausreise an den Berliner Flughäfen die Mehrwertsteuer von 19 % abzüglich einer Bearbeitungsgebühr zurückerstatten lassen. Dafür bedarf es eines vollständig ausgefüllten Tax-Free-Schecks vom Verkäufer, weitere Infos auf www.globalblue.com.

Sightseeing mit der BVG

Wer sich ein Tages- oder Mehrtagesticket der BVG kauft, kann die Doppeldeckerbusse (oben hat man die bessere Aussicht) oder S-Bahnen auf folgenden Linien auch für Stadtrundfahrten nutzen.

Bus 100: Die Stadttour mit dem Doppeldeckerbus führt von Ⓢ+Ⓤ Alexanderplatz zu Ⓢ+Ⓤ Zoologischer Garten, Dauer 30 Min. Route: Alexanderplatz (Karl-Liebknecht-Straße) – Fernsehturm (l.) – Marienkirche und Rotes Rathaus (l.) – Humboldt Forum/Stadtschloss (l.) gegenüber (r.) Berliner Dom, Lustgarten und Altes Museum – Staatsoper Unter den Linden (l.) gegenüber (r) Humboldt-Universität – Überquerung Friedrichstraße – Brandenburger Tor (voraus, der Bus biegt vorher rechts ab) – Reichstag (r.) – Bundeskanzleramt (r.) – Tiergarten mit Haus der Kulturen der Welt (r.), Schloss Bellevue (r.) und Siegessäule (l.) – Zoo (r.) – Breitscheidplatz mit Gedächtniskirche (l.) – Bahnhof Zoologischer Garten.

Bus 200: Dieser Doppeldeckerbus bringt Sie von Ⓢ+Ⓤ Zoologischer Garten zurück zu Ⓢ+Ⓤ Alexanderplatz, Dauer ebenfalls 30 Min. Route: Bahnhof Zoologischer Garten (Hardenbergplatz) – Breitscheidplatz mit Gedächtniskirche (r.) – Zoo (l.) – Tiergarten mit Siegessäule (l.) – Philharmonie (l.) – Potsdamer Platz mit Sony Center (l.) und Kollhoff-Tower (r.) – Leipziger Platz – Unter den Linden mit Humboldt-Universität (l.), Staatsoper (r.) und Zeughaus (l.) – Lustgarten mit Altem Museum und Berliner Dom (l.) – Humboldtforum/Stadtschloss (r.) – Rotes Rathaus (r.) – Marienkirche (r.) – Fernsehturm (r.) – Alexanderplatz.

Bus M 29: Dieser Bus fährt vom Hermannplatz (Neukölln) ins Villenviertel Grunewald; es reicht, die Strecke bis Ⓤ Kurfürstendamm mitzufahren, Dauer dann ca. 45 Min. Route: Hermannplatz (Urbanstraße, Zustieg vor dem Karstadt) – Görlitzer Bahnhof – Oranienstraße – Checkpoint Charlie (r.) – Anhalter Bahnhof (l.) – Neue Nationalgalerie (r.) – Bendlerblock (Verteidigungsministerium, r.) – Wittenbergplatz mit KaDeWe (Kaufhaus des Westens, l.) – Breitscheidplatz mit Gedächtniskirche (r.) – Ⓤ Kurfürstendamm.

Ⓢ 3, Ⓢ 5 oder Ⓢ 7: Mit der S-Bahn (hier Hochbahn) vom Westkreuz zum Ostkreuz oder andersrum. Dabei passiert man u. a. Ⓢ+Ⓤ Alexanderplatz, die Museumsinsel, die Friedrichstraße, den Hauptbahnhof und den Tiergarten. Vom Zug aus kann man in Museen und Büros blicken!

Im Hauptbahnhof

Ankommen in Berlin

Mit dem Flugzeug

Der neue **Hauptstadtflughafen Berlin Brandenburg Willy Brandt** am Schönefelder Flugfeld sollte bereits 2012 eröffnet werden – im Herbst 2020 soll es nun so weit sein. Vielleicht aber auch erst 2021. Bis zur Eröffnung des neuen Hauptstadtflughafens fliegen Sie **Berlin-Schönefeld** oder **Berlin-Tegel** an. Nach der Eröffnung, so sehen es die Planungen vor, soll der Flugbetrieb in Berlin-Tegel eingestellt werden. Die Terminals von Berlin-Schönefeld sollen aber noch bis voraussichtlich 2025 genutzt werden. Ausführliche Informationen (Parken, An- und Abflugzeiten, Übersichtspläne usw.) zu allen Berliner Flughäfen auf www.berlin-airport.de.

Flughafen Berlin Brandenburg Willy Brandt (BER)

Orientierung/Nahverkehrstickets: Auf E 0 (Ebene 0) befindet sich der Ankunftsbereich mit dem *Berlin Brandenburg Welcome Center* (eine Touristeninformation, die auch BVG-Tickets verkauft, für Fahrten ins Zentrum benötigen Sie ein Ticket der Tarifzone ABC), auf E 1 der Check-in-Bereich. E 4 bildet die Besucherterrasse. Auf der Unterebene 2 befindet sich der Fern- und S-Bahnhof.

Transfer mit dem AirportExpress: Vom Flughafen ins Zentrum verkehrt – sofern der Flughafen eröffnet ist – der AirportExpress der Deutschen Bahn (zugleich die Regionalbahnen 7 und 14) von 4.30–23 Uhr im 15-Min.-Takt über Ⓢ Ostbahnhof, Ⓢ+Ⓤ Alexanderplatz, Ⓢ+Ⓤ Friedrichstraße, Ⓢ+Ⓤ Hauptbahnhof (Dauer ca. 20 Min.) und Ⓢ+Ⓤ Zoologischer Garten nach Ⓢ Charlottenburg. Viele Züge fahren weiter bis Spandau.

... **mit dem Taxi**: Zum Bahnhof Zoo ca. 46 €, zum Alexanderplatz ca. 42 € (Dauer jeweils ca. 40–60 Min.).

Flughafen Berlin-Schönefeld (SXF)

Orientierung/Nahverkehrstickets: Eine Touristinformation für Berlin und Brandenburg (tägl. 7–22.30 Uhr), die auch BVG-Tickets verkauft, befindet sich in der Haupthalle von Terminal A. Für Fahrten ins Zentrum benötigen Sie ein Ticket der Tarifzone ABC.

Transfer mit dem Bus X 7: Verkehrt tägl. im 20-Min.-Takt (lediglich Sa/So morgens alle 30 Min.) zwischen Flughafen Schönefeld und dem U-Bahnhof Rudow (Dauer 7 Min.). Von dort fährt die Ⓤ 7 in die Innenstadt, Dauer bis Ⓤ Mehringdamm 22 Min.

... **mit dem Bus N 7**: So–Do nachts im 30-Min.-Takt vom Flughafen nach Rudow, dann folgt der Bus der Route der Ⓤ 7. Fr/Sa, wenn die U-Bahn rund um die Uhr fährt, verkehrt der

Nachtbus N 7 lediglich zwischen Ⓤ Rudow und Flughafen.

... **mit dem Bus 171**: Verkehrt zwischen Flughafen Schönefeld und Ⓤ Rudow mit Zwischenhalt an S-Bahnhof Berlin-Schönefeld im 20-Min.-Takt.

... **mit dem AirportExpress**: Den S-Bahnhof Berlin-Schönefeld erreichen Sie vom Flughafen mit Bus 171 (s. o.) oder zu Fuß in ca. 6 Min. Von dort fährt der AirportExpress (zugleich die RB 7 u. 14) der Deutschen Bahn tägl. von 4.30–23 Uhr im 30-Min.-Takt über Ⓢ Ostbahnhof, Ⓢ+Ⓤ Alexanderplatz, Ⓢ+Ⓤ Friedrichstraße, Ⓢ+Ⓤ Hauptbahnhof und Ⓢ+Ⓤ Zoologischer Garten nach Ⓢ Charlottenburg. Viele Züge fahren von dort weiter bis Spandau.

... **mit dem Taxi**: Zum Bahnhof Zoo ca. 39 €, zum Alexanderplatz ca. 34 € (Dauer jeweils ca. 40–60 Min.).

Liebe Schweizer, aufgepasst!

Falls Sie in Berlin an Bankomaten Euros ziehen wollen, verzichten Sie darauf, sich den Euro-Betrag in Franken umrechnen zu lassen – andernfalls können satte Gebühren anfallen!

Otto-Lilienthal-Flughafen
Berlin-Tegel (TXL)

Orientierung/Nahverkehrstickets: Eine *Berlin Tourist Info* (tägl. 8–19 Uhr) befindet sich in der Haupthalle (Terminal A) auf Höhe von Gate 1, eine BVG-Verkaufsstelle (7–22 Uhr) am Übergang zu Terminal B; für Fahrten ins Zentrum benötigen Sie ein Ticket der Tarifzone AB.

Transfer mit dem Bus TXL: Verkehrt von frühmorgens bis etwa Mitternacht (von 7–22 Uhr im 5- bis 10-Min.-Takt) zwischen Tegel und Ⓢ+Ⓤ Hauptbahnhof.

... **mit dem Bus X9**: Verkehrt zwischen Tegel und Hertzallee und passiert u. a. die Haltestellen Ⓤ Ernst-Reuter-Platz und Ⓢ+Ⓤ Zoologischer Garten. Tagsüber im 10-Min.-Takt, frühmorgens und abends weniger Fahrten.

... **mit dem Bus 109**: Hält auf seinem Weg nach Tegel u. a. an den Haltestellen Ⓢ Charlottenburg, Ⓤ Adenauerplatz, Ⓤ Uhlandstraße und Ⓢ+Ⓤ Zoologischer Garten. Tagsüber alle 10 Min.

... **mit dem Taxi**: Zum Bahnhof Zoo ca. 19 € (Dauer 20–30 Min.), zum Alexanderplatz ca. 25 € (Dauer 30–40 Min.).

Mit dem Zug

Fernzüge steuern i. d. R. nicht nur den **Berliner Hauptbahnhof** (→ S. 46) an. Je nachdem, woher Sie kommen bzw. wohin der Zug weiterfährt, hält der ICE auch an den Fernbahnhöfen **Südkreuz, Gesundbrunnen, Ostbahnhof, Flughafen Berlin Brandenburg Willy Brandt** oder **Spandau**.

Orientierung Hauptbahnhof: Im EG u. a. die Touristeninformation (8–21 Uhr, hier auch Verkauf von BVG-Tickets), im 1. OG Gepäckaufbewahrung (6–22 Uhr), DB-Reisezentrum und Apotheke, im 1. UG Schließfächer (oft ab 10 Uhr alle belegt). Bei Verspätungen kann man im *Hans im Glück* die Zeit mit Burgern totschlagen (1. OG, mit Außenterrasse). Im 1. UG finden Sie zudem den Supermarkt REWE (mit Imbiss).

Mit dem Bus

Der **Zentrale Omnibusbahnhof Berlin** (ZOB, www.zob-berlin.de) liegt in Charlottenburg an der Masurenallee 4–6 gegenüber dem ICC (International Congress Center). Im ZOB finden Sie Cafés, Imbissstände und Schließfächer. Je nachdem, woher die Fernbusse kommen bzw. wohin sie starten, halten sie ggf. auch am **S-Bahnhof Südkreuz** in Schöneberg, am **Hauptbahnhof**, am **Ostbahnhof** in Friedrichshain, am **Bahnhof Alexanderplatz** (Höhe Alexanderstr. 3) in Mitte und am **Bahnhof Zoo** (Hardenbergplatz) in der City West. Zusätzliche Fernbusbahnhöfe sollen eingerichtet werden. Die billigste und beste Verbindung finden Sie auf www.busliniensuche.de.

Transfer vom ZOB in die Innenstadt: Rund um die Uhr (tagsüber im 10-Min.-Takt, nachts alle 30 Min.) hält Bus M 49 direkt am ZOB; zu- bzw. aussteigen kann man u. a. am Ⓢ+Ⓤ Zoologischer Garten. Nächster U-Bahnhof ist Kaiserdamm (400 m nordöstlich), von dort fährt die Ⓤ 2 über Ⓢ+Ⓤ Potsdamer Platz und Ⓢ+Ⓤ Alexanderplatz (28 Min.) zur Schönhauser Allee. Der nächste S-Bahnhof (400 m östlich) ist Messe Nord/ICC, der an der Ringbahn liegt (Ⓢ 41/42).

U-Bahnhof Kottbusser Tor

Rumkommen in Berlin

Einen Streckennetzplan der Berliner S- und U-Bahnen finden Sie auf der herausnehmbaren Karte in diesem Buch. Leider gibt es keine handlichen Pläne des öffentlichen Nahverkehrs, die Bus- und Straßenbahnlinien mit aufführen. Den schnellsten Weg unter Berücksichtigung sämtlicher Verkehrsmittel findet man mit der BVG-Fahrinfo-Plus-App und auf www.bvg.de.

Öffentlicher Nahverkehr

Die Berliner Verkehrsbetriebe (BVG) betreiben Busse, U- und Straßenbahnen (Tram) sowie Fähren. Gemeinsam mit der Deutschen Bahn (verantwortlich für die Regionalbahnen), der S-Bahn Berlin (unter DB-Regie) und diversen kleineren privaten Transportunternehmen bildet die BVG den Verkehrsverbund Berlin-Brandenburg (VBB). Ein VBB-Fahrschein gilt für sämtliche dem Verkehrsverbund angeschlossenen Transportmittel.

Für **Sightseeingtouren** mit öffentlichen Verkehrsmitteln → S. 280.

VBB-Tarifzonen

Der Verkehrsverbund kennt 3 Tarifzonen: A, B und C. Die Tarifzone A umfasst die zentralen Stadtteile und wird vom S-Bahnring, der selbst noch zur Tarifzone A gehört, umschlossen. Viele Besucher kommen nie über A hinaus, sofern Sie nicht mit dem Flugzeug anreisen. Einem breiten Gürtel gleich umringt die Tarifzone B die Tarifzone A. Der Tarifbereich C umfasst das Berliner Umland (dazu gehören Potsdam, der Flughafen Schönefeld und der Flughafen Berlin Brandenburg Willy Brandt).

Tickets für einen einzigen Tarifbereich gibt es nicht, man kann nur wählen zwischen den Tarifbereichen AB, BC oder ABC.

VBB-Tickets

Der ermäßigte Tarif (in Klammern) gilt für Kinder ab 6 bis einschließlich 14 Jahren, Kinder unter 6 Jahren fahren kostenlos. Ermäßigungen für Senioren gibt es nur beim Kauf von Jahreskarten. Die wichtigsten Tickets (Stand Jan. 2019) im Überblick:

Einzelfahrausweis: Tarifzone AB 2,80 € (1,70 €), ABC 3,40 € (2,50 €). Gültig für 2 Std. in eine Fahrtrichtung; Rund- u. Rückfahrten sind nicht erlaubt. Das AB-Ticket gibt es auch als sog. 4-Fahrten-Karte (4 Einzelfahrscheine) zu 9 € (5,60 €).

Kurzstreckenfahrausweis: 1,70 € (1,30 €), als 4-Fahrten-Karte 5,60 € (4,40 €). Gültig für bis zu 3 S- o. U-Bahn-Stationen (Umsteigen möglich) oder für bis zu 6 Bus- oder Straßenbahnhaltestellen (kein Umsteigen).

Anschlusskarte: 1,60 € (keine Ermäßigung). Diese ist nötig, falls Sie z. B. ein 7-Tage-Ticket für die Tarifzone AB haben und einmal an einen Ort fahren wollen, der im Tarifbereich C liegt (z. B. Potsdam oder Flughafen Berlin Brandenburg Willy Brandt).

Tageskarte: AB 7 € (4,70 €), ABC 7,70 € (5,30 €). Gültig bis 3 Uhr morgens am Folgetag.

Kleingruppen-Tageskarte: AB 19,90 €, ABC 20,80 € für bis zu 5 Pers.

7-Tage-VBB-Umweltkarte: AB 30 €, ABC 37,50 €. Das Ticket ist übertragbar und ermöglicht Sa/So und feiertags ganztägig sowie werktags von 20–3 Uhr die Mitnahme eines weiteren Erwachsenen sowie von 3 Kindern.

Monatskarten: VBB-Umweltkarte AB 81 €, ABC 100,50 € (das Pendant zur 7-Tage-VBB-Umweltkarte, auch gleitend erhältlich), 10-Uhr-Monatsticket AB 59,10 €, ABC 73,30 € (erlaubt keine Fahrten zwischen 3 und 10 Uhr morgens).

Touristentickets → Berlin (fast) umsonst, S. 280.

Schwarzfahren: 60 € Strafe!

Wo bekommt man die Tickets?

Alle oben erwähnten Tickets und die *Berlin WelcomeCard* (→ S. 279) kann man sich mit der App „BVG-Tickets" aufs Handy holen. Zudem sind sie an den Automaten in den S- und U-Bahnhöfen erhältlich, bei den BVG-Verkaufsstellen und in Reisemärkten, u. a. am Alexanderplatz (Vorhalle Richtung Weltzeituhr), am Wittenbergplatz (Vorhalle), am Hauptbahnhof (Touristeninformation, EG) und an den Flughäfen (siehe dort). In den Bussen kann man die Tickets beim Fahrer lösen (jedoch nur Einzelfahrscheine und Tagestickets, keine Zeitkarten), in den Straßenbahnen an den Automaten.

Im Berliner Underground

Rumkommen in Berlin 285

VBB-Verkehrsmittel

Die BVG hat mehr als 1300 Omnibusse, 1200 U-Bahnwagen und knapp 400 Straßenbahnwagen im Einsatz. Alle diese Fahrzeuge legen täglich eine Strecke zurück, die 18-mal um die Erde führen würde.

Busse: Bei Bussen steigt man vorne ein und zeigt dem Fahrer unaufgefordert das Ticket. Alle Busse tragen Nummern; jene, die nicht zusätzlich durch einen Buchstaben gekennzeichnet sind, starten meist um 4.30 Uhr und stellen den Betrieb um 0.30 Uhr ein. Busse mit der Kennung N sind Nachtbusse. Die Nachtbusse 1–9 folgen mehr oder weniger den Routen der U-Bahnlinien mit derselben Nummer in den Nächten von So/Mo bis Do/Fr (Fr/Sa u. Sa/So fahren die U-Bahnen auch nachts). Lediglich auf der Strecke der Ⓤ 4 (Nollendorfplatz – Innsbrucker Platz) und der U 55 (Hauptbahnhof – Brandenburger Tor) gibt es weder Nachtbus noch Nachtbetrieb am Wochenende.

Metrobusse haben die Kennung M und fahren rund um die Uhr.

Straßenbahnen: Verkehren bislang vorrangig im Osten der Stadt, das Netz wird aber laufend ausgebaut. Straßenbahnen tragen ebenfalls Nummern und fahren von ca. 5–0.30 Uhr, manche Linien stellen aber den Betrieb schon um 19 Uhr ein. MetroTrams haben die Kennung M und fahren rund um die Uhr.

U-Bahn: Die U-Bahn fährt von 4.30–0.30 Uhr in den Nächten So/Mo bis Do/Fr, in den Nächten Fr/Sa u. Sa/So hingegen rund um die Uhr. Ausnahmen: Ⓤ 4 u. Ⓤ 55 (kein Nachtbetrieb am Wochenende).

S-Bahn: Nimmt i. d. R. gegen 4 Uhr den Betrieb auf. In den Nächten So/Mo bis Do/Fr fahren sie meist bis 0.30 Uhr, Fr/Sa u. Sa/So rund um die Uhr.

Fähren: Die von der BVG betriebenen Fähren am Wannsee und am Langen See verkehren ganzjährig, jene am Müggelsee nur April–Okt.

Taxi

Rund 7200 Taxis sind in der Stadt unterwegs. Der **Kurzstreckenpauschaltarif** (max. 2 km, auch „Winkemann-Tarif", weil Sie für diesen Tarif ein fahrendes Fahrzeug stoppen müssen) beträgt 5 € – vereinbaren Sie den Tarif beim Einsteigen! Ansonsten beträgt der **Grundpreis** 3,90 €; pro Kilometer kommen für die ersten 7 km 2 € hinzu, für jeden weiteren Kilometer 1,50 € (Stand Okt. 2018), sofern man nicht im Stau steht (30 €/Std.) und bar bezahlt (per Kreditkarte 1,50 € extra).

Falls Sie keine Taxi-App installiert haben: **Taxifunk**: ✆ 030/443322, **Quality Taxi**: ✆ 030/2630000, **Würfelfunk**: ✆ 030/210101.

Umweltschonend Taxi fahren

Velotaxi

Radtaxen (www.velotaxi.de, Velotaxiruf ✆ 030/28031609) stehen im Sommer an den touristischen Hotspots. Man bezahlt für den ersten Kilometer offiziell 7 €, für jeden weiteren 5 €. Sightseeingtouren kosten 42 €/Std. – aber alles ein bisschen Verhandlungssache.

Carsharing

Fahrzeuge von car2go (www.car2go.com) und DriveNow (https://de.drivenow.com) sind überall im Stadtgebiet zu finden.

Ausflugsschiffe

Berlin besitzt 197 km Wasserstraßen. Die meisten Ausflugsschiffe dümpeln aber auf den immer gleichen Kilometern. Fahrten durch die City finden – je nach Wetter – von März/April bis Oktober/November statt. Die Getränkepreise an Bord sind bei den meisten Anbietern fair. Empfehlenswert ist die „große Brückentour", an den meisten Sehenswürdigkeiten der „kurzen Spreetour" spaziert man beim Berlin-Sightseeing ohnehin vorbei.

Touren

Kurze Spreetour: Auch „Stadtkernfahrt" genannt, Dauer ca. 1 Std. Dabei tuckert das Schiff auf der Spree zwischen Nikolaiviertel und Haus der Kulturen der Welt, man passiert u. a. den Reichstag und das neue Regierungsviertel. Kostenpunkt rund 15 €.

Große Brückenfahrt: Spannend, aber nicht vergessen: Kopf einziehen! Dauer 3–3:30 Std., Länge ca. 23 km (abends besonders schön). Bei der Rundfahrt über die Spree und den Landwehrkanal lässt man rund 60 Brücken hinter sich. Auf der Tour passiert man (bei einem Start auf Höhe der Friedrichstraße) u. a.: das Museumsinsel (r.), den Berliner Dom (r.), das Humboldt Forum (Stadtschloss, r.), das Nikolaiviertel (l.), die Mühlendammschleuse, das Märkische Ufer (r.), die Jannowitzbrücke, die East Side Gallery und die Mercedes-Benz Arena (beide l.), die Oberbaumbrücke, den Osthafen und die Oberschleuse. Über den Landwehrkanal geht es dann durch Kreuzberg, vorbei am Türkenmarkt (l., nur Di u. Fr), an der Amerika-Gedenkbibliothek (l.) und dem Deutschen Technikmuseum (l.). Nun folgen die Daimler-City am Potsdamer Platz (r.), die Philharmonie (r.), das Verteidigungsministerium (r.) und der Zoologische Garten (l.). Danach passiert man die Unterschleuse und das Charlottenburger Tor. Bei der Dovebrücke trifft man wieder auf die Spree, manche Schiffe machen von hier aus einen Abstecher zum Schloss Charlottenburg. Vorbei am Hansaviertel (r.), dem Tiergarten mit Schloss Bellevue und dem Haus der Kulturen der Welt (beides r.), dem Bundeskanzleramt (r.) und dem Hauptbahnhof (l.) geht es ins Regierungsviertel. Kostenpunkt rund 24 €.

Weitere Touren: Die großen Schifffahrtsgesellschaften haben zudem Fahrten rund um Berlin (Dauer 9 Std.), BBQ- und Mauerfahrten u. Ä. im Programm. Ein Erlebnis sind auch die **Historischen Stadtrundfahrten mit dem Schiff**, die von der Berliner Geschichtswerkstatt e. V. angeboten werden, darunter Stasi-Touren, Litera-Touren, Rio-Reiser-Touren u. v. m. (Infos unter ☎ 2154450 o. www.berliner-geschichtswerkstatt.de).

Für Ausflugsfahrten von Spandau oder Wannsee nach Potsdam oder vom Treptower Park nach Köpenick und Friedrichshagen/Müggelsee: siehe in den jeweiligen Kapiteln.

Anbieter und Ablegestellen

Einen Überblick über alle möglichen Fahrten gibt der Reederverband Berlin (www.reederverband-berlin.de).

Reederei Riedel, Ablegestellen für Stadtkernfahrten u. a. am Haus der Kulturen der Welt (Ⓤ Bundestag), für Brückenfahrten u. a. am Märkischen Ufer (Ⓢ+Ⓤ Jannowitzbrücke) und gegenüber Ⓤ Hallesches Tor. ☎ 67961470, www.reederei-riedel.de.

Stern und Kreisschiffahrt, Stadtkernfahrten u. a. vom Weidendamm (Ⓢ+Ⓤ Friedrichstraße), Brückenfahrten u. a. vom Ufer bei Ⓢ+Ⓤ Jannowitzbrücke. ☎ 5363600, www.sternundkreis.de.

Reederei Bruno Winkler, Stadtkernfahrten vom Reichstagsufer (Ⓢ+Ⓤ Friedrichstraße), Brückentouren u. a. ab Schlossbrücke Charlottenburg (Ⓤ Richard-Wagner-Platz). ☎ 3499595, www.reedereiwinkler.de.

Scooter

Mehrere Verleiher, z. B. **scooter2go** **45** (→ Karte S. 72/73), die u. a. Djangos und Vespas im Angebot haben. Ab 19 €/Tag, Kaution (150 €) bar mitbringen! Oranienburger Str. 27 (Kunsthof), Mitte, Ⓢ Oranienburger Straße, ☎ 44044600, www.scooter2go.de.

Fahrrad

Keine Berge und über 650 km Radwege: Es macht Spaß, Berlin und v. a. das Berliner Umland mit dem Rad zu erkunden. Viele Radwege verlaufen auf

Rumkommen in Berlin 287

Trottoirs. An manchen Kreuzungen gibt es für Radfahrer eigene Ampeln. Der größte Radevent der Stadt ist der **Berliner Velothon**, → Veranstaltungen, S. 253. Wer das Rad mit in die S- oder U-Bahn nehmen will (nur in entsprechend gekennzeichnete Abteile), benötigt einen „Einzelfahrschein Fahrrad": AB 1,90 €, ABC 2,50 €, Tageskarte AB 4,80 €, ABC 5,40 € (Stand Jan. 2019). Geführte Radtouren kosten je nach Länge (die meisten dauern 4–6 Std.) um die 18–25 € inkl. Rad.

> Eine gute, kostenlose Fahrrad-Routenplaner-App ist BBBike. Tourenvorschläge auch für das Umland über www.adfc-berlin.de.

Radverleih und geführte Touren

Fahrradstation verleiht gute Räder (auch E-Bikes, Tandems usw., ab 15 €/Tag). Filialen in **Mitte**: Dorotheenstr. 30, Ⓢ+Ⓤ Friedrichstraße, ☎ 20074366, **8** → Karte S. 28/29; August-str. 29 a, Ⓤ Weinmeisterstraße, ☎ 28599661, **26** → Karte S. 72/73. **Kreuzberg**: Bergmannstr. 9, Ⓤ Mehringdamm, ☎ 2151566, → Karte S. 160/161. **Prenzlauer Berg**: Kollwitzstr. 77, Ⓤ Senefelderplatz, ☎ 93958130, **29** → Karte S. 134/135. **Charlottenburg**: Goethestr. 46, Ⓤ Wilmersdorfer Straße oder Ⓢ Charlottenburg, ☎ 31803600, **6** → Karte S. 110/111. Weitere Infos auf www.fahrradstation.de (allerdings ist die Webseite veraltet).

Berlin on Bike, bietet u. a. Touren zu vergessenen und versteckten Winkeln unter dem Motto „Oasen der Großstadt" an. Radverleih ab 10 €/Tag. Knaackstr. 97 (KulturBrauerei), Prenzlauer Berg, Ⓤ Eberswalder Straße, ☎ 43739999, www.berlinonbike.de.

Fat Tire Bike Tours → Karte S. 110/111, verleihen City Bikes mit breiten Reifen für 14 €/Tag und bieten ebenfalls diverse Touren an (auch durch Potsdam). Zudem Segway-Touren (67 € für 3 Std.). Panoramastr. 1 a, Mitte, Ⓢ+Ⓤ Alexanderplatz. ☎ 24047991, www.stadtundrad.de.

Berlin im Kasten

Mauerradweg: Vom S-Bahnhof Bornholmer Straße zur Oberbaumbrücke

Der Berliner Mauerweg, ein 160 km langer Rad- und Wanderweg, verläuft entlang der ehemaligen Westberliner Außengrenze und folgt in vielen Teilen dem Kolonnenweg der DDR-Grenztruppen. Der Rad- und Wanderweg ist bestens ausgeschildert und gut frequentiert, hin und wieder informieren Tafeln entlang des Weges über die einst geteilte Stadt. Der hier vorgestellte Abschnitt durchs Zentrum beträgt ca. 16,5 km und beginnt am S-Bahnhof Bornholmer Straße. Nach Verlassen des S-Bahnhofs überquert man die Bösebrücke. Am Ende der Brücke liegt linker Hand der Platz des 9. November (→ S. 140). Hier führt auch eine Treppe hinunter zur Norwegerstraße, der man gen Zentrum folgt. Am Ende der Straße sieht man die ersten Mauerweg-Schilder. Nun kann nichts mehr schiefgehen. Die Route in Kürze: Gleimtunnel (r., die 130 m lange Eisenbahnunterführung zwischen Wedding und Prenzlauer Berg war zu DDR-Zeiten zugemauert) – Max-Schmeling-Halle (l.) – Mauerpark – Gedenkstätte Berliner Mauer (l. u. r.) – Französischer Friedhof II (l.) – ehem. Grenzwachturm am Spandauer Schifffahrtskanal (l.) – Invalidenfriedhof (l.) – Hamburger Bahnhof (r.) – Charité mit Medizinhistorischem Museum (l.) – Hauptbahnhof (r.) – Bundeskanzleramt (r.) – Reichstag (r.) – Brandenburger Tor (l.) – Holocaust-Denkmal (l.) – Potsdamer Platz – Martin-Gropius-Bau und Topographie des Terrors (beide r.) – Checkpoint Charlie (r.) – Georg-von-Rauch-Haus (r.) – East Side Gallery (r.) – Oberbaumbrücke – Ⓢ+Ⓤ Warschauer Straße. Weitere Radtourenvorschläge → S. 198 und 215.

Großstadtinszenierung am Potsdamer Platz

Karte S. 292/293
Übernachten

Designhotel, Etagenpension oder Partyhostel? Berlin hat alles zu bieten – selbst Wohnwagen in Hallen und idyllische Parkbänke mit Spreeblick.

> Die **Übernachtungspreise** in Berlin sind im Vergleich zu anderen europäischen Metropolen mehr als moderat und liegen in etwa bei der Hälfte Londons. Die von uns angegebenen Preise sind als Richtwerte zu verstehen, da sie sich bei vielen Hotels oft täglich ändern. Kräftig aufgeschlagen wird zu den großen Messen, ansonsten sind saisonale Unterschiede eher gering. Schnäppchen, v. a. bei der Mittel- und Luxusklasse, lassen sich oft über Buchungsportale im Internet finden. Kleine Häuser hingegen bieten ihre Betten über die hoteleigene Seite oft billiger an. Für Ferienwohnungen und Privatzimmer → S. 297.

Schlagzeilen in der internationalen Presse wie „Hip Berlin: Europe's Capital of Cool" *(Times Magazine)* haben einen Hype um Berlin ausgelöst, der dafür sorgte, dass sich die Übernachtungszahlen in den letzten zehn Jahren auf heute weit mehr als 30 Mio. pro Jahr verdoppelt haben – europaweit übertrumpft nur von London und Paris. Über 140.000 Gästebetten stehen in der Stadt zur Verfügung, jede Kategorie wird bedient – wenn Sie wollen, können Sie eine Suite für den Preis eines Kleinwagens buchen, aber es geht natürlich auch billiger. Ein Tipp sind Ferienwohnungen, was viele Berliner aber nicht gern hören – durch die Zweckentfremdung von Wohnraum fehlt nicht nur Wohnraum für die Berliner, sondern steigen auch die Mieten.

Etwas Berlinbesonderes sind die sog. **Etagenhotels** oder **-pensionen,** die vorrangig in der City West zu finden sind. In diesen meist recht charmanten, persönlich geführten Unterkünften in riesigen Altbauwohnungen weht noch der Duft Charlottenburger Großbürgerlichkeit durch die Räume. In den Berliner **Hostels** trifft sich der partyfreudige Easyjetset aus halb Europa. Die meisten Hostels bieten auch Zimmer mit privaten Bädern an. Im Vergleich zu Pensionen, Ferienwohnungen oder Privatzimmern ist das Preis-Leistungs-Verhältnis der Hostels jedoch nicht immer das beste, zumal Handtücher, Bettzeug und Frühstück oft extra berechnet werden.

Innerstädtische Campingplätze fehlen leider, Wohnmobilstellplätze (mit Sanitäranlagen) gibt es jedoch. Die Campingmöglichkeiten sind ab S. 297 aufgelistet.

City West

***** Hotel am Steinplatz 14, traditionsreiches Haus in einem Jugendstilgebäude von August Endell, der auch für die Hackeschen Höfe verantwortlich zeichnete – eine Augenweide! Heute zur *Autograph Collection* der Marriott-Gruppe gehörend. 87 überaus komfortable Zimmer und Suiten, die für unseren Geschmack nur einen Tick zu protzig eingerichtet sind. Spa-Bereich, hervorragendes Edelrestaurant. Die Bar (kein Gin!) wurde schon mehrfach zur besten Hotelbar Deutschlands gewählt. EZ/DZ ab 242 €. Steinplatz 4 (10623), ⓤ Ernst-Reuter-Platz, ✆ 55444440, www.hotel steinplatz.com.

Provocateur Hotel 32, viel roter Samt und schummrige Atmosphäre – ein Hauch Goldene Zwanziger und Burlesque weht durch das Haus, von den 85 Zimmern über das Restaurant (Asia-Fusion) bis hin zur Bar. So sexy das Haus, so unsexy leider die Gegend, in der es steht. Macht nichts, der Ku'damm ist nur ein paar Fußmin. entfernt! Wegen der Bar sind die Zimmer im 1. Stock eher zu meiden. EZ/DZ ab 153 € zzgl. Frühstück. Brandenburgische Str. 21 (10707), ⓤ Konstanzer Straße, ✆ 22056060, www.provocateur-hotel.com.

***** Hotel Zoo 16, Gründerzeitpalast im völlig neuen Gewand, 1920er-Jahre treffen auf Gegenwart. Überschwänglich designt ist untertrieben, eher schon inszeniert ist es alles in dem elitären Haus. 130 Zimmer und 14 Suiten, lustig die historischen Telefone. Toll die Panoramazimmer mit bodentiefen Fenstern und fürstlichem Blick über den Ku'damm. Promilastige Bar (→ Nachtleben, S. 266), Restaurant und Dachterrasse. DZ ab 160 € ohne Frühstück. Kurfürstendamm 25 (10719), ⓤ Kurfürstendamm, ✆ 884370, www.hotelzoo.de.

**** Hotel Ellington 23, in einem 1928–1931 im Stil der Neuen Sachlichkeit errichteten Bürogebäude – das denkmalgeschützte Treppenhaus ist ein Hingucker. Vorübergehend befand sich im Haus u. a. die Szenedisco *Dschungel*, in der David Bowie und Mick Jagger wilde Feten steigen ließen. Heute geht es geruhsamer zu. 285 schicke Zimmer und Suiten in unterschiedlichen Kategorien, vornehmlich in Weiß gehalten, größtenteils mit offen ins Zimmer integrierten Bädern. Tipp: die beiden sonnigen Turmsuiten, in denen man König von Berlin spielen kann. Schöner Sommergarten mit Bar. EZ ab 124 €, DZ ab 143 €. Nürnberger Str. 50–55 (10789), ⓤ Wittenbergplatz, ✆ 683150, www.ellington-hotel.com.

Henri Hotel 25, wunderbarer Stuckaltbau in bester Lage. Detailverliebt eingerichtet, Belle Époque und Gründerzeit-Antiquitäten treffen auf moderne Elemente. 68 Zimmer. Bar, Salons und Hausküche (in der man sich am Abend seine kostenlose Stulle holen kann) gehören alleinig den Schlafgästen. EZ ab 88 €, DZ ab 108 €. Meinekestr. 9 (10719), ⓤ Uhlandstraße, ✆ 884430, www.henri-hotels.com.

Hotel Q! 19, die extravagante Designherberge gewann schon mehrere Preise. Verantwortlich dafür zeichnet das Berliner Architektenbüro Graft, die Ex-Hofbaumeister von *Brangelina*. Wände, die rechte Winkel ignorieren, Böden, die Falten werfen, Zimmer und Bad als Wohnlandschaften ohne Trennwände. Ebenso stylish das Restaurant und die Bar. EZ ab 120 €, DZ ab 130 €, Frühstück 18 € extra. Knesebeckstr. 67 (10623), ⓤ Uhlandstraße, ✆ 8100660, www.hotel-q.com.

mein Tipp **25hours Hotel** 15, schickes und dennoch sehr gemütliches Hotel im sog. „Kleinen Hochhaus" des Bikinihaus-Komplexes. Hinter der ausgefallenen Gestaltung der 149 Zimmer steckt der Berliner Designer Werner Aisslinger, der auch schon für das Hotel Michelberger in Friedrichshain (s. u.) verantwortlich zeichnete. Besonders schön sind die *Jungle*-Zimmer mit Hängematte, Plüschäffchen, Blick aufs Affen- und Elefantenhaus des Zoos und offen in den Raum integrierter Dusche. Außerdem: Sauna mit Zooblick, hauseigene Holzofenbäckerei, Wohnzimmer mit Sofalandschaft, Rooftop-Bar und Restaurant samt umlaufender Terrasse (→ S. 119). DZ ab 175 €. Budapester Str. 40 (10787), Ⓢ+ⓤ Zoologischer Garten, ✆ 1202210, www.25hours-hotels.com.

Hommage à Magritte 17, familiengeführtes Boutiquehotel im schönen Altbau in einer

290   Nachlesen & Nachschlagen

ruhigen Straße. Liebevoll ausgestattet, Hausbibliothek, viel Kunst an den Wänden und kunstaffines Publikum davor. Überaus hilfsbereite Gastgeber. 18 ganz unterschiedliche Zimmer mit 3- bis 4-Sterne-Komfort, die meisten gehen zum grünen Hof. EZ mit sehr gutem Frühstück ab 99 €, DZ ab 119 €. Grolmanstr. 32/33 (10623), Ⓤ Uhlandstraße, ✆ 8956 7087, www.hommage-a-magritte.com.

Pension Nürnberger Eck 24, komplett verplüschte, schon seit den 1920ern existierende Etagenpension in unmittelbarer Ku'damm-Nähe. Blümchentapeten, Frisierkommödchen, dicke Teppiche, Möbel aus allen möglichen Epochen. Hier schliefen schon Gert Fröbe und Hanns Eisler. 8 altmodisch-charmante Zimmer, 5 davon mit privaten Bädern. EZ je nach Kategorie 55–65 €, DZ 80–92 €. Nürnberger Str. 24 a (10789), Ⓤ Augsburger Straße, ✆ 235 1780, www.nuernberger-eck.de.

Zimmer ohne Frühstück?

Frühstück gibt's in vielen Berliner Cafés bis 16 Uhr, manchmal noch länger, am Wochenende oft als reichhaltiges Brunchbuffett. Sollten Sie sich aber beim Bäcker versorgen, müssen Sie beachten, dass Sie mit Begriffen wie „Wecken", „Semmel" oder „Rundstück" nicht weit kommen. Die Standardbrötchen heißen **Schrippen** (Weizenbrötchen mit Längskerbe) oder **Schusterjungen** (quadratische, etwas dunklere Brötchen). Was andernorts „Krapfen" oder „Berliner" genannt wird, ist in Berlin ein **Pfannkuchen**. Was man hingegen sonst unter einem Pfannkuchen versteht, nennt sich in Berlin **Eierkuchen**.

Hotel-Pension Funk 25, Etagenpension mit einer derartigen Belle-Époque-Nostalgie, dass auch Filmteams immer wieder zum Dreh vorbeischauen. Antiquitäten, Blümchentapeten, Häkeldeckchen, Lüster. 14 Zimmer, nicht alle mit privaten Bädern. In der Wohnung lebte von 1931–37 übrigens der Stummfilmstar Asta Nielsen, in ihrem ehemaligen Salon wird heute gefrühstückt. EZ je nach Kategorie 34–95 €, DZ 52–129 €. Fasanenstr. 69 (10719), Ⓤ Uhlandstraße, ✆ 8827193, www.hotel-pensionfunk.de.

Tiergarten/Potsdamer Platz

***** **Hotel Das Stue** 12, 81-Zimmer-Boutiquehotel in der ehemaligen dänischen Gesandtschaft und einem Neubau daneben.

„Stue" ist dänisch und heißt „Stube". Soll heißen: Schick-gemütliches Wohlfühlambiente statt der formellen Kühle vieler Designhotels. Dazu ruhige Lage beim Zoo – von einigen Fenstern blickt man auf Kängurus und Strauße. Sternerestaurant, Spa-Bereich und Innenpool. DZ ab 239 €, Frühstück extra. Drakestr. 1 (10787), von Ⓢ+Ⓤ Potsdamer Platz mit Bus 200 bis Haltestelle Corneliusbrücke, ✆ 3117 220, www.das-stue.com.

***** **Hotel Grand Hyatt** 13, von den 5-Sterne-Herbergen rund um den Potsdamer Platz die beste Wahl, und zwar deshalb, weil der Spa-Bereich mit Dachterrasse und Pool schlicht genial ist. Top-Restaurant und tolle Bar mit über 300 Whisky-Sorten und Live-Jazz. DZ ab ca. 289 €. Marlene-Dietrich-Platz 2 (10785), Ⓢ+Ⓤ Potsdamer Platz, ✆ 25531590, www.hyatt.com.

Mitte

***** **Rocco Forte Hotel de Rome** 11, vor 100 Jahren war das Gebäude am Bebelplatz die Zentrale der Dresdner Bank, den einstigen Juwelentresor füllt heute der Pool des *Spa de Rome*. Haute Cuisine im Restaurant, außerdem eine Open-Air-Lounge auf der Dachterrasse zum Champagnertrinken unterm Sternenhimmel. 146 glamourös-modern ausgestattete Zimmer (DZ ab 310 €) und Suiten, z. T. unter 5 m hohen Decken. Top: die 160 m² große Royal-Bebel-Suite (18.000 €/Nacht). Behrenstr. 37 (10117), Ⓤ Französische Straße, ✆ 4606 090, www.roccofortehotels.com.

🐌 **Hotel Casa Camper** 8, hinter dem Designhotel des mallorquinischen Labels Camper verbirgt sich die gleiche Philosophie wie hinter dem Schuhwerk: Qualität und Nachhaltigkeit. Hier übernachtet man nicht, hier wohnt man. Heimelige 32 m² große Zimmer mit halboffenen Bädern, schönen Holzfußböden samt Camper-Pantöffelchen. Zudem eine Lounge mit Panoramablick, wo man rund um die Uhr mit feinen Snacks, Softdrinks und Kaffee versorgt wird – alles im Preis inbegriffen. EZ ab 133 €, DZ ab 165 €. Weinmeisterstr. 1 (10178), Ⓤ Weinmeisterstraße, ✆ 20003410, www.casacamper.com.

Amano Hotel 6, das Stammhaus der Berliner Amano-Kette, in bester Lage, Einkaufs- und Ausgehmöglichkeiten ums Eck. 163 stilsichere Zimmer mit Klimaanlage und Parkettboden. Elegant-glamouröse Bar. Wahnsinnsdach-

Übernachten

Lässig wohnen: „Jungle"-Zimmer im 25hours Hotel

terrasse mit dem absoluten Über-Blick. Radverleih. Oft gute Specials, dann DZ mit Glück ab 85 €, Frühstück 15 € extra. Auguststr. 43 (10119), Ⓤ Rosenthaler Platz, ☏ 809415-0, www.amanogroup.de.

Arte Luise Kunsthotel 10, würden alle Türen offen stehen, ginge das Haus als Galerie durch. Die Zimmer wurden von unterschiedlichen Künstlern gestaltet, jedes ist ein Unikat. Nehmen Sie aber keines zu den Bahngleisen hin! DZ mit Bad ab 94 €, mit Etagenbad ab 56 €, Frühstück extra. Luisenstr. 19 (10117), Ⓢ+Ⓤ Friedrichstraße oder Ⓤ Oranienburger Tor, ☏ 284480, www.luise-berlin.com.

Calma Hotel 7, „Calma" ist das spanische Wort für „Ruhe", und ruhig ist es in dem historischen Gewerbehof tatsächlich – trotz hervorragender Mitte-Lage. Schlicht-reduziert eingerichtete Zimmer in Weiß-Grau, die es in 4 verschiedenen Kategorien von XS (12 m²) bis L (40 m²) gibt. DZ bereits ab 64 € ohne Frühstück. Linienstr. 139/140 (10115), Ⓤ Oranienburger Tor, ☏ 99404520, www.lindemannhotels.de.

Baxpax downtown 9, von den Berliner Baxpax-Hostels das u. E. schönste. Freundliche Zimmer (EZ, DZ und 3-Bett-Zimmer stets mit privatem Bad), Studios mit Küche und Schlafsäle in verschiedenen Größen. Absoluter Pluspunkt: die tolle Dachterrasse mit kleinem Planschpool. EZ ab ca. 75 €, DZ-Studio 98 €, im Schlafsaal ab ca. 19 €/Pers., Frühstück extra. Ziegelstr. 28 (10117), Ⓤ Oranienburger Tor, ☏ 27874880, www.baxpax.de.

Pension Mädchenkammer 5, die ideale Unterkunft für Budgetreisende (die keine Mädchen sein müssen). Zentral und doch ruhig. Freundlich-jugendliche Zimmer, alle mit Bad und Kühlschrank. Garten mit alten Bäumen. Vorausbuchung nötig, da keine Rezeption. Ab 25 €/Pers. Lottumstr. 20 (10119), Ⓤ Rosenthaler Platz o. Rosa-Luxemburg-Platz, ☏ 0171/3167825, www.maedchenkammer.de.

Friedrichshain

Nhow Hotel 47, dieses vom New Yorker Designer Karim Rashid gestaltete Hotel (Pink und Rosa sollte man mögen) der NH-Kette ganz im Zeichen der Musik hat es sich passenderweise gleich neben *Universal Music* am Spreeufer gemütlich gemacht. 304 komfortable, spacige Zimmer, die kleineren (Kategorie *Standard*) gehen leider allesamt nach hinten zur langweiligen Straße hinaus. Die größeren Suiten bieten einen tollen Spreeblick. Auf Wunsch bekommt man eine E-Gitarre samt

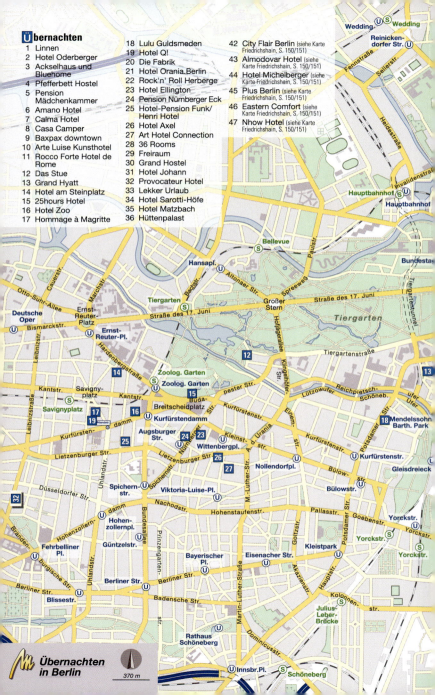

Verstärker ins Zimmer gebracht. Bar-Restaurant mit ebenfalls super Flussblick und genialer Terrasse, dort gibt es auch das Frühstück. Eigenes Tonstudio. Fitnessbereich mit Biosauna. DZ ab ca. 217 €, Frühstück extra. Stralauer Allee 3 (10245), Ⓢ+Ⓤ Warschauer Straße, ✆ 22388599, www.nhow-hotels.com.

🌿 **Almodovar Hotel** 43, mehr Political Correctness als in diesem heimeligen 60-Zimmer-Haus ist wohl kaum drin: Man schläft in Palisadenholzbetten (die Hölzer dafür stammen aus nachhaltiger Bewirtschaftung), holt sich die Yogamatte aus dem Schrank, bedient sich aus der Biominibar und pflegt sich mit biozertifizierter Naturkosmetik. Im angeschlossenen Bistro gibt es vegetarische Bioküche, an der Bar Bioweine und Biococktails. Im Spa-Bereich oben auf dem Dach kann man sich so richtig verwöhnen lassen, u. a. mit *Shirodhara* und *Rasayana*. EZ 170 €, DZ 179 € zzgl. vegetarisch-veganem Frühstück. Boxhagener Str. 83, Ⓤ Samariterstraße, ✆ 692097080, www.almodovarhotel.de.

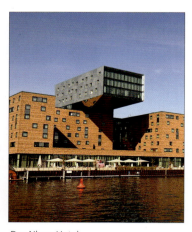

Das Nhow Hotel,
entworfen von Sergei Tchoban

Hotel Michelberger 44, hinter dem etwas altbackenen Namen verbirgt sich kein Gutshof, sondern eine coole, bezahlbare Unterkunft in einem alten Fabrikgebäude. Konzept: Weniger ist mehr. 119 liebevoll und clever gestylte Zimmer in 5 verschiedenen Kategorien – von *Cosy* (klein, relativ simpel, mit Bad, für Einzelpersonen und Pärchen) bis Luxus (genial!), außerdem auch familiengerechte Zimmer. Relaxte, schöne Bar und Restaurant (→ Friedrichshain/Essen & Trinken, S. 155). DZ ab 95 €. Warschauer Str. 39/40 (10243), Ⓢ+Ⓤ Warschauer Straße, ✆ 29778590, www.michelbergerhotel.com.

Eastern Comfort 46 Hostel in einem ausrangierten Boot, das vor der Eastside Gallery bzw. neben der Oberbaumbrücke auf der Spree dümpelt – beste Lage für Nachtschwärmer und komfortabler als der Bruder *Western Comfort* nebenan (dort nur Gemeinschaftsduschen, dafür sommerliche Übernachtungsmöglichkeiten im Zelt auf Deck). Dennoch alles ziemlich beengt. Im Sommer sind die unteren Zimmer weniger heiß. Lounge und Sonnendecks – ideal, um Leute kennenzulernen. EZ mit Bad ab 58 €, DZ ab 68 €, in der Mehrbettkabine mit Gemeinschaftsdusche ab 16 €/Pers., Bettzeug/Handtücher 5 €, Frühstück jeweils 6 € extra. Mühlenstr. 73 (10243), Ⓢ+Ⓤ Warschauer Straße, ✆ 66763806, www.eastern-comfort.com.

Plus Berlin 45, Mischung aus Hostel und Hotel. Ruhige Lage in der Oberbaum-City, aber nur einen Katzensprung von U- und S-Bahn sowie den Ausgehvierteln entfernt. Über 200 Zimmer, stylish und behutsam restauriert, zeitgemäß ausgestattet. Das riesige Backsteingebäude diente einst als Schule, Nichtverlaufen unmöglich. Hübscher Indoorpool und begrünter Innenhof mit Kaninchen. Jedes Zimmer und Dormitory mit eigenem Bad. DZ ab 80 €, im Schlafsaal ab 25 €/Pers., Frühstück extra. Warschauer Platz 6–8 (10245), Ⓢ+Ⓤ Warschauer Straße, ✆ 311698820, www.humancompany.com.

City Flair Berlin 42, eine gute Geschäftsidee: Der Hotelkaufmann Philipp Steine mietete leer stehende Ladenflächen in den Stalinbauten der Frankfurter Allee und baute darin winzige Schlafboxen (ohne Bad), aber auch ganze „Apartmentzimmer" mit Küche und Bad ein. In manchen trennt Bett und Gehweg nur eine Glasscheibe – muss man mögen. Günstig und sauber ist das Ganze auf jeden Fall. Überwiegend junges Publikum. Schlafbox für 2 Pers. ab 30 €, Apartments ab 45 €. Frankfurter Allee 26A (10247), Ⓤ Samariterstraße, ✆ 81897999, www.cityflair-berlin.de.

Prenzlauer Berg

Ackselhaus und **Bluehome** 3, unter einer Leitung. 2 benachbarte Gründerzeithäuser, die zum Viertel passen wie der Milchschaum zum

Kaffee. Sehr charmant, sehr komfortabel und so entspannend wie ein Urlaub am Mittelmeer. Liebevoll bis ins Detail eingerichtete, teils einem bestimmten Thema („Ozean", „Rom", „Safari" usw.) gewidmete und teils mit Balkönchen geschmückte Zimmer und Apartments. Verwunschener Hofgarten. Für 2 Pers. ab 110 €. Belforter Str. 21 (10405), Ⓤ Senefelder Straße, ✆ 44337633, www.ackselhaus.de.

meinTipp Hotel Oderberger 2, 1902 als Volksbadeanstalt eröffnet, 2016 nach 5-jähriger Restaurierung als Hotel. Toll der Mix aus modernem Design und alten Kacheln bzw. Türen. 70 hübsche, komfortable Zimmer. Tolles Restaurant auf 3 Ebenen im ehemaligen Heizkraftwerk des Bades. Das herrliche Bad selbst ist an mehreren Tagen pro Woche der Öffentlichkeit zugänglich (→ S. 272), dient aber häufig auch diversen Events. DZ ab 155 €. Oderberger Str. 56/57 (10435), Ⓤ Eberswalder Straße, ✆ 780089760, www.hotel-oderberger.de.

Linnen 1, Guesthouse mit 4 Zimmern und einer Suite in einem Gründerzeithaus. Café angeschlossen. Sparsam eingerichtet, aber nicht simpel, geschmackvoll, aber nicht überdesignt. Das kleinste Zimmer hat kuscheligen Blockhüttencharakter und ist auch das leiseste (die Straße nach vorne ist verkehrsreich). In Prenzlauer Berg und Mitte werden zudem Studios und Apartments in weiteren Häusern vermietet. Für 2 Pers. ab ca. 123 €. Eberswalder Str. 35 (10437), Ⓤ Eberswalder Straße, ✆ 47372440, www.linnenberlin.com.

Pfefferbett Hostel 4, schönes Hostel in der spannenden Architektur der über 150 Jahre alten ehemaligen Brauerei Pfefferberg, Lobby mit 6 m hohen Kappendecken. Ruhige Lage, Garten, Bar, eigene Craft-Beer-Brauerei, Radverleih. Hübsche Zimmer, EZ, DZ und viele Schlafsäle (für 4–8 Pers.) mit privaten Bädern. Gute Lage mit vielen Ausgehmöglichkeiten. Stets sehr gut gebucht. DZ ab ca. 77 €, im Schlafsaal ab 20 €/Pers. (auch Frauenschlafsaal), Frühstück extra. Schönhauser Allee 176 (10119), Ⓤ Senefelderplatz, ✆ 93935858, www.pfefferbett.de.

Schöneberg

Lulu Guldsmeden 18, der 2018 eröffnete Berliner Ableger der dänischen Boutiquehotel-Kette hat sich ganz der skandinavischen *Hygge*-Kultur verschrieben. Extrem kuschelig ist es hier – drinnen zumindest, denn draußen läuft die in Teilen doch noch ein wenig räudige Potsdamer Straße vorbei. Himmelbett, Orientteppiche, Schaukel oder Hängematte in allen Zimmern (!) – ein Traum für Instagramer! Nachhaltigkeit ist ein wichtiges Thema: Bioprodukte finden nicht nur im Restaurant *(New Nordic Cuisine)* Verwendung, sondern auch als

Schlafen auf der Spree: Hostel Eastern Comfort

296   Nachlesen & Nachschlagen

Kosmetik im Bad. „Green Bohemian Luxury" nennt sie hier. EZ ab 127 € zzgl. Frühstück, DZ ab 132 €. Potsdamer Str. 67 (10785), Ⓢ+Ⓤ Potsdamer Platz, ☎ 23338720, www.guldsmedenhotels.com.

**** Hotel Axel 26, aufgebrezeltes Gayhotel mitten im Schöneberger Queer-Kiez, ausdrücklich aber auch heterofreundlich. Gold und Schwarz überwiegen. 87 stylishe, komfortable Zimmer. Wellnessabteilung. 2 Bars, davon eine auf dem Dach – herrlicher Sommerspot. Die Straße davor ist nicht die leiseste. DZ ab 109 €, starke saisonale Schwankungen, Frühstück extra. Lietzenburger Str. 13–15 (10789), Ⓤ Wittenbergplatz, ☎ 21002893, www.axelhotels.com.

Art Hotel Connection 27, charmantes Gay-Etagenhotel (3. Stock) in einem schönen Altbau – toller Aufzug hinauf. Ebenfalls heterofreundlich. 17 individuell eingerichtete Zimmer. EZ ab 61 €, DZ ab 118 €. Fuggerstr. 33 (10777), Ⓤ Wittenbergplatz, ☎ 210218800, www.arthotel-connection.de.

Kreuzberg

Hotel Orania.Berlin 21, ein Luxushotel am Oranienplatz, das von einem Schlossherrn aus Bayern betrieben wird. Für manche Kreuzberger geht das gar nicht, immer wieder wurde das Haus seit seiner Eröffnung 2017 attackiert. Von den großen Fenstern des denkmalgeschützten Gebäudes blicken die Gäste auf die Penner und Junkies unten am Oranienplatz (bei www.booking.com heißt das „atemberaubende Aussicht"). Der rote Faden sind Elefanten auf rotem Stoff, die in der Lobby genauso wie auf den Kissen der Zimmer anzutreffen sind. Ganz nach dem Motto: Elefant im Porzellanladen. Feines Restaurant. DZ ab 169 € ohne Frühstück, Suite mit Balkon ab 503 €. Oranienstr. 40 (10999), ☎ 69539680, www.orania.berlin.

*** Hotel Sarotti-Höfe 34, nette Herberge in der alten Sarotti-Schokoladenfabrik. Die recht gemütlichen Zimmer (mit dunklem Mobiliar, Teppichböden und farbenfroh gestrichenen Wänden) liegen zum Hinterhof, sind daher zwar ruhig, aber auch etwas dunkel. Es gibt sie in verschiedenen Kategorien, die *Deluxe*-Zimmer sind 25 m² groß und besitzen private Terrassen. Außerdem ein Apartment mit Küche. Hundefreundlich. Rezeption des Hotels im Café. EZ ab 71 €, DZ ab 101 €. Mehringdamm 57 (10961), Ⓤ Mehringdamm, ☎ 60031680, www.hotel-sarottihoefe.de.

Hotel Johann 31, kleineres Haus in einem eher ruhigen Eck Kreuzbergs (ein Kinderspielplatz ist zwar schräg gegenüber, aber der stört nicht). Zeitgemäß eingerichtete Zimmer, mit Corbusier-Armchairs aufgepeppt. Kleine Bar und Hinterhofgarten. Sehr freundlicher Service. EZ ab 71,50 €, DZ ab 88 €. Johanniterstr. 8 (10961), Ⓤ Prinzenstraße, ☎ 2250740, www.hotel-johann-berlin.de.

Grand Hostel 30, das in einem schönen, behutsam restaurierten Gründerzeitgebäude untergebrachte Hostel wurde schon mehrmals unter die besten Deutschlands gewählt. Freundliche Zimmer (keine Stockbetten!). Nach vorne mit Blick auf den Landwehrkanal, aber ohne Bad und mit lauter Straße davor (geht aber), die Privatzimmer mit Bad gehen zum Hinterhof. Sehr gepflegt. Nette *Library Bar*. Radverleih. Stolze Preise: DZ ab 99 €, ohne Bad 70 €, im Schlafsaal ab 26,50 €/Pers., Frühstück extra. Tempelhofer Ufer 14 (10963), Ⓤ Möckernbrücke, ☎ 20095450, www.grandhostel-berlin.de.

Hotel Matzbach 35, für dieses kleine Hotel in der historischen Marheineke-Markthalle sprechen die super Lage im Bergmannkiez und das freundliche Personal (Rezeption im gleichnamigen Restaurant). Ansonsten 6 eher schlichte Zimmer, erwarten Sie nicht zu viel. Kleine Bäder, 4 Zimmer mit Balkon (nur diese sollten Sie auch buchen). DZ ab 89 € ohne Frühstück. Marheinekeplatz 15 (10961), Ⓤ Gneisenaustraße, ☎ 61202292, www.matzbach-berlin.de.

Lekker Urlaub 33, originelles Hostel (eigentlich eher ein Guesthouse) im netten Graefekiez, untergebracht in einer ehemaligen Notfallstation. 8 witzig gestylte Zimmer in den verkachelten ehemaligen Behandlungsräumen. Stilvoll und charmant, aber auch etwas dunkel und simpel – Gemeinschaftssanitäranlagen. Freundliche, lockere Atmosphäre. EZ 55 €, DZ 80 €. Graefestr. 89 (10967), Ⓤ Schönleinstraße, ☎ 0177/2577568, www.hostel-lekkerurlaub.de.

Die Fabrik 20, ebenfalls ein Hostel. Nicht vom sanierungsbedürftigen Vorderhaus abschrecken lassen, man wohnt zum ruhigen Hinterhof. Unterschiedliche, einfache Zimmer mit Retromobiliar (teils große Privatzimmer), z. T. jedoch mit jenen blauen Teppichen ausgestattet, die einst im Ostblock Standard waren. Saubere Gemeinschaftssanitäranlagen, manche Zimmer mit Waschbecken. Nach vorne eine nette Café-Bar. Super Lage, sehr freundlicher Service. DZ ab 64 €, im Schlafsaal ab 23 €,

Übernachten 297

jeweils ohne Frühstück. Schlesische Str. 18 (10997), Ⓤ Schlesisches Tor, ☎ 6117116, www. diefabrik.com.

36 Rooms **28**, Hostel für Partypeople in allerbester Lage. Charmantes, altes Stadthaus mit knarrenden Holzböden und ein paar zu entschuldigenden Flecken und Falten. Ganz unterschiedliche, simple, aber mit Geschmack gestaltete Zimmer, die nicht das Schuhschachtelformat vieler Allerweltshostels besitzen. EZ, DZ mit Privatbädern auf dem Gang, Mehrbettzimmer mit Gemeinschaftssanitäranlagen. Kein Frühstück, dafür Gemeinschaftsküche. Im Schlafsaal ab 14 €/Pers., DZ ab 50 €. Spreewaldplatz 8 (10999), Ⓤ Görlitzer Bahnhof, ☎ 53086398, www.36rooms.com.

Rock'n'Roll Herberge **22**, witzige Unterkunft über einer rock'n'rolligen Schrammelkneipe – absolutes SO-36-Flair! So manche Bands steigen hier ab. 7 simple Zimmer (teils Stockbetten), von Kreuzberger Künstlern aufgepeppt. Bad/WC befinden sich größtenteils außerhalb. EZ 36–41 €, DZ 52–57 €. Frühstück (Iggy Pop oder Ton Steine Scherben?) extra. Muskauer Str. 11 (10997), Ⓤ Görlitzer Bahnhof, ☎ 61623600, www.rnrherberge.de.

Ferienwohnungen und Privatzimmer

Ferienwohnungen (bekommt man ab ca. 75 €/Tag) und Privatzimmer (ab ca. 45 €/ Tag in zentraler Lage) findet man auf Buchungsportalen wie www.9flats.com, www. waytostay.com, www.wimdu.de, www.air bnb.com, www.housetrip.com, www. booking.com oder www.zimmer-im-web.de. Wer eine **möblierte Unterkunft für längere Zeit** sucht, kann sich z. B. auf den Seiten www.coming-home.org oder www. homecompany.de umsehen.

Freiraum **29**, Gästehaus und Hostel in einem Klinkerbau im 2. Hinterhof – allerbeste Lage mitten im Partybezirk, und doch sind ruhige Nächte gewiss. Zur Auswahl stehen simple Zimmer (jeweils 2 teilen sich ein Bad) und 3 Apartments. Superfaire Preise: EZ ab 30 €, DZ ab 38 €, Apartment ab 49 €. Wiener Str. 14 (10999), Ⓤ Görlitzer Bahnhof, ☎ 306182008, www.uebernachten-berlin.de.

Neukölln

Hüttenpalast **36**, witzige Reuterkiez-Adresse, eine Art Indoor-Campingplatz in 2 ehemaligen Fabrikhallen. Darin 12 charmant restaurierte alte Wohnwagen und Holzhütten, jeweils mit lustigen Terrassen. Klo und Bad (sehr sauber) werden geteilt. Außerdem 6 nette Zimmer mit privaten Bädern für anspruchsvollere Gäste. Café-Restaurant mit Hinterhofterrasse. DZ in der Campinghalle ab 69 € inkl. Croissant und Kaffee/Tee, Hotel-DZ 85 € ohne Frühstück. Hobrechtstr. 65/66 (12047), Ⓤ Hermannplatz, ☎ 37305806, www.huettenpalast.de.

Camping

Hotel & City Camping Nord, netter Platz direkt am Hohenzollernkanal auf der Gartenfeldinsel nahe Siemensstadt. Hotel (DZ mit Etagenbad ab 35 € ohne Frühstück) angeschlossen. Kein Restaurant, nur eine gemütliche Bar am Wasser. Ins Zentrum per Bus und U-Bahn ca. 45 Min. 2 Pers. mit Wohnmobil und Strom ab 23 €. Ganzjährig. Gartenfelder Str. 1 (13599), ☎ 33503633, www.city-camping-berlin.de.

BCC Camping Bürgerablage, im Nordwesten Berlins, nördlich von Hakenfelde. Einfacher, freundlicher Platz in einem Waldstück, nur durch einen Spazierweg von der Oberhavel getrennt. In der Nachbarschaft ein kleiner Sandstrand und ein Restaurant mit hübschem Biergarten. Kinderspielplatz. In den Sommerferien reservieren! April–Sept.; 7 Fußmin. zur Bushaltestelle, von dort bis ins Zentrum ca. 40 Min. 2 Pers. mit Wohnmobil und Strom ab etwa 31 €. Niederneuendorfer Allee 63 (13587), ☎ 3354584, www.berliner-camping-club.com.

Wohnmobiloase Berlin, im Wedding. Trotz des netten Namens weder besonders idyllisch (Parkplatzambiente) noch besonders ruhig (reger Auto- und Bahnverkehr). Dafür zentral! Der nächste S- und U-Bahnhof liegt in Spuckweite, von dort ist man in 8 Min. am Alexanderplatz. Sanitäranlagen in Containern. 2 Pers. mit Camper, Strom und Benutzung der Sanitäranlagen ab 25 €. Hochstr. 4 (13357), ☎ 0175/2466247, www.wohnmobil-oase-berlin.com.

Wohnmobilstellplatz Köpenicker Hof, nur 5 Fußmin. von Ⓢ Köpenick entfernt, von wo man wiederum in 25 Min. am Alexanderplatz ist. Hier steht man auf dem gepflegten Areal eines ehemaligen Gaswerks um denkmalgeschützte Backsteinbauten herum. Duschen und Toiletten vorhanden. Freundliche Bewirtung, Biergarten nebenan, ganzjährig. Mit Pension. 2 Pers. mit Wohnmobil und Strom 26 € zzgl. Strom. Stellingdamm 15 (12555), ☎ 65015042, www.koepenicker-hof.de.

Kapitalismuskritik an der Kastanienallee

Berlin von A bis Z

Ärztliche Versorgung

Die Notfalldienste der Krankenhäuser behandeln nur wirkliche Notfälle – mit einem umgeknickten Fuß oder einer Magenverstimmung brauchen Sie da nicht auftauchen. Den ärztlichen Bereitschaftsdienst erreichen Sie unter ✆ 116117 (www.kvberlin.de), den zahnärztlichen Notfalldienst unter ✆ 89004333 (www.kzv-berlin.de) und den Drogennotdienst unter ✆ 19237 (www.drogennotdienst.org).

Apotheken

Rund um die Uhr hat die Apotheke im Berliner Hauptbahnhof geöffnet (1. OG Richtung Ausgang „Europaplatz", ✆ 20614190). Wo die nächste Notdienstapotheke ist, erfahren Sie unter www.akberlin.de und unter ✆ 0800/0022833.

Berlin mit Handicap

Der Vorteil, dass Berlin eine Radfahrerstadt ist und viele Radwege auf Trottoirs verlaufen, kommt auch Rollstuhlfahrern zugute. Touren durch die Stadt bietet die App „accessBerlin". Die App „wheelmap.org" (übrigens ein Berliner Start-up) gibt Tipps, die von barrierefreien Toiletten über Restaurants bis zu Theatern reichen. Für Sehgeschädigte hält auch die Seite www.berlinfuerblinde.de Tipps und Audiobeiträge bereit.

Drogen

In Berlin gilt der Besitz von bis zu 15 g Cannabis als „Eigenbedarf". Ein Verfahren wegen Verstoßes gegen das Betäubungsmittelgesetz kann zwar eingeleitet werden, wird jedoch wegen Geringfügigkeit i. d. R. nicht zur Anklage gebracht. Die Null-Toleranz-Zonen für Drogenumschlagplätze wie Görlitzer Park, Weinmeisterpark, Hasenheide oder Kottbusser Tor gibt es nicht mehr.

Feiertage

1. Januar	Neujahrstag
8. März	Der Internationale Frauentag ist seit 2019 ein gesetzlicher Feiertag in Berlin
19.4.2019, 10.4.2020	Karfreitag
22.4.2019, 13.4.2020	Ostermontag
1. Mai	Tag der Arbeit

30.5.2019, 21.5.2020	Christi Himmelfahrt
10.6.2019, 1.6.2020	Pfingstmontag
3. Oktober	Tag der Deutschen Einheit
25./26. Dezember	1. u. 2. Weihnachtsfeiertag

Hinweis: Bis auf Weihnachten und Silvester haben die Museen i. d. R. an Feiertagen geöffnet.

Fundbüros

Zentrales Fundbüro Berlin: Platz der Luftbrücke 6, Ⓤ Platz der Luftbrücke, ✆ 902773101.

BVG-Fundbüro: Rudolfstr. 1–8, Ⓢ+Ⓤ Warschauer Straße, ✆ 19449.

Gepäckaufbewahrung

Schließfächer finden Sie u. a. am **ZOB** (→ S. 282), am **Hauptbahnhof** (dort auch eine Gepäckaufbewahrung, → S. 282) und im Bahnhof **Alexanderplatz**.

Hunde

Im ganzen Stadtgebiet müssen Hunde an die Leine (auch wenn sich nicht viele daran halten). Es gibt jedoch Ausnahmen. Sofern der Hund vor dem 22.07.2016 angeschafft wurde oder Sie in Besitz eines Hundeführerscheins sind, dürfen Sie das Tier auf unbelebten Straßen, Plätzen oder Brachflächen springen lassen. Ist der Halter im Besitz einer VBB-Tages- oder Umweltkarte bzw. einer Berlin WelcomeCard, darf das Tier kostenlos mitfahren, andernfalls muss ein Einzelfahrschein zum ermäßigten Tarif gelöst werden. In allen öffentlichen Transportmitteln herrscht Maulkorbpflicht.

Information

Das offizielle Informationsportal für Besucher ist **www.visitberlin.de**, das eigentliche Stadtportal ist **www.berlin.de**

(funktioniert besser, ebenfalls mit Informationen für Touristen). Das Callcenter für Berlintouristen erreicht man unter ✆ 25002333. Zusätzliche Berlin-Infos und Anregungen für Unternehmungen bieten u. a. **www. zitty.de, www.tip-berlin.de** oder **www. ceecee.cc**. Spannende Berlin-Blogs sind u. a. **www.berlinfoodstories.com, www.awesomeberlin.net, www.iheart berlin.de, www.mitvergnuegen.com, www.findingberlin.com** oder **www.berlin lovesyou.com**.

Berlin Touristinfos

Filialen der Berlin Touristinfos mit Ticketvorverkauf:

Brandenburger Tor, Pariser Platz, Ⓢ+Ⓤ Unter den Linden, tägl. 9.30–18 Uhr, April–Okt. bis 19 Uhr.

Alexanderplatz, Alexanderplatz 7 (im Park Inn), Ⓢ+Ⓤ Alexanderplatz, Mo–Sa 7–21 Uhr, So 8–18 Uhr.

Hauptbahnhof, EG, Ⓢ+Ⓤ Hauptbahnhof, tägl. 8–21 Uhr.

Europa-Center, Tauentzienstr. 9, Ⓤ Kurfürstendamm, Mo–Sa 10–20 Uhr.

Für die **Flughäfen** → Anreise, S. 281.

Literaturtipps

Belletristik

Döblin, Alfred: Berlin Alexanderplatz. S. Fischer, Berlin 2013. *Der* Berliner Großstadtroman, u. a. von Rainer Werner Fassbinder verfilmt. Erzählt wird die bewegende Geschichte des gerade aus dem Knast entlassenen Franz Biberkopf in den 1920ern.

Isherwood, Christoph: Leb wohl, Berlin. Hoffmann und Campe, Hamburg 2014. Der englische Schriftsteller Christoph Isherwood schildert Berlin kurz vor der Machtübernahme durch die Nazis – Hungerleider neben Millionären, Nazischergen neben wilden Flaneuren der Nacht.

Kästner, Erich: Fabian. Die Geschichte eines Moralisten. dtv, München 2011. Diese provokante Großstadtsatire spielt ebenfalls in der Weimarer Republik. Am Beispiel des arbeitslosen Germanisten Jakob Fabian beschreibt Kästner den Niedergang politischer und gesellschaftlicher Ideale.

Lobrecht, Felix: Sonne und Beton. Ullstein fünf, Berlin 2017. Coming-of-Age-Roman von vier Jungs in Neukölln. Mann ey, witzig geschrieben, lustiges Ende. Schwör.

Hugues, Pascale: Ruhige Straße in guter Wohnlage. Rowohlt, Reinbek 2013. Die französische Journalistin Pascale Hugues blickt hinter die Fassaden ihrer Berliner Straße und erfährt dabei Erstaunliches und Rührendes aus der Vergangenheit und von heute. Ein Buch, das wir schon zigmal verschenkt haben.

Regener, Sven: Herr Lehmann. Goldmann Verlag, München 2003. Kreuzberg kurz vor dem Mauerfall, mit all seinen verschroben-liebenswerten Typen und dem Herrn Lehmann mittendrin. Ein witziger wie gescheiter Roman – die beste Reiselektüre. Wer davon nicht genug bekommt: Auch in *Wiener Straße* (2017 im Berliner Galiani Verlag erschienen) steht die Romanfamilie um Herrn Lehmann im Mittelpunkt.

Kutscher, Volker: Der nasse Fisch. Kiepenheuer & Witsch, Köln 2010. Der erste Fall des Kommissars Gereon Rath, der im Berlin der Weimarer Republik ermittelt. Die Reihe umfasst bislang 7 Krimis, der jüngste ist *Marlow – Der siebte Rath-Roman* (2018).

Falkner, Gerhard: Apollokalypse. Berlin Verlag, Berlin 2016. Mit viel Sprachwitz geht es in diesem Roman um Sex, Kunst und Drogen in den wilden Berliner Zeiten zwischen 1985 und 1995.

Sachliteratur

Birr, Tilman: Berlin. Satirisches Reisegepäck. Michael Müller Verlag, Erlangen 2015. Der Kabarettist erzählt vom Großstadtdöner, von Sternburg-Bier und Hanfgeruch, von Spätis und von der „Gentrifidingsbums". Amüsant!

Denk, Felix, u. von Thülen, Sven: Der Klang der Familie. Berlin, Techno und die Wende. Suhrkamp, Berlin 2012. Das wilde und partyfreudige Berlin der Wendezeit – nicht nur für Technofans ein Muss.

Stadtplan

Cool City Map Berlin, Trescher Verlag, Berlin 2016. Hinter dem Plan steckt Carlos Borrell, ein partyfreudiger Kartograf, der neben den Highlights der Stadt die besten Bars und Clubs gleich mit eingezeichnet hat. Borrell steckt übrigens auch hinter dem fantastischen Stadtplan **Berlin am Meer** – ach wär's doch nur wahr (www.berlin-am-meer.eu).

Mietwagen

Sixt (www.sixt.de), **Hertz** (www.hertz.de), **Europcar** (www.europcar.de) oder **Avis** (www.avis.de) unterhalten über die ganze Stadt verteilt Abholstellen, u. a. am Hauptbahnhof und an den Flughäfen. Eine empfehlenswerte und preiswerte lokale Transportervermietung (ab 4,50 €/Std. zzgl. Versicherung) ist **Robben & Wientjes** 🄶 → Karte S. 134/135: Die Fahrzeuge sind mit blauen Robben verziert, sodass so mancher Unkundige einen Fischhändler dahinter vermutet. Filialen u. a. in der Lahnstr. 36–40 (Ⓢ+Ⓤ Neukölln, ☎ 683770) und in der Prenzlauer Allee 96 (Ⓢ Prenzlauer Allee, ☎ 421036), www.robben-wientjes.de.

Trabi-Verleih

Trabant Berlin (Wiesenweg 1–4, ☎ 68835372, http://trabantberlin.de) verleiht Trabis. 89 €/2 Std., 159 €/8 Std. Und so funktioniert die 4-Gang-Revolverschaltung des Pappkameraden: rein und runter = 1. Gang; Hebel hoch = 2. Gang; ziehen und runter = 3. Gang, Hebel hoch = 4. Gang, durchdrücken und runter = Rückwärtsgang.

Rauchen

Es gibt viele Kneipen und Bars, in denen Rauchen erlaubt ist. Raucherlokale, die kleiner als 75 m² sind, dürfen offiziell keine vor Ort zubereiteten Speisen servieren, können jedoch Essen vom Imbiss oder Restaurant nebenan verkaufen. Größeren Lokalen ist eine Existenz als reine „Rauchergaststätte" nicht erlaubt. Sie besitzen jedoch manchmal ein abgetrenntes Raucherzimmer, selbst in einigen Restaurants ist dies der Fall.

Schwule und Lesben

Die besten Infos über die vielfältige Berliner Szene hält das queere Onlinemagazin *Die Siegessäule* bereit (www.siegessaeule.de). Der Gaykiez mit den diesbezüglich schrägsten Bars und Clubs ist Schöneberg (→ Nachtleben, S. 267). Dort findet alljährlich Mitte Juni ein regenbogenbuntes Straßenfest

Berlin im Kasten
Berlins schönste Friedhöfe – wer liegt wo?

Berlin hat einige wunderschöne Friedhöfe zu bieten, auf denen man nicht nur der einen oder anderen Berühmtheit einen Besuch abstatten kann – eine Stippvisite lohnt auch, um einfach die Ruhe und Idylle zu genießen. Im Folgenden eine Auswahl:

Jüdischer Friedhof Weißensee: Der größte erhaltene jüdische Friedhof Europas, 1879 angelegt. Das Großbürgertum ließ sich hier prunkvolle Grabtempel errichten. Hier ruhen u. a. Bin Gorion, Samuel Fischer, Rudolf Mosse, Stefan Heym, Berthold Kempinski und Hermann Tietz. Herbert-Baum-Str. 45, von Ⓢ+Ⓤ Alexanderplatz mit Tram M 4 bis Haltestelle Albertinenstraße.

Französischer Friedhof II: Mit dem Mauerbau befand sich der 1835 angelegte Friedhof auf einmal im Grenzgebiet – nur direkte Angehörige der Bestatteten durften ihn bis 1989 betreten. Theodor Fontanes Grabstein ist nicht mehr der originale, dieser wurde im Kampf um Berlin zerstört. Nahebei noch Reste der Grenzanlagen. Liesenstr. 7 (→ Karte S. 72/73), Mitte, Ⓤ Schwartzkopffstraße.

Jüdischer Friedhof in Prenzlauer Berg: Hier fanden u. a. Leopold Ullstein und Max Liebermann ihre letzte Ruhe, → S. 139.

Dorotheenstädtischer und Französischer Friedhof: Fichte, Hegel, Brecht u. v. m. liegen hier begraben, → S. 78.

Friedhof Grunewald-Forst: Hierher pilgern Nico-Fans, → S. 208.

Friedhof Baumschulenweg: Viele Maueropfer und Gegner des NS-Regimes wurden hier beigesetzt. Sehenswert v. a. wegen des modernen Krematoriums, das nach Plänen von Axel Schultes und Charlotte Frank entstand. Kiefholzstr. 221, von Ⓢ Schöneweide mit Bus 166 bis Haltestelle Krematorium.

Waldfriedhof Zehlendorf: Auf dem weitläufigen, nach Tannen duftenden Friedhof fanden u. a. Willy Brandt (schlichtes Grab) und – nahebei – Hildegard Knef ihre letzte Ruhe. Von Ⓤ Krumme Lanke mit Bus 118 bis Haltestelle Wasgensteig.

Alter Matthäus-Friedhof: Der Geldadel der Gründerzeit ließ sich hier in teils pompösen Grabmälern bestatten. Aber auch die Gräber der Brüder Grimm und Rio Reisers sind hier zu finden. Großgörschenstraße (→ Karte S. 178/179), Schöneberg, Ⓢ+Ⓤ Yorckstraße.

Begräbnisplatz der Jerusalems- und der Neuen Kirche: Hier ruhen die Romantiker Adelbert von Chamisso und E. T. A. Hoffmann. Den Grabstein des Letzteren schmückt ein Schmetterling, ein Symbol für die Flüchtigkeit des Lebens. Mehringdamm 21 (→ Karte S. 160/161), Kreuzberg, Ⓤ Mehringdamm.

Waldfriedhof Dahlem: Auf diesem Friedhof mit altem Baumbestand, einem der schönsten Berlins, sind u. a. Harald Juhnke und Gottfried Benn begraben. Am Waldfriedhof, Ⓤ Oskar-Helene-Heim.

Künstlerfriedhof Friedenau: Der 1881 angelegte und unter Denkmalschutz stehende Friedhof besitzt viele prachtvolle Gräber. Eher schlicht ist das von Marlene Dietrich mit dem Spruch „Hier steh ich an den Marken meiner Tage". In der Nachbarschaft ruht Helmut Newton. Stubenrauchstr. 43, Ⓢ+Ⓤ Bundesplatz.

Friedhof Heerstraße (Friedhof der Quitscheentchen): Der in den 1920er-Jahren terrassenförmig und idyllisch um einen See angelegte Waldfriedhof ist ebenfalls die letzte Ruhestätte für zahlreiche Prominente, darunter Joachim Ringelnatz, Klausjürgen Wussow, George Grosz und Loriot (an dessen Grab Fans Quitscheentchen ablegen). Trakehner Allee 1, Ⓢ+Ⓤ Olympiastadion.

Schlicht: das Grab von Marlene Dietrich

Zum Festival of Lights brezelt sich der Gendarmenmarkt so richtig auf

statt (→ S. 255), dort gibt es zudem mehrere gayfreundliche Hotels (→ Übernachten, S. 296, alle LGBT-freundlichen Hotels der Stadt unter www.pinkpillow-berlin.de) und einen schwullesbischen Buchladen (→ S. 181). Auch das Schwule Museum befindet sich in Schöneberg (→ S. 175). Vormerken: den *Christopher Street Day* (meist Ende Juli).

Sicherheit und Kriminalität

Die Berliner Polizei (21.000 Mitarbeiter) hat jedes Jahr über eine halbe Mio. Straftaten zu bearbeiten, darunter dramatisch viele Fahrraddiebstähle und Schwarzfahrdelikte (jeder siebte Häftling in der Justizvollzugsanstalt Plötzensee ist ein notorischer Schwarzfahrer). Berlins Problem ist aber v. a. die organisierte Kriminalität arabischer Clans. Im innerdeutschen Ranking rangiert Berlin in Sachen Kriminalität jedoch immer noch hinter Frankfurt und Hannover, im weltweiten Metropolenvergleich ist die Sicherheit in Berlin beneidenswert hoch. Dennoch: Im Gedränge der U- oder S-Bahnen sind reichlich Taschendiebe unterwegs. Zudem ist rund um das RAW-Gelände in Friedrichshain und am Kottbusser Tor und im Görlitzer Park in Kreuzberg nachts Vorsicht geboten.

Stadtführungen

Art Berlin, Führungen durch die Berliner Kultur-, Kunst- und Stadtlandschaft, außerdem Architekturführungen zum Thema Bauhaus, Touren durch die Modeszene Neuköllns u. v. m. Touren ab 10 €/Pers. ✆ 68915080, www.artberlin-online.de.

Berlin Musictours, Bus- und Zeitreise durch die Berliner Musikszene. Man erfährt, wo David Bowie und Iggy Pop wohnten, dass die Oranienstraße nach dem Dead-Kennedys-Konzert im SO 36 2 Tage lang gesperrt war, aber auch Aktuelles zu Bushido, Beatsteaks & Co. Start i. d. R. jeden Sa um 12.30 Uhr vor dem Hotel Adlon, Dauer ca. 2:30 Std., Voranmeldung erforderlich, 29 €/Pers. Auf Anfrage auch Touren durch die Hansa-Studios, wo schon Depeche Mode, U2 oder Nick Cave Platten einspielten. ✆ 0172/4242037, www.musictours-berlin.de.

Berliner Unterwelten e.V., der Verein veranstaltet 12 verschiedene Touren in die Unterwelt Berlins. Auf dem Programm u. a.: Bunkerruinen des Zweiten Weltkriegs und des Kalten Kriegs, Geister-U-Bahnhöfe und -linien (auf 5,8 km Streckennetz fährt nix, da unvollendet), unterirdische Fluchtwege von Ost nach West (70 solcher Fluchttunnel wurden insgesamt gegraben), eine Flakturmruine aus der Nazizeit im Humboldthain usw. Infos auf der Webseite (s. u.) oder in der Ticketverkaufsstelle in einem Pavillon am U-Bahnhof Gesundbrunnen (✆ 49910518, Brunnenstr. 105, Wedding). Dort befindet sich auch der Bunker B, heute das Unterwelten-Museum, das

Berlin von A bis Z 303

aber nur im Rahmen einer Führung besucht werden kann. Je nach Tour 9–15 €. www.berliner-unterwelten.de.

Querstadtein, Obdachlose und Geflüchtete zeigen ihren Kiez in Berlin. Sehr spannend. Führungen für Privatpersonen nur So, Dauer der Touren 2 Std. 13 €. ℘ 24339442, www.querstadtein.org.

GoArt!, Führungen zur Kunstszene Berlins (unterhält Kontakte zu Künstlern, privaten Sammlern und Galerien), zu Street Art, Fashion und Design u. v. m., auch maßgeschneidert, jedoch nur nach voriger Anmeldung. 90 €/Std. für max. 6 Pers. ℘ 30873626, www.goart-berlin.de.

Videobustour, der Videobus präsentiert zur Stadtrundfahrt historisches Filmmaterial. 6 Touren stehen zur Auswahl: Filmstadt Berlin (hier geht's z. B. zu den Originaldrehorten), Hitlers Berlin, die geteilte Stadt, die Goldenen Zwanziger, Zeitreise durch Berlin und eine Krimitour. Start der Touren: Unter den Linden 40, Dauer 2–2:30 Std., 16–27 €/Pers. Mehr Infos und Anmeldung unter ℘ 44024450, www.videobustour.de.

eat-the-world, kulinarische Touren, zur Auswahl stehen die Stadtteile Kreuzberg, Schöneberg, Neukölln, Friedenau, Charlottenburg, Prenzlauer Berg und Friedrichshain. Dabei schnabuliert man hier und dort (Kostproben inkl.). Hochgelobt. Dauer ca. 3 Std., ab 33 €/Pers. ℘ 206229990, www.eat-the-world.com.

Stattreisen, Thementouren wie „Brechts letzte Wege", „Urban Gardening", „Franz Biberkopf und seine Blutsbrüder", „Weltstadt Kreuzberg" oder „Hallo Roter Wedding". Ab 11 €/Pers. ℘ 4553028, www.stattreisenberlin.de.

> **Hop on hop off**: *Berlin City Tour* bietet mit offenen Doppeldeckerbussen 2 verschiedene Stadtrundfahrten an, bei denen man an einem Tag beliebig oft zu- und aussteigen kann. Praktisch, wenn man nur wenig Zeit hat und viel sehen möchte. Haltestellen der klassischen Highlight-Tour u. a. am Wittenbergplatz, am Brandenburger Tor und am Hauptbahnhof. 28 €/Tour, erm. 14 €. www.berlin-city-tour.de.

Trabi-Safari **3** → Karte S. 89. „Einsteigen und selbst Trabi fahren." 3 Touren (Dauer 1–2 Std.) stehen zur Auswahl, gefahren wird im Konvoi. Infos zur Tour über Funk. Jede Wette: Sie werden öfters fotografiert, als Sie selbst fotografieren. Start der Touren beim Weltballon (Zimmerstr. 97). Zu zweit im Trabi ab 88 €, ℘ 30201030, www.trabi-safari.de.

Vorwahl Berlin

Aus Deutschland: **030**

Aus Österreich oder der Schweiz: **004930**

Hop on, hop off: schnell von einer Sehenswürdigkeit zur nächsten

Berlin in Zahlen

Was bringt der Bär auf die Waage?

Fläche: 891,82 km². Die Ost-West-Ausdehnung beträgt 45 km, in Nord-Süd-Richtung sind es 38 km.

Geografische Lage: Berlin liegt in etwa auf dem gleichen Breitengrad wie Birmingham und dem gleichen Längengrad wie Palermo.

Höchste Erhebung: Arkenberge (120,7 m), ein Bauschutthügel im Bezirk Pankow.

Grüne Stadt: Parks, Wälder, Seen, Flüsse und Wasserstraßen machen mehr als 30 % des Stadtgebiets aus.

Wetter: Höchsttemperatur 37,8 °C (Berlin Dahlem, 11.7.1959). Regentage im Jahr ⌀ 106,3 (weniger als auf Hawaii).

Einwohner: 3.712.000 Einwohner, Bevölkerungsdichte: 4162 Pers./km².

Bevölkerungsaustausch: Es herrscht ein Kommen und Gehen: Seit der Wende sind über 2 Mio. Menschen zugezogen, etwa 1,8 Mio. sind gegangen. In den letzten Jahren überwiegen klar die Zuzüge (Differenz über 40.000).

Bezirke: Berlin hat 12 Bezirke: Mitte (377.965 Einwohner), Friedrichshain-Kreuzberg (283.974), Pankow (402.289), Charlottenburg-Wilmersdorf (338.831), Spandau (242.143), Steglitz-Zehlendorf (307.067), Tempelhof-Schöneberg (348.739), Neukölln (329.387), Treptow-Köpenick (264.999), Marzahn-Hellersdorf (266.684), Lichtenberg (286.246) und Reinickendorf (263.597). Die Bezirke sind in Stadtteile gegliedert, insgesamt gibt es davon 23.

Haushalte: Rund 2 Mio., etwa die Hälfte davon sind Single-Haushalte.

Multikulti: In Berlin leben Menschen aus über 190 Nationen. Fast jeder dritte Berliner hat einen Migrationshintergrund, viele davon haben einen deutschen Pass. Ohne deutschen Pass leben 711.000 Menschen in Berlin, darunter 463.000 Europäer, über 147.000 Asiaten, 42.000 Amerikaner (davon etwa die Hälfte aus den USA), knapp 31.000 Afrikaner, 23.000 Staatenlose und rund 5000 Australier und Ozeanier. Unter den Europäern bilden die Türken die stärkste Gruppe (98.100), gefolgt von Polen (56.900), Italienern (29.400), Bulgaren (28.600), Russen (23.600), Rumänen (21.200), Serben (19.400), Franzosen (19.200), Engländern (15.600) und Spaniern (14.500). Aus den vorderasiatischen Flüchtlingsgebieten stammend, leben in Berlin heute 32.700 Syrer, 11.800 Afghanen, 8900 Iraker und 8100 Libanesen. Das schlechteste Image haben die Schwaben (ca. 300.000) …

Ungesunde Berliner: In Sachen Saufen und Rauchen toppt Berlin alle Bundesländer: 36 % der Berliner sind Raucher, 23 % trinken täglich Alkohol.

Kulturmetropole: Berlin besitzt mehr als 170 Museen und Gedenkstätten, 150 Bühnen und Theater aller Genres, über 280 Kinosäle, 68 öffentliche Bibliotheken und (keiner weiß das aufgrund der hohen Fluktuation so genau) 400–500 Galerien.

Politik: Die letzte Wahl zum Berliner Abgeordnetenhaus (Sept. 2016) brachte der SPD 38 Sitze, der CDU 31, den Grünen und Linken jeweils 27 Sitze, der AfD 25 und der FDP 12 Sitze. Die Legislaturperiode beträgt 5 Jahre, aktuell gebildet durch eine rot-rot-grüne Koalition unter dem Regierenden Bürgermeister Michael Müller. Die Landesregierung, der Senat, besteht aus dem Regierenden Bürgermeister und 10 Senatoren. 28 Abgeordnete aus Berliner Wahlkreisen sitzen im Bundestag. Im Bundesrat stellt Berlin 4 Vertreter.

Sparzwang: Berlins Haushalt hat jährlich Einnahmen und Ausgaben von rund 28,5 Mrd. Euro. Durch den Länderfinanzausgleich (soll 2020 abgeschafft werden) erhält Berlin rund 4,2 Mrd. jährlich. Der Schuldenberg beträgt knapp 60 Mrd., rund 7 % des Haushaltes muss das Land für Zinsen aufwenden. Daher spart Berlin, wo's nur geht. Brücken, öffentliche Gebäude, Straßen – vieles ist wegen ausgebliebener Sanierungsarbeiten marode. Gespart wird auch an Personal in den Bürgerämtern. Etwa 5 Wochen muss man auf einen Termin warten, um z. B. einen neuen Personalausweis zu beantragen.

Wirtschaft: Berlin ist weltweit die einzige Hauptstadt, deren Wirtschaftsleistung unter dem Landesdurchschnitt liegt. Doch Berlin, das sich der höchsten Forscher- und Akademikerdichte Deutschlands rühmt, ist auf der Überholspur. Täglich werden Dutzende neuer Firmen gegründet und entstehen neue Start-ups, in keine deutsche Stadt fließt mehr Risikokapital, im europäischen Vergleich zieht nur London mehr Investoren an. Die Hauptstadt entwickelt sich zu einem modernen Dienstleistungszentrum. Es boomen die Tourismus-, die IT-, die Kommunikations- und die Umweltbranche, zudem die Kultur- und Kreativwirtschaft, in der bereits 10 % aller Berliner erwerbstätig sind und mehr als ein Fünftel des BIP erwirtschaften. Auch die Industrie wächst wieder, und zwar nicht nur bei der Produktion – der Personalanteil in Forschung und Entwicklung ist nirgendwo in Deutschland so hoch wie in Berlin.

Arme Berliner: „Armut ist kein Stigma in Berlin, sie ist der Normalzustand." Das schrieb der *Spiegel* vor Jahren, und das stimmt noch immer. Zwar ist die Arbeitslosigkeit seit der Wiedervereinigung erstmals unter 8 % gerutscht, trotz alledem ist Berlin deutschlandweit auf dem vorletzten Platz. Fast jeder fünfte Berliner lebt von Transferleistungen, jeder achte Berliner ist überschuldet (im Bundesdurchschnitt jeder zehnte). Etwa 37.000 Menschen sind wohnungslos, die Schätzungen der Zahl der Obdachlosen schwanken zwischen 4000 und 10.000 (davon kommt laut *Caritas* etwa die Hälfte aus Osteuropa). In kaum einer anderen westeuropäischen Stadt begegnet man so vielen Bettlern. Leergut sammelnde Rentner gehören zum Stadtbild.

Kaufkraft: Trotz verhältnismäßig niedriger Löhne und Gehälter (in München z. B. werden rund 20 % mehr verdient) ist die Kaufkraft der Berliner, gemessen am Durchschnittslohn, aufgrund der auch verhältnismäßig niedrigen Preise höher als in London, Paris, Tokio oder New York.

Religion: Der evangelischen Kirche gehören 15,9 % der Berliner an (Tendenz abnehmend), der römisch-katholischen

Wo der Bär zu Hause ist

9 % (Tendenz leicht zunehmend). Da es für Muslime keine Registrierung beim Finanzamt gibt, lässt sich deren Zahl in Berlin nur schwer ermitteln, ihr Anteil an der Bevölkerung wird auf 9 % geschätzt (Tendenz sehr stark steigend), auf jeden Fall gibt es mehr als 100 Moscheen. Berlins jüdische Gemeinde hat über 12.000 Mitglieder. Auch hinduistische und buddhistische Religionsgemeinschaften sind in der Stadt vertreten. Das Buddhistische Haus in Frohnau (Reinickendorf) ist gar die älteste buddhistische Tempelanlage Europas (1924 gegründet).

Bildung: Berlin bildet im Bundesdurchschnitt überproportional aus: An den 5 Berliner Universitäten und 33 Hochschulen sind rund 183.000 Studenten immatrikuliert. Über 25.000 Personen sind im Hochschulbereich haupt- oder nebenberuflich tätig. Etwa ein Viertel des Berliner Haushalts fließt in Kitas, Jugendämter, Schulen und Wissenschaft. Über 40 % der Berliner Kinder unter 3 Jahren besuchen Kindertagesstätten, knapp 70 % aller Grundschüler Ganztagesschulen.

Mieten: 85 % der Berliner wohnen zur Miete und geben im Durchschnitt ca. 24 % ihres vergleichsweise niedrigen Einkommens für Miete aus, die Münchner 28 % ihres hohen Einkommens. Die Zeit des großen Leerstands ist vorbei, die Suche nach erschwinglichem Wohnraum wird immer verzweifelter. 13–15 €/m² werden in beliebten Gegenden verlangt, unter 10 € geht kaum mehr etwas, in Toplagen werden schon bis zu 24 €/m² fällig. Wer neu zuzieht oder umziehen muss, den beißen die Hunde. Für alle aber, die einen Mietvertrag von vor 2010 haben, ist die Miete dagegen meist noch recht günstig – sonst würde die Durchschnittsmiete nicht bei 6,40 €/m² liegen.

Tourismus: 2017 wurden knapp 13 Mio. Gäste (davon 5,1 Mio. aus dem Ausland) und 31,2 Mio. Übernachtungen registriert. Außerdem halten sich täglich im Schnitt rund 500.000 Tagesgäste in Berlin auf. Der Hype um Berlin kam mit der Fußball-WM 2006. An den Tourismus sind rund 235.000 Arbeitsplätze gekoppelt.

Presse: Es gibt 11 Tageszeitungen, die ihren Sitz in Berlin haben: *Tagesspiegel*, *Berliner Zeitung*, *Berliner Morgenpost*, *taz*, *B.Z.*, *BILD*, *Berliner Kurier*, *Die Welt* und *Welt Kompakt*, *Neues Deutschland* und *Junge Welt*. Beliebteste Stadtmagazine sind *Zitty* und *tip*. Den besten Vertrieb hat die Obdachlosenzeitung *Motz*.

UNESCO-Welterbe: Schlösser und Parks in Potsdam und Berlin (seit 1990, 1992 und 1999 erweitert, → Potsdam, S. 216), Museumsinsel (seit 1999), Berliner Siedlungen der Moderne (seit 2008, → S. 200). Seit 2006 ist Berlin zudem „UNESCO City of Design".

Umwelt/Verkehr: Berlin ist deutschlandweit die Stadt mit den wenigsten Autos pro Einwohner, der gut ausgebaute Nahverkehr macht's möglich. Auf 1000 Einwohner kommen 721 Fahrräder und 324 Autos. Berlin ist mit 4,7 t CO_2-Emissionen pro Person eine der umweltfreundlichsten Städte (Bremen 19,9 t).

Tierisches Berlin: Die Zahl der Ratten wird auf 2,5–4 Mio. geschätzt, der wild lebenden Katzen auf 40.000–100.000, der Wildschweine auf ca. 4000. Rund 110.000 Hunde sind registriert. Darüber hinaus fühlen sich in Berlin ca. 180 Vogelarten wohl.

Sportlich: Rund 2400 Sportvereine gibt es, zudem den Berliner Olympiastützpunkt, auf dem rund 500 Athleten in fast 23 Sportarten trainieren. Erstklassig ist Berlin u. a. im Basketball, Fußball, Handball, Eishockey, Volleyball und Wasserball (→ S. 271).

Noch mehr Zahlen: www.statistik-berlin-brandenburg.de

Kompakt Museen

Deutsche und Berliner Geschichte

Deutsches Historisches Museum: Die deutsche Geschichte umfassend dargelegt in Bildern und Zeugnissen. ▪ S. 41

Tränenpalast: Spannendes und Trauriges aus dem Alltag der deutschen Teilung. ▪ S. 43

Hitler – Wie konnte es geschehen?: Ausstellung im ehemaligen Luftschutzbunker. ▪ S. 94

Dokumentationszentrum der Stiftung Flucht, Vertreibung und Versöhnung: Eröffnet voraussichtlich 2020. ▪ S. 96

Märkisches Museum: Das Museum zur Berliner Stadtgeschichte. ▪ S. 64

Ephraim-Palais: Gehört wie das Märkische Museum zur Stiftung Stadtmuseum Berlin; temporäre Ausstellungen zu Kunst, Kultur und Architektur. ▪ S. 66

Nikolaikirche: Eine weitere Spielwiese des Stadtmuseums Berlin; informiert u. a. über das Nikolaiviertel. ▪ S. 65

Knoblauchhaus: Biedermeierliche Lebenskultur in Berlin. ▪ S. 65

Museum in der Kulturbrauerei: DDR-Alltag kritisch beleuchtet. ▪ S. 138

Black Box: Erinnert an die Teilung Deutschlands und die Zeit des Kalten Krieges. ▪ S. 87

Gedenkstätte Berliner Mauer: Spannende Open-Air-Ausstellung und Dokumentationszentrum am ehemaligen Mauerstreifen. ▪ S. 80

Mauer Museum: Der Fokus im sog. „Haus am Checkpoint Charlie" liegt auf Fluchtversuchen aus der DDR. ▪ S. 91

The Wall Museum: Dieses Museum macht das Überangebot an Mauermuseen perfekt. ▪ S. 148

Trabi Museum: Widmet sich dem Volkswagen der DDR. ▪ S. 87

Hugenottenmuseum: Im Französischen Dom erinnert man an die Glaubensflüchtlinge des 17. Jh. ▪ S. 43

Wege, Irrwege, Umwege: Im benachbarten Deutschen Dom steht die Entwicklung der parlamentarischen Demokratie im Vordergrund. ▪ S. 43

Berlin Story Museum: Unterhaltsamer Parcoursritt durch die Geschichte der Stadt in einem ehemaligen Luftschutzbunker. ▪ S. 94

The Story of Berlin: Ähnliche Ausstellung, nur kann hier auch ein originaler Atomschutzbunker besichtigt werden. ▪ S. 117

Friedrichshain-Kreuzberg Museum: Bezirksmuseum mit vielen Details zur Alternativszene von anno dazumal. ▪ S. 163

Stasimuseum Lichtenberg: Beleuchtet die Machenschaften der Stasi am einstigen Ort des Geschehens. ▪ S. 198

Zitadelle Spandau: Beherbergt ein stadtgeschichtliches Museum, eine Ausstellung zur Geschichte der Zitadelle, eine Kanonenausstellung und eine Ausstellung zu Berliner Denkmälern. ▪ S. 249

Ort der Information: Erschütternde Ausstellung zum Thema Genozid unter dem Stelenfeld des Holocaust-Mahnmals. ▪ S. 39

Potsdam Museum: Hat die Stadtgeschichte von Berlins kleiner Schwester zum Thema. ▪ S. 220

Haus der Brandenburgisch-Preußischen Geschichte (Potsdam): Im ehemaligen Kutschstall. ▪ S. 221

Neue Synagoge: Spannende Ausstellung in der einst größten Synagoge Europas. ▪ S. 76

Topographie des Terrors: Dokumentationszentrum über den Naziterror am einstigen „Ort der Täter". ▪ S. 92

Jüdisches Museum: Im Libeskind-Bau wird jüdische Geschichte und Kultur in Deutschland und der Welt beleuchtet. ▪ S. 94

Gedenkstätte Hohenschönhausen: Eine Führung durch den ehemaligen Stasiknast zeigt das perfide Gesicht der DDR. ▪ S. 199

Plattenbaumuseumswohnung: So wohnte man in der DDR. ▪ S. 62

Gedenkstätte Deutscher Widerstand Berlin: Die Ausstellung im Verteidigungsministerium beschäftigt sich mit dem Widerstand in der Nazizeit. ▪ S. 106

Schloss Cecilienhof (Potsdam): Hier erinnert man an die Potsdamer Konferenz. ▪ S. 223

Glockenturm: Im Turm auf dem Olympiagelände zeigt man eine Ausstellung zur Historie des Ortes. ▪ S. 130

Haus der Wannsee-Konferenz: Erschütternde Gedenkstätte an dem Ort, an dem die „Endlösung der Judenfrage" besprochen wurde. ▪ S. 210

DDR-Museum: Ostalgische, bunte Schau. ■ S. 62

1. Berliner DDR-Motorrad-Museum: Motorisierte Zweiräder aus 40 Jahren DDR. ■ S. 62

Kunst, Fotografie und Architektur

Altes Museum: Hier steht die klassische Antike im Vordergrund. ■ S. 52

Alte Nationalgalerie: Skulpturen und Gemälde des 19. Jh. ■ S. 54

Pergamonmuseum: Ein Haus im Umbruch. ■ S. 54

Humboldt Forum: Kunst, Kultur und Wissenschaft im wieder aufgebauten Stadtschloss; ab Ende 2019. ■ S. 55

Neues Museum: Vor- und frühzeitliche Kulturen. ■ S. 56

Bode-Museum: Es dominiert sakrale Kunst. ■ S. 57

Museum for Urban Contemporary Art: Street-Art-Museum. ■ S. 176

Sammlung Hoffmann: Moderner Kunstreigen im privaten Penthouse. ■ S. 75

me collectors room: Kuriositäten des Kunstsammlers Thomas Olbricht. ■ S. 78

Hamburger Bahnhof: Im Museum für Gegenwart begegnet man u. a. Joseph Beuys und Andy Warhol. ■ S. 80

Dalí Museum: Dem wohl bekanntesten Surrealisten gewidmet. ■ S. 93

Berlinische Galerie: Museum für in Berlin entstandene Kunst, Fotografie und Architektur. ■ S. 94

Gemäldegalerie: Malerei vom 13. bis 18. Jh. ■ S. 57, 104

Katja Novitskova in der Sammlung Boros

Kupferstichkabinett: Großartige Werke von Dürer bis Picasso. ■ S. 104

Kunstgewerbemuseum am Kulturforum: Kunsthandwerk vom Mittelalter bis heute. ■ S. 105

Kunstgewerbemuseum im Schloss Köpenick: Kunsthandwerk aus der Zeit der Renaissance, des Barock und des Rokoko. ■ S. 194

Neue Nationalgalerie: Kunst des 20. Jh. in Mies van der Rohes funktionalistischem Glastempel. Bis Ende 2020 geschlossen. ■ S. 105

Bauhaus-Archiv: Ausstellung zur bedeutendsten Schule für Architektur, Design und Kunst des 20. Jh. Bis 2022 wegen umfangreicher Umbauten geschlossen. ■ S. 106

C/O Berlin: Grandiose Galerie für Fotografie. Ein Muss! ■ S. 117

Museum für Fotografie – Helmut Newton Foundation: Leben und Werk des berühmten Fotografen, zudem spannende temporäre Ausstellungen. ■ S. 118

Museum Berggruen: Picasso, Klee, Matisse & Co. ■ S. 128

Sammlung Scharf-Gerstenberg: Surrealistische Kunst. ■ S. 129

Bröhan-Museum: Jugendstil, Art déco und Funktionalismus. ■ S. 129

Abgusssammlung antiker Plastik: Rund 2000 Gipsabgüsse römischer und griechischer Skulpturen. ■ S. 129

Corbusierhaus: Kleine architekturbezogene Ausstellung in Corbusiers „Wohnmaschine" aus dem Jahr 1958. ■ S. 130

Feuerle Collection: Kunst und historische chinesische Möbel im ehemaligen Telekommunikationsbunker. ■ S. 166

Sammlung Boros: Nochmals Bunker, nur zeigt man hier ausschließlich zeitgenössische Kunst. ■ S. 46

Kindl – Zentrum für zeitgenössische Kunst: Gegenwartskunst in einer ehemaligen Brauerei – immer wieder bemerkenswerte temporäre Ausstellungen. ■ S. 183

Brücke Museum: Werke der 1905 gegründeten Künstlergruppe. ■ S. 206

Kunsthaus Dahlem: Nachkriegskunst im Nazibau. ■ S. 206

Jagdschloss Grunewald: Cranach der Ältere, Cranach der Jüngere und manch andere Meister aus dem 15. und 16. Jh. ■ S. 208

ter aus dem 15. und 16. Jh. ■ S. 208

Palais Barberini (Potsdam): Die Kunstsammlung des Unternehmers Hasso Plattner. ■ S. 220

museum FLUXUS+ (Potsdam): Würdigt die gleichnamige Bewegung. ■ S. 221

Bildergalerie (Potsdam): Werke der Hochrenaissance und des Barock. ■ S. 222

Max-Liebermann-Haus: Nur temporäre Ausstellungen. ■ S. 40

Akademie der Künste: Ebenfalls nur temporäre Ausstellungen. ■ S. 40, 103

Palais Populaire: Hier zeigt die Deutsche Bank ihre hochkarätige Kunstsammlung. ■ S. 42

Orangerieschloss von Sanssouci (Potsdam): Im Raffaelsaal über 50 Kopien des italienischen Malers. ■ S. 222

KW Institute for Contemporary Art: Big Names der Berliner Kunstszene in wechselnden Ausstellungen. ■ S. 77

Eine Auswahl der bedeutendsten **Galerien** der Stadt finden Sie ab S. 250.

Große Namen

Forum Willy Brandt: Leben und Wirken des Nobelpreisträgers. ■ S. 31

Mendelssohn-Remise: Geschichte der jüdischen Dynastie. ■ S. 75

Heinrich-Zille-Museum: Leben und Werk des malenden Berlin-Chronisten. ■ S. 65

Ramones Museum: Pilgerstätte von Fans der legendären Punkrocker. ■ S. 166

Anne Frank Zentrum: Über das kurze Leben der Anne Frank. ■ S. 76

Museum The Kennedys: Eine Hommage an John F. und seine Jackie. ■ S. 77

Brecht-Weigel-Gedenkstätte: Führungen durch die Wohnung von Bertold Brecht. ■ S. 78

Käthe-Kollwitz-Museum: Sozialkritische Kunst der Grafikerin, Malerin und Bildhauerin. ■ S. 117

Liebermann-Villa: Schmucke Museumsvilla am Wannseeufer. ■ S. 210

Spezialthemen

Museum für Film und Fernsehen: Zeitreise durch die deutsche Film- und Fernsehgeschichte. ■ S. 38

Madame Tussauds: Ein Wachsfigurenreigen. ■ S. 40

Futurium: Museum der Zukunft. ■ S. 46

Surreales Museum für industrielle Objekte: Bizarres Museum im Nikolaiviertel. ■ S. 78

Menschen Museum: Plastinate von Menschen und Tieren. ■ S. 64

Museum für Naturkunde: Dino-Parade, ein ausgestopfter Knut u. v. m. ■ S. 79

Medizinhistorisches Museum der Charité: Gruselige Präparate. ■ S. 80

Museum für Kommunikation: Historie der Kommunikation in prunkvollem Ambiente. ■ S. 93

Deutsches Spionagemuseum: Informiert über Spitzel, Späher und 007. ■ S. 93

Musikinstrumenten-Museum: 800 Instrumente vom 17. Jh. bis heute. ■ S. 106

Werkbundarchiv – Museum der Dinge: Herausragende Alltagsgegenstände aus dem 20. und 21. Jh. ■ S. 165

Schwules Museum: Das einzige Museum dieser Art auf der Welt. ■ S. 175

Museum der unerhörten Dinge: Voll von unerhörten Dingen. ■ S. 176

Schloss Glienicke: Im Westflügel ein Museum zur Hofgärtnerei. ■ S. 213

Museum Europäischer Kulturen: Leben in Europa vom 18. Jh. bis heute. ■ S. 205

Museum im Botanischen Garten: Entwicklungsgeschichte der Pflanzen. ■ S. 204

Filmmuseum Potsdam: Alles über die Studios in Babelsberg, die Filmgeschichte schrieben. ■ S. 220

Schloss Charlottenburg: Die Hohenzollernresidenz beherbergt u. a. eine umfangreiche Sammlung französischer Malerei, die Silberkammer und den Kronschatz. ■ S. 124

Computerspielemuseum: Willkommen bei Pacman & Co! ■ S. 154

Deutsches Technikmuseum: Was Haribo kann, kann das Technikmuseum auch. ■ S. 165

Domäne Dahlem: Bauernhof mit U-Bahn-Anschluss. ■ S. 275

MACHmit!!: Kindermuseum mit temporären Ausstellungen und Spiegelkabinett. ■ S. 278

Labyrinth Kindermuseum: Bietet ebenfalls temporäre interaktive Ausstellungen.

Kompakt — Restaurants

Sterneküche

Golvet (Schöneberg): Sterneküche mit Panoramablick ▪ S. 176

Horváth (Kreuzberg): K.-u.-k.-Küche mal ganz anders ▪ S. 168

Cookies Cream (Mitte): Vegetarisches Spitzenrestaurant ▪ S. 47

einsunternull (Mitte): Minimalistische Saisonküche ▪ S. 81

Rutz (Mitte): Spektakulär inszenierte Aromaerlebnisse ▪ S. 81

Pauly Saal (Mitte): Fine Dining in der alten jüdischen Mädchenschule ▪ S. 81

Bandol sur Mer (Mitte): Nobelfranzose in ehemaliger Dönerbude ▪ S. 82

Tim Raue (Kreuzberg/Checkpoint Charlie): Willkommen beim Berliner Starkoch ▪ S. 96

Nobelhart & Schmutzig (Kreuzberg/Checkpoint Charlie): Brutal regional ▪ S. 96

Gourmetküche ohne Sterne

Vox (Tiergarten/Potsdamer Platz): Edeladresse mit Showküche und Whiskeybar ▪ S. 47

Brasserie Colette (City West): Hinter dem tollen Lokal steckt ebenfalls Tim Raue (s. o.) ▪ S. 119

Michelberger (Friedrichshain): Lässiges Hotel-Restaurant mit raffinierter internationaler Küche ▪ S. 150

eins44 (Neukölln): Deutsch-französische Küche in beeindruckenden Räumlichkeiten ▪ S. 184

Käfer Dachrestaurant (Regierungsviertel): Auf dem Dach des Reichstags ▪ S. 47

Borchardt (Mitte): Promis aus Politik und Kultur, dazu super Wiener Schnitzel ▪ S. 47

Grill Royal (Mitte): Geniale Steaks zu satten Preisen ▪ S. 47

Paris Bar (City West): Kult-Promischuppen ▪ S. 119

Coda Dessertbar (Neukölln): Nur Desserts, und zwar ziemlich durchgeknallt ▪ S. 184

Berliner Küche

Georgbräu (Mitte): Eisbein und süffiges Bier ▪ S. 67

Zum Nußbaum (Mitte): Rustikale Gaststätte im Nikolaiviertel ▪ S. 67

Zur Letzten Instanz (Mitte): Ältestes Gasthaus der Stadt ▪ S. 67

Diener Tattersall (City West): Aus der Zeit gefallenes Kneipen-Restaurant ▪ S. 120

Metzer Eck (Prenzlauer Berg): Ein Urgestein ▪ S. 142

Zur Henne (Kreuzberg): Hier gibt's Hendl ▪ S. 169

Wendel (Charlottenburg): Rustikales Restaurant mit solider Hausmannskost ▪ S. 131

Ratskeller Köpenick (Köpenick): Brandenburger Landente unterm Gewölbe ▪ S. 194

Brauhaus in Spandau (Spandau): Spandauer Lümmel und wohlmundendes Vollbier ▪ S. 203

Wilhelm Hoeck (Charlottenburg): Gibt's seit 1892, einfach nur urig ▪ S. 131

Alte Liebe (Grunewald): Restaurantschiff mit herzhafter Hausmannskost ▪ S. 209

Wirtshaus zur Pfaueninsel (Wannsee): Hirschgulasch und Brezelfrühstück ▪ S. 215

Blockhaus Nikolskoe (Wannsee): Eisbein und Schnitzel zum herrlichen Havelblick ▪ S. 215

Currywurst

Bier's Kudamm 195 (City West): Wurst mit Champagner ▪ S. 121

Konnopke's Imbiß (Prenzlauer Berg): Traditionsimbiss unter der Hochbahn ▪ S. 143

Curry 36 (Kreuzberg): Hotspot am Mehringdamm ▪ S. 170

Deutschland querbeet

Die Maultasche (Mitte): Schwäbisches Lokal ganz nah am Boulevard Unter den Linden ▪ S. 48

Renger-Patzsch (Schöneberg): Neudeutsche Küche mit französischen Ausreißern ▪ S. 177

Augustiner am Gendarmenmarkt (Mitte): Bierhalle im süddeutschen Stil ▪ S. 47

Lutter & Wegner (Mitte): Gediegenes Traditionslokal am Gendarmenmarkt ▪ S. 47

Volkskammer (Friedrichshain): DDR-Küche wie Grilletta oder Goldbroiler ▪ S. 62

Lebensmittel in Mitte (Mitte): Mischung aus Feinkostladen und Restaurant ▪ S. 83

Patio (Tiergarten): Schiffsrestaurant, gehoben ▪ S. 107

Capt'n Schillow (Tiergarten): Schiffsrestaurant, handfest ▪ S. 107

Klipper (Treptow): Schiffsrestaurant mit eigener Räucherei ▪ S. 190

Garage (City West): Super Bratkartoffeln in ehemaliger Garage ▪ S. 120

Leibhaftig (Prenzlauer Berg): Bayerische Tapas ▪ S. 142

Spätzle & Knödel (Friedrichshain): Einfach und günstig ▪ S. 151

Max und Moritz (Kreuzberg): Klassiker an der Oranienstraße ▪ S. 169

3 Schwestern (Kreuzberg): Ambitionierte neudeutsche Küche und schöner Garten ▪ S. 169

Weinwirtschaft Lochner (Schöneberg): Gediegene Adresse mit herausragender Küche ▪ S. 177

Joseph-Roth-Diele (Schöneberg): Stullen in nostalgischem Ambiente ▪ S. 177

Engelbecken (Charlottenburg): Braten, Knödel und fränkisches Bier ▪ S. 130

Knödelwirtschaft (Neukölln): Nur Knödel, aber einfach nur lecker ▪ S. 186

Waschhaus Alt-Köpenick (Köpenick): Schweinshaxe und andere bayerische Klassiker ▪ S. 194

Krongut Bornstedt (Potsdam): Deftige Küche und hausgebrautes Bier ▪ S. 226

Remise (Wannsee): Feine neudeutsche Küche im Schloss Glienicke ▪ S. 214

Babelsberger Küche (Potsdam): Einfach und preiswert ▪ S. 143

Restaurant & Café Drachenhaus (Potsdam): Kalbsleber im chinesischen Pavillon ▪ S. 226

Italienisch

Bocca di Bacco (Mitte): Edelitaliener mit Promisichtungschancen ▪ S. 47

Muret la Barba (Mitte): Hier sitzt man mitten im Weinladen ▪ S. 82

Papà Pane di Sorrento (Mitte): Prima Pizza, aber laut ▪ S. 82

Sale e Tabacchi (Kreuzberg/Checkpoint Charlie): Ristorante der besseren Sorte ▪ S. 96

Dal Buongustaio (City West): Klasse Pizza ohne Messer ▪ S. 120

Il Pane e le Rose (Prenzlauer Berg): Pizza und Pasta ▪ S. 141

Standard Serious Pizza (Prenzlauer Berg): Traumpizzen wie in Napoli ▪ S. 142

Trattoria Libau (Friedrichshain): Einfache, enorm populäre Pizzeria ▪ S. 150

Antonello's Cevicheria (Kreuzberg): Sizilien trifft Südamerika ▪ S. 168

Zola (Kreuzberg): Hipster-Pizzeria ▪ S. 169

Monella (Neukölln): Eine weitere Hipster-Pizzeria ▪ S. 185

Il Casolare (Kreuzberg): Gut Ding will Weile haben: Hammer-Pizzen ▪ S. 169

Stella Alpina (Charlottenburg): Nachbarschaftsitaliener mit norditalienischer Küche ▪ S. 131

Opera Italiana (Charlottenburg): Ebenfalls ein Italiener des Vertrauens für viele Charlottenburger ▪ S. 131

Caligari (Neukölln): Nette, bezahlbare Shabby-Chic-Location ▪ S. 184

Locanda 12 Apostoli (Grunewald): Italienische Küche am Grunewaldsee ▪ S. 208

Tresoli (Friedrichshagen): Unprätentiöser Italiener mit Pizza aus dem Steinofen ▪ S. 197

Pfeffer & Salz (Potsdam): Noch mal Steinofenpizza, hier in der Fußgängerzone von Potsdam ▪ S. 226

Zanotto (Potsdam): Leckereien aus dem Veneto ▪ S. 226

Französisch

Bandol sur Mer (Mitte): → Sterneküche

Diekmann (City West): Charmantes Restaurant im ehemaligen Kolonialwarenladen ▪ S. 119

Der Hahn ist tot (Prenzlauer Berg): Fair kalkulierte Mehr-Gänge-Menüs ▪ S. 141

Brasserie Lumières (Schöneberg): Klassische französische Küche an der Potse ▪ S. 176

Renger-Patzsch (Schöneberg): → Deutschland querbeet

Beuster Bar (Neukölln): Kleine Karte, tolles Essen, super Atmosphäre ▪ S. 184

Domaines (Friedrichshagen): Restaurant im Müggelseepark ▪ S. 197

Maison Charlotte (Potsdam): Im Stil eines französischen Landgasthofs ▪ S. 225

Garage du Pont (Potsdam): Café-Restaurant in einer ehemaligen Tankstelle ▪ S. 226

Österreichisch

Häppies (Prenzlauer Berg): Das kleine Schnelllokal serviert ausschließlich Germknödel ▪ S. 143

Mutzenbacher (Friedrichshain): Gut essen in Puppenstubenambiente ▪ S. 150

Alt Wien (Prenzlauer Berg): Unaufgeregtes Schnitzel-Eldorado ▪ S. 141

Austria (Kreuzberg): Ein rustikaler Klassiker im Bergmannkiez ▪ S. 168

Schweizerisch

Nola's am Weinberg (Mitte): Luftiges Café mit guter Küche ▪ S. 83

Portugiesisch, spanisch und baskisch

La Sepia (City West): Erste Wahl in Sachen Fisch und Meeresfrüchte ▪ S. 119

Clánndestino (Kreuzberg): Unprätentiöse Tapas-Bar ▪ S. 169

On Egin (Neukölln): Baskisches Tapas-Lokal ▪ S. 185

Griechisch

Restaurant Z (Kreuzberg): Der Kreuzberger Grieche unseres Vertrauens ▪ S. 168

Ousia (Schöneberg): Unser Lieblingsgrieche ▪ S. 176

Osteuropäisch

Tak Tak Polish Deli (Mitte): Polnisches Schnelllokal mit köstlichen Piroggen ▪ S. 82

Pri Maria (Friedrichshain): Bulgarisches Soulfood zum kleinen Preis ▪ S. 151

Russisch und georgisch

Tadshikische Teestube (Mitte): Ein Traum aus 1001 Nacht ▪ S. 83

Grüne Lampe (City West): Oft mit tollen Büfetts ▪ S. 120

Pasternak (Prenzlauer Berg): Gehobene russische Küche in aristokratischem Ambiente ▪ S. 141

Teestube in der Alexandrowka (Potsdam): Pelmeni und Spiegelkarpfen in der russischen Kolonie ▪ S. 226

Türkisch

Baba Angora (City West): Besseres Kebablokal ▪ S. 119

Osmans Töchter (Prenzlauer Berg): Klassische und neu interpretierte türkische Küche ▪ S. 141

Hasır (Kreuzberg): Hier soll der Döner erfunden worden sein ▪ S. 169

Doyum Grillhaus (Kreuzberg): Unser Lieblings-Dönerimbiss ▪ S. 170

Atlantik Fischrestaurant (Schöneberg): Fisch, Salat und Bier ▪ S. 177

Taka Fischhaus (Kreuzberg): Fischimbiss; hier schmeckt's fast wie am Bosporus ▪ S. 170

Lehmofen (Köpenick): Anatolische Spezialitäten aus dem Ofen ▪ S. 194

Nahöstlich

Night Kitchen (Mitte): Cooles Bar-Restaurant, ein Ableger aus Tel Aviv ▪ S. 81

Koshary Lux (City West): Streetfood aus dem Nahen Osten und Nordafrika ▪ S. 120

Zula (Prenzlauer Berg): Israelisches Hummus-Café ▪ S. 143

Babel (Prenzlauer Berg): Libanesischer Imbiss ▪ S. 143

Neni (City West): Babaganoush über den Dächern der Stadt ▪ S. 119

Kreuzberger Himmel (Kreuzberg): Syrische Küche, serviert von syrischen Flüchtlingen ▪ S. 169

Café Mugrabi (Kreuzberg): Vegetarisches Tagescafé unter israelischer Leitung ▪ S. 170

Feinberg's (Schöneberg): Unprätentiöses israelisches Lokal, freundlich und gut ▪ S. 177

Azzam (Neukölln): Authentisches libanesisches Schnelllokal ▪ S. 186

Koreanisch

Yam Yam (Mitte): Schnelllokal, stylish ▪ S. 83

Ixthys (Schöneberg): Schnelllokal, bibeltreu ▪ S. 178

Japanisch

Kuchi (Mitte): Große Auswahl zwischen Sushi und Grillspießen ▪ S. 82

House of Small Wonder (Mitte): Ein Hauch New York ■ S. 83

Sasaya (Prenzlauer Berg): Extravagantes Sushi, aber nicht ganz billig ■ S. 141

Cocolo Ramen (Kreuzberg): Nudelsuppen zum Reinlegen ■ S. 169

Vietnamesisch

District Mot (Mitte): Frittierte Seidenraupen und quietschbunte Wände ■ S. 82

Song Nguu (Prenzlauer Berg): Günstig, freundlich und sehr lecker ■ S. 143

Chay Village (Schöneberg): → Vegetarisch und vegan

Chi Keng (Potsdam): Sushi und traditionelle vietnamesische Küche ■ S. 226

Con Tho (Neukölln): Raffinierte vegane Küche und schöner Garten ■ S. 186

Chinesisch

Yumcha Heroes (Mitte): Ein Dumpling-Paradies ■ S. 82

Good Friends (City West): Riesig und sehr authentisch ■ S. 120

Long March Canteen (Kreuzberg): Chinesische Küche in Tapas-Portionen ■ S. 168

Thailändisch und Fusion

Thaipark (City West): Kein Restaurant, aber ein Erlebnis der Extraklasse ■ S. 121

Mrs Robinson (Prenzlauer Berg): Fusionküche zum Teilen ■ S. 141

Khwan (Friedrichshain): Nordthailändische Grillküche im Bretterschuppen ■ S. 150

Transit (Friedrichshain): Thailändisch-indonesische Küche zu fairen Preisen ■ S. 150

Papaya (Friedrichshain): Bodenständige Thaiküche mit Neuland-Fleisch oder vegan ■ S. 151

Indisch

Buddha Republic (City West): Exzellentes Essen und ein Hauch von Erlebnisgastronomie ■ S. 119

Mexikanisch

Chupenga (Mitte): Beliebtes Mittagslokal im Kantinenambiente ■ S. 48

Maria Bonita (Prenzlauer Berg): Kunterbunter Imbiss ■ S. 143

Südamerikanisch

Butterhandlung (Friedrichshain): Mediterrane Küche mit brasilianischem Einschlag ■ S. 150

La Tia Rica (City West): Chilenische Küche in behaglichem Ambiente ■ S. 120

Antonello's Cevicheria (Kreuzberg): → Italienisch

Hawaiianisch

Ma'loha (Mitte): Bowls mit rohem Thunfisch ■ S. 83

Burger und Steaks

The Bird (Prenzlauer Berg): Burger wie in Amiland ■ S. 142

Stock und Stein (Friedrichshain): Hier grillt man am Tisch ■ S. 150

Burgeramt (Friedrichshain): Buntes Restaurant mit schmackhaften Charolais-Burgern ■ S. 151

Fleischerei (Mitte): Burger und Steaks in der ehemaligen Metzgerei ■ S. 82

Burgermeister (Kreuzberg): Burger aus dem Klohäuschen ■ S. 170

Berlin Burger International (Neukölln): Das „Hole in the Wall" ist unser absoluter Favorit ■ S. 186

Grill Royal (Mitte): → Gourmetküche ohne Sterne

Fisch

Atlantik Fischrestaurant (Schöneberg): → Türkisch

Taka Fischhaus (Kreuzberg): → Türkisch

Hafenräucherei Löcknitz (Treptow): Fischbrötchen am Treptower Park ■ S. 190

Fisch Frank (Spandau): Hier kann man Krebse aus dem Tiergarten kosten ■ S. 203

Vegetarisch und vegan

Chay Village (Schöneberg): → Vietnamesisch

Con Tho (Neukölln): → Vietnamesisch

Chipps (Mitte): Fast ausschließlich vegetarische Küche aus hochwertigen Produkten ■ S. 48

Kopps (Mitte): Vegane, regional-saisonale Bioküche ■ S. 82

Seerose (Kreuzberg): Vegetarisches Self-Service-Restaurant ■ S. 170

Vaust (City West): Vegane Brauereigaststätte ▪ S. 120

Lucky Leek (Prenzlauer Berg): Vegane Küche auf Gourmetniveau ▪ S. 141

Café Morgenrot (Prenzlauer Berg): Linksalternatives Café mit veganer Ausrichtung ▪ S. 144

Viasko (Kreuzberg): Günstiges veganes Restaurant mit Biergarten ▪ S. 169

Café Mugrabi (Kreuzberg): → Nahöstlich

Biergärten

Zollpackhof (Regierungsviertel): Brotzeitteller gegenüber dem Kanzleramt ▪ S. 49

Café am Neuen See (Tiergarten): Riesiger Biergarten in idyllischer Lage ▪ S. 107

Holzmarkt (Friedrichshain): Chillen an der Spree ▪ S. 157

Fischerhütte am Schlachtensee (Grunewald): Herrlich gelegene Terrassenlandschaft ▪ S. 209

Schleusenkrug (City West): Biergarten am Landwehrkanal ▪ S. 123

Pratergarten (Prenzlauer Berg): Berlins ältester Biergarten ▪ S. 144

Sommergarten Cassiopeia (Friedrichshain): Treff der jungen Freaks ▪ S. 157

Brachvogel (Kreuzberg): Bier, günstiges Essen und Minigolf ▪ S. 171

Brlo Brwhouse (Kreuzberg): Craft-Beer im Park am Gleisdreieck ▪ S. 171

Birgit & Bier (Kreuzberg): Biergarten und Club ▪ S. 172

Bootshaus Stella am Lietzensee (Charlottenburg): Stadtidylle pur ▪ S. 131

Inselgarten (Treptow): Idyllisches Plätzchen auf einer Spreeinsel ▪ S. 190

Hänsel & Brezel (Treptow): Hipster-Treff an der Spree ▪ S. 191

Freiheit Fünfzehn (Köpenick): Gemütliche Location am Wasser ▪ S. 194

Krokodil (Köpenick): Ebenfalls tolle Terrasse am Wasser ▪ S. 194

Luise (Dahlem): Biergarten vor Gründerzeitvilla und viele Studenten ▪ S. 206

Brauhaus Meierei (Potsdam): Am Jungfernsee mit hausgebrautem Bier ▪ S. 226

Kaffeehäuser

Café Einstein Stammhaus (Schöneberg): Eine Augenweide mit gehobenen Preisen ▪ S. 175

Café Einstein (Mitte): Dependance mit hoher Promi-Dichte ▪ S. 48

Barcomi's Deli (Mitte): Oase im Hinterhof ▪ S. 83

Kaffeehaus Grosz (City West): Glanzlicht am Kurfürstendamm ▪ S. 121

Café Hardenberg (City West): Viel Patina und günstige Preise ▪ S. 122

Café Rix (Neukölln): Kaffeehausperle in Neukölln ▪ S. 186

Kaffeehaus Dallmayr (Kreuzberg/Checkpoint Charlie): Im Museum für Kommunikation ▪ S. 96

Blindenrestaurant

Nocti Vagus (Prenzlauer Berg): Essen im Dunkeln ▪ S. 141

Kantinen

Caféteria der Musikhochschule Hanns Eisler (Mitte): Am Hochpreispflaster Gendarmenmarkt ▪ S. 48

Intermezzo (Mitte): Hier essen die Angestellten des Bundesfamilienministeriums ▪ S. 48

Berliner Ensemble (Mitte): Zu Tisch mit kostümierten Schauspielern ▪ S. 48

Volksbühne (Mitte): Rustikale Souterrainkantine ▪ S. 82

Kantine im Berliner Abgeordnetenhaus (Kreuzberg/Checkpoint Charlie): Essen mit Politikern ▪ S. 96

Nordische Botschaften (Tiergarten): Viel Fisch auf dem Speiseplan ▪ S. 107

Cafeteria Skyline (City West): Im 20. Stock der Technischen Universität ▪ S. 123

Kulturkantine (Prenzlauer Berg): Essen wie bei Mutti ▪ S. 143

East Side (Friedrichshain): Gewissermaßen die Kantine von Universal Music ▪ S. 156

Kantine im Rathaus Kreuzberg (Kreuzberg): Super Blick zum Potsdamer Platz ▪ S. 170

Kompakt / **Shopping-Adressen**

Fashion (schick und teuer)

Michalsky Gallery (Potsdamer Platz): Klassische Styles mit Streetwear-Einflüssen ▪ S. 49

Herr von Eden (Mitte): Tolle Anzüge für sie und ihn ▪ S. 84

adddress (Mitte): Avantgardistische Damen- und Herrenmode ▪ S. 84

LaLa Berlin (Mitte): Edle Strickwaren und bunt bedruckte Tücher ▪ S. 84

Kaviar Gauche (Mitte): Geniale Brautmode ▪ S. 84

Fiona Bennett (Schöneberg): Abgefahrener Kopfschmuck und Hüte ▪ S. 180

Thatchers (Prenzlauer Berg): Körperbetonte Damenmode ▪ S. 144

Fruchthaus (Prenzlauer Berg): Bleistiftrock oder Petticoat gefällig? ▪ S. 144

Andreas Murkudis (Schöneberg): Stylisher Concept Store für Männer und Frauen ▪ S. 180

Fashion (jung und schräg)

Soma (Mitte): Verrückte Mode für verrückte Mädels ▪ S. 84

Wertvoll (Prenzlauer Berg): Grüne Mode ohne Öko-Touch ▪ S. 144

Langhein Berlin (Mitte): Mädchenhaft-märchenhafte Feenkleidchen ▪ S. 84

Savage Store (Friedrichshain): Latexklamotten und andere heiße Sachen der Designerin Heidi Pulkkinen ▪ S. 157

Bonnie & Buttermilk (Prenzlauer Berg): Vor Ort geschneiderte kunterbunte Retromode ▪ S. 144

Secondhand/vintage

Das neue Schwarz (Mitte): Designer-Secondhand zu satten Preisen ▪ S. 85

Garments (Prenzlauer Berg): Unter anderem Klamotten, die bereits bei Filmproduktionen getragen wurden ▪ S. 145

Dear (Prenzlauer Berg): Vintage, nur ein paar Türen weiter ▪ S. 145

Fein und ripp (Prenzlauer Berg): Vintage-Unterwäsche (ungetragen!) ▪ S. 145

Made in Berlin (Mitte): Vintage-Klamotten für sie und ihn auf 2 Etagen ▪ S. 85

Picknweight (Kreuzberg): Secondhand-Klamotten-Laden von hochwertig bis ramschig ▪ S. 173

Mimi Berlin (Schöneberg): Textile Antiquitäten aus den Jahren 1850–1950 ▪ S. 180

Chrome (Neukölln) Edel-Vintage ▪ S. 187

Shoppingmalls

Alexa (Mitte): Rund 180 Geschäfte und Bistros ▪ S. 67

Mall of Berlin (Mitte): Megashoppingtempel mit rund 270 Läden ▪ S. 96

Bikini Berlin (City West): Berlins außergewöhnlichste Mall ▪ S. 123

KaDeWe (City West): *Das* Kaufhaus schlechthin, grandiose Feinschmeckeretage ▪ S. 123

Schuhe, Taschen und Accessoires

Sabrina Dehoff (Mitte): Toller Schmuck ▪ S. 84

Anke Runge Berlin (Mitte): Handgefertigte Ledertaschen ▪ S. 84

Trippen Flagship Store (Mitte): und **Trippen-Outlet** (Kreuzberg): Berliner Kultschuhe aus naturbelassenen Materialien ▪ S. 84, 173

Mykita (Mitte): Coole Brillen und Sonnenbrillen ▪ S. 85

ic! berlin (Mitte): Noch mal Brillen, noch mal cool ▪ S. 85

Jünnemann's Pantoffeleck (Mitte): Das Traditionsunternehmen fertigt Pantoffeln und Hausschuhe ▪ S. 85

Solebox (City West): Sneakerfan-Pilgerstätte mit limitierten Modellen ▪ S. 123

Zeha (Kreuzberg): Edle Sneakers mit Kultstatus ▪ S. 173

Rita in Palma (Neukölln): Filigrane Spitzenkragen und Halstücher ▪ S. 187

Märkte

Kunstmarkt am Zeughaus (Mitte): Kunsthandwerk in jeglicher Form ▪ S. 49

Berliner Trödelmarkt (Tiergarten): Berlins bekanntester Flohmarkt ▪ S. 107

Trödelmarkt Arkonaplatz (Prenzlauer Berg): Gut sortierter Retrokram ▪ S. 145

Flohmarkt am Mauerpark (Prenzlauer Berg): Bunter, beliebter Flohmarkt, gutes Streetfood ▪ S. 145

Märkte am Kollwitzplatz (Prenzlauer Berg): Ökomarkt am Do, bunter Wochenmarkt am Sa ▪ S. 145

Dong Xuan Center (Lichtenberg): *Der* Asiamarkt Berlins ▪ S. 145

Flohmarkt auf dem Boxhagener Platz (Friedrichshain): Retro- und Neuware, dazu Bier und Bulette ▪ S. 157

Wochenmarkt am Boxhagener Platz (Friedrichshain): Hochwertige Lebensmittel und Regionalprodukte vom Bauern ▪ S. 157

Wochenmarkt auf dem Karl-August-Platz (City West): Unprätentiöser Charlottenburger Markt mit hochwertigen Produkten ▪ S. 123

Wochenmärkte in der Markthalle Neun (Kreuzberg): Fr/Sa Lebensmittelmarkt, Do Streetfood-Tag ▪ S. 173

Märkte am Winterfeldtplatz (Schöneberg): Bunte Lebensmittelmärkte (besonders nett am Sa, Kleinausgabe am Mi) ▪ S. 181

Türkenmarkt Crellestraße (Schöneberg): Obst und Gemüse, Gewürze, Eingelegtes, sehr authentisch ▪ S. 181

Flohmarkt am Schöneberger Rathaus (Schöneberg): Ehrlich und authentisch ▪ S. 181

Nowkoelln Flowmarkt (Neukölln): Hipsterpublikum am Maybachufer, angenehme Atmosphäre ▪ S. 187

Wochenmarkt am Maybachufer (Neukölln): Berlins bekanntester Türkenmarkt ▪ S. 187

Stoff- und Designermarkt (Neukölln): Findet an gleicher Stelle stets Sa statt ▪ S. 187

Bücher

Dussmann, das Kulturkaufhaus (Mitte): Bücher, Filme, Musik geballt auf 5 Etagen ▪ S. 49

Langer Blomqvist (Mitte): Anspruchsvolles, modernes Antiquariat ▪ S. 49

Ocelot (Mitte): Wunderschöner Buchladen fürs ausgiebige Stöbern ▪ S. 85

pro qm (Mitte): Architektur-, Design- und Kunstbücher ▪ S. 85

Do you read me? (Mitte): Vor allem Kunst- und Lifestylemagazine ▪ S. 85

Walther König (Mitte): Riesige Auswahl an Bildbänden ▪ S. 85

Grober Unfug (Mitte): Comicladen mit bestem Ruf ▪ S. 85

Bücherbogen (City West): Kunstbuchhandlung mit großem Bildband-Sortiment ▪ S. 123

Autorenbuchhandlung (City West): Gut sortierte literarische Buchhandlung ▪ S. 123

Schwarze Risse (Kreuzberg): Linker Underground-Buchladen ▪ S. 173

Prinz Eisenherz (Schöneberg): Schwul-lesbischer Buchladen ▪ S. 181

Chatwins (Schöneberg): Hier dreht sich alles ums Reisen ▪ S. 181

CDs und Schallplatten

Record Store (Mitte): Soul und Sixties für Vinylfans ▪ S. 85

Platten Pedro (Charlottenburg): Platten-Raritäten ▪ S. 131

Hard Wax (Kreuzberg): Legende in Sachen elektronischer Musik ▪ S. 173

Dodo Beach (Schöneberg): Cooler Vinyl-only-Laden ▪ S. 181

OYE Kreuzkoelln (Neukölln): Vinyl für Fans der elektronischen Musik ▪ S. 187

Souvenirs/Geschenke

Ampelmann (Mitte): Souvenirs mit dem berühmten Berliner Ampelmännchen ▪ S. 85

This City Rocks (Friedrichshain): Accessoires mit Berliner Motiven ▪ S. 157

o.k. (Mitte): Skurrile Alltagsgegenstände aus aller Welt ▪ S. 85

Home on Earth (Mitte): Krimskramsladen, in dem Nachhaltigkeit und Fair Trade hoch im Kurs stehen ▪ S. 85

Erfinderladen (Prenzlauer Berg): Sinnige und unsinnige Erfindungen wie Berliner Luft in Dosen ... ▪ S. 145

Tutus Welt (Kreuzberg): Bilder, Postkarten und Porzellan mit Berliner Stadtlandschaften im Keith-Haring-Pop-Art-Stil ▪ S. 173

Hallesches Haus (Kreuzberg): General Store für qualitativ hochwertige, schöne Dinge ▪ S. 173

Leckereien

Bonbonmacherei (Mitte): Handgemachte Bonbons wie anno dazumal ▪ S. 85

Pinkernell's Whisky Market (Friedrichshain): Über 700 Sorten Whisk(e)y, zudem Gin, Rum und Cognac ▪ S. 157

Kadó Lakritzfachgeschäft (Kreuzberg): Rund 400 Sorten aus etlichen Ländern ▪ S. 173

Blutwurstmanufaktur (Neukölln): Preisgekrönte Blutwurst ▪ S. 187

Winterfeldt Schokoladen (Schöneberg): Schokoladenverkauf mit angeschlossenem Café ▪ S. 181

Schokoladenhaus Rausch (Mitte): Schokolade vom Gendarmenmarkt ▪ S. 49

Galeries Lafayette (Mitte): Feinkostsupermarkt und Foodmeile ▪ S. 49

Wohnen

Stilwerk (City West): Noble Möbelmall ▪ S. 123

Exil Wohnmagazin (Kreuzberg): Coole Möbel und Accessoires in riesiger Auswahl ▪ S. 173

Sonstiges

Manufactum (City West): Warenhaus mit qualitativ hochwertigen, robusten Alltagsprodukten ▪ S. 123

KPM Quartier (Tiergarten): Edelporzellan der Königlichen Porzellan-Manufaktur Berlin ▪ S. 107

Peter's Werkstatt (Kreuzberg): Verkauf und Reparatur von Retro-Plattenspielern, -TVs, -Boxen und -Radios ▪ S. 173

Gipsformerei (Charlottenburg): Erschwingliche Gipsrepliken historischer Skulpturen ▪ S. 131

Knopf Paul (Kreuzberg): Einfach urig – hier findet jedes Hemd seinen Knopf! ▪ S. 173

Other Nature (Kreuzberg): Veganes Sexspielzeug ▪ S. 173

Modulor (Kreuzberg): Megastore für Künstlerbedarf ▪ S. 173

Deko Behrendt (Schöneberg): Kostüme und Scherzartikel für Karnevals- und Mottoparty-fans ▪ S. 181

318   Verzeichnisse

Kartenverzeichnis und Zeichenerklärung

Berlin und Potsdam   vordere Umschlaginnenklappe

Übernachten in Berlin		292/293
Tour 1:	Vom Potsdamer Platz ins Regierungsviertel	28/29
Tour 2:	Museumsinsel	53
Tour 3:	Vom Alexanderplatz ins Nikolaiviertel	61
Tour 4:	Spandauer Vorstadt	72/73
Tour 5:	Rund um den Checkpoint Charlie	89
Tour 6:	Tiergarten, Kulturforum und Diplomatenviertel	100/101
Tour 7:	City West	110/111
Tour 8:	Schloss Charlottenburg und Umgebung	126/127
Tour 9:	Prenzlauer Berg	134/135
Tour 10:	Friedrichshain	150/151
Tour 11:	Kreuzberg	160/161
Tour 12:	Schöneberg	178/179
Tour 13:	Neukölln	185
Jwd:	Treptower Park	190
Jwd:	Köpenick	193
Jwd:	Friedrichshagen und Müggelsee	197
Jwd:	Spandau	203
Jwd:	Dahlem	204/205

Jwd:	Grunewald	209
Jwd:	Wannsee	213
Ausflug nach Potsdam		218/219

Autobahn/Schnellstraße
Hauptverkehrs-/Nebenstraße
Bahnlinie
B Spandau Bahnhof
Ⓤ Hbf. U-Bahn-Haltestelle
Ⓢ Hbf. S-Bahn-Haltestelle
ehem. Mauerverlauf
Grünanlage
Rundgang Anfang/Ende
⚓ Schiffsanlegestelle
🚌 Bus
✈ Flughafen
Ⓟ Ⓣ Parkplatz/Tankstelle
✚ 🕴 Krankenhaus/Turm
Ⓜ ⛪ Museum/Kirche
Ⓑ 🎭 Botschaft/Theater
𝑖 Information
★ Sehenswürdigkeit
⌐ Tor
◯ Brunnen

Berlin im Kasten

Ins Zentrum der Macht	44
Humboldt Forum im Stadtschloss – Ort mit Geschichte	55
Auf der Suche nach der DDR?	62
Die U 6 im geteilten Berlin	90
Mediaspree versenken – Spreeufer für alle!	149
Moskau lässt grüßen: Monumental- bauten an der Karl-Marx-Allee	152
Flughafen Tempelhof: Vom Paradeplatz zum Kiter-Eldorado	167
Radtour: Rund um den Müggelsee	198

Berliner Siedlungen der Moderne – UNESCO-Welterbe seit 2008	200
Radtour: Vom Großen Wannsee zum Griebnitzsee	215
Größenwahn Germania	236
Die Mauer, die vom Himmel fiel	240
XOOOOX, Nomad, EMESS – Street Art in Berlin	251
Mauerradweg: Vom S-Bahnhof Bornholmer Straße zur Oberbaumbrücke	287
Berlins schönste Friedhöfe – wer liegt wo?	301

Verzeichnisse 319

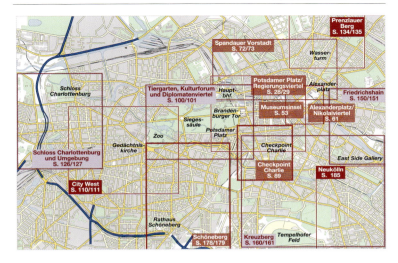

Fotoverzeichnis

Michael Bussmann: S. 3, 12, 16, 18, 20, 22, 24, 26/27, 32, 35, 37, 42, 44, 45, 46, 49, 50, 52, 58, 63, 65, 66, 70, 74, 77, 78, 79, 80, 86, 91, 92, 93, 97, 98, 102, 103, 104, 107, 108, 112/113, 115, 116, 121, 130, 132, 136, 137, 140, 142, 143, 145, 146, 148, 149, 154, 156, 158, 163, 164, 166, 167, 168, 171, 172, 176, 182, 186, 187, 191, 192, 195, 196, 199, 200, 201, 211, 214, 216, 217, 220, 221, 223, 225, 227, 228, 230, 232, 235, 244, 248, 251, 252, 253, 256, 263, 270, 274, 279, 281, 283, 284, 285, 288, 295, 302, 305, 320, 326, 333 | **Gabriele Tröger**: S. 8, 14, 43, 68, 71, 76, 114, 138, 139, 152, 174, 177, 180, 181, 188, 206, 207, 212, 215, 241, 255, 262, 265, 268, 275, 276, 294, 298, 301, 303, 314, 316, 325, 328, 330, 336 | **AirServiceBerlin © Uwe Schlüter**: S. 269 | **Berliner Bäder-Betriebe/Stadtbad Neukölln**: S. 272 | **Berlinische Galerie © Nina Straßgütl**: S. 95, 319 | **Franz Brück/Bayerischer Hausbau**: S. 122 | **DZ-Bank**: S. 30 | **Kindl Hlin © Marko Funke**: S. 184 | **KomischeOper © Hanns Joosten**: S. 246 | **Franz Lazi**: S. 238, 240 | **Stephan Lemke/25hours Hotel Berlin**: S. 291 | **Sammlung Boros © Noshe**: S. 308 | **visitberlin © Philip Koschel**: S. 267 | **visitberlin © Wolfgang Scholvien**: S. 54, 124, 128 | **visitberlin © Günter Steffen**: S. 258/259 | **Zoo Berlin**: S. 118

Berlinische Galerie – Kunst aus Berlin

Impressum

Text und Recherche: Gabriele Tröger und Michael Bussmann | **Redaktion:** Ute Fuchs | **Lektorat:** D&M Services GmbH: Dagmar Tränkle | **Layout:** D&M Services GmbH: Oliver Kiesow | **Karten:** Hans-Joachim Bode, Theresa Flenger, Tobias Schneider, Hana Gundel, Judit Ladik, Gábor Sztrecska | **Covergestaltung:** Karl Serwotka | **Covermotive:** vorn: Brandenburger Tor bei Nacht © mauritius images / Westend61 / Michael Zwahlen; hinten: Ruderpartie auf dem Neuen See © Gabriele Tröger

> Die in diesem Reisebuch enthaltenen Informationen wurden von den Autoren nach bestem Wissen erstellt und von ihm und dem Verlag mit größtmöglicher Sorgfalt überprüft. Dennoch sind, wie wir im Sinne des Produkthaftungsrechts betonen müssen, inhaltliche Fehler nicht mit letzter Gewissheit auszuschließen. Daher erfolgen die Angaben ohne jegliche Verpflichtung oder Garantie der Autoren bzw. des Verlags. Autoren und Verlag übernehmen keinerlei Verantwortung bzw. Haftung für mögliche Unstimmigkeiten. Wir bitten um Verständnis und sind jederzeit für Anregungen und Verbesserungsvorschläge dankbar.

ISBN 978-3-95654-625-9

**© Copyright Michael Müller Verlag GmbH, Erlangen 2012–2019.
Alle Rechte vorbehalten.**

Alle Angaben ohne Gewähr. Druck: hofmann infocom GmbH, Nürnberg.

> Aktuelle Infos zu unseren Titeln, Hintergrundgeschichten zu unseren Reisezielen sowie brandneue Tipps erhalten Sie in unserem regelmäßig erscheinenden Newsletter, den Sie im Internet unter www.michael-mueller-verlag.de kostenlos abonnieren können.

Strandbar Mitte: Relaxadresse gegenüber dem Bode-Museum

MM-Wandern
informativ und punktgenau durch GPS

- für Familien, Einsteiger und Fortgeschrittene
- ausklappbare Übersichtskarte für die Anfahrt
- genaue Weg-Zeit-Höhen-Diagramme
- GPS-kartierte Touren (inkl. Download-Option für GPS-Tracks)
- Ausschnittswanderkarten mit Wegpunkten
- Konkretes zu Wetter, Ausrüstung und Einkehr

Übrigens:
Unsere Wanderführer gibt es auch als App für iPhone™ und Android™

- Allgäuer Alpen
- Andalusien
- Bayerischer Wald
- Chiemgauer Alpen
- Eifel
- Elsass
- Fränkische Schweiz
- Gardasee
- Gomera
- Korsika
- Korsika Fernwanderwege
- Kreta
- Lago Maggiore
- La Palma
- Ligurien
- Madeira
- Mallorca
- Münchner Ausflugsberge
- Östliche Allgäuer Alpen
- Pfälzerwald
- Piemont
- Provence
- Rund um Meran
- Schwäbische Alb
- Sächsische Schweiz
- Sardinien
- Schwarzwald Mitte/Nord
- Schwarzwald Süd
- Sizilien
- Spanischer Jakobsweg
- Teneriffa
- Toscana
- Westliche Allgäuer Alpen
- Zentrale Allgäuer Alpen

Abruzzen ▪ Ägypten ▪ Algarve ▪ Allgäu ▪ Allgäuer Alpen ▪ Altmühltal & Fränk. Seenland ▪ Amsterdam ▪ Andalusien ▪ Andalusien ▪ Apulien ▪ Australien – der Osten ▪ Azoren ▪ Bali & Lombok ▪ Barcelona ▪ Bayerischer Wald ▪ Bayerischer Wald ▪ Berlin ▪ Bodensee ▪ Bremen ▪ Bretagne ▪ Brüssel ▪ Budapest ▪ Chalkidiki ▪ Chiemgauer Alpen ▪ Chios ▪ Cilento ▪ Cornwall & Devon ▪ Comer See ▪ Costa Brava ▪ Costa de la Luz ▪ Côte d'Azur ▪ Cuba ▪ Dolomiten – Südtirol Ost ▪ Dominikanische Republik ▪ Dresden ▪ Dublin ▪ Düsseldorf ▪ Ecuador ▪ Eifel ▪ Elba ▪ Elsass ▪ Elsass ▪ England ▪ Fehmarn ▪ Franken ▪ Fränkische Schweiz ▪ Fränkische Schweiz ▪ Friaul-Julisch Venetien ▪ Gardasee ▪ Gardasee ▪ Genferseeregion ▪ Golf von Neapel ▪ Gomera ▪ Gomera ▪ Gran Canaria ▪ Graubünden ▪ Hamburg ▪ Harz ▪ Haute-Provence ▪ Havanna ▪ Ibiza ▪ Irland ▪ Island ▪ Istanbul ▪ Istrien ▪ Italien ▪ Italienische Adriaküste ▪ Kalabrien & Basilikata ▪ Kanada – Atlantische Provinzen ▪ Kanada – Der Westen ▪ Karpathos ▪ Kärnten ▪ Katalonien ▪ Kefalonia & Ithaka ▪ Köln ▪ Kopenhagen ▪ Korfu ▪ Korsika ▪ Korsika Fernwanderwege ▪ Korsika ▪ Kos ▪ Krakau ▪ Kreta ▪ Kreta ▪ Kroatische Inseln & Küstenstädte ▪ Kykladen ▪ Lago Maggiore ▪ Lago Maggiore ▪ La Palma ▪ La Palma ▪ Languedoc-Roussillon ▪ Lanzarote ▪ Lesbos ▪ Ligurien – Italienische Riviera, Genua, Cinque Terre ▪ Ligurien & Cinque Terre ▪ Limousin & Auvergne ▪ Limnos ▪ Liparische Inseln ▪ Lissabon & Umgebung ▪ Lissabon ▪ London ▪ Lübeck ▪ Madeira ▪ Madeira ▪ Madrid ▪ Mainfranken ▪ Mainz ▪ Mallorca ▪ Mallorca ▪ Malta, Gozo, Comino ▪ Marken ▪ Marseille ▪ Mecklenburgische Seenplatte ▪ Mecklenburg-Vorpommern ▪ Menorca ▪ Midi-Pyrénées ▪ Mittel- und Süddalmatien ▪ Montenegro ▪ Moskau ▪ München ▪ Münchner Ausflugsberge ▪ Naxos ▪ Neuseeland ▪ New York ▪ Niederlande ▪ Niltal ▪ Norddalmatien ▪ Norderney ▪ Nord- u. Mittelengland ▪ Nord- u. Mittelgriechenland ▪ Nordkroatien – Zagreb & Kvarner Bucht ▪ Nördliche Sporaden – Skiathos, Skopelos, Alonnisos, Skyros ▪ Nordportugal ▪ Nordspanien ▪ Normandie ▪ Norwegen ▪ Nürnberg, Fürth, Erlangen ▪ Oberbayerische Seen ▪ Oberitalien ▪ Oberitalienische Seen ▪ Odenwald ▪ Ostfriesland & Ostfriesische Inseln ▪ Ostseeküste – Mecklenburg-Vorpommern ▪ Ostseeküste – von Lübeck bis Kiel ▪ Östliche Allgäuer Alpen ▪ Paris ▪ Peloponnes ▪ Pfalz ▪ Pfälzer Wald ▪ Piemont & Aostatal ▪ Piemont ▪ Polnische Ostseeküste ▪ Portugal ▪ Prag ▪ Provence & Côte d'Azur ▪ Provence ▪ Rhodos ▪ Rom ▪ Rügen, Stralsund, Hiddensee ▪ Rumänien ▪ Rund um Meran ▪ Sächsische Schweiz ▪ Salzburg & Salzkammergut ▪ Samos ▪ Santorini ▪ Sardinien ▪ Sardinien ▪ Schottland ▪ Schwarzwald Mitte/Nord ▪ Schwarzwald Süd ▪ Schwäbische Alb ▪ Schwäbische Alb ▪ Shanghai ▪ Sinai & Rotes Meer ▪ Sizilien ▪ Sizilien ▪ Slowakei ▪ Slowenien ▪ Spanien ▪ Span. Jakobsweg ▪ Sri Lanka ▪ St. Petersburg ▪ Steiermark ▪ Stockholm ▪ Südböhmen ▪ Südengland ▪ Südfrankreich ▪ Südmarokko ▪ Südnorwegen ▪ Südschwarzwald ▪ Südschweden ▪ Südtirol ▪ Südtoscana ▪ Südwestfrankreich ▪ Sylt ▪ Tallinn ▪ Teneriffa ▪ Teneriffa ▪ Tessin ▪ Thassos & Samothraki ▪ Toscana ▪ Toscana ▪ Tschechien ▪ Türkei ▪ Türkei – Lykische Küste ▪ Türkei – Mittelmeerküste ▪ Türkei – Südägäis ▪ Türkische Riviera – Kappadokien ▪ USA – Südwesten ▪ Umbrien ▪ Usedom ▪ Varadero & Havanna ▪ Venedig ▪ Venetien ▪ Wachau, Wald- u. Weinviertel ▪ Westböhmen & Bäderdreieck ▪ Wales ▪ Warschau ▪ Westliche Allgäuer Alpen und Kleinwalsertal ▪ Wien ▪ Zakynthos ▪ Zentrale Allgäuer Alpen ▪ Zypern

Reisehandbuch   MM-City   MM-Wandern

Der Umwelt zuliebe
Unsere Reiseführer werden klimaneutral gedruckt.

Eine Kooperation des Michael Müller Verlags mit myclimate

Sämtliche Treibhausgase, die bei der Produktion der Bücher entstehen, werden durch Ausgleichszahlungen kompensiert. Unsere Kompensationen fließen in das Projekt »Kommunales Wiederaufforsten in Nicaragua«:

- Wiederaufforstung in Nicaragua
- Speicherung von CO_2
- Wasserspeicherung
- Überschwemmungsminimierung
- klimafreundliche Kochherde
- Verbesserung der sozio-ökonomischen und ökologischen Bedingungen
- Klimaschutzprojekte mit höchsten Qualitätsstandards
- zertifiziert durch Plan Vivo

Einzelheiten zum Projekt unter myclimate.org/nicaragua.

Michael Müller Reiseführer
So viel Handgepäck muss sein.

Die Webseite zum Thema:
www.michael-mueller-verlag.de/klima

Shipwatching in der Strandbar Capital Beach

Register

Die in Klammern gesetzten Koordinaten verweisen auf die herausnehmbare Berlin-Karte.

68project 252

Abgeordnetenhaus (N8) 87
Abgusssammlung antiker
  Plastik (G6) 129
Adlon (Hotel) (N7) 27
Admiralbrücke (Q10) 162
Admiralspalast (O6) 34, 247
AEDES (Galerie) 133
Akademie der Künste (Pariser
  Platz) (N7) 40
Akademie der Künste
  (Tiergarten) (K6/7) 103
Akademie des Jüdischen
  Museums (O9) 94
ALBA Berlin 271
Alexa, Shoppingcenter (Q6)
  60, 67
Alexanderhaus 59
Alexanderplatz (P6/7) 58, 59
Altberliner Gaststätten 16
Alte Kommandantur 33
Alte Nationalgalerie (O6) 54
Alter Fritz, siehe Friedrich II.
  231
Alter jüdischer Friedhof (P6)
  75
Alter Matthäus-Friedhof (M10)
  301
Altes Museum (O6) 52
Altes Stadthaus (P7) 60
Ampelmann-Laden 85
Anhalter Bahnhof (N9) 94
Anne Frank Zentrum 76
Anreise
  Bus 282
  Flugzeug 281
  Zug 282
Antikensammlung 56
Apartments 297
Apotheken 298
AquaDom 63
Aquarium (K8) 118
Arbeiteraufstand 17. Juni 1953
  239
Archenhold-Sternwarte 189,
  190
ARD-Hauptstadtstudio (N6) 35
Arkenberge 304
Arkonaplatz (Trödelmarkt)
  145
Arndt Art Agency 252

Ärztliche Versorgung 298
Asisi, Yadegar 56
Auktionshaus Grisebach 252
Ausflüge 188
Ausflugsschiffe 189, 194, 196,
  202, 214, 286
Ausgehen 18
Aussichtspunkte 269
Auswärtiges Amt (O/P7) 33
AVUS 234
Axel-Springer-Campus 90
Axel-Springer-Hochhaus (O8)
  90

Babelsberg 224
Baden 272
Badeschiff 273
Bahnhof Friedrichstraße
  (N/O6) 34
Bahnhof Zoologischer Garten
  (J8) 116
Bahnhöfe 282
Ballett 246
Ballhaus Naunynstraße (Q9)
  245
Bar jeder Vernunft 247
Barenboim-Said Akademie
  248
Base Flying 270
Basketball 271
Bauakademie 33
Bauhaus-Archiv – Museum für
  Gestaltung (L8) 106
Bayerisches Viertel 175
Beatsteaks 302
Bebelplatz (O7) 31
Beelitzer Spargel 254
Begräbnisplatz der
  Jerusalems- und Neuen
  Kirche (O10) 159, 301
Behinderte 298
Behrens, Peter 59
Beisheim-Center 26
Bellevue, Schloss (L7) 98
Benn, Gottfried 159
Berber, Anita 234
Bereichskarte Museumsinsel
  51
Berggruen, Heinz 128
Berghain (Club) 264
Bergmannstraße (O/P10) 162
Berlin Gallery District 252

Berlin Story Museum 94 (N9)
Berlinale 253
Berlin-Blockade 167, 238
Berliner Abgeordnetenhaus
  (N8) 87
Berliner Dom (P6) 52
Berliner Ensemble (N6) 244
Berliner Kriminaltheater 246
Berliner Mauerweg 287
Berliner Trödelmarkt 107
Berliner Unterwelten e.V. 302
Berliner Verkehrsbetriebe
  (BVG) 11, 283
Berliner Weiße 17
Berlinische Galerie (O8) 94
BerlinTownhouses 33
Bernauer Straße (O/P4) 80
Berolina-Haus 59
Bethanien (R8) 163
Bevölkerung 304
Bezirke 10, 304
Bezirksamt Pankow (R3/4)
  139
Bier 17
Bikini Berlin 123
Bikini-Haus (J8) 112
Bildung 306
Black Box 87
Blindenrestaurant Nocti Vagus
  141
Blindenwerkstatt Otto Weidt
  76
Bode, Wilhelm von 57
Bode-Museum (O6) 57
Böhmisch-Rixdorf 183
Bollenfleisch 17
Bölsche, Wilhelm 195
Bombenangriffe 236
Bonhoeffer, Dietrich 102
Bootsverleih 190, 194, 197,
  214, 270
Borchardt (Restaurant) 47
Borofsky, Jonathan 147
Borsig, August 232
Botanischer Garten 204
Botanisches Museum 205
Botschaft des Königreiches der
  Niederlande (Q7) 60
Bowie, David 174, 242
Boxhagener Platz 149
Boxhagener Platz (Märkte)
  157

Register

Am „Schlesi" in Kreuzberg wird immer etwas geboten

Brandenburger Tor (N7) 39
Brandt, Willy 239
Brecht, Bertolt 78
Brecht-Weigel-Museum (N5) 78
Breitscheidplatz (J8) 109
Breker, Arno 206
Britz 183
Britzer Garten 183
Bröhan-Museum (G6) 129
Brücke Museum 206
Brunnen der Völkerfreundschaft 59
Bücherverbrennung 1933 31
Buckow 183
Bulette 17
Bundesfinanzministerium 87
Bundeskanzleramt (M6) 36, 45
Bundesliga schauen 271
Bundesministerium für Arbeit und Soziales (N7) 90
Bundespräsidialamt (K7) 98
Bundespresseamt (N6) 34
Bundesrat (N8) 88
Bundestag 45
Bushido 302
Busse 285

Café Achteck 133
Café am Neuen See 107
Café Kranzler 113
Camera Work 117

Camping 297
Carillon (M7) 103
Carsharing 285
Casinos 270
Castorf, Frank 245
Cave, Nick 242
Centrum Judaicum 76
Chamäleon 247
Chamberlain, John 34
Chamissoplatz (O10/11) 162
Charité (M6) 80
Charlottenburg, Schloss (G6) 124
Charlottenburg, Stadtteil (H8) 108
Checkpoint Charlie (O8) 86, 87
Chipperfield, David 50, 56
Christo 43
Christopher Street Day 254
City West 108
Clärchens Ballhaus 257
Clubszene 18, 256
Columbiahalle 260
Computerspielemuseum 154
Corbusierhaus (C8) 130
Craft Beer 17
Curry 36 170
Currywurst 16
CWC Gallery 117

Dadaismus 234
Dahlem 204
Daimler Contemporary (N8) 38

Daimler-City (M8) 38
Dalí Berlin (N8) 93
DDR-Museum 62
Dead Chickens 76
Denkmal des 17. Juni (N8) 88
Denkmal für die ermordeten Juden Europas (N7) 38
Denkmal für die Euthanasie-Opfer der Nazizeit 106
Denkmal für die im Nationalsozialismus verfolgten Homosexuellen (N7) 26
Denkmal zur Erinnerung an die Befreiungskriege gegen Napoleon (N10) 165
Designpanoptikum 62
Detlev-Rohwedder-Haus (N8) 87
Deutsche Oper Berlin (H7) 246
Deutscher Dom (O7) 43
Deutsches Historisches Museum (O7) 41
Deutsches Technikmuseum (M/N9) 165
Deutsches Theater (N6) 244
Dicker Hermann (Wasserturm) (Q4) 138
Dietrich, Marlene 30, 174, 234
Diplomatenviertel (L8) 98, 102
Distel 247
Döblin, Alfred 59, 299

Register   327

Dock 11 246
Dokumentationszentrum der Stiftung Flucht, Vertreibung, Versöhnung 96
Dom (P6) 52
Domäne Dahlem 275
DomAquarée 63
Dong Xuan Center 145
Dorotheenstädtischer Friedhof (N5) 78
Drogen 298
Dussmann (Kulturkaufhaus) 34, 49
Dutschke, Rudi 239
DZ-Bank (N7) 30

East Side Gallery (S8) 153
Eberswalder Straße (U-Bahnhof) (Q3) 136
EHC Eisbären 271
Ehrenmal für die gefallenen Soldaten der Roten Armee (Treptow) 189, 190
Eierkuchen 290
Eiermann, Egon 117
Einkaufen 20, 315
Einstein, Albert 233
Einwohner 304
Eisbein 17
Eisenmann, Peter 39
Eishockey 271
Eislaufen 270
Eliasson, Olafur 133
Ephraim-Palais (P7) 66
Erfinderladen 145
Erkmen, Ayşe 163
Erstes Berliner DDR-Motorrad-Museum (P6) 62
Essen 16, 310
Etagenhotels 288
Etagenpensionen 288
Eugenides, Jeffrey 12
Europacity 46

Fähren 285
Fahrrad 286
Fasanenstraße (I8/9) 114
Fashion Week Berlin 253
Fassbrause 17
Feiertage 298
Ferienwohnungen 297
Fernsehturm (P6) 66
Fête de la Musique 254
Feuerle Collection 166
Fischerinsel (P7) 60
Flick, Friedrich Christian 80

Flohmärkte 21, 107, 145, 157, 187
Flughäfen
    Flughafen Berlin Brandenburg Willy Brandt (BER) 281
    Flughafen Berlin-Schönefeld (SXF) 281
    Otto-Lilienthal-Flughafen Berlin Tegel (TXL) 282
Forum Fridericianum 32
Forum Museumsinsel 71
Forum Willy Brandt (N7) 31
Foster, Norman 43
Frankfurter Tor 153
Französische Botschaft (N7) 27
Französische Friedrichstadtkirche 42
Französischer Dom (O7) 42
Französischer Friedhof (N5) 78
Französischer Friedhof II (N4) 301
Freibäder 273
Freiluftbühnen 249
Freiluftkinos 250
Friedhof Baumschulenweg 301
Friedhof Grunewald-Forst 208
Friedhof Heerstraße 301
Friedhöfe 301
Friedrich I., König. 231
Friedrich II., der Große (König) 222, 231
Friedrich II., der Große (Reiterstandbild) 31
Friedrich Wilhelm I., König (Soldatenkönig) 231
Friedrich Wilhelm II., König. 231
Friedrich Wilhelm III., König 232
Friedrich Wilhelm IV., König 222, 233
Friedrich Wilhelm, der Große Kurfürst 231
Friedrichshagen 195
    Ausflugsschiffe 196
    Bootsverleih 197
    Wasserwerk 196
    Radverleih 197
    Strandbad Friedrichshagen 196
Friedrichshagener Dichterkreis 195

Friedrichshain 146
Friedrichshain-Kreuzberg Museum (Q9) 163
Friedrichstadt-Palast (O6) 247
Friedrichstadt-Passagen 34
Friedrichstraße (O6–O9) 34
Friedrichswerdersche Kirche (O7) 33
Füchse Berlin 271
Führerbunker 89
Fundbüros 299
Funkturm (E8) 129
Fußball 271
Futurium 46 (M6)

Galerie Bucholz 252
Galerie C/O 117
Galerie Contemporary Fine Arts (CFA) 252
Galerie Eigen + Art (O5) 78
Galerie Kornfeld 252
Galerie Loock 251
Galerie Neugerriemschneider 77
Galerie Sprüth Magers (O6) 76
Galerien 250
Galerienhaus Lindenstraße 34–35 252
Galerienhaus Rudi-Dutschke-Straße 26 252
Galeries Lafayette (O7) 34, 49
Gallery Weekend 254
Gärten der Welt (Marzahn) 200
Gaslaternen 99
Gaslaternen-Freilichtmuseum (J7) 99
Gasometer (L11) 174
Gayhotels 296
Gedenkstätte Berliner Mauer (O4) 80
Gedenkstätte Deutscher Widerstand Berlin (L8) 106
Gedenkstätte Hohenschönhausen 199
Gehry, Frank O. 30, 248
Geisterbahnhöfe 90
Gemäldegalerie (M8) 57, 104
Gendarmenmarkt (O7) 33
Gentrifizierung 243
Geografische Lage 304
Georg-von-Rauch-Haus 163
Gepäckaufbewahrung 299
Gerkan, Marg und Partner 94, 113, 130

Register

Messe Berlin

Gerkan, Meinhard von 46
Gethsemanekirche 136
Gipsformerei 131
Glienicke, Park 213
Glienicke, Schloss 213
Glienicker Brücke 210
Glockenturm (A7) 130
Goldene Zwanzigerjahre 234
Golf 271
Gorbatschow, Michail Sergejewitsch 243
Görlitzer Park (R/S9–S10) 165, 166
Graefekiez 162
Graffitis 251
Griebnitzsee 215
Grillplätze 273
GRIPS-Theater 246
Gropius, Martin 93
Gropius, Walter 106
Große Hamburger Straße (O5/6) 75
Grüne Woche 253
Grüner Salon 248
Grunewald 207
Grunewaldsee 208
Grunewaldturm 208

Haacke, Hans 69
Hackesche Höfe (P6) 70, 75
Hackescher Markt (P6) 71
Hallenbäder 272
Hamburger Bahnhof (M5) 80
Handball 271
Handwerkervereinshaus 70
Hansa-Studios 242
Hansaviertel (K6) 103
Hasenheide (P/Q11) 183
HAU 1 (N9) 245
HAU 2 (N9) 245
HAU 3 (N9) 245
Hauptbahnhof (M6) 46
Hauptmann von Köpenick 192
Hauptmann, Gerhart 195
Haupttelegrafenamt 71
Haus am Checkpoint Charlie (O8) 91
Haus Automat 34
Haus der Kulturen der Welt (M6) 103
Haus der Schweiz (O7) 31
Haus der Wannsee-Konferenz 210
Haus des Lehrers (Q6) 59
Haus Schwarzenberg (P6) 75
Hausbesetzungen 153, 242
Haushalte 304
Hausvogteiplatz (O7) 33
Hebbel am Ufer 245
Heckmannhöfe 74
Heimathafen Neukölln 245

Heinrich-Zille-Museum (P7) 65
Helikopterflüge 269
Helmholtzplatz (Q3) 137
Helmut Newton Foundation 118
Herr Lehmann 164
Hertha BSC 271
Herzog & de Meuron 102
Heß, Rudolf 202
Heydrich, Reinhard 210
Historischer Hafen 60
Hitler, Adolf 236, 237
Hochschule für Musik Hanns Eisler Berlin 55, 248
Hochseilgarten 271
Hohenschönhausen (Gedenkstätte) 199
Holocaust 235
Holocaust-Denkmal (N7) 38
Hop on Hop off 303
Hoppegarten 273
Horst-Wessel-Stadt 146
Hostels 288
Hotel de Rome 32
Hotel Park Inn
Hufeisensiedlung Britz 200
Hugenottenmuseum 43
Humboldt Forum 55
Humboldt, Wilhelm von 40
Humboldt-Universität (O6/7) 40
Hunde 299

Register 329

Hungerharke 167
Husemannstraße (Q4) 137
Huxleys Neue Welt 249

Ibero-Amerikanisches Institut (M8) 99
ICC (Internationales Congress Centrum) (F8) 130
IFA (Internationale Funkausstellung) 255
Information 299
Insel Berlin 188
Interbau 103
Internationale Tourismusbörse Berlin (ITB) 253
Invalidenfriedhof (M5) 79
Isherwood, Christoph 299

Jagdschloss Grunewald 208
Jahn, Helmut 36, 113
Jakob-Kaiser-Haus (N6) 35, 45
James-Simon-Galerie 51
Jauch, Günther 174
Joachim II. Hektor, Kurfürst 230
Johann Sigismund, Kurfürst 231
Juden 69, 74, 235, 237
Jüdische Mädchenschule 74
Jüdische Oberschule (O6) 75
Jüdischer Friedhof (Prenzlauer Berg) (Q4) 139
Jüdischer Friedhof Weißensee 301
Jüdisches Museum (O9) 94
Juristische Fakultät 32
Justizpalast (Q6) 60
Jwd (Ausflüge) 188

KaDeWe (K9) 116
Käfer (Restaurant) 44
Kaffee Burger 257
Kaiserreich 233
Kaisersaal 36
Kaiser-Wilhelm-Gedächtniskirche (J8) 117
Kalter Krieg 239
Kammermusiksaal 105
Kantinen 279
Kapelle der Versöhnung (O4) 81
Karaoke 140
Karavan, Dani 35
Karl-Marx-Allee (Q6/R6–R7/S7) 152
Karneval der Kulturen 254
Kartbahn 278

Kastanienallee (P4) 136
Kästner, Erich 31, 299
Kater Blau (Club) 264
Käthe-Kollwitz-Museum (G6) 117, 124
Kaufhaus des Westens (K9) 116
Kaufkraft 305
Kinder 275
Kinderfreibad im Monbijou-Park 276
Kindl – Zentrum für zeitgenössische Kunst 183
Kino Kosmos 153
Kinos 249
Kirchen
    Berliner Dom (P6) 52
    Deutscher Dom (O7) 43
    Französischer Dom (O7) 42
    Gethsemanekirche 136
    Kaiser-Wilhelm-Gedächtniskirche (J8) 117
    Klosterkirche der Franziskaner (Q6) 60
    Laurentiuskirche (Köpenick) 191
    Nikolaikirche (P7) 65
    Parochialkirche (Q7) 64
    Sacrower Heilandskirche 213
    Sophienkirche (P6) 75
    St.-Hedwigs-Kathedrale (O7) 40
    St.-Marienkirche (P6) 66
    St.-Matthäus-Kirche (M8) 102
    St.-Nikolaikirche (Spandau) 202
    Thomaskirche (R8) 163

Klassische Musik 247
Kleihues, Jan 113
Kleihues, Josef Paul 40, 59
Klein-Glienicke 215
Klettern 271
Klosterkirche der Franziskaner (Q6) 60
Klosterstraße (U-Bahnhof) (Q7) 60
Knef, Hildegard 174
Knobelsdorff, Georg Wenzeslaus von 41, 125
Knoblauchhaus (P7) 65
Knorrpromenade 152
Kohlbecker, Christoph 38
Kohlhoff & Kohlhoff 81

Kollhoff-Tower 38
Kollwitz, Käthe 41, 117
Kollwitzplatz (Markt) 145
Kollwitzplatz (Q4) 137
Komische Oper (N7) 246
Kommode (O7) 32
Kongresshalle (Q6) 59
König Galerie 252
Königliche Bibliothek 32
Königliche Porzellan-Manufaktur Berlin 107
Konnopke's Imbiß 143
Konzerthaus (O7) 42, 247
Koolhaas, Rem 60, 90
Köpenick 191
    Ausflugsschiffe 194
    Bootsverleih 194
    Fischerkietz 191
    Kunstgewerbemuseum 194
    Laurentiuskirche 191
    Rathaus 192
    Schloss 194
    Schlossplatzbrauerei 192
Kottbusser Tor (Q9) 158, 162
KPM Quartier 107
Kranzler (Café) 113, 122
Kreuzberg (Berg) 165
Kreuzberg, Stadtteil (O10) 158
Kriminalität 302
Kronprinzenpalais (O7) 33
Krumme Lanke 208
Kudamm-Karree (I9) 114
Kultur 244
KulturBrauerei (Q4) 137, 266
Kulturforum (M8) 98
Kunst 244
Kunstbibliothek (M8) 99, 104
Kunstgewerbemuseum (Tiergarten) (M8) 105
Kunsthandel Wolfgang Werner 252
Kunsthaus Dahlem 206
Künstlerfriedhof Friedenau 301
Kunstmarkt am Zeughaus 49
Kunstszene 250
Kupferstichkabinett (M8) 104
Kurfürstendamm (G9–I9/J8) 108, 113
KW Institute for Contemporary Art 77

Labyrinth Kindermuseum 277
Lammert, Will 75
Landwehrkanal (Q10–S10) 162

Register

Lange Nacht der Museen 253, 255
Lange Nacht der Wissenschaften 254
Langemarck-Halle 130
Langhans, Carl Gotthard 39
Lapidarium 139
Le Corbusier 130
Legoland Discovery Centre 277
Leipziger Platz (N8) 88
Lenné, Peter Joseph 213
Lesben 300
Lessing, Gotthold Ephraim 231
Libeskind, Daniel 94
Lichtturm 148
Liebermann, Max 27, 139, 210
Liebermann-Villa 210
Liebknecht, Karl 55, 233
Lilienthal, Otto 233
Lindenberg, Udo 242
Lindencorso (O7) 31
Liquidrom 274
Literaturhaus 114
Literaturtipps 299
Litfaß, Ernst 70
Litfin, Günter 79
LSD-Viertel 136
Ludwig-Erhard-Haus 115
Luftbrücke 238
Lustgarten (O/P6) 51
Luxemburg, Rosa 233

MACHmit!! 278
Madame Tussauds (N7) 40
Maifeld (B7) 130
Mainzer Straße (Friedrichshain) 153
Mall of Berlin (N8) 88, 96
Marathon 255
March, Werner 130
Märchenbrunnen (R5) 154
Marheineke-Markthalle (O10) 170
Mariannenplatz (Q/R8–Q/R9) 163
Marie-Elisabeth-Lüders-Haus (N6) 35, 45
Märkisches Museum (Q7) 64
Markthalle Neun 164
Marlene-Dietrich-Platz (M8) 38
Martin-Gropius-Bau (N8) 92
Marx-Engels-Forum (P6/7) 63
Marzahn 200
Märzrevolution 232
Mauer 240
Mauerfall 242
Mauermuseum (O8) 91
Mauerpark (Flohmarkt) 145
Mauerpark (P3/4) 140
Mauerradweg 287
Maxim Gorki Theater (O6) 245
Max-Liebermann-Haus (N7) 40
Max-Schmeling-Halle (P3) 249

Maybachufer (Q10–S10) 162
Maybachufer (Türkenmarkt) 187
me Collectors Room 78
Mediaspree 149
Mehrwertsteuerrückerstattung 280
Mendelsohn, Erich 90, 225
Mendelssohn, Moses 75, 231
Mendelssohn-Remise (O7) 46
Menschen Museum 64
Mercedes-Benz Arena (S8) 249
Merkel, Angela 36
Messe (E8) 129
Michelin-Sterne 16
Mies van der Rohe, Ludwig 34, 105
Mieten 306
Mietwagen 300
Mode 20
Modersohnbrücke 263
Molecule Man 147
Molle 17
Monbijoupark (O6) 71
Monkey Bar 121
Mont Klamott 154
Mosse-Haus (O8) 90
Müggelberge 196
Müggelhort 198
Müggelpark 195
Müggelsee 195, 196
Müggelturm 198

Prenzlauer Berg: Boutiquen über Boutiquen

Register 331

Mühlendamm-Schleuse 60
Multikulti 304
Münzkabinett 57
Museen 307
  Abgusssammlung antiker
    Plastik (G6) 129
  Ägyptisches Museum 56
  Alte Nationalgalerie (O6)
    54
  Altes Museum (O6) 52
  Bauhaus-Archiv – Museum
    für Gestaltung (L8) 106
  Black Box 87
  Bode-Museum (O6) 57
  Botanisches Museum 205
  Bröhan-Museum (G6) 129
  Brücke Museum 206
  Computerspielemuseum
    154
  Dalí Berlin (N8) 93
  DDR-Museum 62
  Deutsches Historisches
    Museum (O7) 41
  Deutsches Technikmuseum
    (M/N9) 165
  Domäne Dahlem 275
  Erstes Berliner DDR-
    Motorrad-Museum (P6)
    62
  Filmmuseum Potsdam 220
  Forum Willy Brandt (N7) 31
  Friedrichshain-Kreuzberg
    Museum (Q9) 163
  Gaslaternen-
    Freilichtmuseum (J7) 99
  Gemäldegalerie (M8) 104
  Hamburger Bahnhof (M5)
    80
  Haus am Checkpoint
    Charlie (O8) 91
  Haus der Brandenburgisch-
    Preußischen Geschichte
    (HBPG) (Potsdam) 221
  Heinrich-Zille-Museum (P7)
    65
  Hugenottenmuseum 43
  Jüdisches Museum (O9) 94
  Käthe-Kollwitz-Museum
    (G6) 117
  Kunstgewerbemuseum
    (Köpenick) 194
  Kunstgewerbemuseum
    (Tiergarten) (M8) 105
  Kupferstichkabinett (M8)
    104
  Labyrinth Kindermuseum
    277

Liebermann-Villa 210
MACHmit!! 278
Märkisches Museum (Q7)
  64
Mauermuseum (O8) 91
Medizinhistorisches
  Museum der Charité (M6)
  80
Museum Berggruen (G6)
  128
Museum der Dinge (Q9)
  165
Museum der Moderne 102
Museum der unerhörten
  Dinge (L11) 176
Museum des Kalten Krieges
  87
Museum Europäischer
  Kulturen 205
museum FLUXUS+
  (Potsdam) 221
Museum for Urban
  Contemporary Art 176
Museum für Byzantinische
  Kunst 57
Museum für Film und
  Fernsehen (M8) 38
Museum für Fotografie –
  Helmut Newton
  Foundation (J8) 118
Museum für Islamische
  Kunst 56
Museum für
  Kommunikation (N8) 93
Museum für Naturkunde
  (N5) 79
Museum für Vor- und
  Frühgeschichte 56
Museum im Wasserwerk
  (Friedrichshagen) 196
Museum in der
  Kulturbrauerei 138
Musikinstrumenten-
  Museum (M7/8) 106
Naturkundemuseum (N5)
  79
Neue Nationalgalerie (M8)
  105
Neues Museum (O6) 56
Pergamonmuseum (O6) 54
Plattenbaumuseums-
  wohnung 62
Potsdam Museum 220
Sammlung Scharf-
  Gerstenberg (G6) 129
Schwules Museum (L8) 175
Skulpturensammlung 57

Tchoban Foundation,
  Museum für Architektur-
  zeichnung 133
The Story of Berlin (I9) 117
The Wall Museum 148
Trabi Museum 87
Vorderasiatisches Museum
  56

Museumsinsel (O/P6) 50
Museumspass Berlin 280
Musicals 247
Musikinstrumenten-Museum
  (M7/8) 106
Mydays Erlebniswerk 112

Nachtleben 18, 256
Narva-Kombinat 148
Nationalsozialismus 235
Naturkundemuseum (N5) 79
Neptunbrunnen (P6) 63
Neue Nationalgalerie (M8)
  105
Neue Reichskanzlei 89
Neue Synagoge (O6) 76
Neue Wache (O7) 41
Neuer Marstall (P7) 55
Neues Forum 243
Neues Kranzler-Eck (J8) 113
Neues Kudamm-Eck 113
Neues Museum (O6) 56
Neukölln 182
Neuköllner Oper 246
Newton, Helmut 118
Nico (Christa Päffgen) 208
Nicolai, Friedrich 231
Nikolaikirche (P7) 65
Nikolaiviertel 58, 64
Nikolskoe 215
Nolde, Emil 206
Nollendorfplatz (L9) 175
Nordbahnhof (N/O5) 81
Nordische Botschaften (K8)
  102
Novemberrevolution 233
Nowkoelln Flowmarkt 187

Oberbaumbrücke (S9) 147
Oberbaum-City 148
Ohnesorg, Benno 239
Olympiagelände (B7) 130
Olympiastadion (B7) 130
Olympische Spiele 1936 235
Oper 246
Operette 246
Oranienburger Straße (O6) 71
Oranienstraße (P8/Q9) 163
Orankesee 273

Ort der Information
(Holocaust-Denkmal) 39
OSRAM-Werke 148
Ostbahnhof (S8) 146
Otto-Bock-Haus 26 (N7)

Palais Populaire 42 (O7)
Palast der Republik 55
Panoramapunkt Potsdamer
Platz (M8) 38
Pariser Platz (N7) 27
Park am Gleisdreieck (M/N10)
166
Park Glienicke 213
Park Inn (Hotel) 59 (Q6)
Park-Kolonnaden (N8) 26
Parochialkirche (Q7) 64
Paul-Löbe-Haus (M6) 36, 45
Pechstein, Max 206
Pei, Ieoh Ming 41
Pensionen 288
Pergamonmuseum (O6) 54
Pergamonmuseum. Das
Panorama 56
Pfannkuchen 290
Pfaueninsel 212
Pfefferberg, Brauerei (P5)
133
Pfefferbräu, Brauerei 133
Pferderennen 273
Philharmonie (M8) 105
Piano, Renzo 38
Picknick 273
Pierre-Boulez-Saal 248
Planck, Max 233
Plänterwald 189
Plattenbaumuseumswohnung
62
Platz des 9. November 140
Plötzensee 273
Politik 304
Pop, Iggy 175, 242
Pop-up-Dinner 17
Postfuhramt (O6) 74
Potsdam 216
Alexandrowka 221
Babelsberg 224
Belvedere 224
Einsteinturm 225
Filmmuseum Potsdam 220
Filmpark Babelsberg 224
Haus der Brandenburgisch-
Preußischen Geschichte
(HBPG) 221
Heiliger See 223
Holländisches Viertel 221
Marmorpalais 224

museum FLUXUS+ 221
Neue Kammern 222
Neuer Garten 223
Neues Palais 222
Nikolaikirche 220
Orangerieschloss 222
Palais Barberini 220
Park Babelsberg 224
Potsdam Museum 220
Radverleih 225
Sanssouci 222
Schiffsrundfahrten 225
Schloss Babelsberg 224
Schloss Cecilienhof 223
Schloss Charlottenhof 223
Stadtschloss 220

Potsdamer Konferenz 224
Potsdamer Platz (M/N8) 24,
25
Potsdamer Straße (L9/10–
M8/9) 175, 251
Prenzlauer Berg 132
Presse 306
Prinzenbad (P9) 273
Prinzessinnenpalais 33
Privatzimmer 297

Quadriga 40
Quartier 205 34
Quartier 206 34

Radialsystem V 248
Radtouren 198, 215, 287
Radverleih 214, 287
Ramones Museum 166 (S9)
Rauch, Neo 36
Rauchen 300
RAW-Gelände 148
Reagan, Ronald 243
Reed, Dean 243
Regener, Sven 300
Regierungsviertel 34
Reichspogromnacht 235
Reichstag (N6) 43, 44
Reichstagsbrand 1933 235
Religion 305
Renaissance-Theater (I8) 245
Restaurants 310
Revue 247
Riehmers Hofgarten 159
Rixdorf 182
Rocket Tower (O8) 91
Rollstuhlfahrer 298
Rosa-Luxemburg-Platz (P5) 69
Rosinenbomber 167, 238
Rote Insel 174
Roter Salon 248

Rotes Rathaus (P7) 63
Rübezahl (Ausflugslokal) 198
Rudi-Dutschke-Straße (O8) 91
Rudow 183
Rundflüge 269
Rüppel, Wolfgang 88
Russische Botschaft (N7) 31

Sacrower Heilandskirche 213
Sagebiel, Ernst 167
Samariterviertel 153
Sammlung Boros 46
Sammlung Hoffmann (P5/6) 75
Sammlung Scharf-Gerstenberg
(G6) 129
Savignyplatz (I8) 115
S-Bahn 285
S-Bahnhof Grunewald
(Gedenkstätte) 207
Schabowski, Günter 243
Schadow, Johann Gottfried 40
Scharoun, Hans 105
Schaubude (S4) 246
Schaubühne (G9) 245
Scheunenviertel 69
Schiffstouren 286
Schinkel Pavillon 42
Schinkel, Karl Friedrich 42, 52,
165, 213, 232
Schinkelplatz (O7) 33
Schlachtensee 208
Schlesisches Tor (U-Bahnhof)
(S9) 147
Schloss Charlottenburg (G6)
124
Schloss Glienicke 213
Schlossbrücke (O7) 33
Schlosspark (Schloss
Charlottenburg) 125
Schlossparktheater Steglitz
245
Schlüter, Andreas 41, 66
Schöneberg 108, 174
Schöneberger Rathaus (K11)
174
Schrippe 290
Schuhläden 84
Schusterjunge 290
Schwangere Auster 103
Schweizer Botschaft (M6) 36
Schwerbelastungskörper 236
Schwimmbäder 272
Schwule 300
Schwules Museum (L8) 175
Scooter 286
Sealife Berlin (P6) 66
Sechstagerennen 253

Register

Walter Womackas Glasbild im ehemaligen Staatsratsgebäude der DDR

Secondhandläden 85, 173
Seen 273
Senefelderplatz (Q5) 133
Senefelder, Alois 133
Shopping 20, 315
Shoppingmalls 21, 88
Sicherheit 302
Siedlung Schillerpark 200
Siedlungen der Moderne 200
Siegessäule (K7) 102
Siemens, Werner von 232
Siemensstadt 200
Silvester 255
Simon, James 56
Simon-Dach-Straße 147, 149
Skateboarden 274
SO 36 (Bezirk in Kreuzberg) 159, 162
SO 36 (Club) 260
Soldatenkönig, siehe Friedrich Wilhelm I. 231
Soleier 17
Sony Center (M8) 36
Sophie-Gips-Höfe (P5/6) 70
Sophienkirche (P6) 75
Sophiensaele 244
Sowjetisches Ehrenmal (Tiergarten) (M7) 98
Sowjetisches Ehrenmal (Treptow) 189
Spa 274

Spandau 201
  Altstadt 201
  Ausflugsschiffe 202
  Kolk 202
  Rathaus 201
  St.-Nikolaikirche 202
  Zitadelle 202

Spandauer Vorstadt 68
Spartakusbund 233
Spartipps 279
Spätkauf 18
Speer, Albert 236
Spielbank Berlin 270
Spionagemuseum 93
Sport 269, 306
Spree 11
Spreepark 189
Spreetunnel 198
St.-Hedwig-Krankenhaus (O5/6) 75
St.-Hedwigs-Kathedrale (O7) 40
St.-Marienkirche (P6) 66
St.-Matthäus-Kirche (M8) 102
Staab, Volker 106
Staatsballett Berlin 246
Staatsbibliothek (Haus 2) (M8) 99
Staatsbibliothek (O7) 31
Staatsoper Unter den Linden (O7) 41, 246

Staatsratsgebäude der DDR (P7) 55
Stachelschweine 247
Stadtbad Charlottenburg (H7) 272
Stadtbad Mitte (O5) 272
Stadtbad Neukölln 272
Stadtbad Oderberger Straße 272
Stadtführungen 302
Stadthaushalt 305
Stadtmauer 60
Stadtplan 300
Stadtschloss (P7) 55
Stadtteile 10, 304
Stage Theater am Potsdamer Platz 247
Stalin, Josef 152
Stalinallee 152
Stauffenberg, Oberst Schenk Graf von 106
Stiftung Brandenburger Tor 40
Stiftung Haus der Geschichte 138
Stiftung Stadtmuseum Berlin 64, 66
Stille Helden (Ausstellung) 106
Stilwerk 123
Strandbad Friedrichshagen 196
Strandbad Müggelsee 197

334 Register

Strandbad Wannsee 214
Straßenbahnen 285
Street Art 251
Streetfood-Märkte 16
Strindberg, August 195
Stüler, Friedrich August 56, 128, 233
Supper Clubs 17
Surreale Museum für industrielle Objekte 62
SW 61 159
Synagoge Rykestraße (Q4) 138

Tacheles (O6) 74
Tarifzonen (öffentlicher Nahverkehr) 283
Tauentzienstraße (J8) 109
Taut, Bruno 200
Tchoban Foundation, Museum für Architekturzeichnung 133
Technikmuseum (M/N9) 165
Tempelhof, ehem. Flughafen (O/P11–O/P12) 167
Tempelhofer Feld (O/P12) 167
Tempodrom (N9) 94, 249
Teufelsberg 207, 208
Teufelssee 207
Teutoburger Platz (P5) 136
The Story of Berlin (I9) 117
The Wall Museum 148
Theater 244
Theater des Westens (J8) 247
Theater unterm Dach (R4) 245
Theaterdiscounter 245
Thiel, Frank 87
Thomaskirche (R8) 163
Tickets (öffentlicher Nahverkehr) 283, 284
Ticketvorverkauf 247
Tiergarten (K7/L7/M7) 98
Tierpark (Friedrichsfelde) 118
Tilla-Durieux-Park 26
Tipi am Kanzleramt 247
Topographie des Terrors (N8) 92
Tourismus 306
Touristeninformationen 299
Trabantverleih 300
Trabi Museum 87
Trabrennbahn 274
Tränenpalast (N6) 43
Treptower Hafen 189
Treptower Park 188
Tresor (Technoclub) 88, 257
Trümmerfrauen 238

Tschechische Botschaft (N7) 89
Tunix-Kongress 242
Tuschkastensiedlung Falkenberg 200
TV-Sendungen 274

U-Bahn 285
Übernachten 288
Ulbricht, Walter 240
Ullstein, Leopold 139
Umwelt 306
Umweltzone 11
UNESCO-Welterbe 200, 306
Ungers, Oswald Mathias 54
Union Berlin 271
Unter den Linden (N/O7) 30
Unterwegs in Berlin
    Ausflugsschiffe 286
    Carsharing 285
    Fahrrad 286
    Öffentlicher Nahverkehr 283
    Scooter 286
    Taxi 285
    Velotaxi 285
Upper West 112 (J8)
Urania 249
US-Botschaft (N7) 26

Varieté 247
VBB-Verkehrsmittel 285
Velodrom 249
Velotaxi 285
Veranstaltungskalender 253
Verkehr 306
Verkehrsverbund Berlin-Brandenburg (VBB) 283
Vietnamesenmarkt 145
Viktoriapark (N10/11) 165
Villa Grisebach 114
Vintageläden 85, 173
Voigt, Wilhelm 192
Volksbühne (P/Q5) 69, 244
Volkspark Friedrichshain (R5/6–S5/6) 154
Volkspark Hasenheide (P/Q11) 183
Vorwahl 303

Waldbühne 249
Waldfriedhof Dahlem 301
Waldfriedhof Zehlendorf 301
Wannsee 210
Warschauer Brücke 148
Wasserturm (Prenzlauer Berg) (Q4) 138

Watergate (Club) 260
Weekend (Club) 257
Weigel, Helene 78
Weihnachtsmärkte 255
Weimarer Republik 234
Weinhaus Huth 38
Weiße Stadt 200
Weißer See 273
Weiwei, Ai 133
WelcomeCard 279
Wellness 274
Weltballon 269
Weltzeituhr 59
Werder 254
Werkbundarchiv 165
Wessel, Horst 146
Wetter 304
Wiener, Sarah 80
Wilhelm I., Kaiser 233
Wilhelm II., Kaiser 233
Wilhelmstraße (N7–N9) 88
Wille, Bruno 195
Wilmersdorf (H10) 108
Winterfeldtplatz (Märkte) 181
Wintergarten-Ensemble 114
Wirtschaft 305
Wissenschaftszentrum für Sozialforschung (M8) 99
Wissenswertes von A bis Z 298
Wittenbergplatz (K9) 109
Wochenmärkte 21, 145, 157, 181
Wohnen auf Zeit 297
Wohnmobilstellplätze 297
Wohnstadt Carl Legien 200
Wuhlheide 249
Wühlmäuse 247

ZDF-Hauptstadtstudio (N7) 31
Zeiss-Großplanetarium (R3) 139
Zeitungen 306
Zentraler Omnibusbahnhof Berlin (ZOB) 282
Zentrum Kreuzberg 162
Zeughaus 41
Zille, Heinrich 65
Zionskirchplatz (P4) 136
Zitadelle Spandau 249
ZOB (Zentraler Omnibusbahnhof Berlin) 282
Zoo (J/K8) 118
Zoofenster (J8) 113
Zuse, Konrad 165
Zwei-plus-Vier-Vertrag 243

Die Apps aus dem Michael Müller Verlag

mmtravel® Web-App und mmtravel® App

Mit unseren beiden Apps ist das Unterwegssein einfacher.
Sie kommen schneller an Ihr Wunsch-Ziel.
Oder Sie suchen gezielt nach Ihren persönlichen Interessen.

Die mmtravel® Web-App ...

- ... erhalten Sie gratis auf www.mmtravel.com
- ... funktioniert online auf jedem Smartphone, Tablet oder PC mit Browserzugriff.
- ... zeigt Ihnen online sämtliche Sehenswürdigkeiten, Adressen und die Touren aus dem Buch (mit Seitenverweisen) auf einer Karte. Aktivieren Sie das GPS, sehen Sie auch Ihren Standort und alles Interessante in der Umgebung.
- ... ist ideal für das Setzen persönlicher Favoriten. Dazu legen Sie einfach ein Konto an, das Sie auch mit anderen Geräten synchronisieren können.

Die mmtravel® App ...

- ... verknüpft die mmtravel Web-App mit einem intelligenten E-Book. Mit dieser Profi-Version sind Sie komplett unabhängig vom Internet.
- ... kaufen Sie für Apple und Android in einem App Store.
- ... verortet sämtliche Adressen und Sehenswürdigkeiten aus dem Buch auf Offline-Karten. Mit zugeschaltetem GPS finden Sie darauf Ihren Standort und alles Interessante rund herum.
- ... informiert über Hintergründe und Geschichte.
- ... liefert die kompletten Beschreibungen unserer Autoren.
- ... eignet sich sowohl zum Schmökern als auch zum intuitiven Wechseln zwischen Karte und Text.
- ... lässt sich nach Bestätigung eines individuellen Kontos auf bis zu drei Geräten verwenden – und das sogar gleichzeitig.
- ... wird durch eigene Kommentare und Lesezeichen zum persönlichen Notizbuch.

www.mmtravel.com

Pressestimmen

»Das Autorenpaar hat 13 interessante Tourenvorschläge zusammengestellt mit dem Blick auf das Besondere. Unzählige Museen, Parks, Seen, Kanäle und die Spree, Shoppingmeilen und historische Bauten und Plätze lassen sich mit den guten Plänen erwandern. Gute Hinweise für aussergewöhnliche Entdeckungen zum Geniessen: Essen, Trinken und Ausgehen werden bestimmt nicht nur von Nachtschwärmern geschätzt. Viele Daten, Fakten und Hintergrundinformationen zu Geschichte, Kunst und Kultur und ein grosser Serviceteil mit vielen hilfreichen Tipps für einen entspannten Aufenthalt machen diesen sehr schön illustrierten Stadtführer zu einem unentbehrlichen Begleiter.«

Luzerner Rundschau, Margrit Lustenberger

»Diese Stadt der Ideen, der Improvisation und natürlich des steten Wandels kennen Michael Bussmann und Gabriele Tröger wie ihre Westentasche. [...] 13 Stadttouren haben sie zusammengestellt, in den natürlich alle wichtigen Anlaufstationen für Touristen enthalten sind. Aber sie lenken das Interesse auch auf weniger Bekanntes. Warum nicht einmal dem Friedhof einen Besuch abstatten, auf dem Loriot begraben wurde, oder Marlene Dietrich oder Rio Reiser, Harald Juhnke oder Gottfried Benn. Bei ihren Spaziergängen im Berliner Zentrum darf man sich auf Geheimtipps freuen, von der Kneipenlandschaft bis zum Shoppen.«

Fränkische Nachrichten, Diana Seufert

»Abgesehen von allen vorhandenen reiserelevanten Infos, notwendigen Zahlen, Daten und Fakten, Detailkarten und einem kleinen Faltplan hebt sich der Band der individuell angelegten Reiseführerreihe vor allem durch die Fülle an persönlichen Tipps ab. Allein schon die aus-

gewählten Restaurants, Bars und Cafés für drinnen und draußen (!) machen Lust auf Entdeckungen abseits der üblichen Touristenpfade. Dabei dürfen vor allem Kommentare wie ›nichts für Leute mit Spinnenphobie‹ oder ›superlecker, aber ein bisschen Geduld mitbringen‹ hilfreich sein. Originelle Fotomotive runden den gelungenen Berlinführer ab. Erste Wahl!«

Buchprofile/Medienprofile

»Die beiden Autoren haben ein detailreiches Werk geschaffen, das die Stadtgeschichte genauso beleuchtet wie die hippsten und sehenswertesten Orte in der deutschen Metropole.«

Badische Zeitung, Stefan Zahler

»[D]ie Kiezspaziergänge sind ein toller Tipp, um erst mal etwas Atmosphäre aufzusaugen. Natürlich sind auch die ganzen Standard-Sehenswürdigkeiten im Reiseführer enthalten sowie mehrere Insidertipps und praktische Karten. Wem die Stadt allein nicht reicht, der bekommt auch gleich noch Inspiration für Ausflüge rund um Berlin, zum Beispiel nach Köpenick, Potsdam und zu den zahlreichen Badeseen. [...] Ich denke, selbst Urberliner können in diesem Reiseführer noch so einige Ecken entdecken!«

buch-magazin.info, Sandra Kielmann

»Hier kommt Ihnen eine ganz gewaltige Brise Berliner Luft entgegen. Der hochaktuelle Reiseführer bietet Ihnen so viele Informationen, dass Sie schon mehrere Wochen in Berlin verbringen müssten, um alles zu erleben.«

fachbuchkritik.de, Andy Sauer

»Wer sich wundert, dass neben Schöneberg auch Neukölln, ein im übrigen Deutschland verpönter Bezirk (No-go-Area!), in dem Reiseführer aufgenommen wurde, wird sich wundern, wie schön Neukölln ist. Denn in diesem Bezirk, wie auch in Schöneberg und Kreuzberg, findet das wahre Berliner Leben statt. Diese Szenebezirke sind eher für den routinierten Berlinbesucher gedacht. Hier trifft man Einheimische und wenig Touristen. [...] Wer etwas weiter raus möchte, ›jwd‹ – janz weit draußen –, wie der Berliner sagt, sollte unbedingt die Ausflüge [...] ins Auge fassen. Sie führen unter anderem in den Treptower Park, nach Friedrichshagen und Müggelsee (Neu-Venedig – zu entdecken auf der Radtour), in die Gedenkstätte Hohenschönhausen usw.«

leser-welt.de, Svenja Brück